Reinhard Raffalt

SINFONIA VATICANA

Reinhard Raffalt

SINFONIA VATICANA

*Ein Führer
durch die Päpstlichen Paläste
und Sammlungen*

Prestel-Verlag München

© Prestel-Verlag München 1966
Vierte Auflage 1977
Passavia Druckerei GmbH Passau
ISBN 3 7913 0291 4

Dem Andenken

meiner väterlichen Freunde

JOHANNES SCHLAAFF

und

RUDOLF ZORN

in Dankbarkeit

Inhalt

EINFÜHRUNG

Jenseits des Bronzetores	9
Zu Anfang ein Rat	16

LABYRINTHISCHES WELTTHEATER	21

DIE WELT DES ALTERTUMS

Wege zur Rotonda (Museo Pio Clementino)	54
Cäsar und Cleopatra	66
Museo Gregoriano Egizio	74
Kreuz und Weinstock	82
Kaiserlicher Saal (Sala Rotonda)	88
Blick in Goldene Zeiten (Sala delle Muse)	99
Mithras und Dionysos (Sala degli Animali)	109
Götter und Menschen (Gabinetto delle Maschere, Galleria delle Statue)	117
Gajus Julius Cäsar	131
Der Kaiser Marc Aurel	137
Im Cortile del Belvedere	152
Der Pontifex Maximus und die Anfänge Roms	159
Mancherlei aus römischen Tagen (Museo Chiaramonti)	169
Braccio Nuovo	172
Der Kaiser Augustus	180
Zur Sala della Biga	191
Galleria dei Candelabri	195
Im Museo Gregoriano Etrusco	197
Hellas in Rom	221
Zurück zum Cortile	228
Der Kaiser Nero und die Abenteuer des Laokoon	234
Rückblick	249

DIE WELT DER PÄPSTE

Der Vatikan und der Geist der Renaissance	256
Sixtus IV. gründet die Bibliothek	262
Die Bibliothek	268
Habent sua fata libelli (Salone Sistino)	270
Von Nicäa bis Trient	283

Wanderung zu den Borgia-Gemächern	297
Das Museo Sacro	305
Das Spiel der Hölle mit dem Himmel (Appartamento Borgia)	307
Weg zu den Stanzen	326
Papst Pius II.	330
Galleria delle Carte Geografiche	333
Julius II. und die Stanzen	337
Die Stanza della Segnatura	346
Raffaels Fresken	349
Die Stanza d'Eliodoro	367
Die Stanza dell'Incendio	373
Leo x. und Raffaels Loggien	374
Sacco di Roma	386
Sala di Costantino	389
Die Kapelle Papst Nikolaus v.	391
Die Sixtinische Kapelle und ihre Geschichte	394
Die Wandbilder	404
Die Decke der Sixtina	412
Das Jüngste Gericht	417
Register	433

EINFÜHRUNG

JENSEITS DES BRONZETORES

Irgendwo im Vatikan irren ein paar kleine Schwestern
– blaue Kopftücher, blaue Kittel, Sandalen an bloßen
Füßen, herübergepilgert aus den Wüsten Afrikas oder
Arabiens. »Was sucht ihr?« fragt ein Prälat. Darauf die
Zarteste, verdunkelten Blickes: »Jesus von Nazareth!« –
Der Prälat nickt, geht eine Treppe voran, quer durch
den goldenen Saal, öffnet eine Tür: »Dort ist Er.« Die
Augen der Schwestern fallen auf den Weltenrichter in
Michelangelos Jüngstem Gericht.

Das ist eine wahre Geschichte – der Anlaß zu diesem
Buch. In der Tat: Christus – wiederkommend auf den
Wolken des Himmels – hat in der Palaststadt der Päpste
eine mächtigere Wirklichkeit als die irdische Gestalt des
Zimmermannssohnes Jesus von Nazareth. Ärgernis für
den Zweifler, Geheimnis für den Gläubigen aber bleibt,
daß dieser Christus und jener Jesus ein und dasselbe
sind: Gott und Mensch in einer Person. Dies ist – unabhängig von geschichtlichem Verhalten – für die Kirche
und den Vatikan verbindlich. Denn es handelt sich um
eine Glaubenswahrheit.

Kaum getraut man sich mehr, ein solches Wort niederzuschreiben. Ist es nicht längst Mode geworden, zu sagen: Wahr kann nur sein, was beweisbar ist, also muß,
was des Glaubens bedarf, Täuschung sein – oder gar
Lüge? Wo gäbe es einen Sachverhalt, durch den die alles
zermalmende Vernunft mehr gereizt werden könnte, als

die Behauptung, Christi zwei Naturen seien eine Wahrheit? Sofern der Vatikan ein organischer Teil der katholischen Kirche ist, ruhen seine Grundfesten auf dem Satz: ›credo – quia absurdum‹, ich glaube, weil meine Vernunft es nicht begreift.

Zugegeben: um deutlich zu machen, was der historische Jesus war, kann der Vatikan wenig bieten. Auf der Suche nach dem Einreißen von Tabus wird der Skeptiker gerne der Versuchung unterliegen, diese Weltkomposition für eine Art Korallenriff zu halten, aufgeschichtet aus den Ablagerungen des Verrats am Stifter der Kirche. Das Christliche untermischt mit Heidentum, das Geistliche verflochten in den Tand der Welt, das Weltliche klerikal verheuchelt – wer sollte imstande sein, unter dieser Kruste von Prunk und Ruhmsucht die einfache Wahrheit des Evangeliums noch aufzufinden? Es sind nicht nur Fanatiker, die heute sagen: Wer glaubt, braucht keinen Vatikan.

Sie haben recht und irren dennoch. Der Vatikan gehört gar nicht in den Bereich des Glaubens – er ist ein Phänomen des Lebens. Ein Priesterstaat rechtfertigt seine Existenz nicht aus der Wahrheit der Lehre, die er verkündet, sondern aus der Notwendigkeit, diese Lehre zu schützen und gleichzeitig ihre Wirkung auch dorthin auszudehnen, wo man ihren Wert leugnet. Kein Katholik kann behaupten, der Vatikan sei ein zwingendes Resultat seiner Religion. Von Menschen geschaffen, unterliegt er wie sie dem Gesetz der fortschreitenden Zeit. Er kann – und will – gar nichts anderes sein als ein geschichtlich bedingtes Werk der römischen Kirche.

In der Gegenwart – so weit ich sehe – rebelliert man gegen den Zwang, Geschichte zu gebären. Gleichwohl verwirklicht jeder einzelne Mensch in seinem Leben ein Stück von ihr. Der Vergangenheits-Komplex, der unser

Zeitalter umfängt, hat in Vergessenheit geraten lassen, daß an Gott zurückfällt, was geschehen ist. Gelassen empfängt Gott die Zeit wieder, die der Mensch mißbraucht hat, und bietet sie ihm gleichzeitig in makelloser Reinheit von neuem – als Zukunft. Im Vatikan ist die Geschichte ein Anlaß zur Trauer oder zum Lächeln, aber keinesfalls ein Fluchtweg aus der Gegenwart. Denn es ist das in der Schrift verheißene Reich Gottes am Ende der Zeit, worauf das Schiff der Kirche zusteuert. Die Größe der Päpste bemißt sich nach dem Bewußtsein, daß am Ziel dieser Fahrt der Weltenrichter wartet.

Es ist, so sagte ich, das Schicksal der Menschen, ein Stück Geschichte zu verwirklichen. Auch Jesus von Nazareth hat das getan. Die Ihm nachfolgten, suchten im Geiste, sich Ihm zu nähern. Sie gaben sich den Namen: Christen. Als Menschen aber verwirklichten sie gleichzeitig den Abschnitt der Weltgeschichte, in den ihr Leben fiel. So mußte auch die Kirche als Ganzes, wollte sie ihrem Wesen und ihrer Aufgabe gerecht werden, stets die zeitlose Substanz des Glaubens bewahren und sich dennoch in die Geschichte einfügen, die durch das Leben ihrer Gläubigen und ihrer Gegner entstand. In langen Jahrhunderten hat dieser Prozeß eine Zielsetzung zutage gefördert, die sich in der Schauseite des Vatikans glänzend spiegelt: Herrschaft der Ordnung über das Chaos, Sieg der Einheit über die Zersplitterung, Harmonie zwischen Gott und der Ihm nachstrebenden Welt. Heute bezeichnet man dies mit dem – fast zum Schimpfwort gewordenen – Begriff: ›Triumphalismus‹. Was damit zusammenhängt, wird abgeschafft. Folglich betreten wir den Vatikan in einem Augenblick, da er wahrhaftig in Gefahr ist, ein Museum zu werden.

Aber selbst wenn dies geschähe: die Kirche kann ihre

EINFÜHRUNG

Geschichte nicht verleugnen, ebenso wie der Mensch die Jahre nicht auslöschen kann, die er durchmessen hat. In keinem Falle wird es der Kirche möglich sein, wieder die Gestalt anzunehmen, die sie in den ersten Jahrhunderten nach ihrer Einsetzung hatte — als es weder den Vatikan noch die Petersbasilika gab. Denn auch Christus, als dessen mystisch-fortlebender Leib sich die Kirche versteht, ist heute nicht mehr derselbe, der Er war, als Er noch auf Erden ging. Im Labyrinth der Apostolischen Paläste kann uns die Ahnung befallen, daß alle Geschichte vielleicht nur ein Gleichnis ist für die geheimnisvolle Wandlung des Jesus von Nazareth in den Christus des Jüngsten Tages.

Unter dem Blickpunkt der Geschichte kommt im Vatikan vieles zusammen: Offenbarung und Tradition, menschliche Bemühung, mit beidem das Leben der Welt zu durchdringen, daneben der zeitweilige, verhängnisvolle Trugschluß, man könne innere Eintracht notfalls durch geistlichen Zwang erreichen, dazu der fortzeugende Judasverrat, der seine Spuren in der Kirchengeschichte deutlich hinterlassen hat (denn auch Judas war einer von den Zwölfen), schließlich die kaum entflechtbaren Wirrnisse des Menschheits-Schicksals. Von der Zukunft her gesehen ist der Vatikan hingegen etwas ganz anderes: ein seltsamer Vorgriff auf jenen Zustand der Welt, der der katholischen Kirche und ihm selbst ein Ende machen wird. Auf Michelangelos Jüngstem Gericht ist nicht nur der Weltenrichter zu sehen, der die Spreu vom Weizen scheidet, sondern auch Petrus — in dem Augenblick, da er mit den Schlüsseln die apostolische Vollgewalt an ihren Stifter zurückgibt. Nur von dieser prophetischen Darstellung aus läßt sich die Position finden, die der Vatikan zwischen dem Stifter der Kirche und dem wiederkehrenden Menschensohn einnimmt.

EINFÜHRUNG

Der Vatikan gleicht einem Schiff, auf dem ein geistlicher König über das Meer fährt. Unter Purpursegeln sitzt er auf seinem Thron. Niemand außer ihm weiß, an wie vielen Stellen im Bauche des Schiffes das Wasser eindringt – und wie viele Hände Tag und Nacht daran arbeiten, es wieder auszuschöpfen. Daß die Kraft dieser Hände aus dem Glauben kommt, wird man – selbst als Nicht-Glaubender – verstehen können. Daß sie nicht ermüden, ist vorstellbar, wenn man bedenkt, wozu Hoffnung die Menschen bewegen kann. Aber woher soll man erkennen, warum sich überhaupt noch Hände finden, diese endlose Mühe auf sich zu nehmen? Alles, was innerhalb der vielgeschmähten Mauern des Vatikans geschieht, wird aus freiem Willen und ohne Zwang getan. Der Grund dafür – und mag er noch so befleckt erscheinen von Machtgier und Herrschsucht –, der Grund heißt Gott. Wer dies nicht zu glauben bereit ist, mag seine Zweifel getrost mitnehmen auf unseren Wanderungen. Er wird viel Gelegenheit finden, sich darin bestärkt zu sehen. Denn kaum irgendwo auf der Welt tritt Gott weniger offen zutage als im Vatikan. Aber als beklemmendes Geheimnis ist Er im Hause der Päpste eine Herausforderung an jeden, der es betritt.

Der Vatikan ist nicht die katholische Kirche. Ein Pontifex Maximus, der auf dem römischen Throne sitzt – und wäre er der Größte –, kann den Glauben in den Menschen nicht erzeugen. Er kann nur der erste, augenfälligste Zeuge dafür sein, daß der christliche Glaube in seiner katholischen Form kein Wahn ist, sondern eine Wahrheit. So spiegelt der Vatikan die wechselnden Arten dieser Zeugenschaft – vom Jahre 1371 an, als Gregor XI. nach dem Exil von Avignon sich zuerst hier einrichtete, bis auf den heutigen Tag. Niemand leugnet, daß die Leistung dieses Hauses – von der Gegenwart her betrachtet – nicht immer der Menschheit gegolten hat. Aber gerade in den Schwächen, die offen zutage liegen, wird der Charakter des Ganzen deutlich: nichts wäre irriger, als den Vatikan für eine Enklave des Reiches Gottes auf Erden zu halten. Jenseits des Bronzetores ist man nicht vollkommener als diesseits. Es hat keinerlei Sinn, das Leben der Päpste unter der Voraussetzung zu betrachten, sie und ihre Umgebung müßten von Amts wegen bessere Menschen sein. Sie sind nicht einmal glücklichere.

Aber – so wäre einzuwenden – man sehe doch nur dieses Getürm von Maßlosigkeit, das sich da neben der Peterskirche erhebt – wo gäbe es einen Anspruch, der der Welt die Rechtfertigung seiner selbst beharrlicher schuldig bliebe?

Man muß einräumen, daß der Anspruch besteht – oder besser: bestand, denn gegenwärtig scheint im Vatikan niemand mehr ganz sicher zu sein, wieviel ein Pontifex Maximus den Menschen abverlangen soll oder darf. Als dies noch kein Problem war, empfanden die Päpste ihr Amt und den Heiligen Stuhl als den natürlichen, weil gottgewollten Mittelpunkt des Menschengeschlechtes. Die Natur dieses Anspruchs schlägt sich immer noch nieder in der These: Als Nachfolger des Apostels Petrus ist der Papst derjenige unter allen Menschen, der dem fortlebenden Christus kraft seines Amtes (nicht seiner Person!) am nächsten gerückt ist, weil er die höchsten Vollmachten Christi als rechtmäßiger Erbe innehat.

Gut – aber verstünde es sich dann nicht von selbst, daß das Leben der Päpste und ihrer Diener mit äußerster Kraft auf Christus und die Gebote des Evangeliums konzentriert sein müßte? Hat nicht die Welt, wenigstens soweit sie katholisch ist, ein Recht darauf, in Rom

EINFÜHRUNG

ein Vorbild zu sehen, dem sie, gemäß den Geboten des Glaubens, nachstreben kann?

So gesehen, wäre der Vatikan verpflichtet, der Gipfel der Heiligkeit zu sein, soweit solche überhaupt auf Erden zu verwirklichen ist. Offensichtlich trifft dies aber nicht zu. Also finden viele, auch tiefgläubige Menschen, die ganze Institution sei ein tönendes Erz und eine klingende Schelle. Es gibt keine auf Religion ruhende Einrichtung in der Welt, nach deren Reform so unausgesetzt geschrien worden ist. Aber: nach der Lehre der katholischen Kirche vollzieht ein gültig geweihter Priester die Sakramente auch dann noch in voller Wirkung, wenn er zum Beispiel einen Mord begangen hat, der weder bereut noch gesühnt ist. Selbst wenn Gedanken und Taten eines Priesters, eines Bischofs, eines Papstes den Wahrheiten des Evangeliums ins Gesicht schlügen, bliebe sein Amt davon unberührt. Denn Gott kann durch die Werke der Menschen wohl geschmäht, aber nicht geschmälert werden.

So ist der Vatikan ein geschichtliches Gebilde, das in konzentrierter Form die Höhenflüge und Abgründe des menschlichen Geistes widerspiegelt. Auch über ihm steht das Wort des heiligen Augustinus: »etiam peccata«: was immer die Menschen tun, der Plan Gottes findet Wege, das Böse zum Guten zu wenden, wenn auch nicht immer dort, wo die Betroffenen es erwarten. Das soll nicht heißen, es gäbe eine besondere Form des vatikanischen Gottvertrauens, wodurch infolge übernatürlichen Ausgleichs der Kompromiß zwischen Recht und Unrecht zu einem gangbaren Weg würde. Aber: der Vatikan ist von Menschen gemacht, und menschlich wirkt, was darin geschieht. Sein Glanz wird uns ein Trugspiel bleiben, sein Reichtum eine Anmaßung, die aufgewandte Geisteskraft eine Torheit – wenn wir das Absurde nicht sehen, das zwischen Gott und der Welt ihn geschaffen, und woraus er heute noch lebt.

Wenn wir also im folgenden die Wanderungen durch den Vatikan beginnen, dann soll vor unserem Geiste eine Vergangenheit lebendig werden, die ihren Abschluß in der Gegenwart noch nicht gefunden hat. Unsere Wege werden verschlungen sein wie Gedankengänge. Sie enden folgerichtig vor Michelangelos Jüngstem Gericht – vor dem Bilde jenes Augenblicks, der das letzte Blatt der Weltgeschichte aufschlägt und uns ihren Sinn enträtselt.

ZU ANFANG EIN RAT

Unmittelbar hinter der Eingangshalle zu den Vatikanischen Sammlungen steigt eine *Doppeltreppe* empor – in zwei Spiralwegen, die einander nie begegnen. Pius XI. hat sie bauen lassen – und man merkt es der Treppe an, daß dieser energische Papst zu den Bezwingern des Matterhorns zählte. Normale Menschen sind oben außer Atem und halten dann vergeblich Ausschau nach einer Bank. Wem gleich mir nicht sonderlich daran liegt, einen Museumsbesuch zum Konditionstraining für alpine Touren zu machen, der nehme den Lift und bedenke im Aufwärtsfahren, daß es ein Irrtum ist, Päpsten keinen Sportsgeist zuzutrauen. (Leo X. war ein leidenschaftlicher Reiter, Benedikt XIV. ein Marathon-Spaziergänger – aber tröstlicherweise gab es auch Männer wie Johannes XXIII., die lieber ein Glas Frascati hoben als Gewichte.) Apropos Bänke: vier steinerne stehen im Belvederehof, in der Sixtina sind welche an den Wänden aufgereiht, da und dort in den Museen gibt es noch einen Wärtersessel, Gesamtsitzfläche schätzungsweise für einhundertzwanzig Personen. Die durchschnittliche Besucherzahl liegt in Saisonzeiten über fünftausend am Tag. Die Gehstrecke umfaßt sechseinhalb Kilometer. Nur ein Klappstuhl hilft dem, der sich setzen will.

Stärken Sie also, meine Leser, Ihr Gemüt, indem Sie sich bewußt machen, daß wir einen geistlichen Bereich betreten, worin Askese kein leeres Wort, sondern ein Gebot ist. ›Vatikanisch‹ ist die Art und Weise, wie wir gezwungen werden, sie zu üben. Man lockt uns mit Kunst und entzieht uns die Bequemlichkeit. So triumphiert schließlich der Geist über den Körper, obwohl er es meistens gar nicht wollte.

Aber auch für den Geist gibt es keinerlei äußere Hilfsmittel. Den Laokoon und den Apoll vom Belvedere müssen Sie von selbst erkennen, denn keine Plastik trägt ein Schild, um sich vorzustellen. Schließlich würde man ja auch von einem Kardinal nicht verlangen, daß er den Anwesenden erklärt, wer er ist. Immerhin zeigt jede Statue eine Nummer. Sie bezieht sich auf einen Katalog, dem ein älterer vorhergegangen ist. Dessen Nummern hat man zum Teil – aus schöner Pietät, versteht sich – neben den jüngeren stehen lassen. Der Geist ist ein ordnungschaffendes Prinzip. Aber Ordnung kann nur entstehen, wenn ihr ein Chaos vorausgeht.

Sollte unser Geist lüstern werden nach einem Kaffee, so verbieten Sie ihm das bitte strengstens. Im ganzen Vatikan gibt es keine Bar – außer für die Domherren von St. Peter. Wodurch bewiesen ist, daß diese – vielfach reizende und kultivierte alte Herren – unter allen Bewohnern des Vatikans der Aufmunterung am meisten bedürfen. Im übrigen: gönnen Sie Ihren Füßen bequeme Schuhe, denn der Marmor ist ein unnachgiebiges Material – und niemand hat, als dieses Labyrinth gebaut wurde, daran gedacht, es würde einmal Menschen geben, die es in Gewaltmärschen zu bewältigen wünschen. Auf

Kleidung, die dem Ernst des Ortes angemessen wäre, hat der Vatikan schon lange generös verzichtet. Daß man heute den Papst besuchen kann, ohne sich in die Rüstung eines Fracks zu zwängen und drei Kniefälle zu machen, ist allerdings nicht gleichbedeutend mit der Erlaubnis, die Sixtinische Kapelle in Blue jeans zu betreten. Bei aller Toleranz hält man innerhalb der päpstlichen Mauern an der altmodischen Meinung fest, Strandhöschen seien für Damen nicht der erste Schritt, um die Konkurrenz mit der Venus des Praxiteles zu gewinnen. Und was die Unbekümmertheit aufblühender Liebe betrifft, so ist man im Vatikan der Ansicht, die von ihr Befallenen sollten nicht überschätzen, wieviel davon die Umwelt interessiert.

Im ganzen genommen recht harte Bedingungen für einen Museumsbesuch, zweifellos. Aber es ist eben kein Museum, was wir betreten. Es ist die ›Kunst- und Wunderkammer‹ der Päpste, ein Sammelsurium von Kuriositäten, Zufallsgaben und Herrlichkeiten, aufgestellt – oder besser untergebracht – nach einer Laune, die alles Endgültige verachtet. Die Sammlungen sind, was der Vatikan im ganzen ist, eine unaufhörliche Improvisation. Das Schlimmste wäre, eine Sache so festzunageln, daß die nachfolgende Generation nichts mehr ändern kann.

Glauben Sie nicht, im Vatikan sei, was ins Auge fällt, immer das Beste, Wertvollste, Wichtigste. Eines der herrlichsten Porträts der Antike, der Bronzekopf des Augustus, ist zum Beispiel kaum zu finden. An dem berühmten Elfenbein-Diptychon von Rambona geht jedermann vorüber, der nicht eigens darauf hingewiesen wird. Die griechischen Originale stehen in zwei Zimmerchen, als Anhängsel an das Etruskische Museum, in dem niemand sie vermuten würde. Wann

schon, so hat man im Vatikan immer gedacht, kann
der Mensch sicher sein, daß das, was er für belanglos
hält, es auch wirklich ist? Wann schon ist ausgemacht,
die Bedeutung eines Gegenstandes für das Ganze sei zu
allen Zeiten dieselbe? Hinter dem Durcheinander wirkt
Bescheidenheit, so seltsam das klingt. Man überläßt es
unserem Auge, aus dem riesigen Arsenal hervorzuzie-
hen, was unseren Geist mit Freude oder Schaudern erfüllt – und setzt dabei voraus, daß wir unser Urteil
nicht für unfehlbar halten.

Als dies alles entstand, ging man hauptsächlich darin
spazieren. Man sprach über Politik, man spann Intrigen, man schlürfte den Klatsch, man dichtete Verse –
und im Vorbeigehen verhielt man den Schritt, ließ die
Hand über den atmenden Marmor einer Statue gleiten
und freute sich. Der Einfluß der vatikanischen Kunstwerke auf jene, denen sie nur ein begleitender Schmuck
des Daseins waren, ist nicht geringer gewesen als ihre
Wirkung auf uns, die wir die Kunst längst zum Ver-
steckspiel vor dem Leben benützen.

In der Rundhalle über der Doppeltreppe stehen am
Kontrollgitter zwei uniformierte vatikanische Beamte.
Lassen wir uns nicht irreführen durch ihre unnahbaren
Gesichter. Sie sind zumeist herzensgute, brave Familien-
väter, mäßig bezahlt und durch ein Sparbrenner-Leben
zu höherer Weisheit gelangt. Brächten wir, was fast unmöglich ist, einen von ihnen zum Reden, wir würden
das Gras des hl. Petrus wachsen hören. Meistens waren
schon ihre Urahnen in vatikanischen Diensten. Von
ihnen haben sie die sichere Erkenntnis geerbt, daß auch
für die Päpste mit Wasser gekocht wird. Sie bilden die
unterste Stufe jener Kleinwelt monarchischer Prägung,
worin der Begriff ›Hofschranze‹ noch vitale Bedeutung
hat: ein Mensch ist so viel wert, wie Kardinäle ihn zur

Kenntnis genommen haben. Wahrscheinlich gibt es kaum irgendwo kritischere Katholiken als sie. Seltsamerweise aber auch keine treueren.

Wenn das Kontrollgitter und der anschließende Korridor hinter uns liegen, treten wir hinaus auf eine Terrasse, die zum Verweilen einlädt. Das Panorama ist römisch. Palastfront, Gärten, Peterskuppel. Angesichts einer solchen Komposition wäre noch ein Letztes zu bedenken: nirgends wirken Menschen in der Masse beklemmender als hier. »Wissen Sie, wo die Laokoon-Gruppe ist?« – »Nein, wir gehören zur Gruppe Meyer.« Oh, Geschichte, du Reich des Schweigens. Im Vatikan heißt die Tugend aller Tugenden: Geduld.

LABYRINTHISCHES
WELTTHEATER

Im Rundblick der Terrasse öffnet sich die Stadt der Päpste zur Landschaft. Der vatikanische Hügel zeigt seinen gekrümmten Kamm – mehrere ungleiche Erhebungen – zum Kreissegment geordnet. Auf der höchsten von ihnen, im Norden, ragt der Sendemast der Radiostation. Die niedrigste, im Westen – wo wir stehen –, trägt den Bezirk des Belvedere. Wechselnd steiler und flacher fällt der Hang des Hügels, ähnlich der gerundeten Form eines antiken Theaters, gegen die Peterskirche zu Tal. Am sanftesten ist sein Gefälle zwischen unserem Standort und dem Apostolischen Palast.

Romantisch ist, was ins Auge dringt; denn überraschend haben Natur und Kunst, Gärten und Architektur sich verbündet. Und römisch ist, was wir sehen, weil all dies ein verzweigteres Wesen hat, als seine Schauseite verrät.

So behauptet das Gebäude zu unserer Linken, durch den Namen *Belvedere* einen schönen Ausblick zu bieten. Von wo aus und wohin – das wird uns verschwiegen. Auch der kleine Kuppelbau selbst schon trügt. Er ist nur ein elegantes Treppenhaus – das eigentliche Belvedere liegt dahinter. Die endlose, von hier auf St. Peter zulaufende Front gebärdet sich als Palast. In Wirklichkeit ist sie nur ein mehrgeschossiger Korridor, der alles verdeckt, was uns Klarheit über die ganze Anlage verschaffen könnte. Im Hintergrund, über quer liegenden, gedrungenen Bauteilen, gibt sich ein gegiebeltes Dach als Palas einer Festung – tatsächlich krönt es das Erhabenste, was der Vatikan besitzt: die *Sixtinische Kapelle*. Daneben, geschickt maskiert durch einen bizarren Bestand uralter Zedern, gelingt es der *Peterskirche,* uns vorzutäuschen, sie sei ein Zentralbau – während wir nur den Ansatz des Langhauses und die Vierung vor uns haben. Weiter im Westen dehnt sich das Panorama der *Vati-*

DIE PÄPSTE IN AVIGNON

kanischen Gärten, der Welt bekannt als behüteter Rast-
bezirk des Papstes – aber leider geht er, wo wir hin-
sehen können, niemals spazieren. Schließlich rückt zur
Rechten, auf unserer Höhe, ein schwerer Ziegelbau heran, durch dessen Steine man den päpstlichen Aktenstaub
fast zu riechen meint. Was sich dahinter verbirgt, ist
ein Farbentraum der Malerei, die *Pinacoteca Vaticana.*
Ein Ensemble also, wie von Piranesi gruppiert in Licht
und Schatten, das unsere Neugier erhöht, ohne die Verwirrung zu mindern.

Ein solches Labyrinth steinerner Kulissen ist aber kein
Zufall. Es ist gewachsen, wie das Leben wächst – und
seine Geschichte beweist es. Sie setzt ein mit der Rückkehr der Päpste aus dem Exil von Avignon.

Lebensunsicherheit in Rom, Baronalfehden im Kirchenstaat, die Übermacht Frankreichs in Italien und die
Wahl eines Erzbischofs von Bordeaux zum Papst hatten ausgereicht, um die Verlegung der Papstresidenz
in das Tal der Rhône ins Werk zu setzen. Das geschah
nicht auf einmal. Zunächst lud der neu gewählte französische Papst die Kardinäle samt Gefolge zu seiner
Krönung nach Lyon ein. Dann berief er mit geduldiger
Konsequenz nach und nach immer mehr Franzosen in
die höchsten Kurialämter und zum Kardinalat. Gleichzeitig schloß der Papst mit dem französischen König
ein Abkommen – es war demütigend genug –, das ihm
Schutz und Sicherheit gewährte. Nun erst zog man nach
Avignon – in eine Stadt, die der Familie Anjou gehörte, welche ihrerseits als regierendes Königshaus von
Neapel unter der Lehenspflicht des Heiligen Stuhles
stand. Als später – 1348 – in Neapel ein Familienzwist
unter den Anjou ausbrach, floh die damalige Königin
Johanna nach Avignon und bot die Stadt dem Papst
zum Kauf an. Clemens VI. griff zu, zahlte den Spott-

preis von achtzigtausend Goldgulden und stand von nun
an auf eigenem Grund und Boden. Den Römern, die
eine Gesandtschaft nach der anderen schickten, wurde
gleichwohl die Rückkehr der Päpste immer wieder in
Aussicht gestellt – doch erfolgte sie nicht einmal, als die
Lateranbasilika in Flammen aufgegangen war, was damals jedermann als furchtbares Zeichen für den Zorn
des Himmels verstand.

Allmählich gewöhnte sich die Christenheit daran, den
Nachfolger Petri in den Weinbergen der Provence aufzusuchen. Der Glanz des päpstlichen Hofes schien in
Avignon weit größer zu sein, als er in Rom jemals gewesen war. Man hatte keine Hemmungen, für das Krö-
nungsmahl eines neuen Papstes viertausend Goldgulden
auszugeben. Damals schrieb der Dichter Petrarca, der
den Luxus von Avignon aus der Nähe gesehen hatte, dem
Kardinal Elias Talleyrand die wirkungslosen Worte:
»Wenn Du auf Deinem mit Kleinodien gedeckten Zel-
ter sitzest, denke an das Eselein des Herrn und an die
aufgeriebenen Füße der Apostel ... und wenn Du auf
Deinem goldenen Bette ruhst, an Christi und Dein eigenes Grab.«

Die Stadt Rom und der Kirchenstaat wurden mittel-
lerweile durch Kardinallegaten regiert. Von den zwei
Millionen, die die Hauptstadt der Welt in der Antike
beherbergt hatte, waren nur noch etwa zwanzigtausend
Bewohner übriggeblieben. Gegenseitig steigerten sich
Armut und Straßenräuberei. Die Revolution des Cola
di Rienzi brachte einen flüchtigen Rausch von Freiheit
und Größe über die Stadt, doch brach die Bewegung
am Größenwahnsinn des Volkstribuns bald zusammen.
Schlimmer war, daß die Päpste Rienzis Abenteuer als
einen Grund mehr ansahen, die Rückkehr nach Rom
hinauszuschieben. Um die Mitte des 14. Jahrhunderts

hatten die meisten in der Stadt lebenden Römer niemals einen Papst von Angesicht gesehen.

Gleichzeitig aber erschien in Italien der Kardinal Aegidius d'Albornoz, ein spanischer Grande, der sich als General im Krieg gegen die Mauren hoch verdient gemacht, als Diplomat und Staatsmann vielfach bewährt hatte und später zum Erzbischof von Toledo aufgerückt war. In einem vierzehn Jahre dauernden Kampf gelang es diesem verschlossenen Mann, durch eine flexible Mischung aus Härte und Diplomatie ohne nennenswerte Truppen die Herrschaft über die verrottete Stadt und das unsichere Gebiet des Kirchenstaates in die Hand zu bekommen. Er festigte die Zustände durch ein Gesetzeswerk, ›Constitutiones Aegidiane‹ genannt, das – nach einer Revision durch Sixtus IV. – bis in die napoleonische Zeit, also mehr als vierhundert Jahre, seine unbestrittene Geltung behielt. Ein geeinter und geordneter Kirchenstaat war das Ergebnis. Damit entfiel der Hauptgrund, der die Päpste aus Rom vertrieben hatte. Dennoch war ihre Rückkehr nach Rom von einem Zögern begleitet, das uns deutlicher als jede Chronik zeigt, wie mißtrauisch die Päpste gegenüber den römischen Verhältnissen geworden waren.

Papst Urban V. empfing 1367 den Besuch Kaiser Karls IV. in Avignon und vermochte dessen ernste Vorhaltungen nicht zu entkräften. Sie waren um so wirkungsvoller, als Karl IV. die beschämende Situation des Papsttums am eigenen Leib erfahren hatte: Zwölf Jahre vorher war der Kaiser auf seinem Romzug gezwungen gewesen, die Krone des Heiligen Römischen Reiches aus der Hand des Staatspräfekten entgegenzunehmen und sich in St. Peter von einem Kardinalbischof salben zu lassen. Die hl. Brigitta, Witwe eines schwedischen Adeligen und Mutter von acht Kindern, die damals, den

Werken der Barmherzigkeit folgend, in Rom lebte, hatte ihre Stimme mit der des Dichters Petrarca vereint, um den Papst zur Rückkehr zu bewegen. Schließlich brach Urban v. am 30. April 1367 von Avignon auf, nahm von den sechzehn Kardinälen elf mit und erreichte auf sechzig Galeeren den Hafen von Corneto, wo Kardinal Albornoz ihn erwartete.

Auf die Frage des Papstes, was Albornoz mit den Geldern angefangen habe, die ihm von Avignon zugeflossen waren, antwortete der Kardinal mit einer bezeichnenden Geste: er ließ auf einem Ochsenkarren die Schlüssel sämtlicher Städte und Burgen vor den Papst fahren, die er für den Kirchenstaat zurückgewonnen hatte. Wenig später, als der Papst bis Viterbo gelangt war, starb Albornoz – und Urban mußte seine Rückkehr in die Ewige Stadt nun bewerkstelligen, ohne eine eiserne Hand zur Seite zu haben.

Auf dem Kapitol begrüßte der Dichter Petrarca den Papst: »In wenigen Tagen wirst Du das Unrecht von fünf Deiner Vorgänger während sechzig Jahren wieder gutgemacht haben.« Tatsächlich schien es zunächst, als habe die Ankunft des Papstes der Stadt und dem Erdkreis den Frieden wiedergeschenkt. Karl iv. zog ein zweites Mal nach Rom, um nun wenigstens die Kaiserin formgerecht krönen zu lassen. Und 1369 empfing der Papst den Kaiser von Byzanz, Johannes v. Paläologos, der unter dem steigenden Ansturm türkischer Macht nach Rom kam, um die Vereinigung der orthodoxen mit der römisch-katholischen Kirche und seine eigene Konversion anzubieten. Noch immer war der Zustand der Stadt Rom derart ruinös, daß man bei solchen Gelegenheiten große Teppiche und Tücher über die eingestürzten Gebäude breitete, um ihr wahres Aussehen vor den illustren Gästen zu verbergen. Urban v. aber

wurde immer mehr von einer geheimen Sehnsucht nach
Avignon gequält. Bald merkte seine Umgebung, daß er
mit dem Gedanken spielte, an die Rhône zurückzukehren. Die hl. Brigitta wandte sich an einen Kardinal mit
der Bitte, dem Papst mitzuteilen, daß ihr die heilige
Jungfrau im Traum erschienen sei und sich über die
Absicht des Papstes bitter beklagt habe. Der Kardinal
war zu vorsichtig, dem Papste die Warnung weiter-
zugeben. Als Brigitta wenig später Urban persönlich
sprach, prophezeite sie ihm, die Rückkehr nach Avignon
werde ihm das Leben kosten. Dennoch war der Papst
nicht aufzuhalten. Mit einer Erleichterung, die nur aus
seinem Heimweh zu erklären ist, verließ er Italien und
zog wieder in seinen luxuriösen Palast an der Rhône –
allerdings nur, um schon wenige Wochen später darin
zu sterben. In Rom herrschte Anarchie.

Der nächste Papst war jener Kardinal, der Brigittas
Warnung nicht weitergegeben hatte: Gregor XI., ein
Südfranzose, der letzte französische Papst auf dem Heiligen Stuhl. Er hatte zunächst keinerlei Lust auf ein
römisches Abenteuer, bis 1376 im Palast von Avignon
eine blatternarbige neunundzwanzigjährige Nonne erschien: die hl. Katharina von Siena. Eine Färberstoch-
ter, hatte sie mit fünfzehn Jahren das Kleid des hl. Do-
minikus genommen, die Heimsuchung häufiger Visionen
geduldig ertragen und aus ihnen die Kraft gezogen,
dem Oberhaupt der Kirche bitterste Wahrheiten ins Gesicht zu sagen. Aus nächster Nähe hatte sie erlebt, wie
Gregor XI. durch Duldung an dem Gemetzel schuldig
geworden war, das der Kardinal Robert von Genf in
Cesena angerichtet hatte, um den durch Pest und Hunger hervorgerufenen Aufstand der Toskana niederzu-
schlagen. Als wenig später der ganze Kirchenstaat in
Flammen stand, gab Gregor XI. die Schuld daran der

Stadt Florenz, die dem Patrimonium Petri benachbart war. Er belegte sie mit dem Interdikt, erklärte ihre Handelsverträge für nichtig und gestattete der ganzen Christenheit, jeden Florentiner als vogelfrei straflos zu töten. Nun forderte die blasse Nonne Katharina den Frieden für Florenz, für ihr Land, für Italien – und drängte den Papst erneut nach Rom. Sie machte keinen Hehl daraus, in Avignon »den Gestank Babylons« wahrzunehmen. Die luxuriöse Kurie witzelte, die Gesellschaft spottete über sie, der Papst aber spürte, wie sehr Katharinas Kraft ihn schon besiegt hatte. Er schrieb dem König von Frankreich einen bedauernden Brief und machte sich seufzend auf, nach Rom zurückzukehren. Noch beim Verlassen der Stadt Avignon erlaubte er – in der Meinung, es werde sich nur um einen kurzen Besuch handeln – einem großen Teil der Kardinäle, ihrem heiteren Leben in den französischen Gärten sorglos weiter zu frönen. Er selbst rastete sich durch Italien, was mehrere Monate dauerte. 1377, am 14. Januar, langte er endlich in Ostia an, wo ihm in einer nächtlichen Zeremonie die Herrschaft übergeben wurde. Am nächsten Abend fuhr er auf einem Prunkschiff den Tiber hinauf, von den Fackeln tanzender Jugend am Ufer begleitet. Als Gregor XI. schließlich vor die Petersbasilika kam, strahlte sie von achtzehntausend Lampen. Der Jubel der Römer hatte nicht seinesgleichen. Familien, die seit Generationen verfeindet waren, schlossen Frieden. Nach siebzig Jahren hatte Rom seinen Bischof wieder.

Zwei Wochen später zeigte sich, daß die Krise nicht vorüber war. Die Einwohner des schwer geprüften Cesena empörten sich wiederum – diesmal gegen die französische Garnison, die man nach dem ersten Aufstand in ihre Mauern gelegt hatte. Der Kardinal Robert von Genf erschien zum zweiten Male, bediente sich nun eines

englischen Söldnerkorps und ließ viertausend Bürger
über die Klinge springen. Seit jenem Tage trägt er für
die Geschichte den Namen ›der Henker von Cesena‹.
Der Papst war nicht schuldig an dem Verbrechen, wurde
für die Römer aber dennoch zum ›papa guastamondo‹,
zum Papst, der die Welt ins Verderben stürzt. Weit
und breit gab es keinen Albornoz, den Gesetzen Respekt
zu verschaffen. Es ist verständlich, wenn Gregor XI. mit
Melancholie im Herzen davon sprach, welch ein schönes
Vaterland, welch dankbar frommes Volk und wieviel
anderes Köstliche er verlassen habe – denn was hatte
er eingetauscht? Möglicherweise verdanken Rom und
die Christenheit es nur seinem plötzlichen Tod, daß
nicht auch er wieder nach Avignon zurückkehrte. Er
starb, vierzehn Monate nachdem er gekommen war.

Kaum hatte er die Augen geschlossen, verbreitete
sich in Rom die Parole, der nächste Papst müsse ein
Römer oder zumindest ein Italiener sein. Das Volk
könne dies erzwingen, der Magistrat stehe hinter ihm.
Das Konklave wurde unter Terror gesetzt, die von Panik ergriffenen Römer schleppten einen Richtblock nach
St. Peter, in dessen Holz das Henkerbeil steckte, um zu
demonstrieren, was geschehen würde, sollten die Kardinäle anders wählen. Zwei Römer gehörten dem Konklave an, ein Greis am Rande des Todes und ein junger, gewalttätiger Mensch aus dem Hause Orsini. Nach
stürmischer Sitzung kamen die Kardinäle auf den Gedanken, einen Scheinitaliener zu wählen: den Neapolitaner Bartholomäus de Prignano, der der Familie der
Anjou angehörte. Er war noch nicht Kardinal, folglich
beschloß man, ihn auf dem schnellsten Wege herbeizu-
holen. Aber die Römer, die von dieser Entscheidung
noch nichts wußten, ließen dem Konklave nicht so lange
Zeit. Mit Lanzenschäften pochte man vom tieferen Stock-

werk aus gegen den Boden des Konklavesaals, und die erschreckten Kardinäle, die aus den Fenstern sahen, erblickten ringsum brennfertige Holzstöße. Eine Farce war das Resultat des Terrors. Der uralte römische Kardinal Tibaldeschi wurde in die Papstgewänder gekleidet und zum Schein auf den Thron gesetzt. Damals hielten die Türen des Konklave noch viel weniger dicht als heute. Die Nachricht, ein Römer sei Papst geworden, versetzte das Volk in Taumel, man sprengte die Konklavetür, um dem neuen Pontifex die Füße zu küssen. Da erhob sich der zitternde Greis auf dem päpstlichen Stuhl und schrie mit der furchtbaren Stimme der Scham: »Ich bin nicht der Papst.«

Der Erzbischof von Bari, der tatsächlich Erwählte, konnte mit seinem neapolitanischen Temperament die Römer schließlich überzeugen, daß die Franzosenherrschaft nicht weitergehen würde. Er nahm den Namen Urban VI. an. Kaum inthronisiert, gewann er die Herzen der kleinen Leute, indem er den Kardinälen die Privilegien gewaltig beschnitt. Am Osterfest herrschte er die anwesenden Bischöfe an: »Ihr habt geschworen, an euern Bischofssitzen zu bleiben. Was sucht Ihr hier in Rom?« Man hatte einen Tyrannen gewählt. Katharina von Siena schrieb ihm, er solle sich überlegen, daß selbst ein Papst nicht Gerechtigkeit üben könne, ohne barmherzig zu sein. Die verstörten Kardinäle erinnerten sich, daß in Avignon noch eine beträchtliche Zahl ihrer Kollegen weilte, die nicht an der Papstwahl teilgenommen hatten. Auch fragte man sich plötzlich, ob die Wahl Urbans VI. überhaupt gültig sei, da sie doch unter dem Druck der Römer vor sich gegangen war. Fünfzehn der in Rom anwesenden Kardinäle flohen aus der Stadt und versammelten sich in Fondi. Robert von Genf drohte dem Papst, er habe es an Achtung vor

RÜCKKEHR NACH ROM

den Kardinälen fehlen lassen und dürfe sich nun nicht
wundern, wenn diese auch seine Ehre nicht mehr achte-
ten. Ein halbes Jahr nach der Wahl Urbans VI. wählte
man in Fondi den Henker von Cesena, Robert von
Genf, zum Gegenpapst Clemens VII. Er begab sich augenblicklich nach Avignon. Das Schisma war da.

Zweiundfünfzig Jahre heilloser Zerrüttung folgten,
in denen die Römer wohl einen Papst, die Christenheit
jedoch deren zwei oder mehrere hatte. Da die Spaltung
nicht durch das Eingreifen eines Kaisers oder die Ab-
trünnigkeit eines Landesherrn erfolgt, sondern von den
Kardinälen selbst hervorgerufen worden war, konnte
bald niemand mehr erkennen, welcher Papst der recht-
mäßige sei. Päpste und Gegenpäpste taten einander in
den Bann, erklärten als ungültig, was jeweils der geg-
nerische Papst verfügt hatte und bezichtigten sich gegenseitig, der Antichrist zu sein. Aus solchem kirchlichen
Elend wurde geboren, was wir heute den Vatikan nennen.

Schon Gregor XI. hatte während seines Aufenthalts
in der Stadt Rom die alte Papstresidenz des Lateran
gemieden. Die Basilika des hl. Johannes vom Lateran
war noch nicht wiederaufgebaut, und der anschließende
grandiose Palast, aus dem seit siebzig Jahren das Leben
geflohen war, bot wenig Einladendes. Doch war es wohl
nicht nur der Mangel an Bequemlichkeit, der Gregor XI.
veranlaßte, den Vatikan vorzuziehen. Das Papsttum
hatte sich in den avignonesischen Jahren gewandelt, und
man wollte nicht mehr zurückkehren zu den Belastun-
gen, die zum Exil der Päpste geführt hatten und in den
Mauern des Lateran noch immer geisterten. Der Schatten Bonifaz VIII., unter dem die Kirche den Höhepunkt
ihrer weltlichen Herrlichkeit und ihren tiefsten Fall erlebt hatte, ging nach der Meinung der Römer im Late-

ran um. Kein Papst nach Avignon mochte ihm begegnen. So richtete man sich in den Gebäuden ein, die unmittelbar an die alte Petersbasilika grenzten. Damit sollte dokumentiert werden, daß die Päpste die Nähe des Apostelgrabes wieder suchten, von dem sie ihren Anspruch herleiteten. Doch konnte infolge des Schismas niemand daran denken, die an St. Peter angelehnten Baulichkeiten zu einer Residenz umzuwandeln, die mit Avignons Pracht vergleichbar gewesen wäre. Solange das Schisma dauerte, wohnten die römischen Päpste in einem eher dürftigen Provisorium. Dies änderte sich erst, als die Kirchenspaltung endgültig bereinigt und ein leidenschaftlicher Humanist als Nikolaus V. die Kathedra Petri bestiegen hatte. Wir stehen in der Mitte des 15. Jahrhunderts.

Nikolaus V. blieb es vorbehalten, unter eineinhalb Jahrhunderte kirchlicher Zerrüttung den Schlußstrich zu ziehen. Er tat es mit der elegantesten Feder, die seit langem von einem Pontifex geführt worden war. Der bezaubernde Enea Silvio Piccolomini, der ihm später als Pius II. im Pontifikat folgte, übertreibt nicht, wenn er in der Ekloge auf Nikolaus V. – sie ziert sein Grab in den Grotten unter St. Peter – an die Stadt die Worte richtet: »Du aber, o Rom, hast von ihm ein goldenes Zeitalter empfangen. In jedem Ratschluß erleuchtet, glänzte er mehr noch durch Tugend. Gelehrt waren die Männer, die er rief, doch er selbst war weiser als sie.« Das Porträt Nikolaus V. zeigt die starke Wangenfalte, die sich nur in einem immerfort bewegten Gesicht auszubilden pflegt. Sein Auge glänzte von Humor und Güte, auf dem Grabmal lächelt es noch im Tode. Sein Charakter vereinte aufs glücklichste Geschmack und Freigebigkeit, die Lust, schöne und herrliche Dinge um sich her entstehen zu sehen, die Hochschätzung von

FRA ANGELICO
Der hl. Laurentius den Kirchenschatz
von St. Peter den Armen spendend, um 1450
Fresko in der Kapelle Nikolaus v.

Genie, die Förderung von Talent, schließlich die Erkenntnis, daß die Zustände der Welt zumeist nicht so sehr gebessert, als durch Schönheit erträglicher gemacht werden können.

Unter den kunstbewanderten Männern, die er an seinen Hof gerufen, ragt Leon Battista Alberti hervor, ein ›uomo universale‹, wie ihn die Renaissance vollkommener nicht hervorgebracht hat. »Die Menschen vermögen von sich aus alles, sobald sie wollen« – war der Leitspruch dieses Mannes. Zum Erweis seines tadellos durchgebildeten Körpers ließ er sich zuweilen die Füße zusammenbinden, um dann aus dem Stand über einen aufrecht stehenden Menschen zu springen. Zeitgenossen wollen gesehen haben, wie er im Florentiner Dom eine Münze bis in das Gewölbe der Kuppel hinaufschleuderte. Auch als Zureiter wilder Pferde gab es niemand besseren. Seine Stimme war von makellosem Schmelz, die Orgel spielte er mit Kunst. Die ebenmäßige Kraft seiner Rede war berühmt. Seine Freundlichkeit gegen jedermann schloß nur die Frauen aus, die er zum Gegenstand boshafter Satiren machte, obwohl die Geschichte offenläßt, wodurch er sich dazu veranlaßt fühlte. Er war der Prototyp eines Zeitalters, das einem einzelnen Menschen noch zutraute, in den verschiedensten Disziplinen ein Meister zu sein, anstatt ihn – wie heute üblich – des Dilettantismus zu zeihen, wenn er sich für mehr als sein Fachgebiet interessiert. Überdies hielt man damals noch für natürlich, daß jemand, der eine Kunst beherrschte, sich auch in den Wissenschaften betätigte, die den Künsten vorausgesetzt sind. In der Praxis begegnet uns Alberti als Architekt, Bildhauer, Maler, Komponist, Lyriker und Dramatiker. In der Theorie beschäftigte er sich mit mathematischen, mechanischen und philosophischen Problemen, zu denen noch sein in-

tensiver Scharfsinn in Fragen des weltlichen und kano-
nischen Rechtes kam. Bekannt ist seine Gepflogenheit,
nach der Fertigstellung eines Bildes Kinder von der
Straße hereinzurufen und sie zu fragen, was es dar-
stelle. Konnten sie es nicht sofort sagen, begann er das
Bild von neuem zu malen. Seine Komödie ›Philodoxus‹
weist ein so harmonisches Latein auf, daß er die gesamte
Gelehrtenwelt seiner Zeit damit nasführen konnte, indem er den Text als die soeben wiederentdeckte Schrift
eines antiken Dichters ausgab und bei allen Autoritäten
Glauben fand. Der vornehmste Buchdrucker Italiens,
Aldus Manutius, veröffentlichte das Werk als römischen
Klassiker. Obwohl seine persönliche Überzeugung ein
seltsames Gemisch aus antiken und katholischen Elementen war, ist es keiner ihm nachfolgenden Epoche
bisher gelungen, seine Behauptung zu widerlegen, der
Niedergang des christlichen Glaubens werde die Welt
in ein äußeres und inneres Chaos stürzen. Als genialster
Architekt seiner Generation durchzog er Italien und
traf in Rom auf den einzigen, ihm ebenbürtigen Partner: Nikolaus v. Zusammen entwarfen die beiden den
riesenhaften Plan, die Peterskirche neu zu bauen und
den vatikanischen Hügel in seiner ganzen Ausdehnung
mit einer Palaststadt zu bedecken. Darin sollten Papstresidenz, Verwaltung, Bibliothek und Stätten der Wissenschaft in einer Großräumigkeit untergebracht werden, die dem Stil der römischen Kaiser entsprach. Der
Hof des Papstes sollte gleichzeitig eine Art Weltfor-
schungsstätte, ein Universalatelier, ein Musenhof und
ein Meisterkonservatorium sein. Es sollte kein Buch
der alten und der neuen Zeit geben, das in der Bibliothek dieses Palastes nicht zu finden sein würde. Und
dies alles sollte dienend bemüht sein, das geistige Erbe
der gesamten Menschheit mit dem Arkanum des Chri-

DIE BAUTEN NIKOLAUS V.

stentums zu durchdringen und so die wahre Renaissance
ins Werk zu setzen: die Vereinigung des freien menschlichen Geistes mit der göttlichen Liebe.

Spärlich genug ist, was von diesem wunderbaren Programm auf uns kam. Dennoch können wir von unserer
Terrasse aus eine architektonische Spur Nikolaus v. entdecken: jene quer liegenden gedrungenen Bauteile, über
denen sich der Dachgiebel der Sixtinischen Kapelle erhebt. (Die Sixtina wurde erst dreißig Jahre später unter
Sixtus IV. gebaut, wovon zu reden sein wird, wenn wir
sie betreten.) Der Palast, den Nikolaus v. sich als Wohn-
stätte errichten ließ, umfaßt nach Osten zu auch noch
den Trakt, der heute den Namen *Borgia-Appartement*
trägt, sowie – ein Stockwerk darüber – die Flucht klei-
nerer Gemächer, die, später von Raffael ausgemalt, heute
als *Stanzen* bezeichnet werden. Außerdem hat Nikolaus v., keine hundert Meter östlich von unserer Terrasse,
ein kleines Kastell errichten lassen, das zum Schutze des
vatikanischen Hügels dienen sollte. Es bestand aus einem
wehrhaften Turm und einem zinnenbewehrten Mauer-
geviert, das den Kern des Bezirkes bildet, welchen man
heute als *Belvedere* kennt.

Gut dreißig Jahre später, gegen Ende des 15. Jahrhunderts, griff Innozenz VIII. in das Baugefüge dieses Kastells ein. Doch war er dabei weit entfernt von den
Gedankenflügen Nikolaus v. Der Gesandte der Stadt
Florenz berichtete der Signoria mit der dort üblichen
Scharfsichtigkeit: »Er (Innozenz VIII.) macht mehr den
Eindruck eines Mannes, der sich von andern beraten
läßt, als der selber leitet.« Von Natur aus gütig, suchte
er mit hoch und nieder freundschaftlich auszukommen,
vermochte aber dabei nur begrenzte Geisteskraft und
Bildung einzusetzen. Sehr bald nach seiner Wahl bemerkte man an der Kurie, daß auch die Ausdauer zu

den Tugenden gehörte, die der Papst mehr ersehnte als besaß. Und so bietet das Bild des Päpstlichen Hofes unter jenem Pontifikat die ganze Farbenskala zwischen Luxus und Korruption. Die Renaissance stieg ihrem Höhepunkt entgegen, die Kardinäle bewohnten weiträumige Paläste und trugen ihr geistliches Kleid nur als Standesornat. »Sie jagten, spielten um hohe Summen, gaben schwelgerische Gastmähler, feierten üppige Feste, nahmen an dem ausgelassenen Karnevalstreiben teil und erlaubten sich in sittlicher Beziehung arge Ausschweifungen.« (Pastor) Der Ämterverkauf an der Kurie wurde zur festen Einrichtung. Innozenz VIII. hielt es für ein günstiges Geschäft, die Zahl seiner Sekretäre auf sechsundzwanzig zu erhöhen und von den Ernannten insgeheim mehr als sechzigtausend Dukaten dafür einzukassieren. Auch kleinere Ämter wurden für die apostolische Kasse zu Einnahmequellen gemacht. So erhielten gegen die Zahlung von zweitausendfünfhundert Dukaten pro Person zweiundfünfzig Männer die zeitraubende Aufgabe, päpstliche Schriftstücke und Dokumente mit den damals üblichen Bleisiegeln zu versehen. Auch Begnadigung vor Gericht war für Geld zu haben. Dem Kardinal Rodrigo Borgia ist von einem Zeitgenossen als Begründung für die Zustände das zynische Wort in den Mund gelegt worden: »Gott will nicht den Tod des Sünders, sondern daß er lebe und – zahle. (Dieser Kardinal Rodrigo Borgia folgte später Innozenz VIII. auf den Heiligen Stuhl – als Alexander VI. Er ist es, der die Papstgemächer im Palast Nikolaus V. mit düsterglänzendem Luxus ausstatten ließ – und nach ihm heißen sie heute: Borgia-Appartement.)

Chaotisch waren auch die moralischen Zustände in der Stadt. Des Nachts begab sich in Lebensgefahr, wer ohne bewaffnete Wachen auf die Straße ging. Verschwörun-

gen, Familienfehden, persönliche Racheakte, Straßenräuberei fanden in den morastigen Gassen der römischen Altstadt blutigen Austrag. Ein großer Teil der
Bevölkerung verelendete, zumal man sich durch kein
Mittel dazu überreden ließ, irgendeine Beschäftigung
aufzunehmen, die das Geringste mit Arbeit zu tun
hatte. Dies war ein Milieu, geradezu ideal für die begehrlichen Gewalttaten, die ein Mensch namens Franceschetto Cibò pausenlos beging, indem er in Häuser
einbrach, Frauen entführte und deren Männer um ihre
Ersparnisse erleichterte. Daß der Bösewicht dies alles
straflos tun konnte und dabei nicht ermordet wurde,
verdankte er einer Tatsache, die damals niemand für
ein Ärgernis hielt: Franceschetto war der leibliche Sohn
des Papstes aus der Zeit vor dessen Priesterweihe.

Unter dem Pontifikat Innozenz VIII. ereignete sich
jenseits des christlichen Herrschaftsbereiches, im türki-
schen Konstantinopel, ein Familienzwist, der den Anfang zu dem wunderlichsten Schauspiel jener Jahre bildete. Der Sultan der Türken, Mehmed II., war gestorben und hatte zwei Söhne hinterlassen, die alsbald einen
blutigen Krieg um die Thronfolge ausfochten. In der
Entscheidungsschlacht siegte Bajesid II. Der Unterlegene,
Prinz Djem, verließ eilends die Truppen, die für ihn
gekämpft hatten, und begab sich in den Schutz des Groß-
meisters der Johanniter-Ritter, der damals auf der Insel Rhodos residierte. Pierre d'Aubusson, wie viele
Franzosen von beneidenswertem Spürsinn für politi-
sches Spiel, rechnete sich sehr schnell aus, wieviel der
Gefangene wert war. Dann stellte er dem Sultan Bajesid ein Ultimatum: entweder fünfundvierzigtausend
Dukaten im Jahr zu zahlen – für den angeblichen Unterhalt des Prinzen – oder in Kauf zu nehmen, daß unter Führung des Johanniter-Ordens der Prinz Djem

zum Kronprätendenten der Hohen Pforte ausgerufen und von einem neuen Kreuzzugsheer in seine Rechte eingesetzt würde. Bajesid brauchte Frieden und bezahlte. Von da an war der Gefangene einträglich – und der Schacher um ihn begann.

Die Johanniter schickten Djem nach Frankreich und hielten ihn dort auf einer ihrer Besitzungen in höchst komfortabler und ehrenvoller Haft. Gleichzeitig begannen sie gegenüber den Herrschern Europas eine Art Versteigerung des Prinzen. Die Beteiligung war groß: die katholischen Könige Ferdinand und Isabella von Spanien, der König Matthias Corvinus von Ungarn, der König Ferrante von Neapel, selbst der Sultan von Ägypten boten für Djem astronomische Summen. Sie alle schlug der Papst aus dem Feld, indem er Pierre d' Aubusson den Kardinalshut anbot und gleichzeitig dem König von Frankreich die Prinzessin Anne als Braut verschaffte, wohl wissend, daß die Dame weniger wichtig war als ihre Mitgift: die Bretagne, die bisher nicht zu Frankreich gehört hatte. So wanderte der unglückliche Djem nun mit Gepränge nach Rom und zog, von der Neugier der Römer geradezu durchlöchert, in den Vatikan ein. Innozenz VIII. aber teilte fortan seine Residenz mit einem Menschen, der sich fünfmal am Tage in Richtung Mekka zu Boden warf und für alles Christliche nur eisige Verachtung übrig hatte.

Es ist begreiflich, daß solche Zustände im eigenen Haus dem schwachmütigen Innozenz bald zuviel wurden, zumal er schon von Natur aus ein Mensch war, der Erholung brauchte. Inmitten von Intrigen und Günstlingswirtschaft wuchs in ihm das Bedürfnis nach Ruhe und häuslichem Frieden. Dies schlug sich nieder in dem Wunsch, außerhalb des Palastes ein kleines Refugium zu haben, wo er weder an die Türken noch an die Kar-

PAPST JULIUS II. UND BRAMANTE 39

dinäle zu denken brauchte, mit denen er sich sonst herumschlagen mußte. Da der Päpstliche Hof Künstler in großer Zahl beherbergte, war das Vorhaben bald ausgeführt. Antonio Pollaiuolo entwarf und Giacomo di Pietrasanta baute für den Papst eine kleine Loggia, auf der er die Kühle des Meerwindes genießen konnte, und dazu ein paar maßvolle Räume zum Wohnen, die Pinturicchio entzückend dekorierte. Der Ort, an dem dies alles entstand, war das kleine Kastell Nikolaus v., das nun seine Umwandlung zum päpstlichen Lusthaus erfuhr. Dies – und nicht mehr – war um das Jahr 1500 das vatikanische Belvedere.

Im letzten Jahr des Jahrhunderts kam nach Rom ein sechsundfünfzigjähriger Mann namens Donato Bramante. Er wanderte durch die Ruinen des klassischen Altertums und zog aus ihnen mit jugendlicher Kraft die Idee, die Architektur der römischen Antike mit den Anforderungen des Zeitalters zu verbinden. Sein Geist entwarf Bauformen von einer Ausdehnung und Harmonie, wie sie der Welt bisher unbekannt waren. Schon damals verbanden die Zeitgenossen mit dem Namen Bramante die Vorstellung eines unerreichten Genies. Doch fehlte noch der Bauherr, solche Träume der Wirklichkeit näher zu rücken. Nach vier Jahren Wartezeit erschien er: Papst Julius II. Mit siebenundzwanzig Jahren Kardinal geworden, hatte er dreiunddreißig weitere am römischen Hofe unter Päpsten verbracht, die ihm für die Tiara weit weniger geeignet schienen, als er selbst. Nichts war ihm widerwärtiger, als einen Gedanken zu hegen, den er nicht sogleich in die Tat umsetzen konnte. Der ganze Mann war durchbebt von Leidenschaft. Er sah Italien umbuhlt und beherrscht von fremden Mächten, die er allesamt, ob Franzosen, Spanier oder Deutsche, für Barbaren und Schänder des geheiligten Bodens hielt. Unter Innozenz VIII. war er fast allmächtig, unter dessen Nachfolger, Alexander VI., mußte er fliehen. Als er wiederkam, gelangte er auf den Heiligen Stuhl und wählte seinen Namen nicht nach einem katholischen Heiligen, sondern nach Julius Cäsar. Gleich diesem wollte er Rom als Stadt von Grund aus verändern, und der erste, dessen er zur Ausführung dieses Planes habhaft werden konnte, war Bramante.

Julius II. hatte schon als Kardinal eine berühmte antike Statue des Apollo erworben. Sie war unter Innozenz VIII. aus dem römischen Boden gekommen und schmückte lange Zeit den Garten des Kardinals bei San Pietro in Vincoli, wo heute der Moses von Michelangelo sein Grab verherrlicht. Kaum war er Papst, ließ Julius diesen Apollo in den Vatikan bringen. Am Belvedere legte er ein Gärtchen an, um dem makellosen Gott zwischen Orangen und Lorbeeren unter freiem Himmel einen elysischen Platz zu schaffen. 1506 erhielt der Apollo Gesellschaft durch die Laokoon-Gruppe, die man in einem Weinberg gefunden hatte, dann kamen hinzu die schlafende Ariadne, der Nil und manche anderen. Bald schlug eine Reihe von Künstlern, von den Antiken fasziniert, hier ihre Werkstatt auf – darunter Leonardo da Vinci. Manche, die sich von den Figuren auch des Nachts nicht zu trennen vermochten, zogen gleich gänzlich ins Belvedere – der Papst hatte nichts dagegen. Sein ganzes Leben hat Julius II. inmitten der Wirrnisse und Kraftanstrengungen, die das Schicksal ihm auflud, mit leidenschaftlich tätigem Sinn der Kunst angehangen und sie durch seinen Geist zu neuen großen Taten beflügelt. Es nimmt nicht wunder, daß unter seinen Händen dieses Gärtchen zur Geburtsstätte für die *Vatikanischen Sammlungen* wurde, ein Arkadien der Bildhauer und Maler, die an den Marmorleibern des

Altertums hingerissenen Auges die eigene Kraft erprob-
ten. Über dem Garteneingang standen die Worte: PRO-
CUL ESTE PROFANI – es bleibe fern, wer niedrig denkt.
Glückliche Renaissance, der es noch möglich war, solches
zu wünschen!

Es war Julius II. Sache nicht, bei Geschehenem stehen
zu bleiben. Kaum war das Belvedere zur Heimat der
Antiken und der Künstler geworden, wollte der Papst
es mit seinem Palast verbunden wissen. An dieser Idee
wiederum entzündete sich Bramantes Genie. Anstatt
einfach einen Korridor zu bauen, der dem praktischen
Zweck vollauf genügt hätte, erkannte Bramante hier
eine Möglichkeit, cäsarische Bauformen zum Ruhme
seines päpstlichen Herrn erstehen zu lassen. Er schlug
vor, den Ostflügel des Palastes Nikolaus V. und den
Turm des Kastells mit einem dreihundert Meter langen,
sanft ansteigenden Gang zu verbinden und siebzig Meter weiter westlich einen zweiten gleichartigen Korridor
aufzuführen. Dadurch sollte ein riesiger Turnierhof
entstehen, der das Gefälle des Geländes zwischen Belvedere und Papstpalast durch mehrere Terrassen überwand. Von einer zur anderen emporsteigend, sollten
Prachttreppen den Hof in mehrere Ebenen gliedern.
Das Belvedere, das als krönender Abschluß des Ganzen
gedacht war, sollte eine zentrale, gegen den Hof sich
öffnende Großnische erhalten, in deren Mitte der päpstliche Thron zu errichten war. Von hier aus sollte Julius II., vom Licht der im Zenith stehenden Sonne um-
glänzt, gleich dem Kaiser Domitian (von dessen Palast
auf dem Palatin das Modell in etwa genommen war),
die Huldigung der Völker des Erdkreises empfangen.

Solange Julius II. und Bramante lebten, wurde von
diesem Riesenprojekt nur der östliche Korridor verwirklicht, dem der phantasievolle Architekt noch eine

Übersicht über die Vatikanstadt
um 1700

sanfte *Wendeltreppe* anfügte. Sie verbindet die Ostfront des Belvedere mit der Talsenke unterhalb des vatikanischen Hügels und gewährt einen bequemen Zugang zu dem päpstlichen Lustschloß, ohne daß man den Apostolischen Palast betreten müßte. Alles andere wurde späteren Zeiten überlassen. Der Grund dafür lag weder im Geldmangel noch daran, daß die Arbeitskraft des Architekten nicht ausgereicht hätte. Einzig die Unrast des Papstes, der seine Künstler von Projekt zu Projekt hetzte, trägt die Schuld an dem architektonischen Torso. Wer zuviel will, muß beim Gedanken bleiben; denn die Gestalt versagt sich ihm. So waren zu Beginn des 16. Jahrhunderts vorhanden: der Palast Nikolaus v., das Belvedere samt dem Gärtchen mit den Antiken und der Ostkorridor nebst Wendeltreppe von Bramante.

Fünfzig Jahre später hatten Rom und der Vatikan einen freundlichen, beleibten Papst, Pius iv., der drei uneheliche Kinder und zwanzig Neffen mit in den Vatikan gebracht hat. Allerdings war unter diesen Neffen einer, den die dankbare Kirche später zur Ehre der Altäre erhob: der hl. Carlo Borromeo. Mit neunzehn Jahren Doktor beider Rechte, hatte er mit zweiundzwanzig von seinem hellsichtigen Onkel den Kardinalshut erhalten und war zugleich in das Amt eines Kardinal-Staatssekretärs eingetreten. Seiner Tatkraft ist es hauptsächlich zu verdanken, daß das Tridentiner Konzil zum guten Abschluß kam. Der Papst, der die Leitung der Geschäfte in so hervorragenden Händen wußte, konnte sich unbekümmert seiner größten Freude zuwenden: prunkvolle Feste, Turniere, Umzüge und Karusselle zu veranstalten. Da es im damaligen Vatikan dafür keinen wirklich geeigneten Platz gab, beauftragte der vergnügungsbedürftige Pius den neapolitanischen Archäologen Pirro Ligorio, auf die Pläne Bramantes zurückzugreifen und den *großen Belvederehof* zu vollenden. Durch die Aufführung des Westkorridors schloß sich das Gelände zur architektonischen Form. Getreu den Vorbildern auf dem Palatin und in der Villa des Hadrian setzte Pirro Ligorio vor den Abschluß des Belvederetraktes eine riesenhafte Nische, die sich zu Tal öffnet und in ihrem strengen Riß so vollendet ist, daß man vielfach Michelangelo als ihren Urheber angenommen hat. Auch die große Treppe, die das unterschiedliche Niveau auszugleichen hatte, wurde nun gebaut und war bald weltberühmt. Sie ist uns in einer zeitgenössischen Zeichnung erhalten. 1565 diente der Belvederehof dem heiteren Papste als Kulisse für sein größtes Fest: ein Turnier zu Ehren der Hochzeit einer Nichte des Kardinals Carlo Borromeo mit einem Prinzen aus dem Hause Altemps. Was im Mittelalter ritterliche Übung und ehrenreiche Form adeligen Zweikampfs auf Leben und Tod gewesen war, wurde in der späten Renaissance zu einem Schauspiel sondergleichen. Die gesamte römische Aristokratie erschien – das Gefolge in den Hausfarben gekleidet – in Harnisch und Federhelm hoch zu Roß im Vatikan. Das diplomatische Korps gruppierte sich um die zwei mächtigsten Gesandten, den des Kaisers und den des Königs von Spanien. Das Kollegium der Kardinäle war vollzählig versammelt, und der Papst blickte von einem Fenster seiner Wohnung, die immer noch im Palast Nikolaus V. war, hochbefriedigt auf das Prunkspiel. Es dauerte vom frühen Nachmittag bis tief in die Nacht, und sein Chronist berichtet nicht ohne Bosheit, der Bräutigam, der eigentlich der Held des Tages hätte sein sollen, sei zufolge der Unbestechlichkeit der Turnier-Richter am Ende nur mit einem Trostpreis ausgezeichnet worden. Als sich Fürsten und Prinzen gegen elf Uhr nachts zum Festban-

DER BELVEDEREHOF   45

kett in den Apostolischen Palast begaben, brannte über
der großen Nische und dem Belvedere ein monumen-
tales Feuerwerk ab, dessen Knattern von der Musik
der Trompeten, Zinken und Pauken begleitet wurde.
Es war das Fest, mit dem sich die Renaissance von der
Stadt Rom verabschiedete, um niemals wiederzukehren.

Die Bühne der vatikanischen Geschichte betritt jetzt
Gregor XIII. Man denkt nicht daran, wenn vom Gregorianischen Kalender die Rede ist, daß dieser Papst es
war, der ihn verkündete. Die Korrektur des bis dahin
geltenden Kalenders Julius Cäsars wurde von den
päpstlichen Astronomen, hauptsächlich von Luigi Giglio
und in der Endfassung von dem bayerischen Jesuiten
Christoph Clavius, mit einer Genauigkeit vorgenommen, die erst wieder nach 3333 Jahren eine neuerliche
Kalenderreform notwendig machen wird. Gregor XIII.
war ursprünglich Jurist und leitete mit seinem Pontifikat das Zeitalter der Naturwissenschaften ein. Die Vorstellung vom ›uomo universale‹, wie die Renaissance sie
gehegt hatte, ging unter in dem Drang nach Erkenntnis,
die sich durch Erfahrung erhärten läßt – die Epoche der
Ideale wich dem Zeitalter der Vernunft.

Von unserer Terrasse aus können wir am Westkorridor des Belvederehofes, der von uns weg auf den Palast Nikolaus V. zuläuft, ein schlichtes Denkmal Gregors
XIII. erkennen: den schmucklosen rechteckigen Turm, den
er im ersten Drittel des Korridors auf das Gebäude
setzen ließ. Er beherbergte bis ins 19. Jahrhundert hinein
die *Vatikanische Sternwarte*. Von seiner kleinen Terrasse
aus geschahen die Messungen des Gestirnumlaufes, deren
Präzision die Kalenderreform ermöglichte. (Im zweiten
Band dieser Romfolge, ›Fantasia Romana‹, findet sich
nach Seite 96 eine Farbtafel. Sie zeigt eine der Fresken, womit der holländische Maler Paul Bril unter Gre-

46 LABYRINTHISCHES WELTTHEATER

gor XIII. die Zimmer des Sternwartturmes dekorierte.)
Heute gehört dieser Turm zum Vatikanischen Geheim-
archiv – Veranlassung genug für manchen Zeitgeschicht-
ler, einen Blick der Sehnsucht zu jenen Fenstern hinauf-
zusenden. Das Stockwerk im Westflügel, das sich von
dem Sternwartturm als oberstes gegen den Apostolischen Palast erstreckt, ist von Gregor XIII. zu einer Galerie ausgestaltet worden, die in der damaligen Welt
nicht ihresgleichen hatte: die *Galleria Geografica,* an
deren Wänden mit topographischer Genauigkeit und
köstlicher Farbenkunst die Landschaften Italiens als
Kartenausschnitte erscheinen.

Zwischen 1585 und 1590 fuhr in die Stille des Vatikans der stürmische Geist Sixtus V. Er war einer der
bemerkenswerten Fünf-Jahre-Päpste (ein anderer ist
Johannes XXIII.), denen es trotz der Kürze ihres Pontifikats gelang, Kirche und Zeitalter auf den Kopf zu
stellen. Noch im Konklave war er krank und hinfällig
gewesen, aber kaum gekrönt, begannen zu zittern, die
ihn gewählt hatten. Am Tag nach seiner Krönung empfing der neue Papst die Ergebenheitsadresse der römischen Stadtregierung, worin man ihn um Gerechtigkeit,
Frieden und Brot bat. Sixtus V., dessen ärmliche Herkunft und mönchische Lebensweise ihn schon früh zum
Phrasenfeind gemacht hatten, antwortete karg, für Brot
werde er sorgen und den Frieden werde er durchsetzen.
Hinsichtlich der Gerechtigkeit aber empfehle er den
Herren, sie selbst zu üben, denn auf seinen Schutz könne
nur zählen, wer seine Pflicht täte. Sollte er indessen die
geringste Nachlässigkeit bemerken, so stünden Henker
genug bereit, sich mit den Schuldigen zu befassen.

Seit Menschengedenken war es üblich, den Papst, wenn
er durch die Straßen Roms zog, mit lautem Rufen zu
begrüßen. Sixtus verbot es, weil es ihm bei Überra-

schungsbesuchen in geistlichen Häusern hinderlich war. Seine erste Sorge galt der Sicherheit. Er selbst schätzte die Zahl der Banditen im Kirchenstaat auf zwanzigtausend und klagte gegenüber dem französischen Botschafter nach zwei Jahren, er habe erst siebentausend erwischen können. Begeistert stimmte er zu, als man ihm vorschlug, Maultiere mit vergifteten Nahrungsmitteln einen berüchtigten Banditenpfad entlang zu treiben. Die Straßenräuber plünderten die Lasten, aßen von den Speisen und starben programmgemäß. Zu seinem Vertrauten machte der Papst einen sechzehnjährigen Neffen, den er – beinahe mit demselben Erfolg wie Pius IV. den hl. Karl Borromäus – in allen Künsten der Kurie insgeheim unterwies. Manche Leitsätze hat Sixtus V. für diesen Neffen niedergeschrieben, zum Beispiel: »Nützlich ist es, lange Auseinandersetzungen mit Geduld anzuhören. Dies gewährt die nötige Zeit, um über die Antwort nachzudenken, die man geben wird – und es befriedigt den Wortführer, da jedermann es liebt, wenn ihm zugehört wird.« »Um mit dem Papst Geschäfte zu machen, müßt ihr eure Zeit wohl zu wählen wissen. Beginnt mit den leichten und angenehmen Angelegenheiten, geht dann auf die schwierigen über und auf solche, die einen raschen Entschluß erheischen...« Schließlich das Wichtigste: »Wer nie aufhört, zu überlegen, beginnt nie zu handeln...«

In der Tat, kaum ein Papst der neueren Geschichte verstand zu handeln wie er. Dem Schatzmeister seines Vorgängers wies er Betrug und Erpressung nach, warf ihn in die Engelsburg und gab ihm dann die Möglichkeit, sich für fünfundvierzigtausend Goldscudi wieder loszukaufen. Nach fünf Jahren lagen in der Apostolischen Schatzkammer über vier Millionen Goldscudi. Dabei gab Sixtus das Geld mit vollen Händen aus. Die

Acqua Felice, nach seinem Taufnamen Felix genannt,
brachte über zweiundzwanzig Meilen Weg frisches
Quellwasser in die Stadt. Ein neues Hospital konnte
zweitausend Kranke aufnehmen. An der Seite des Petersplatzes wurde ein neuer Trakt des Vatikanischen
Palastes errichtet. Der Riesenbau der *Peterskuppel*
wurde nach dem Modell Michelangelos vollendet – sein
Schlußstein trägt den Namen Sixtus V. Die berühmten
vier Straßenzüge, die von der Porta Pia, der Trinità
dei Monti, vom Quirinalsplatz her und von der Rück-
front der Basilika S. Maria Maggiore herüber sich bei
den Quattro Fontane treffen, sind das Werk seiner ri-
gorosen Stadtplanung. In die Mitte des Petersplatzes
ließ er den riesigen Obelisken von Heliopolis setzen,
den der Kaiser Caligula nach Rom gebracht hatte. Ein
Lieblingsprojekt des Papstes war die *Vatikanische Bibliothek.* Da er nicht, wie Pius IV., für Turniere und
Feste etwas übrig hatte, ließ er die grandiose Freitreppe
des Belvederehofs einreißen und setzte an ihre Stelle
einen Quertrakt, der die immense Büchersammlung der
Päpste aufnehmen sollte und sie heute noch beherbergt.
Der schwere zweigeschossige Bau, den Domenico Fon-
tana errichtete (1587–89), setzt etwa dort an, wo der
Sternwartturm Gregors XIII. den Westkorridor krönt.
Von da an war der Belvederehof in zwei Höfe gespal-
ten. Die grandiose Nische blickte nicht mehr auf den
Apostolischen Palast, sondern auf die überdimensionale
Büchertruhe des Heiligen Stuhles.

Bis zum Anfang des 17. Jahrhunderts waren also an
Bauten zur Gesamtanlage hinzugekommen: der zweite
Korridor, der den Belvederehof schloß, die Sternwarte
Gregors XIII. und der Bibliothekstrakt Sixtus V., der das
Bramanteprojekt endgültig zu Fall brachte. In den fol-
genden zwei Jahrhunderten erweiterten sich die Samm-

DIE VATIKANISCHEN SAMMLUNGEN

lungen durch Schenkungen und Ankäufe so schnell, daß
die Aufstellung der Schätze immer provisorischer wurde.
Man stückelte da und dort ein bißchen an, dekorierte
einige Fluchten und Säle im Zeitgeschmack und brauchte
zur Vollendung alles Begonnenen bis in die Mitte des 18.
Jahrhunderts. Damals regierte einer der liebenswürdig-
sten Päpste aller Zeiten, Benedikt XIV. Selten hat es
einen Papst gegeben, dessen Liebe zu den Künsten und
Wissenschaften lauterer gewesen wäre. Er erkannte
deutlich, daß seinem Zeitalter die Genies nicht geschenkt waren, die in den Jahrhunderten vorher den
Vatikan geformt hatten. Umso eifriger unterstützte er
die Sammler, nahm mit Entzücken entgegen, was er
durch Kauf, und mit Dankbarkeit, was er durch Schenkung erwerben konnte. Stundenlang durchwanderte er,
politische, theologische oder wissenschaftliche Gespräche
führend, die Sammlungen des Vatikans und zog aus
der dort aufgehäuften Kunst einen Teil der Herzens-
freude, durch die er zum humanen Idol seines Zeitalters wurde. Er hat in Person gerechtfertigt, was wir
an den Vatikanischen Sammlungen heute zum Teil als
kurios oder gar als störend empfinden: das leicht Chaotische ihrer Aufstellung. Denn für Benedikt XIV. und
seine Zeitgenossen waren diese endlosen Kunsthallen
Wanderwege zur geistigen Erholung. Während die Arbeit des Pontifex zahllose Entscheidungen erforderte,
ruhte sein Auge auf dem schönen Umriß einer Marmor-
gestalt, glitt seine Hand über die lebendige Fläche eines
zweckfrei geformten Wunders der Kunst. Sein heiterer
Geist vertrieb die Kühle aus den Vatikanischen Sammlungen – er liefert uns den Beweis, daß es nicht am
Marmor, sondern an uns selbst liegt, wenn wir frösteln.

Der nächste Papst, der hier baute, war der unglückliche Clemens XIV. Mit ihm befinden wir uns in der

LABYRINTHISCHES WELTTHEATER

zweiten Hälfte des 18. Jahrhunderts. Damals fiel halb
Europa über den Heiligen Stuhl her, um die Ausrottung
einer religiösen Einrichtung zu erreichen, die durch drei
Jahrhunderte das wirkungsvollste Mittel der Päpste
gewesen war, ihren Einfluß im Leben der Christenheit
geltend zu machen: die Gesellschaft Jesu. Clemens XIV.
war ursprünglich ein Jesuitenfreund, aber schwach genug, um dem Drängen der Großmächte schließlich zu
erliegen. Gegen sein Gewissen und im klaren Bewußtsein, ungerecht zu handeln, hob er den Jesuitenorden
auf. Zu diesem Entschluß hatte es eines langen Kampfes
bedurft, und als der Papst sich endlich durchgerungen
hatte, betrachtete er selbst die Entscheidung als eine
furchtbare Niederlage. Für ihn war die Beschäftigung
mit der Kunst in langen Jahren seines Pontifikats der
einzige Fluchtweg, den sein bedrängtes Gewissen ihm
ließ. In solcher verzweifelten Seelenlage begann er den
Bau, den wir von unserer Terrasse aus zur linken Hand
sehen. Sein Nachfolger Pius VI., der soviel Wert darauf
legte, der schönste aller Päpste zu sein, und durch Napoleon ein bitteres Ende fand, führte das Werk seines
Vorgängers fort. Das so entstandene Museum heißt in
Verkehrung der Reihenfolge: *Museo Pio-Clementino.*
Seine Eingangshalle ist es, durch die wir die Sammlungen betreten. Seine phantasievollen Säle dehnen sich
zwischen unserer Terrasse und dem alten Belvedere.

In den letzten Jahren des 18. Jahrhunderts standen
Napoleons Truppen in Rom. Unter furchtbaren Unruhen hatte man den Papst für abgesetzt erklärt und
die Römische Republik ausgerufen. General Haller, der
den todkranken achtzigjährigen Pius VI. im Vatikan
verhaftete, gab auf die Bitte des Papstes, man möge ihn
doch in Rom sterben lassen, nur die Antwort: »Sterben können Sie überall.« In Erfüllung des Zwangsver-

PAPST PIUS VII.

trages von Tolentino schleppte man damals auf fünfhundert Planwagen einen großen Teil der wertvollsten
Stücke aus den päpstlichen Sammlungen nach Paris, um
sie im Louvre aufzustellen.

Der Leidensweg des nächsten Papstes, Pius VII., schien
endlos. 1809 war Rom zum zweiten Male von Franzosen besetzt, auf der Engelsburg hißte man die Triko-
lore, wieder einmal wurde das Ende der päpstlichen
Herrschaft ausgerufen.

Der Papst, der sich im Quirinal zur Selbstgefangen-
schaft entschlossen hatte und die Möglichkeit einer Flucht
nach Sizilien von sich wies, antwortete mit der Exkommunikation Napoleons. Wenig später zwang man ihn
zur Reise nach Fontainebleau, wo er bis 1814 gefan-
gensaß. Erst kurz vor der Schlacht bei Waterloo ließ
Napoleon Pius VII. nach Rom zurückkehren. Als der
Papst in die Bannmeile der Ewigen Stadt gelangte,
spannten die römischen Fürsten die Pferde seines Wa-
gens aus und zogen ihn zum Vatikan. Wahrscheinlich
ist niemals ein Pontifex mit einem tiefer empfundenen
Triumph in Rom begrüßt worden. Während Napoleon
das Schiff bestieg, das ihn nach St. Helena brachte, nahm
der großmütige Papst die Familie des gestürzten Kaisers gastfreundlich im Kirchenstaat auf und sorgte bis
zu seinem Tode für die greise Mutter Napoleons, Läti-
tia Bonaparte, und ihre ganze Verwandtschaft. Auch
die Lebensbedingungen des Verbannten auf St. Helena
suchte er nach Kräften zu erleichtern. Noch im gleichen
Jahr 1814 setzte er den Jesuitenorden wieder in seine
alten Rechte ein.

Diesem wunderbaren Mann verdankt der Vatikan
den letzten großen Trakt seiner Sammlungen, den *Braccio Nuovo*. Der Architekt Raffaele Stern baute für die
aus Paris zurückkehrenden Kunstschätze und alles in-

zwischen Gefundene eine neue Heimstätte im strengsten klassizistischen Stil. Sie erstreckt sich als ein weiterer Querflügel zwischen den Korridoren und teilt parallel zur Bibliothek den oberen Belvederehof noch einmal. Auch spätere Päpste haben noch manches an der Gesamtanlage verändert oder verbessert, doch ist die Baugeschichte der Vatikanischen Sammlungen mit dem Braccio Nuovo abgeschlossen. Aus den klaren Linien seiner Räume dringt auch heute noch in unseren Geist, was Pius VII. als Botschaft hinterlassen hat: wenn vor dem Starkmütigen die Tyrannei gefallen ist, führt zum Gipfel menschlicher Größe allein die Verzeihung.

Bevor wir nun das Labyrinth betreten, soll von unserer Terrasse aus ein letzter Blick der Krone gelten, die über dem ganzen Vatikan, seinen geschichtlichen und seinen lebendigen Teilen, in zeitloser Ruhe schwebt: der Kuppel des Michelangelo. Die Zedern und der Himmel machen sie zu einem Teil der Natur. Hier ist die Grenze der Kunst erreicht. Das Auge empfindet Menschenwerk, als habe Gott es geschaffen.

DIE WELT DES ALTERTUMS

WEGE ZUR ROTONDA

Quattro Cancelli: vier Gitter – das klingt wie aus der
Zauberflöte und sieht auch so aus. Ein kleines, quadra-
tisches Atrium mit flachgewölbter Kuppel ist zwischen
den Arkadengang und den Westkorridor gesetzt – die
architektonische Einleitung zum *Museo Pio-Clementino.*
Die vier Gitter sind nach den Himmelsrichtungen geordnet und in die offenen Rundbögen des Pavillons eingefügt. Auch hier, wie oft in Rom, die versteckte Möglichkeit zum Absurden: wenn man alle vier Gitter
schließt, entsteht ein Käfig.

Glücklicherweise stehen zwei der Gitter meistens offen, von den beiden anderen verschließt das südliche
die abschüssige Straße nach St. Peter, das nördliche den
Cortile delle Corazze – den Hof der Rüstungen. Dort
hat man – vom Gitter aus gerade noch zu sehen – zwei
herrliche Friese mit fast lebensgroßen Figuren aufgestellt, die 1937 unter der Cancelleria Apostolica auf
dem Gelände des antiken Marsfeldes zum Vorschein
kamen. Sie stammen aus der flavischen Kaiserzeit und
führen uns zurück in das letzte Jahrzehnt des 1. Jahrhunderts nach Christus. Herr über Rom und die Welt
war damals der schon vom Wahnsinn befallene Domitian.

Das linke der zwei Reliefs zeigt eine Szene, die der
Scharfsinn der Archäologen aufs überraschendste ge-
deutet hat. Dicht an dem großen Einriß des Marmor-
feldes steht ein älterer Mann, in die Toga gehüllt – der
Kaiser Vespasian, Begründer der flavischen Dynastie,
Vater des Titus und des Domitian. Er kehrt aus dem
Kriege zurück – siegreich, wie der Eichenkranz verrät,
womit eine halbverdeckte Victoria ihn im Fluge bekränzt. Ein ausschreitender Lictor und ein Priester fol-

gen dem Kaiser. Vor ihm her eilen zwei weitere Lictoren, um den ›Adventus Imperatoris‹, seine feierliche Ankunft, der Stadtgöttin Roma zu melden. Die Hauptperson, die dem Kaiser entgegentritt, ist ein sehr junger Mann mit weichen Gesichtszügen, auch er in der gravitätischen Toga: Domitian. Schützend umgeben ihn im Hintergrund die Genien des Volkes und des Senats. Die Szene ist aber keine Allegorie, sondern ein historisches Ereignis.

Nach dem Tode des Nero kam es in Rom zu schweren Kraftproben um die Kaiserwürde. Der erste, den man ausrief – es war das Jahr 69 n. Chr. – hieß Galba, ein gichtkranker General aus edler Familie, bisher Befehlshaber in Spanien. Er begann seine Herrschaft, indem er für den Staat neun Zehntel der Schenkungen und Renten zurückforderte, mit denen Nero seine Freunde überschüttet hatte. Otho, ein bankrotter Senator, gab daraufhin bekannt, er könne seine Schulden nur bezahlen, wenn man ihn zum Kaiser mache. Der Garde leuchtete das ein, dem Galba kostete es das Leben.

Otho war Kaiser – für fünfundneunzig Tage. Inzwischen hatten die Legionen in Germanien ihren General Vitellius zum Kaiser ausgerufen – und in Ägypten war mit Vespasian dasselbe geschehen. Vitellius hatte den kürzeren Weg nach Rom, schlug des Otho Truppen und veranlaßte diesen, seine Freunde dem Sieger ins Lager zu schicken und selbst eines Kaisers würdig zu sterben.

Nun war – innerhalb eines Jahres – der dritte Kaiser am Zuge: Vitellius. Ihm ging es hauptsächlich um das gute Essen. Er schmauste so gewaltig, daß er gar nicht bemerkte, wie unversehens das Heer des vierten, des Vespasian, in Italien erschienen war. Dieses metzelte des Vitellius treue Legionen nieder, eroberte Rom, ver-

anstaltete mit dem palatinischen Schlemmer eine ge-
nußreiche Marter – und beherrschte die Lage. Den
Straßenkampf zwischen des Vitellius und des Vespasian Soldaten schildert Tacitus: »Dicht bei den Kämp-
fenden stand als Zuschauer das Volk und bezeigte, wie
bei einem Wettkampfe, durch Geschrei und Händeklat-
schen bald diesen, bald jenen seine Gunst.« Vespasian
selbst war bei all dem nicht anwesend, er hatte sich im
Jüdischen Krieg so tief engagiert, daß er es vorzog,
Palästina nicht zu verlassen. Das Heer, das ihm die
Kaisermacht erstritt, führte sein General Antonius. Unter dessen Oberbefehl focht in dem berühmten ›Kampf
um das Kapitol‹ ein zarter Jüngling mit: des Vespasian jüngerer Sohn Domitian. Kaum war die Herrschaft des Vaters gesichert, verlieh der Senat dem jungen Prinzen das Amt des Praetor Urbanus – und somit
war Domitian vom 1. Januar 70 n. Chr. an der höchste
Beamte der Stadt. Vespasian, der zusammen mit seinem älteren Sohne Titus zunächst im Orient geblieben
war, überließ schließlich diesem die Fortführung des
Krieges und kam – fast schon ein Jahr Kaiser – endlich
im Oktober 70 nach Rom, um die Herrschaft über das
Reich anzutreten. Unsere Szene zeigt seine Ankunft an
der rituellen Bannmeile der Stadt.

Nun vollzieht sich aber diese Begegnung zwischen
dem ankommenden Kaiser und seinem Sohn, der ihm
als Praetor Urbanus entgegentritt, in einer seltsamen
Form. Uns allen würde es natürlich erscheinen, wenn
Domitian die Hand zum Gruße höbe, um im Namen
der Stadt den kaiserlichen Vater willkommen zu heißen. Das Gegenteil geschieht: Vespasian ist es, der sich
dem Jüngling mit grüßender Gebärde naht. Und zeigt
er dabei nicht sogar eine erkennbare Spur mehr Ehrfurcht vor dem Sohn, als dieser vor dem neuen Ober-

haupt der Welt? Scheint es nicht, als empfange Domitian den Vater gelassen zu einer geheimen Huldigung? Das Rätsel löst der Geschichtsschreiber Sueton, der von dem späteren Domitian eine bezeichnende Einzelheit berichtet: »Als er dann zur Herrschaft gelangt war, hatte er die Stirn, vor dem Senat zu prahlen, *er* sei es gewesen, der seinem Vater wie seinem Bruder den Thron gegeben ...« Und der Dichter Martial, dem keine Schmeichelei zuviel war, solange sie an Domitians Ohr drang, singt von ihm: »Er führte als Knabe für seinen Jupiter (Vespasian) den ersten Krieg (den Kampf um das Kapitol), und obwohl er bereits die Zügel der julischen Kaisermacht in Händen hielt, übergab er sie und war der Dritte in dem Erdkreis, der doch ihm gebührt hätte.«

Ist das wirklich so gewesen? Domitian erhielt die Kaiserwürde durch Erbfolge nach dem Tod seines Bruders Titus. Weder diesen noch den großartigen Vespasian hat das Volk schnell vergessen. Denn beide waren, wenngleich von gegensätzlichem Charakter, als Kaiser zuerst Menschen gewesen. Domitian aber, der ihnen folgte, wuchs immer mehr der Idee entgegen, er sei – schon als Person – nicht ein Mensch, sondern ein Gott. Von da her wird begreiflich, wie sehr das humane Auftreten von Vater und Bruder ihm nachträglich zum Hindernis werden mußte. Das Mittel der Verzweiflung hieß: Fälschung des geschichtlichen Tatbestandes. War Domitian ein Gott, so konnte er den Menschen Vespasian und Titus die höchste Würde nur auf Zeit zu Lehen gegeben haben, bevor er selber hervortrat. Über seine Vorgänger hinweg wollte sich der Nachfahre zum Begründer der Dynastie aufschwingen. Infolge seines ›Kampfes um das Kapitol‹ sollten Stadt und Erdkreis dem Domitian allein Glück und Wohlstand zu danken haben, die in Wahrheit von Vespasian und Titus geschaffen worden waren. Dies alles sollte zudem die sklavische Unterwürfigkeit fördern, die Domitian seinen Zeitgenossen abverlangte. Sie hatten ohne Widerspruch hinzunehmen, daß die kaiserlichen Dekrete mit den Worten begannen: »Unser Herr und Gott befiehlt, daß folgendes geschehe ...«

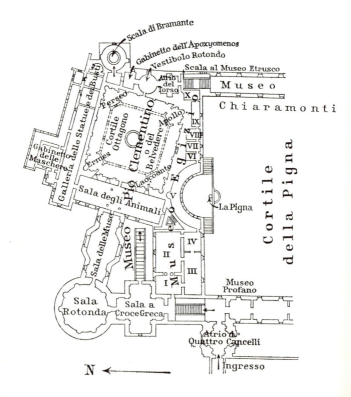

Kaum irgendwo in Rom gibt es ein gleich erschütterndes Beispiel dafür, wohin der Wahn irdischer Allmacht den Menschen treiben kann. Und der Eindruck des Reliefs steigert sich noch zum Schlimmeren durch die edle Schönheit, in die es gefaßt ist. Wie vieles Zufällige, ist vielleicht auch dies nicht ohne Sinn: daß der eigentliche Eingang in die Hallen des Vatikans begleitet ist von solchem halbverborgenem Denkmal cäsarischer Hybris. Denn immer wieder werden wir der Gefahrenzone begegnen, worin sich der anmaßende Mensch des Göttlichen zum Mißbrauch der Macht bedient – und zuweilen wird uns darüber hinaus erkennbar sein, wie furchtbar der offene Himmel mitunter auch den noch blendet, der ihm in Demut naht.

Die Quattro Cancelli verlassend, gelangen wir in ein weiteres *Vestibül.* Hier scheiden sich die Wege. Nach rechts geht es, im ersten Stock des Westkorridors, zum Borgia-Appartement und zur Sixtina, nach links führt uns die Scala Simonetti in die Antiken-Sammlungen. Geradeaus – ach, das Gitter öffnet sich nur, wenn die Direktion es erlaubt, oder... wenn wir einen Kustoden finden, der überzeugt ist, daß er zu wenig verdient – geradeaus kämen wir sogleich in den oberen Belvederehof, den *Cortile della Pigna,* und somit zur großen Nische des Pirro Ligorio.

Da steht er – der *Nicchione* – die Riesen-Nische, Bramantes Geist entsprungen, von Michelangelo mit Treppenwerk versehen und von Pirro Ligorio aufgeführt. Der Hof, den ihre Wölbung überragt, ist immer noch groß wie ein Paradeplatz – aber die ursprüngliche Idee eines weltbeherrschenden Papstthrones unter freiem Himmel ist dahin. Hier – angesichts solcher Dimensionen – ist ein Ort zur Trauer über die Kleinmütigkeit

MUSEO PIO-CLEMENTINO

unseres Jahrhunderts. Welch eine Vorstellung von Majestät hat diese Nische inspiriert! Welches Aufgebot, um sichtbar zu machen, was ein Papst ist – und welche Herausforderung an die Nachfolger! Heute sind die Päpste unendlich viel reicher und mächtiger, als Julius II. je zu werden sich träumen ließ – aber hinabgesunken in die Geschichte ist der Mut, den Thron des Heiligen Petrus so weit über Menschenmaß hinauszuheben und auf die Wärme des Parketts so endgültig zu verzichten.

Nicht mehr für den Pontifex bildet die Riesen-Nische den Rahmen der Majestät, sondern nur noch für zwei monumentale Relikte der Vergangenheit: den *Pinienzapfen* und den *Sockel der Antoninus-Säule*.

Vorgerückt an den Rand der Plattform, zu der die Treppenläufe des Michelangelo emporsteigen, ruht auf einem figurierten Marmor-Kapitell, über dreieinhalb Meter, zur Spitze sich verjüngend, ein Pinienzapfen aus Bronze. Am Anfang des 17. Jahrhunderts hat man ihn hier aufgestellt, nachdem er schon seit Innozenz VIII. irgendwo im Belvedere gelegen hatte. Daß Innozenz ihn hierherbringen ließ, hängt wahrscheinlich mit dem Abbruch der alten Petersbasilika zusammen, der damals schon geplant war. Das Mittelalter – und noch Dante – hat den Pinienzapfen im Vorhof von Alt-St. Peter gesehen. Damals empfand man die ›Pigna‹ als ein Symbol für Roms ewige Größe, ihre Spitze war von einem Baldachin aus Bronze überdacht, der auf neun Porphyrsäulen ruhte. Zwischen diesen liefen Marmorschranken, ein Bassin bildend, um das Wasser aufzufangen, das von der Spitze der ›Pigna‹ und aus ihren Schuppen niederquoll. Aber das Mittelalter war es nicht, das dieses Prunkstück schuf. Bis zu einem Zentimeter dick sind seine Wände gegossen und dreimal erscheint in seiner äußeren Rundung der Namenszug des Künst-

IM CORTILE DELLA PIGNA

lers: P. Cincius P. l. Salvius fecit – in einer Buchstabenform der frühen Kaiserzeit. Wieder sind wir im 1. Jahrhundert nach Christus.

Damals verstand man den Pinienzapfen als ein geheimnisvolles Zeichen für den Gott Dionysos, den Herrn des Rausches und der Ekstase. Seine Mysterien versprachen die Erlösung vom Bösen und die persönliche Unsterblichkeit der Seele. Sein Zepter, der lange Thyrsos-Stab, ist von einem Pinienzapfen gekrönt, weil dessen großmütiges Verstreuen lebensträchtiger Samen dem Geist des Gottes verwandt ist. Auf der Spitze des dionysischen Zepters hat die ›Pigna‹ aber auch teil an den Wundern des Gottes – und so spendet sie nicht nur Keime des Wachstums, sondern auch das lebendige Wasser der Unsterblichkeit. Niemand weiß, wann das bronzene Schuppengetürm nach St. Peter kam – aber die Priester, die es dort aufstellen ließen, haben seinen wahren Sinn wohl noch geahnt und mit dem Genie der ersten Jahrhunderte christlich umgedeutet. Heute steht die ›Pigna‹ vor uns, des Wassers beraubt – längst sind

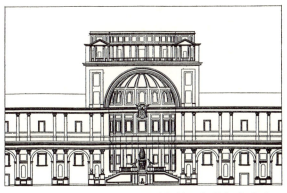

Der Nicchione im Belvederehof

wir gezwungen, die Quellen des Lebens anderswo zu suchen, als im erfrischenden Trunk. Was aber blieb, ist die Kraft des Dionysos, die das erzene Wunder einstmals schuf.

Erhöhter noch, aber in die Tiefe der Nische gesetzt, zieht das zweite Monument uns an: der quadratische Sockel für die verlorengegangene *Säule des Kaisers Antoninus Pius*. Drei seiner vier Seiten sind bedeckt von Relief-Feldern, deren Figuren weit aus dem Stein heraustreten. Bei der Betrachtung dieser Szenen werden wir inne, wodurch das antike Rom sein Kaisertum verherrlichte: dargestellt ist des Kaisers Himmelfahrt.

Das Stirnfeld nimmt fast zur Gänze ein aufschwebender nackter Jüngling ein, dessen Schwingen sich zu voller Breite entfalten: er ist ein Dämon, ein überirdisches Wesen. Oberhalb seines rechten Flügels erscheinen, bis zur Körpermitte sichtbar, der Kaiser und seine Gemahlin Faustina, beide mit Zeptern. Antoninus, ein älterer bärtiger Mann in der Toga, zeigt auch im Verlassen der Erde noch die onkelhafte Güte, deren man ihn Zeit seines Lebens zu Recht gerühmt. Faustina ist viel jünger als ihr Gatte, ihr hübsches Gesicht blickt ein wenig kokett aus dem Schleier. Man muß wissen, daß Antoninus diese Frau sehr geliebt, aber schon zwanzig Jahre vor seinem eigenen Tod verloren hat. Nun ist sie gekommen, ihn heimzuholen: im Tode ist das Ehepaar wieder vereint.

Die Antoninus-Säule stand ursprünglich dort, wo heute auf der Piazza Montecitorio der Obelisk des Augustus sich erhebt. Dieser war in der Antike ebenfalls auf dem Marsfeld postiert, er diente einer riesigen Sonnenuhr als Nadel. Auf unserem Relief hält ihn der links auf dem Boden gelagerte Jüngling, der das Marsfeld verkörpert. Er erscheint hier, weil unweit des Obelisken der Verbrennungsplatz des antoninischen Hauses lag. Dem ›Marsfeld‹ gegenüber – auf der rechten Seite der Szene – thront im attischen Helm die füllige Gestalt der Stadtgöttin Roma zwischen eroberten feindlichen Waffen. Sie hat die Hand zum Gruß erhoben gegen das Kaiserpaar und die zwei Adler, die es geleiten.

Noch ein Blick auf den beflügelten Dämon: er trägt in seiner Linken die Weltkugel, von einer Schlange halb umringelt. Dieses Attribut ist nicht römisch. Es kommt aus der persischen Religion des Mithras, die zur Zeit des Antoninus – im 2. Jahrhundert n. Chr. – die Unsterblichkeits-Sehnsucht der Menschen, ihr Bedürfnis nach geistiger Erneuerung, sittlicher Reinigung und seelischer Erlösung stark beflügelt hat. Mond und Sterne wandern über die Kugel, die Schlange bedeutet den Umlauf der Sonne, der Dämon selbst weist sich aus als Aion – die »ewig sich erneuernde Zeit« (Helbig). Der Mithras-Kult war – im Gegensatz zu dem selbstbefreienden Rausch der dionysischen Mysterien – eine Religion des Willens und des Bewußtseins. Seine Eingeweihten gaben sich den Titel ›Krieger‹: sie hatten einzugreifen in den ewigen Kampf des Lichtes mit der Finsternis, des Guten mit dem Bösen. Denn erst im Siege über die dunklen Mächte des Lebens war ihnen Erlösung verheißen. Der Mithras-Kult kam aus dem Osten. Wir stehen vor dem ersten Dokument, auf dem ein Genius seines Lichtreiches in offizieller Staatsfunktion des alten Rom erscheint. In immer neuen Bildern wollte Rom erweisen, daß das Kaisertum gleichzusetzen sei mit dem Guten schlechthin.

Die Seiten des Sockels führen uns zurück auf die Erde, in das konkrete Zeremoniell bei der Bestattung des Herrschers. Bärtige Reiter in der Toga ziehen einen Kreis: sie üben den uralten Brauch der ›decursio‹. Drei-

mal umritt man zu Ehren des Verstorbenen den Verbrennungsplatz. Dann folgten Scheingefechte der Prä-
torianer-Garde – in der Mitte des Kreises stehen die
Truppen schon bereit. Würde und Feierlichkeit sind
über das Ganze gebreitet. Die ›mos maiorum‹ – das
fromme Tun, von den Vorvätern übernommen, war im
römischen Imperium niemals nur Formsache. Denn noch
die aufgeklärten Geister hielten daran fest, Rom werde
ewig blühen, solange seine Jugend sich fromm dem
Heiligen naht.

Kaum hundert Meter haben wir zurückgelegt – und
schon finden wir uns eingespannt in die Wechselwir-
kung zwischen Natur und Übernatur, den ewigen Sinn
des römischen Namens: ROMA – AMOR. Man kann dieses Prinzip verwerfen, es als Aberglauben abtun, man
kann befriedigt aufseufzen, daß unsere Zeit ihm nicht
mehr anhängt – aber wer nicht bereit ist, die Kommu-
nikation von Erde und Himmel wahrzunehmen, die
alles Römische beseelt, der wende seinen Schritt. Er
würde am Rande seines Weges nur tote Dinge finden.
Und was hilft es, wenn Formen in unser Auge dringen –
und nicht die Liebe in unser Herz?

Scala Simonetti – sie beginnt als breite Mitteltreppe,
von einer Tonne überwölbt, die – durch antike Säulen
gestützt – wie ein Baldachin über ihr schwebt. Auf der
ersten Plattform teilt sie sich, um in zwei Seitentreppen
rückläufig hinaufzuziehen in das nächste Stockwerk –
ein antikisch empfundenes Gefüge von klarer Eleganz,
am Ende des 18. Jahrhunderts von dem Architekten
gebaut, dessen Namen es trägt. Während wir die flachen
Stufen emporschreiten, ein Wort über die *Antiken-
Sammlung*.

Eine Heerschar von Skulpturen erwartet uns. Dar-

DIE ANTIKEN-SAMMLUNG

unter sind einige aus der Heimat aller Marmorbild-
nerei, aus dem alten Griechenland – Originale, von
der Hand des Meisters ausgeführt, dessen Geist ihre
Idee entsprang. Daneben gibt es selbständige Werke
römischer Künstler und Kunsthandwerker, die sich nicht
nach irgendeinem früheren Vorbild richten: Porträts
von Zeitgenossen, Reliefdarstellungen historischer Szenen, Sarkophage für bestimmte Persönlichkeiten, Altäre, Urnen und Bruchstücke von Architektur. Die größere Zahl der plastischen Arbeiten aber ist entstanden
durch das Bedürfnis römischer Auftraggeber, von weitberühmten griechischen Bildwerken wenigstens eine
Kopie zu besitzen. Was die Treue dieser Kopien gegenüber dem Original betrifft, so war man in der Antike
nicht kleinlich. (Apropos: wer kann sich das noch vorstellen – die Antike, ein Jahrtausend ohne Pedanterie?
Bleib fern, o Neid.) Es kam darauf an, daß der kopie-
rende Künstler nachempfand – nicht, daß er nachahmte.
So mischt sich bei diesen Kopien in den Umriß des Originals der Zeitgeist, unter dessen Herrschaft sie geschaffen wurden. Da die Originale zum großen Teil verloren
sind, gewinnen diese Werke, obwohl zweiter Hand,
dennoch unschätzbaren Wert. Übermütige römische Ko-
pisten haben manchmal auch neue Werke geschaffen,
die sich aus mehreren Vorbildern zusammenfügen; man
nennt sie ›pasticci‹ – (in der Umgangssprache heißt »ho
combinato un pasticcio« zum Beispiel: ich habe mich
mit zwei verschiedenen Freundinnen verabredet, zur
gleichen Zeit, am selben Ort – aus purer Nachlässigkeit!). Manche der antiken Skulpturenhersteller erleich-
terten sich die Sache noch mehr. Sie verfertigten Ideal-
statuen nach klassischen Vorbildern – und setzten ihnen
dann die Porträtköpfe ihrer Kunden auf. Diese Technik, etwas abgewandelt, übernahmen mit sichtbarem

Vergnügen die Restauratoren neuerer Zeit. Eine Statue war gefunden, ohne Kopf. Man suchte einen dazu passenden, der seinen Körper verloren hatte. Beide zusammen hießen dann etwa: ›Standbild eines Redners‹ ... (Gäbe es auch für Statuen einen Jüngsten Tag, das Poltern in diesen Sälen müßte furchtbar sein.) Von der Renaissance bis ins vorige Jahrhundert herauf liebte man es nicht, Beschädigungen unkorrigiert zu lassen. In Marmor oder anderen Steinarten, manchmal auch in Gips, wurden Nasen, Ohren, bisweilen ganze Gesichtshälften, geschickt ergänzt. Meine Leser, gewöhnen wir uns daran: das Durcheinander ist grenzenlos und wird es bleiben. Aber: ein wenig Chaos braucht auch noch der strengste Geist – wie könnte er sonst ordnend sich entfalten?

CÄSAR UND CLEOPATRA

Der erste Saal trägt den Namen *Sala a Croce Greca,* weil Simonetti ihn im Grundriß eines griechischen Kreuzes erbaut hat. Der Gesamteindruck, so monumental er ist, bleibt ein wenig wunderlich: vorne die Büste des Papstes Pius VI., dem zwei nachgemachte ägyptische Sphingen ihre glattpolierte Rückseite zukehren, dann in der Mitte ein farbenprächtiges Mosaik im Fußboden, links und rechts davon zwei große Porphyrsarkophage, im Hintergrund ein Portal, von pharaonischen Gestalten eingerahmt – und dazwischen, wahllos an den Wänden verstreut, weiße Marmorplastiken in großer Zahl. Organisch zu sein, kann man von einem Labyrinth nicht verlangen. Schon beim Urbild aller Labyrinthe, dem des Königs Minos auf Kreta, bedurfte der Held Theseus des Fadens der Ariadne, um hindurch und wieder herauszufinden. Sehen wir uns also zunächst um, ob nicht auch unser eine Ariadne wartet, den Faden durch den Vatikan uns anzubieten.

Die Dame steht etwas abseits, fast verborgen und schlecht beleuchtet, in der linken vorderen Ecke des Querarmes (567). Man kann nicht sagen, sie sei sehr anziehend. Die Figur ist nach einem griechischen Vorbild des 4. Jahrhunderts beinahe nachlässig ausgeführt. Und der Kopf – gehört nicht dazu. Er ist später angefügt und das einzig Interessante: ein weiches Antlitz auf rundem Hals, die Haare bis auf wenige verspielte Locken durch ein Band zusammengefaßt und rückwärts zu einem strengen Knoten geschlungen, eine starke, nicht ganz frauliche Nase, volle Lippen, von einem willensstarken Zug um den Mund beherrscht. Der Ausdruck des Gesichtes ist sehr ernst. Wir stehen vor dem einzigen, aus der Antike gesicherten Porträt der Königin *Cleopatra* von Ägypten.

Sie war eine aus Mazedonien stammende Griechin, wahrscheinlich blond und nach dem Zeugnis der Zeitgenossen nicht besonders hübsch. Ihre Ahnenreihe führte sie zurück auf den begabtesten und liebenswertesten Menschen unter den Feldherren Alexanders des Großen: Ptolemäus. Dem Genie Alexanders hatte das pharaonische Ägypten ebensowenig zu widerstehen vermocht wie der ganze übrige Orient. Nach Alexanders frühem Tode verteilte der Kronrat in Babylon das Weltreich an die Feldherren. Das Land am Nil wurde dem Ptolemäus zugesprochen, der es zunächst als Verweser und von 304 an als griechischer König im Gewande der Pharaonen voller Weisheit regierte. Von ihm bis auf Cleopatra zählte man zwölf mit poetischen Beinamen ausgestattete Ptolemäer auf dem ägyptischen Thron. Ihr Regierungssitz war Alexandria – gleichzeitig das Zentrum aller griechischen Bildung und Wissenschaft, die

Hauptstadt des hellenisierten Judentums und die Wall-
fahrtsstätte für alle, die in den luxuriösen Künsten
orientalischer Laster ein Glück suchten, das ihnen zu
Hause versagt war. Außerhalb Alexandrias aber war
Ägypten das geheimnisvolle Götterland geblieben, das
es seit dem 4. Jahrtausend gewesen war. Cleopatra regierte von der Hauptstadt des Weltgriechentums aus
ein ganz und gar ungriechisches Land. Mit Virtuosität
handhabte sie gleichzeitig das altägyptische Staatsritual
und das Vokabular der modernsten griechischen Philosophie. Beide Welten durchdrangen sich in dem Herr-
scherbild, das sie von sich selbst hegte. Hemmungslos
bediente sie sich der Mittel des Despotismus vom Giftmord bis zur Folter. Andererseits berichten Zeitgenossen übereinstimmend, sie sei so taktvoll und höflich gewesen, daß selbst die kalte Ablehnung der römischen
Adelsdamen vor ihrem ersten Wort dahinschmolz. Das
Bewußtsein ihres königlichen Ranges habe sie in eine
vollkommene Grazie ihrer Bewegungen gehüllt und
ihre persönlichen Gegner durch eine Waffe zu besiegen
gewußt, von der wir aus dem Altertum nur bei ihr
Kenntnis haben: durch den melodienreichen Tonfall
ihrer Stimme. Liebeskraft und Geistesschärfe machten
sie als Königin zu einer wunderbaren Frau und als Frau
zu einem unergründlich gefährlichen Wesen. Ihr Genie
war, daß sie das alles wußte und sich dennoch bis zur
Selbstzerstörung hingeben konnte.

Dies aber macht uns die Begegnung mit dem Porträt
nicht leichter. Das Antlitz bleibt kalt, auch wenn wir
es noch so sehr zu beleben versuchen. Ein wenig besser
wird es, sobald wir unseren Blick auf den Kopf konzentrieren, ohne die Statue weiter zu beachten. Dazu kann
man sich eines Tricks bedienen, den Filmleute vielfach
anwenden, um die Möglichkeit eines Bildausschnittes

CÄSAR UND CLEOPATRA 69

zu prüfen: man muß aus dem gestreckten Daumen und
dem gewinkelten Zeigefinger ein annäherndes Rechteck
entstehen lassen und es vor das Auge halten. In dem so
gewonnenen Ausschnitt verrät Cleopatras Abbild ein
weniges mehr – doch nicht genug. Der Grund liegt in
der Herkunft des Porträts.

In seinem letzten Lebensjahr (45–44 v. Chr.) hat Julius Cäsar die Königin von Ägypten zum Staatsbesuch
in Rom empfangen. Sie war damals schon die Mutter
seines Sohnes Kaisarion, der allerdings auf Cäsars aus-
drücklichen Befehl in Ägypten bleiben mußte. Der offizielle Grund ihrer Anwesenheit in Rom bestand im
Aushandeln eines Vertrages, der die Nutzbarkeit Ägyptens für das römische Imperium unter gleichzeitiger Auf-
rechterhaltung einer formalen Souveränität der Königin zum Gegenstand hatte. Cäsar, damals auf der Höhe
seiner Macht, Diktator auf Lebenszeit, trächtig von
Plänen für eine grundlegende Erneuerung der gesamten
gesitteten Welt, suchte in Cleopatra nicht nur die außerordentliche Geliebte, sondern das weibliche Element in
der Kunst des Herrschens. Die römische Residenz der
Königin war eine ausgedehnte Villa in der Nähe des
Vatikans. Wenn Cäsar sich des Nachts, unbewacht und
unerkannt, dorthin begab, endeten die Spiele der Liebe
regelmäßig in geheimen Gesprächen, deren Gegenstand
wir erraten können: die endgültige Vereinigung des
Orients mit dem Westen. Rom war seiner Verfassung
nach eine Republik, in Wahrheit eine Diktatur, aber
was es immer noch leidenschaftlich haßte, war die Monarchie. Für den Orient hingegen schien das Königtum
die einzig denkbare Herrschaftsform zu sein. Wahrscheinlich haben Cäsar und Cleopatra damals darüber
beraten, ob Cäsar für jene Teile des Römischen Reiches,
die im Osten lagen, trotz römischen Widerstandes die

Königswürde annehmen solle. Tiefer noch als die Frage der Form aber bewegte die beiden das Bewußtsein, selber Westen und Osten zu sein, die sich als Mann und Frau zueinander hingezogen fühlen und gleichzeitig wissen, daß die uralte Feindschaft der Geschlechter sie unvermögend macht, ganz ineinander aufzugehen.

Gewalttat setzte diesen Gesprächen ein Ende: Cäsar fiel unter den Dolchen seiner Mörder. Cleopatra, Ägypten nicht einen Augenblick vergessend, bedachte sofort ihre neue Situation. Instinktsicher verband sie sich mit demjenigen Römer, dem wenig später der Orient zufallen sollte: Marcus Antonius. Es ist nicht ohne makabren Reiz, sich vorzustellen, welche Erschütterung in Antonius und Cleopatra die Eröffnung von Cäsars Testament hervorgerufen haben muß. Denn weder der bewährte Reitergeneral Antonius noch die Königin von Ägypten waren darin auch nur mit einem Wort erwähnt. Mit Ausnahme der Legate an das Volk fiel Cäsars Gesamtvermögen an seinen neunzehnjährigen Großneffen Octavianus. Die Ungerechtigkeit einer solchen Verfügung war so offensichtlich, daß Cäsar sie nur mit Absicht getroffen haben konnte. Heute wissen wir den Grund. Cäsars weit vorausschauender Geist hatte zwei Dinge erkannt: nach seinem Tode würde Cleopatra versuchen, die Königsidee des Orients mit Antonius zu verwirklichen. Durch Antonius, den weit Schwächeren, würde die Königin einen Teil der römischen Macht – die im Orient stationierten Legionen – in die Hand bekommen, mit ihnen die Oberherrschaft über die Königreiche des Ostens erlangen und dann ihre gesamte Kraft gegen Rom richten. Denn Rom würde dann keinen Cäsar mehr aufzuweisen haben, dem eine Cleopatra sich beugen könnte. Folgerichtig mußte das Königtum Ägyptens fallen, wenn der Orient unter römischer Herrschaft

CÄSAR UND CLEOPATRA

zu Frieden und Gedeihen gelangen sollte. Cäsars Erbe
konnte nur der sein, dessen Wesen von Natur aus dazu
angelegt war, Cleopatra Widerstand zu leisten: Octavianus. Und in der Tat: der schmächtige Jüngling schlug
den Antonius und erschien in Ägypten. Antonius gab
sich den Tod, Cleopatra nahm die Schlangen an ihre
Brust – und Ägypten war römische Provinz. Octavianus
beherrschte den Erdkreis und nahm den Titel Augustus
an, unter dem ihn die Geschichte kennt. Da er es ist,
dem die Welt die Idee der Pax Romana verdankt, hatte
Cäsar richtig gerechnet. Man vergißt aber dabei zu
leicht, daß Cäsar diese Entscheidung traf – gegen sein
Herz. In Cleopatra hat Cäsar seine größte und reifste
Liebe dem Frieden Roms zum Opfer gebracht.

Einige Monate vor seinem Tod hatte Cäsar verfügt,
es solle in dem Tempel, den er seiner Stamm-Mutter
Venus auf dem julischen Forum hatte errichten lassen,
eine goldene Statue der Göttin aufgestellt werden. Als
das Bildwerk vollendet und zugänglich war, sah alle
Welt, daß die goldene Venus die Züge der Cleopatra
trug. Die Statue ist verloren. Nur eine einzige späte
Kopie des Antlitzes hat sich erhalten: der Kopf, vor
dem wir stehen. Hinter der glatten Fläche des Gesichtes
blickt wie durch einen Schleier die wahre Cleopatra auf
uns nieder.

Sala a Croce Greca und Scala Simonetti

MUSEO GREGORIANO EGIZIO

Hier ist der Punkt, um einen kleinen Ausflug in die Welt anzuschließen, aus der Cleopatra kam. Gehen wir ein paar Schritte zurück. Wo die Scala Simonetti in ihrem rechten Treppenteil zum nächsten Stockwerk empor läuft, sehen wir einen Eingang mit der Kennzeichnung: *Museo Gregoriano Egizio*. Wer hier eintritt, findet in mehreren Sälen ein sonderbares Ägypten. Die Dekoration gehört dem frühen 19. Jahrhundert an und erinnert an die Schinkelschen Entwürfe zur Zauberflöte. Angefüllt sind die Räume mit Fundstücken, die zum Teil aus Ägypten, zum anderen aus der Ägyptenmode des antiken Rom stammen. Vieles davon kommt aus der Villa des Kaisers Hadrian in Tivoli.

Dieser Land- und Traumpalast des alternden Hadrian († 138) aus den letzten Jahren seines Lebens war ein Nebenresultat der berühmten Reise, die der Kaiser auf dem Höhepunkt seiner glücklichen Herrschaft durch alle Teile des Reiches unternommen hat. Im Jahre 121 war er von Rom aufgebrochen, ohne seinen Hofstaat, aber begleitet von Spezialisten aller Art: Architekten, Geographen, Finanzexperten, Festungsbaumeistern, Technikern, Historikern, Philosophen und Künstlern. Er ging zunächst nach Frankreich, dann in das römische Gebiet von Deutschland, fuhr den Rhein hinunter und setzte von dessen Mündung nach England über. Dann kehrte er auf das Festland zurück, durchzog die Provence und die Pyrenäen, um den Winter in Spanien zu verbringen. Im folgenden Frühjahr inspizierte er Marokko, verschaffte sich mit ein paar Feldzügen unter den Mauren Respekt, durchquerte zu Schiff das Mittelmeer und blieb für den nächsten Winter in Ephesus in Kleinasien. Dann zog er quer durch die Türkei ans Schwarze Meer.

KAISER HADRIAN UND ÄGYPTEN

Als das Jahr sich wiederum neigte, setzte er sich in
Pergamon zur Ruhe, besuchte im Frühjahr darauf für
einige Monate die Insel Rhodos und ließ sich mit den
dortigen Philosophen in lange Disputationen ein, die
er im folgenden Winter mit ihren athenischen Kollegen
fortführte. Nicht ganz den eigenen Wünschen folgend,
kehrte er kurz nach Rom zurück, unterbrach aber in
Sizilien, um den Ätna zu besteigen. 128 besuchte er
Utica, Karthago und die blühenden Provinzen zwischen Marokko und Ägypten. Seine abermalige Rückkehr nach Rom war nur ein kurzer Abstecher auf dem
Wege nach Athen. Von dort aus ging er im Frühjahr
129 wiederum nach Kleinasien, dann aber weiter nach
Syrien, Arabien und schließlich nach Jerusalem, das
vom Jüdischen Krieg her immer noch zerstört war. Er
befahl den Wiederaufbau der Stadt und wandte sich
eilends nach Ägypten.

Auf der ganzen Reise hatte er rastlos gearbeitet,
Städte und Universitäten gegründet, Befestigungen er-
neuert, Wasserleitungen geplant, Gerichtsurteile gefällt,
die Wissenschaft gefördert, Unfähigkeit geahndet, Korruption bestraft und dazu von jedem Punkt aus das
ganze Reich mit klugen Edikten versorgt. Nun, in Ägypten, änderte sich sein Verhalten. Er tat, was 170 Jahre
vor ihm Cäsar getan: er ließ sich in einem Prunkschiff
den Nil hinaufrudern – nur ohne eine Cleopatra zur
Seite zu haben. Deren Stelle nahm bei Hadrian ein
sanftäugiger bithynischer Jüngling namens Antinous
ein. Hadrians schöne Frau Sabina, die mit von der Partie war, hat sich daran nicht sonderlich gestört, andererseits wenig Entrüstung gezeigt, als das Gerücht aufkam,
auch sie sei in diesem Dreigespann nicht ohne Vergnügen geblieben.

Hadrian ließ sich in die Mysterien der Isis einweihen

und verfiel auf eine romantische Weise dem Zauber des alten Landes. Vielleicht entstand damals schon der Plan, ein wenig Ägypten in den römischen Alltag mit herüberzunehmen. Da traf – mitten in den glücklichen Tagen – den Kaiser ein furchtbarer Schlag, bis heute weiß man nicht, ob es politischer Mord war oder ein Unglücksfall: der schöne Antinous verschwand in den Fluten des Nils. Hadrian habe »geweint, wie eine Frau«, so wird uns berichtet. Schwerlich hat ihn die Legende zu trösten vermocht, die damals aufkam: ein ägyptischer Priester soll geweissagt haben, der Kaiser werde seine Zukunftspläne nur verwirklichen können, wenn das Liebste, das er besitze, das Leben lasse. Dies habe Antinous erfahren und freiwillig den Tod gesucht. Es mag sein – oder nicht: jedenfalls wurde jetzt, nach des Antinous Tod, die Atmosphäre Ägyptens für Hadrian zur Lebensnotwendigkeit. Und so hat er in seiner tiburtinischen Villa weder Geld noch Mühe gescheut, um sich ein privates Klein-Ägypten zu schaffen – und in der Trauer den einzigen Trost zu finden. Verwunderlich bleibt, warum Hadrian als Modell für sein ägyptisches Refugium das Tal Kanopos in der Nähe von Alexandria wählte – eine berühmte orientalische Vergnügungsstätte, die nun durch gewaltige Erdbewegungen in Tivoli getreu wiedererstand.

Die Stücke des ägyptischen Museums im Vatikan kommen zum großen Teil von dort, sind allerdings nicht alle original. Denn obwohl Hadrian viele Schiffsladungen voller Kunstwerke aus Ägypten mitgebracht hat – zur Dekoration des Kanopos-Tales in Tivoli reichten sie nicht aus. So ließ der Kaiser durch römische Steinmetzen Kopien ägyptischer Stücke herstellen und setzte sie mitten unter die Originale. Manches wanderte auch

KÖNIGIN TUAA UND GÖTTIN ISIS

aus der Stadt Rom nach Tivoli – hauptsächlich Bildwerke, die schon in der römischen Zeit der Königin
Cleopatra durch einen ähnlichen Prozeß entstanden
waren.

Zwischen Sarkophagen hindurch gelangen wir in den
Saal II. An seiner Rückwand findet sich (22) eine Kolossalstatue der *Königin Tuaa* aus der 19. pharaonischen Dynastie, um 1280 v. Chr. Die hieratische Figur
aus schwarzem Granit zeigt eine selbstbewußte klar-
blickende Frau in knöchellangem fließendem Gewand,
das den Formen des Körpers schmiegsam folgt. Wir
stehen vor der Mutter des Pharao Ramses II. Diese Frau
hat in ihrem Alter noch erlebt, daß der siegreiche Sohn,
einer der größten Herrscher der Geschichte, aus dem
Feldzug gegen Palästina eine beträchtliche Anzahl von
Sklaven mitbrachte, die dem Volke Israel angehörten.
Vielfach nimmt die Wissenschaft an, Ramses II. sei jener
Pharao des Alten Testamentes gewesen, über dessen
Land Gott die Sieben Plagen schickte, um das Volk
Israel aus der Knechtschaft zu befreien und durch Moses
dem Gelobten Land zuzuführen. Welche Tochter des
Pharao es allerdings war, die den kleinen Moses im Bin-
senkörblein gefunden hat, kann man leider nicht mehr
feststellen, da Ramses II. die unnahbare Königin vor uns
zur glücklichen Großmutter seiner hundert Söhne und
fünfzig Töchter machte.

Wichtiger aber für uns ist, daß die Mutter des Pharao
hier als *Isis* vor uns steht. Alle Herrscherinnen Ägyptens haben gewünscht, dieser Göttin ähnlich zu sein und
traten traditionsgemäß in ihrem Umriß auf. Denn in
Isis verdichtete sich die uralte Ahnung des mittelmeerischen Menschen vom ursprünglichen Vorrang des
Weiblichen in der Schöpfung. Isis hat im Niltal die Ger-
ste und den Weizen entdeckt, und erst durch sie erfuhr

78   MUSEO GREGORIANO EGIZIO

ihr Gemahl Osiris – der Vertreter des männlichen Prinzips –, was mit diesen Pflanzen anzufangen sei. Als Osiris, der gleichzeitig den Nil verkörpert, von dem neidvollen Gott der Dürre getötet wurde (Ursprung der Sage ist wohl, daß die Nilschwelle einmal ausgeblieben war), da besiegte der tapfere Sohn der Isis den Widersacher, und sie selbst umschlang den Leib ihres Gatten so lange, bis das Leben in ihn zurückkehrte.

Der Kult der Isis war eine Quelle der Poesie. Ihre Priester trugen die Tonsur, standen des Nachts zum Gebet auf und stellten zur Zeit der Wintersonnenwende das juwelengeschmückte Bildnis der Göttin unter vertrauten Attributen aus: man sah, wie Isis ihrem neugeborenen Sohne Horus, den sie auf wunderbare Weise empfangen hatte, in einem Stalle die Brust gibt. Als die Königin Cleopatra nach Rom kam und mit einem bis dahin unbekannten Prunk ihren offiziellen Einzug hielt, war sie als Göttin Isis gekleidet. Als sie Rom wieder verließ, blieb der Kult der ägyptischen Muttergöttin in der Hauptstadt zurück. (Wo heute S. Maria sopra Minerva steht, war im Altertum ein ausgedehntes Isis-Heiligtum. Der Fuß einer Kolossalstatue der Göttin ist heute noch am Ende der Via di S. Stefano del Cacco zu sehen.) Als die ersten Christen nach Rom gelangten, hatte sich die Bevölkerung der Stadt schon fast ein Jahrhundert lang daran gewöhnt, die Göttin Isis unter den Namen ›Himmelskönigin‹, ›Meeresstern‹ und ›Gottesmutter‹ anzurufen.

An der rechten Wand des Saales II finden wir Kolossalstatuen aus rotem Granit. Eine davon (27) zeigt *Ptolemäus II. Philadelphos,* den Sohn des Alexander-Feldherrn und Begründers der Dynastie. Weder seinem Gesicht noch der hieratisch starren Figur ist anzusehen, daß dieser griechische Pharao ein im Altertum berühm-

DIE PTOLEMÄER 79

ter Erfinder von Kochrezepten war. Sein Vater hatte,
wenn er ein Bankett gab, noch die Gepflogenheit, die
Geladenen zu bitten, sie möchten Bestecke und Teller
selbst mitbringen. Der Sohn, schon im Purpur geboren,
gab für sein Krönungsfest zweieinhalb Millionen Dollar
aus. Nachdem er in der Liebe genügend Erinnerungen
gesammelt hatte, nahm er nach pharaonischem Brauch
seine Schwester zur Frau. Sie hieß *Arsinoë* und steht
links neben ihm (25). Offenbar war sie sehr energisch,
regierte gerecht und gewann die meisten ihrer Kriege.
Damit ermöglichte sie es dem dankbaren Gatten, in
den Pausen zwischen den Tafelfreuden ungehindert seiner zweiten Lieblingsbeschäftigung zu frönen: dem gelehrten Gespräch.

Der alte Vater Ptolemäus hatte neben dem Palast
in Alexandria das Museion gegründet. Das war nicht
eigentlich eine Universität – eher eine ausgedehnte,
finanziell wohlversorgte Forschungsstätte der Wissenschaft. Da gelehrte Häupter zu keiner Zeit der Geschichte ohne furchterregende Anhäufungen von Büchern auskommen, wuchs an dem Museion bald eine
immense Bibliothek. Schon beim Tode des vor uns stehenden Pharao, also kaum zwei Menschenalter nach
ihrer Gründung, umfaßte diese Bibliothek mehr als eine
halbe Million Buchrollen. Wie umfangreich ihre Be-
stände im Augenblick des Brandes gewesen sind, den
Cäsars ägyptisches Abenteuer verursachte, ist nicht fest-
zustellen. Doch weiß man, daß der letzte Katalog, in
dem nur die Titel aufgeführt waren, allein hundert-
dreißig Buchrollen umfaßte. Das Amt des Bibliothekars
war zur damaligen Zeit eines der höchsten im ägyptischen Reich. Im Vatikan ist das Amt des Bibliothekars
heute mit der Würde eines Kardinals verbunden.

Bevor wir weitergehen – durch die Türe, die unweit

der Königin Tuaa in den nächsten Saal führt und dessen Nummer IV trägt –, verlohnt sich ein Blick auf den herrlichen farbigen Sandsteinkopf des Pharao *Mentouhotep* IV., der kurz vor dem Jahre 2000 v. Chr. regierte (28). In Mitteleuropa war man damals gerade im Begriff, das Pferd als Haustier einzuführen, da mit großer Anstrengung soeben das Joch entdeckt worden war. Im Saal IV begegnet uns ein Priester in Basalt – die Statuette steht mitten im Raum –, der das Modell eines Tempels vor sich her trägt. Er ist – nur! – aus dem 6. Jahrhundert v. Chr. und hat ein Gewand, über und über mit Hieroglyphen bedeckt, durch die er sich vorstellt. Sein Name, so sagt er, sei *Udjesharresnet* (ob man das wirklich so ausgesprochen hat?), und er habe mit eigenen Augen gesehen, wie der wilde Kambyses die schöne Stadt Sais berannte und nahm.

Dieser Kambyses war ein König der Perser, der den Fehler beging, die Qualität seiner Größe nach der Quantität seiner Grausamkeit zu bemessen. Er hatte den bezaubernden Kyros zum Vater, aber nichts von dessen Mäßigung. Mit einem Riesenheer versuchte er, was zweieinhalb Jahrhunderte später Alexander dem Großen gelingen sollte: die Eroberung Ägyptens. Kambyses schickte fünfzigtausend Mann, eine Oase zu erobern, sie kamen in der Wüste um. Unser Priester war Augenzeuge, wie der wütende Barbar, nachdem alles schiefgegangen war, mit seinem Dolch auf den Stier losging, den die Ägypter als Gott Apis verehrten. An jedes Götterbild legte er die Fackel, kein schätzeverheißendes Mumiengrab war vor ihm sicher, obwohl man ihn vor alten Flüchen warnte. Als er schließlich einen Anfall von Epilepsie erlitt, nahmen die Ägypter dies nur als Rache ihrer Götter. Mit Befriedigung sahen sie zu, wie Kambyses wahnsinnig wurde, seine schwesterliche Gat-

PERUGINO
Die Schlüsselübergabe an den hl. Petrus, um 1485
Ausschnitt aus einem Fresko
in der Sixtinischen Kapelle
(zugleich Detail des Schutzumschlages)

ANTINOUS ALS OSIRIS 81

tin Roxana durch einen Fußtritt in den Magen tötete und seinen eigenen Sohn mit Pfeilen niederschoß. Es stimmt nachdenklich, über zweieinhalb Jahrtausende hinweg durch den kleinen Priester bestätigt zu sehen, daß solche Dinge sich wirklich zugetragen haben.

Von hier aus in den Saal III weitergehend, finden wir an dessen Rückwand (99) einen jungen Mann in Marmor, der die statuarische Haltung der Pharaonen einnimmt. Um die Lenden trägt er einen Schurz, das Haar ist durch das ägyptische Kopftuch verhüllt. Die Haltung folgt einem Urtyp ägyptischer Kunst: dem Bilde, das man sich im Tale des Nil seit den ältesten Zeiten von dem Gotte Osiris machte. Kontrastierend zu der Statue ist ihr Gesicht: es trägt griechische Züge. Der Jüngling ist *Antinous,* des Hadrian Lieblingspage. Da er im Nil ertrank, war er in der Vorstellung der Ägypter zum Osiris geworden. Hadrian hat dieses Werk nach Rom bringen lassen und in seiner Villa in Tivoli aufgestellt. Vielleicht war es seinem von Krankheit und Pessimismus gezeichneten Alter ein Trost, den vorangegangenen Jüngling als den ältesten Gott der gesitteten Welt vor sich zu sehen, zu dem halb Rom die Hände flehend erhob.

So also endete der Prozeß, den Cäsar mit Cleopatras Opfer eingeleitet hatte: Roms Waffen hatten das Land am Nil erobert und befriedet. Ägyptens Religion aber wanderte nach Rom. Dionysos, der griechische Gott, und Mithras, der Erlöser aus Persien, sind uns schon begegnet. Zu ihnen gesellte sich das Götterpaar Isis und Osiris. Der geheime Widerstreit der drei großen Mysterien-Religionen endete erst, als das Kreuz seinen Siegeslauf begann.

KREUZ UND WEINSTOCK

Der Siegeszeit des Christentums begegnen wir bei der Rückkehr in den *Saal des griechischen Kreuzes*. Rechts von dem farbenreichen Boden-Mosaik – es ist größtenteils modern, wir finden später bessere – steht der kolossale *Sarkophag* (589), der den Namen der *Kaiserin Helena* trägt. Er entstand zu ihren Lebzeiten, am Anfang des 4. Jahrhunderts n. Chr.

Helenas Schicksalskurve ist weit gespannt. Als junges Mädchen tat die spätere Augusta Servierdienste in einer bithynischen Schenke, irgendwo in der Nachbarschaft des Marmarameeres. Der römische General Constantius Chlorus verliebte sich in sie und nahm sie mit in sein Hauptquartier nach Westrumänien. Es war eine ernste Liebe. Da ein dem kaiserlichen Hause verwandter Feldherr nach römischem Recht nicht in der Lage war, ein Barmädchen mit unbekannten Eltern zu heiraten, bot er ihr das Äußerste an Gesetzmäßigkeit, das ihm zur Verfügung stand: das legale Konkubinat. Als Gattin zur linken Hand gebar Helena dem Constantius in der Stadt Naissos einen Sohn: den späteren Kaiser Konstantin den Großen. Wenig später wurde der Vater Constantius zum ›Cäsar‹ erhoben – aus dem Namen war damals längst ein Titel geworden, mit dem man einen Teilregenten des in vier Herrschaftsgebiete gegliederten Reiches bezeichnete. Kraft dieser Ernennung herrschte Constantius unumschränkt über ein Viertel des Imperiums und hatte nur noch eine Autorität zu respektieren: Diocletian, den Kaiser des Gesamtreiches. Für Helena aber begann damit ein langer Leidensweg. Denn um die vier Cäsaren untereinander zu einer Großdynastie zu verbinden, erzwang Diocletian eine Reihe politischer Heiraten. Constantius erhielt

den Befehl, die Stieftochter seines Kollegen Maximian
zur Frau zu nehmen. Er hat schwer unter dem Schlag
gelitten, Helena preisgeben zu müssen. Da er ein Ehren-
mann war, verfügte er aus freien Stücken, Helena solle
an seinem Hof bleiben und sich der Erziehung des jungen Konstantin widmen. So hat diese großartige Frau,
ohne persönlichen Rang und ohne das geringste Macht-
mittel, jahrelang mit dem geliebten Mann unter einem
Dach gewohnt und seiner Ehe mit einer an Geburt überlegenen Prinzessin zugesehen.

Nach des Constantius Tod rückte Konstantin – er
befehligte damals die römischen Streitkräfte in England – in den Rang eines Cäsar auf. Eine seiner ersten
Taten war, die Mutter durch den Titel ›nobilissima
femina‹ in den Adelsstand zu erheben. Zwanzig Jahre
später ist Konstantin ›aller Völker siegreicher Feldherr‹
und ›Lenker des gesamten Erdkreises‹ – und seine Mutter Helena trägt das doppelreihige Perlendiadem einer
regierenden Kaiserin. In ihrem Alter hat sich Helena
mit einem pompösen Hofstaat und einem Stab von Gelehrten aufgemacht zu einer Reise ins Heilige Land.
Dort ließ sie allerorten nach Gegenständen suchen, die
mit dem Erdenleben Christi in unmittelbarer Berührung gewesen sein konnten. Beladen mit Dingen, die für
sie von unmeßbarer Heiligkeit waren – darunter drei
Splitter des wahren Kreuzes und die Heilige Stiege –,
rüstete Helena zur Heimkehr, erreichte aber nur noch
Konstantinopel, um dort in den Armen ihres Sohnes
zu sterben. Da die Grabmonumente der Konstantini-
schen Familie in der Hauptstadt am Bosporus noch
nicht vollendet waren, ließ der Kaiser seine tote Mutter
nach Rom überführen und sie in dem Mausoleum der
Dynastie an der Via Labicana beisetzen. »Wie Abge-
sandte ihres Sohnes umstanden vier in Silber getriebene

Kandelaber den Sarkophag der Kaiserinmutter, das
letzte Angebinde in Gold verdichtete sich zu einem gewaltigen Kronreifen, dessen über hundert Öllampen
von stilisierten Delphinen gehalten wurden und mit
ihrem unruhigen Flackern das Mosaik der Kuppel be-
lebten.« (Voelkl)

Auf allen vier Seiten des Sarkophages ziehen beinahe
vollplastische Reiter an uns vorüber. Sie haben die Gelehrten zu der Frage veranlaßt, ob dieses majestätische
Gebilde nicht eher für einen Kaiser geschaffen wurde.
Indessen: daß man es in Helenas Grabmal gefunden
hat, steht außer Zweifel. Und wenn wir das Leben
der großen Frau bedenken – sind dann die Darstellungen wirklich so fehl am Platz? Ungeachtet aller späteren Ehren hat Helena ihre glücklichsten Jahre an der
Seite des Constantius Chlorus im Feldlager verbracht.
Auf dem Sarkophag sprengen lanzenbewehrte römische
Reiter heran, begleitet von einem Zug gefesselter, zum
Teil schon niederstürzender Barbaren. Was sollte dies
anderes sein, als die Rückkehr römischer Truppen und
ihrer Gefangenen aus einem siegreichen Gefecht? Niemand kann sagen, ob nicht die starkmütige Kaiserin
selber gewünscht hat, im Tode von einer Szene umgeben
zu sein, die sie in ihrem Leben viele Male gesehen und
in ihrer Erinnerung stets mit den kurzen Zeiten ihres
Glückes verbunden hat.

Uns aber tritt aus diesem wunderbaren Spätwerk
der Reichskunst leibhaftig die Gefahr entgegen, die das
Imperium in seinen letzten Jahrhunderten steigend bedrohte: die Barbaren. Noch vermochte man sie zu fesseln, noch waren sie besiegbar. Aber schon erschienen
sie auf kaiserlichen Sarkophagen. Schon war es ein
Grund zum Triumph, wenn man sie in ihren Grenzen
halten konnte. Mit immer stärkerer Gewalt brandeten

die Völker des Nordens über die Alpen hinweg nach Italien, und immer teurer erkauft waren die Siege der Römer. Knapp hundert Jahre nach der Fertigstellung dieses Sarkophags befand sich die Stadt Rom, für ein Jahrtausend der unangreifbare Hort der Gesittung, zum ersten Male in der Hand der Goten. Doch waren die Barbaren für das Reich Konstantins des Großen ein äußeres Problem. Ihm gegenüber gab es ein inneres – wir werden es erkennen, wenn wir uns nun dem zweiten Porphyr-Sarkophag zuwenden, der an der Fensterseite des Saales steht.

Es ist nicht ganz sicher, wen dieses mächtige Gehäuse, heute *Porphyr-Sarkophag der Constantia* (566) genannt, einst geborgen hat. Daß es aus Porphyr ist, verrät nur seine Bestimmung für ein Mitglied des Kaiserhauses, denn diesem allein war die Farbe des Purpurs vorbehalten. Man weiß ferner, daß der Sarkophag in dem Mausoleum für Konstantins Töchter stand. (Es ist heute zur Kirche S. Costanza geworden, zeigt aber noch den

Sarkophag der Constantia

ursprünglichen Zustand. Die Mosaiken, verschwenderisch über den Umgang gebreitet, setzen die Thematik des Sarkophages fort. Ein Besuch wird angelegentlich empfohlen.) Der Zierat des Sarkophages ist heiterer Natur. Von einer dichten Ranke umgeben – auf der Längsseite schlingt sie sich dreimal zum Kreis – ist eine Schar fleißiger Knirpse mit der Weinlese beschäftigt. Überall im Gezweig spielen Vögel, auch zwei Pfauen sind zu entdecken, Sinnbilder der Unsterblichkeit, und ein Widder, das Opfertier des Dionysos. An den Schmalseiten keltern drei Knäblein die gesammelten Reben auf eine Weise, wie man sie heute noch mancherorts in Italien sieht: sie halten sich an den Schultern umschlungen und pressen tanzend den Saft aus den Trauben. Dieser rinnt weiter unten durch ein Löwenmaul in die bereitgestellten Fässer. Im ganzen also eine bukolische, dem Dionysos huldigende Szene, mit der man sich zufrieden geben könnte – wären nicht der Wein, seine Lese und seine Kelter gleichzeitig Gegenstand der ältesten Symbolik des Christentums. Diese reicht von der Hochzeit zu Kana über das Gleichnis von den Arbeitern im Weinberg bis zu Christi wunderbarem Wort: »Ich bin der Weinstock, ihr seid die Reben.« Hier öffnet sich uns eine Perspektive. Das besagte innere Reichsproblem hieß: das psychologische Gleichgewicht zu finden zwischen dem keineswegs besiegten Heidentum und dem soeben legalisierten christlichen Glauben.

Bekanntlich ließ sich Konstantin der Große erst taufen, als er seines nahen Todes sicher war. Zynische Beurteiler sahen darin ein Geschäft mit dem Himmel: der Kaiser habe im Leben unabhängig von der christlichen Sündenmoral handeln, im Tode aber als neugetaufter Christ makellos und sicher das Paradies erreichen wollen. Der Sarkophag vor uns lehrt anderes. Zu Kon-

KONSTANTIN DER GROSSE

stantins Lebzeiten waren neun Zehntel der Reichsbevölkerung heidnisch. Der Kaiser hatte die Christen unter seinen Schutz genommen, weil er in dem hohen Ethos ihres Glaubens ein neuartiges Band der Loyalität erkannte, kräftig genug, den brüchig gewordenen Staat festigend zu umspannen. Und er hatte recht behalten. Aber das Kaiserhaus mußte auf die übermächtige Mehrheit der Heiden Rücksicht nehmen. Es war unmöglich, daß der Kaiser sich öffentlich zum Christentum bekannte, auch wenn dieses die eigentlichen staatstragenden Elemente verkörperte. Denn war er für die Christen Kaiser durch Gottes Willen, so war er für die Heiden der Wille der Götter in Person. So förderte er die Kirche, wo er konnte – aber er trat ihr erst bei, als er nicht mehr an das Reich, sondern nur noch an das Heil seiner Seele zu denken brauchte. Solange er lebte, bediente er sich mit einer Delikatesse, die unseren Politikern dringend zu wünschen wäre, der Bildersprache, die beiden Teilen gerecht wurde: die Weinlese konnte dem Dionysos zugehören – sie konnte aber auch Sinnbild der Erlösung sein.

Das Genie Konstantins gipfelt in einer Tat der Behutsamkeit. Von ihm lernte das Christentum zuerst, daß das Religiöse ein Element der menschlichen Natur ist, zu dessen Veredelung die Liebe genügt, die aus den Evangelien leuchtet. Wäre keine andere Spur von Konstantins Wirken auf uns gekommen, durch diese allein hätte er verdient, auch heute noch der Große genannt zu werden.

KAISERLICHER SAAL

Die *Sala Rotonda* nimmt uns auf. Ihr großes Vorbild scheint das Pantheon gewesen zu sein, dessen Kuppel, an Feierlichkeit unerreicht, die Römer seit der Antike nicht mehr in Ruhe ließ. Simonetti hat die Kassetten ihrer Innenschale hier wiederholt, allerdings nur in perspektivischer Malerei, und sie noch mit den Rosetten versehen, deren Urbilder im Pantheon unter Urban VIII. entfernt und zum Material für den Bernini-Tabernakel von St. Peter eingeschmolzen wurden.

Der runde Raum empfängt sein Licht aus der Höhe, sanft breitet es sich über die acht Marmorgestalten in den Wandnischen. Den Boden bedeckt ein *Meerwesen-Mosaik* aus dem 3. Jahrhundert n. Chr. In seinem äußeren Bilderkreis tummeln sich viele Spielarten jener Phantasien zwischen Mensch und Fisch, in denen die Antike das reine Glück der Natur verkörpert sah. Mäander-Ornamente, in Pastellfarben getönt, ziehen um das Ganze einen Ring, der uns die Perspektive der Vogelschau auf ein unendlich dahingehendes Labyrinth gewährt. In der Mitte der Sala Rotonda dehnt eine *Brunnenschale* aus Porphyr – ihr Umfang mißt dreizehn Meter – die flachgewölbte Rundung ihres Beckens.

Über ihr, in der zentralen Nische uns gegenüber, erhebt sich in vergoldeter Bronze der Riesenleib des *Herkules* (544). Dieser kolossale Muskelprotz lag bis zum Jahr 1864 im römischen Boden verborgen. Als man im Hof des Palazzo Pio die Fundamente für ein Nebengebäude aushob, stießen Arbeiter auf ein aus Steinplatten gefügtes Dach, das eine Grube deckte. Darin lag das Standbild – begraben wie ein Mensch. Im Hohlraum des Körpers fand man eine Münze mit dem Bild des regierenden Kaisers Commodus (180–192 n. Chr.). Herkules war des Commodus liebster Heros. Er selbst, der Sohn des Philosophenkaisers Marcus Aurelius, hat sich wiederholt als Herkules porträtieren lassen – das Gesicht umrahmt vom gesperrten Rachen des bezwungenen Löwen. Unter seiner Regierung wird die Statue wohl entstanden sein, denn sie zeigt, was man damals liebte: eine Unmasse Körperkraft, dünkelhaft zur Schau gestellt. Nicht Herkules der Held, der zum Wohle des schwachen Menschengeschlechtes Unholde tötet, sondern ein vergöttlichter Gladiator steht vor uns, ein Star der Arena. Man kennt des Commodus Zirkus-Ehrgeiz, man weiß, wie sehr er es liebte, vor dem Frühstück hundert Pfeile in seinen Köcher zu tun und damit hundert Bestien zu töten. Er und sein Herkules beweisen, daß es immer wieder Zeiten gibt, in denen der Kopf zu einem unwichtigen Körperteil wird.

Aber warum hat man den Herkules begraben? Eine der Steinplatten, die ihn deckten, gibt Auskunft: sie trug die drei Buchstaben FCS – Fulgur Conditum Summanium. Daraus geht hervor, daß die Statue eines Nachts vom Blitz getroffen worden war. Für die abergläubischen Römer mußte das ein fürchterliches Vorzeichen sein. Denn Blitze kommen von Jupiter. Der Göttervater selbst hatte seinen Zornstrahl geschleudert, um den Herkules, den Lieblingsgott des Kaisers, zu fällen. Wenig später wurde Commodus, da seine Geliebte Marcia, eine Christin, ihm zu wenig Gift in den Becher getan hatte, von seinem Leibringer, einem herkulischen Menschen, im Bade erwürgt. Niemand weiß, ob die Statue vor oder nach diesem Ereignis bestattet wurde. Aber jedenfalls wollte man den Jupiter versöhnen, weiteres Unglück von Rom abwenden und die Ehre des geschändeten Herkules wiederherstellen, indem man sein Standbild ehrenvoll begrub.

In der zweiten Nische links (550) erwartet uns der Kaiser *Claudius* (41 bis 54 n. Chr.). Sein Gesicht ist unschön und sehr menschlich, wogegen die Figur durch Haltung und Geste verrät, daß der Charakter des Standbildes ein offizieller war. Unter seinem wirklichen Körper – und der sah anders aus – hat Claudius sehr gelitten. Seine Mutter Antonia pflegte von ihm zu sagen, er sei eine Mißgeburt, ein Mensch, den die Natur nicht vollendet, sondern nur begonnen hätte. Sein Großvater Augustus wünschte, Claudius möchte sich jemand zum Vorbild wählen, dessen Gang und Haltung er nachahmen könne, denn »der arme Tropf hat darin Pech«. Auf den Thron gelangte dieser bespöttelte Mann durch einen Zufall. Während der Ermordung seines Vorgängers Caligula durch die Prätorianer hielt er sich zwischen den Vorhängen einer Tür versteckt. Ein vorbeilaufender Soldat sah seine Füße, zog ihn hervor – und da gerade niemand anderer bei der Hand war, rief ihn die Garde zum Kaiser aus. Kaum aber hatte er die Macht in Händen, zeigte sich, wer er wirklich war. Der Stubenhocker und Bücherwurm setzte mit einer Flotte nach England über und machte dessen südöstlichen Teil römisch. Den besiegten englischen Fürsten ließ er beim Triumph in Rom überraschend frei und erhob ihn zum Bundesgenossen – was England dem Claudius zuletzt durch die Sprache Winston Churchills gedankt hat. Die Regierungsarbeit faßte er zusammen in einem Kabinett, das nur aus vier Ministern bestand: einer besorgte die inneren Angelegenheiten, ein anderer die Gesuche, der dritte die Finanzen, der vierte war der Kronanwalt. In diese Ämter berief er Fachleute, mit Vorliebe Freigelassene, und regierte mit ihnen aufs glänzendste ein Imperium, das von Wales bis an die persische Grenze reichte. Sein Geheimnis: er war ein durch und

Sala Rotonda

durch gebildeter Mensch. Er hatte seine Körperschwäche
als Ausrede benutzt, um öffentlichen Ämtern fernzu-
bleiben, hatte Geschichte, Jurisprudenz, Heilkunde,
Philosophie und Religionsgeschichte so gründlich studiert, daß Plinius, einer der größten Gelehrten jener
Zeit, ihn viermal als Autorität zitiert. Wahrscheinlich
sprach er die Wahrheit, als er vor dem Senat bekannte,
er habe jahrzehntelang geistige Beschränkung vorge-
täuscht – um am Leben zu bleiben.

Nur in einem war Claudius auch als Kaiser schwach:
weiblichen Reizen hat er nie widerstehen können. Da
es auf dem Palatin Damen gab, die dies zu nutzen
wußten, geriet er immer mehr in deren Hörigkeit. Zwei
von ihnen heiratete er. Die erste, Messalina, mußte er
zu seinem Kummer töten lassen, weil sie sich, obwohl
Kaiserin und mit Claudius vermählt, in den Gärten des
Sallust öffentlich mit einem Playboy trauen ließ. Die
zweite, Agrippina, hat ihn schließlich mit Pilzen vergiftet, weil sie ihrem Sohne Nero den Thron verschaffen wollte. Offenbar hat es der beschlagene Kenner
klassischer Literatur versäumt, aus der berühmten Situation des Odysseus zu lernen, die wir im Fußboden
unterhalb des Standbildes auf einem späten Schwarz-
weiß-Mosaik dargestellt finden: sich vor dem heimtük-
kischen Gesang der Sirenen die Ohren zu verstopfen
oder wenigstens – wenn man schon, wie Odysseus, zu
neugierig ist – am Maste des Lebensschiffes festgebun-
den zu bleiben. Das Schicksal des Claudius beweist:
von einem gewissen Alter an soll man die Frauen nur
lieben, wenn man sie genau kennt. Aber wer kann das
schon von sich sagen?

In der dritten Nische (548) thront als kolossaler Jupiter der Kaiser *Galba* (69 n. Chr.). Wir erinnern uns:
er war der erste, der in dem verworrenen Vier-Kaiser-

DER KAISER-KULT

Jahr nach Neros Tod zur Herrschaft kam. Seine Regierungszeit währte nur einige Monate und hat dennoch ausgereicht, diesem Manne eines der großartigsten Majestätsbildnisse zu schaffen, die uns aus der Antike erhalten sind. Wenn Sueton zu glauben ist, war Galba in Wirklichkeit beträchtlich häßlicher und so gichtbrüchig, daß er sich nur mit Mühe auf den Beinen halten konnte. Dies kam hauptsächlich von seiner Gewohnheit, bei Tisch die Speisen zu ganzen Gebirgen vor sich aufhäufen zu lassen. Im übrigen scheint er geizig und grausam gewesen zu sein, obwohl er gesunde Vorstellungen von der Kunst des Regierens hatte. Unser Standbild hat ihm nicht das Alter, wohl aber die Häßlichkeit genommen und sie durch Jupiters gelassene Erhabenheit ersetzt. Trotzdem ist die Porträtähnlichkeit gewahrt. Galba sitzt mit entblößtem Oberkörper auf einem Felsenthron, das Haupt umkränzt von metallenem Lorbeer, in der Hand das Zepter mit dem römischen Adler. Über seine linke Schulter fällt die Toga, die sich in Schichten um sein Knie schlingt. Seine in Falten gelegte Stirn und der in die Ferne gehende Blick aus weit offenen Augen verraten ein Gedankennetz, das Sterblichen nicht entflechtbar ist.

Vor solchen Bildnissen brachte man in Rom das Weihrauchopfer des Kaiserkultes dar, dessen Verweigerung so vielen Christen in späteren Jahrhunderten das Leben kostete. Glaubwürdig offenbart uns das Standbild die Harmonie zwischen dem Erdkreis unter römischem Recht und dem Himmel, der von römischen Göttern regiert wird. Der Kaiser thront im idealen Berührungspunkt beider Bereiche. In seiner Person – gleichviel, wer er ist – vollzieht sich der immerwährende Prozeß, durch den Würde, vereint mit Heiligkeit, aufsteigt zur Majestät.

Hier ein Wort zur Vergöttlichung der Kaiser: niemand in der Antike war töricht genug, zu glauben, ein Kaiser, der als Gott regierte, sei in Wirklichkeit kein Mensch. Im Grunde ist die Bezeichnung ›divus‹ nichts anderes als eine Entsprechung für das Wort ›der Heilige‹, das wir vor den Namen eines Menschen zu setzen pflegen, den die Kirche zur Ehre der Altäre erhoben hat. Analog der uralten katholischen Gepflogenheit, die Heiligen um Hilfe anzurufen, erbat man im Altertum den Beistand der vergöttlichten Kaiser. Erst unserer Zeit blieb es vorbehalten, in den Menschen das Bedürfnis nach Verehrung zu zerstören, das sie bis dahin für natürlich gehalten hatten – gegenüber jedem, den sein Schicksal über seine Natur hinausgetragen.

Links unterhalb des kolossalen Herkules finden wir in Form einer überlebensgroßen Büste (545) schon wieder den ewig gleich schönen *Antinous,* diesmal als Apollo frisiert. Überflüssig, zu erwähnen, daß das Porträt aus der Villa des Hadrian stammt – der arme Kaiser wollte seinen entschwundenen Liebling offenbar in jedem Zimmer haben. Die Büste ist nicht eine Kopie, sondern die originale Schöpfung eines römischen Künstlers, realistisch genug, um uns vor Augen zu führen, woran Hadrians Herz sich entflammte. Der Knabe ist weich. Er hat kleine Augen und versteht es, seinen Blick unter dichten Brauen verträumt ins Nirgendwo zu richten. Ob er wirklich so schön ist, daß sich des Kaisers Aufwand lohnte, wollen wir zur Beurteilung denen überlassen, die Hadrians Wonnen teilen. Jedenfalls kann man als eine mitfühlende Geste notieren, daß der tolerante Vatikan es dem Kaiser heute noch gestattet, sein Auge auf den schwellenden Formen des Antinous ruhen zu lassen.

Wir finden Kaiser *Hadrian* (543) rechts vom Herkules

HADRIAN UND ANTINOUS

als monumentale Büste. Sie stammt aus seinem Grabmal, der Engelsburg. Die Archäologie belehrt uns, das Bildnis sei erst nach dem Tode des Kaisers geschaffen, es bewahre zwar eine gewisse natürliche Ähnlichkeit, entrücke ihn aber zu einem idealen Typ. Was wir sehen, ist ein großflächiges, zur Ruhe gekommenes Gesicht, über das viel Schicksal hingegangen ist, ohne seine Klarheit zu mindern. Deutlich läßt sich die geheime Melancholie erkennen, die den im Grunde empfindsamen Mann stets dann am stärksten befiel, wenn er innewurde, daß seine Untertanen glücklich waren. Auch die Einsamkeit, das schmerzliche Vorrecht des Lebens auf dem Gipfel der Welt, hat in dem Antlitz ihren Platz. Die Beziehung zu dem Jüngling, den er anblickt, ist von seinen Zeitgenossen als etwas Natürliches, Unverfängliches empfunden worden. Erst unsere späte und gespaltene Sicht interpretiert den Unterschied zwischen der Liebe eines älteren zum jüngeren Mann und der Liebe eines kinderlosen Kaisers zu einem von den Göttern gesandten Sohn. In beiden Fällen aber war Hadrian der tragische Partner. Denn von ihm wissen wir aus vielen Zeugnissen, daß er den Jüngling namenlos geliebt hat. Aber nicht ein Wort ist uns berichtet von dem, was Antinous dem Kaiser wiedergab. Wer liebt, erwartet keine Dankbarkeit. Aber wer sich lieben läßt, ahnt nicht, was er anrichtet, wenn er sie verweigert.

Wenden wir den Blick noch einmal auf das Ganze. Die Sala Rotonda ist, bei allen Mängeln spätzeitlichen Nachempfindens, ein Gebilde römischen Geistes. Sie erweckt eine Ahnung in uns, wie die Säle in den alten Kaiserpalästen ausgesehen haben mochten. Und unserer Phantasie fällt es leicht, sie mit Leben zu füllen. Aufsteigt aus der Mitte der Porphyrschale ein sprühender Wasserstrahl, der im Niederfallen blühenden Lotos benetzt. Das vielfarbige Mosaik des Bodens ist befeuchtet von den Libationen, den Weinopfern, die die Gäste des Kaisers vor dem Trunk für die Götter aus den Pokalen gießen. Die Luft ist erfüllt von Musik und den Wohlgerüchen Arabiens, und wenn den Zechern der Wein zu Kopf gestiegen ist, schweben kühlende Rosenblätter von der Kuppel herab. All dieser Luxus ist aufgeboten für das Glück eines einzigen Menschen – für den Kaiser. Denn in seinem Herzen muß Freude wohnen, damit der Erdkreis Frieden hat.

Solange der Kaiser gemäß der Harmonie lebte, die er verkörperte, war er allen Menschen ein Vater, wie Jupiter der Vater aller Götter war, und beider Wesen vereinten sich. Verließ aber der Kaiser die Gesetze, dann trennte sich Jupiter von ihm, und er fiel in gnadenlosem Sturz. Es ist nicht von ungefähr, daß uns beim Verlassen des Saales jenes berühmte *Jupiter-Bildnis* begegnet, das schon unsere Schulbücher zierte (539). In *Otricoli,* dessen antike Reste man 1775 auszugraben begann, wurde des olympischen Herrschers mächtiges Haupt gefunden. Sein verlorenes Urbild entsprang der frommen Phantasie des Bildhauers Bryaxis, der ein Grieche des 4. Jahrhunderts v. Chr. war. Er schuf ein Haupt des Zeus, dessen edler Bau noch durch die spätere Version vor uns hindurchschimmert. Doch indem wir noch die Geschichte des Bildwerkes erwägen, werden wir schon inne, daß der Gott uns anblickt. Aus den Fluten göttlich-fülligen Haares trifft uns sein Antlitz in dräuender Majestät. Dies ist die Stirn eines Weltenlenkers, hinter der gütige und strafende Gedanken wie Sterne ihre Bahn ziehen. Dies ist ein Mund des Rates und des Rechtes, der fromme Verehrung fordert. Dies ist ein Auge, noch vom Kleinsten tief bewegt – sofern

RÜCKBLICK AUF DAS ROM DER KAISER

wir nur die Iris erkennen, die hinter dem glatten Marmor verborgen liegt. Und all dies ist im Übergang begriffen, in jenem geheimnisvollen Augenblick eingefangen, worin der Gedanke sich verdichtet zur Tat, die Idee zur Gestalt, der Geist zum Leben. Menander sagt: »Es führt die Gottheit schweigend jedes Werk hinaus.«

Wir aber wollen, bevor uns neue Ufer der Betrachtung winken, noch einmal die Botschaften bedenken, die unserem Wege bisher zugefallen sind. Von des Domitian kaltem Wahn der Macht hat der Eingang uns berichtet, der kleine Priester aus Ägypten fügte die Kunde hinzu von des Kambyses blutgetränktem Irrsinn, und der Herkules hat uns erzählt, wie schmählich des Commodus Schändung der Kaiserwürde zu Ende ging. Cleopatra, von Cäsar tief geliebt und für Roms Größe preisgegeben, hat uns gezeigt, wie Ost und West sich gramvoll ineinanderschlingen. Wir haben gesehen, wie Hadrian ruhelos die Welt durchzog, um in tragischer Liebe einsam zu sterben, und wie Claudius sein seltsames Geschick zu klarer Höhe führte und durch die Sklaverei seines Herzens ruhmlos zu Tode kam. Was Majestät ist, haben Julius II. und Bramante in der Riesen-Nische uns vorgestellt, der Kaiser Galba, kaum dazu berufen, hat uns die Heiligkeit des Herrschens dennoch klargelegt, und des olympischen Zeus gedankenschweres Haupt hat von uns Spätgeborenen noch Frömmigkeit verlangt. Der Bote des persischen Mithras von der Antoninus-Säule, des Dionysos Pinienzapfen und sein Weingerank auf dem Constantia-Sarkophag, die Mutter Ramses II. und Cleopatra als Isis, Antinous als Osiris – sie alle haben uns berichtet von dem uralten Wunsch der Menschen nach Schutz und nach Erlösung. Der Kaiserin Helena leiderfülltes Leben und die maßvolle Weisheit ihres großen Sohnes haben uns die Bahn gewiesen, auf der das Kreuz zum Siege kam. Und Rom hat alles dies gehegt bis in unsere Tage: Welten und die eine Welt, Zeiten und die eine Zeit, Götter und den einen Gott, Menschen und das eine Herz.

Das übrige im Rundblick, vom Zeus nach rechts im Kreise: in der ersten Nische (540) ein großes *Standbild eines Gottes,* Zwitter zwischen Dionysos und Osiris, letzte Originalschöpfung der römischen Plastik. Wen der Antinous nervös macht, braucht das Gesicht nicht näher anzusehen. Der kolossale Kopf zu seinen Füßen (541) trägt die Züge der *Faustina,* der Gattin des Antoninus Pius. In der nächsten Nische (542) eine düstere *Demeter,* feierlich nach altgriechischer Sitte gekleidet, Kopie des 2. Jahrhunderts n. Chr. nach einer Göttergestalt des klassischen Griechenland. Wer immer sie auch ist, sie scheint furchterregend und nicht sehr gütig. Im Halbdunkel einer Tempelcella konnte solcher Umriß genug des frommen Schauders erwecken. Das Urbild wird dem Agorakritos zugeschrieben, des Phidias liebstem Schüler. Auf ihn geht auch die Statue in der vierten Nische zurück (546), die *Hera Barberini.* Ihr zu Füßen (547) das mächtige Haupt eines Meeresgottes, der soeben aus den Wellen aufgetaucht ist. In seinem Barte spielen Delphine, das Haar ist mit Weinlaub bekränzt. Da man ihn bei Pozzuoli gefunden hat, ist er vielleicht der Gott des Golfes von Baiae bei Neapel – köstlich wie fast alles, was diese gesegnete Gegend hervorbringt. Unterhalb des Kaisers Galba die Büste des Gottes *Serapis* (549), des Reichsgottes der Ptolemäer. In seiner Gestalt mischten sich für die Ägypter Osiris und der heilige Apis-Stier, während Griechen und Römer in ihm eine Verschmelzung des Zeus mit dem Schattenbeherrscher Hades sahen. Alle Welt schrieb ihm große Heilkraft zu. Die Büste war ehemals mit einem metallenen Strahlenkranz gekrönt und wies den Vielseitigen auch noch als Verkörperung der Sonne aus. Jedenfalls ist er ein Gott, in den viele andere Götter eingegangen sind – ein Vorzeichen, wie das Bild von der Allmacht des einen Gottes langsam zur Reife kam.

RÜCKBLICK AUF DAS ROM DER KAISER 99

Links von dem großen Claudius-Standbild noch eine Büste
desselben Kaisers (551). Daneben die Kolossalstatue der *Juno
Sospita* (552), der altetruskischen Gottheit von Lanuvium.
Da die Kaiser Antoninus Pius und Commodus in Lanuvium
geboren waren, bemühten sie sich besonders um eine Neu-
belebung des Kultes dieser Göttin. Was dabei entstand, war
kalt und künstlich. Links vor der Juno ein Großporträt der
Kaiserin *Plotina,* die nicht von Schönheit geplagt war, aber
den psychologischen Weitblick besaß, ihrem Gatten Trajan
den Hadrian als Nachfolger einzureden (553). Links von der
Tür (554) eine Dame aus Syrien: *Julia Domna,* die den hoch-
gebildeten Kaiser Septimius Severus zum Mann und den
schaurigen Caracalla zum Sohn hatte. Schließlich in der letzten Nische (555) der *Genius eines Kaisers.* Man verstand
darunter nicht eine Art Schutzengel, sondern die Personifikation der Energie, die einem Menschen innewohnt und
Geist und Leben vorwärtstreibt. Beim Genius des Haus-
vaters schwur das Gesinde Treue. Wer hätte heute noch den
Mut, die Wandelgänge eines Parlaments mit den Genien
seiner Regierungsmitglieder zu schmücken? Endlich die letzte
Büste (556): der Kaiser *Pertinax,* der Nachfolger des Commodus. Er machte denselben Fehler wie Galba – er versuchte
zu sparen. Drei Monate regierte er ehrenfest und unbestechlich. Dann fanden die Prätorianer, er sei nicht länger ihr Typ
und köpften ihn. Das Militär irrt manchmal sehr.

BLICK IN GOLDENE ZEITEN

Die *Sala delle Muse* erreichen wir durch einen kurzen
Korridor. Einen Augenblick entzückt uns die Grazie der
Athena-Statuette links in der Nische – sie gibt gerade
nur den geistigen Ort an, dem wir uns jetzt nähern:
Athen – und nach zwei Schritten schon begegnen wir in
der linken Ecke des Saales einem weltberühmten Porträt (525) – der Herme des *Perikles.* Wenn überhaupt,

dann hat die Geschichte in seinem Falle recht, mit dem Namen eines einzelnen den Begriff eines Goldenen Zeitalters zu verbinden. Des Perikles Mutter Agariste, so berichtet Plutarch, »träumte einmal, sie habe einen Löwen zur Welt gebracht. Wenige Tage darnach gebar sie den Perikles. Man fand die Bildung seines Körpers ohne Tadel, nur sein Kopf war unverhältnismäßig lang.« Dieser deformierte Kopf – spottende Freunde sprachen von einer ›Zwiebel‹, Gegner sagten weit Schlimmeres – brachte den Perikles schon früh zu der Erkenntnis, den Witzen seiner Umwelt wehrlos ausgesetzt zu sein. So lernte er, durch Ruhe und Würde auch dann noch zu überzeugen, wenn er nicht gerade einen Helm trug, der verdeckte, was an seinem Haupte zuviel war. In dem von politischen Leidenschaften durchstürmten Athen, das er regierte, hatte man noch niemals eine derartige Gewalt der Rede vernommen – bei gleichbleibend gelassenem Vortrag. Seine Feinde, und deren hatte er viele, mußten ihm bescheinigen, in Charakter und Benehmen ein Olympier zu sein. Nur ein einziges Mal sah die sensationshungrige athenische Bürgerschaft den Beherrschten Tränen vergießen: als man seine Freundin Aspasia der Gottlosigkeit anklagte.

Ja, ich sagte Freundin. Der große Mann gab offen zu, ein Sklave des Eros zu sein. Und die Dame seines Herzens, *Aspasia*, scheint jeder Mühe wert gewesen zu sein. Wir finden sie, in einem ähnlich als Herme gearbeiteten Porträt (523), rechts von der Sitzfigur, durch die man die beiden ungerechterweise getrennt hat.

Das Schicksal der Frauen im damaligen Athen war beklagenswert. Die jungen Mädchen wurden früh verheiratet und verschwanden in der Abgeschiedenheit des Hauses, aus der sie nur bei großen Festen gelegentlich auftauchen durften. Im weiteren Rund des Saales fin-

Sala delle Muse

den wir eine ganze Reihe solcher junger Damen, in der Attitüde der neun Musen. Sieben davon sind antik und möglicherweise von griechischer Hand aus dem 2. vorchristlichen Jahrhundert. Bei näherer Betrachtung sind sie entzückend – und doch: sehen Sie sich bitte an, wie entsetzlich die Armen sich langweilen. Dabei haben sie ihren Apollo noch mitten unter sich, wogegen die griechischen Hausfrauen ihre Männer meist nur am späten Abend und nicht immer nüchtern zu Gesicht bekamen. Denn für die Bürger der athenischen Hauptstadt spielte sich das Leben auf der Straße, auf öffentlichen Plätzen, im Sportstadion und im Theater – und des Abends nicht selten bei anderen Damen ab. Eine von diesen soll – vor ihrer Athener Zeit, versteht sich – Aspasia gewesen sein.

Den Konventionszwang des Weibchendaseins hat Aspasia jedenfalls nicht ausgehalten. Sie nahm in Kauf, vom größeren Teil der Weiblichkeit scheel angesehen zu werden, da sie dafür die Freiheit genoß, an Männergesprächen teilzunehmen, ihre Bildung auf dem Höchststand zu halten und gänzlich unabhängig zu leben. Als sie um 450 v. Chr. nach Athen kam, eröffnete sie eine Schule für Redekunst und Philosophie. Und etwas Erstaunliches geschah: zu ihren Füßen ließen sich nicht nur viele junge Mädchen aus vornehmen Häusern nieder – einige Ehemänner veranlaßten sogar ihre Frauen, an Aspasias Weisheitsbecher zu nippen. Vollends verworren wurden die Verhältnisse, als sich zu den Vorlesungen der kühnen Philosophin ein Mann einfand, den ganz Athen entweder fürchtete oder liebte. Er war nicht sonderlich gut gewaschen, hatte eine Glatze, eine Knollnase und einen dicken Bauch – wir finden ihn der Aspasia schräg gegenüber auf der rechten Seite: *Sokrates* (514).

Ursprünglich war er Bildhauer gewesen. Da ihm aber

nichts größeren Spaß machte, als Leute aufs Glatteis zu führen, wandte er sich der Philosophie zu. Mit jedermann fing er ein Gespräch an, das stets harmlos begann und dem Befragten nach fünf bis sechs Wechselreden bereits bewies, daß er eines klaren Gedankens vollkommen unfähig sei. So war Sokrates der Schrekken der Träumer, der Spießer und der Bürokraten. Er sei dem Weine ergeben gewesen, erzählt uns Xenophon, der ihm die Worte in den Mund legt: »Also, meine Herren, das Trinken scheint mir richtig. Denn der Wein begießt die Seelen. Dadurch schläfert er die Trauer ein, wie ein Alraun die Menschen, und weckt die Fröhlichkeit, wie das Öl die Flamme.« Daß er sich in Gesellschaft anderer Halbjunggesellen in den Schenken Athens herumtrieb und die arme Xantippe mit ihrem Geschimpfe allein ließ, brachte ihm einen schlechten Ruf ein, um den er sich nicht kümmerte. Er selber ahnte wahrscheinlich gar nicht, wie groß sein Einfluß war. Kaum war er bei Aspasia erschienen, wußte es die ganze Stadt. Erstaunlicherweise betrug er sich aber dort ganz sittsam, hörte zu und bekannte später selbst, er habe von ihr die Kunst der Beredsamkeit gelernt. Die beiden verstanden sich sofort. Und so dauerte es nicht lange, da brachte Sokrates Gesellschaft mit. Einer der ersten wird wohl Euripides gewesen sein, damals ein junger Dramatiker und Komponist, der mit seinen modernen Auffassungen das Publikum schockierte. In der ›Medeia‹ des Euripides finden sich ein paar Verse, die Aspasias Lebensweise ungeschminkt begründen:

> Von allen Wesen, die vernunftbegabt
> auf Erden leben, fiel das schlimmste Los
> dem Weibe zu ...
> Denn wenn's dem Mann zu Hause nicht behagt,
> sucht er Erholung draußen sich und Trost.

Wir haben nichts, nichts andres als den einen.
Man sagt, die Männer müßten in den Krieg,
wir säßen in dem sich'ren Schutz des Hauses.
Die Rechnung trügt. Ich möchte lieber dreimal
zu Felde ziehen als einmal Mutter werden.

Ein *Porträt des Euripides* in seinem Greisenalter (521)
finden wir diagonal gegenüber der Aspasia an der Ecke,
die das Oval des Saales mit dem Ausgangs-Korridor
bildet.

Bald erschien in dem Hause der gelehrten Dame der
wichtigste Mann Athens, der mit Sokrates befreundete
Perikles. Er hatte damals gerade in der Volksversammlung ein Gesetz durchgebracht, das das volle Bürger-
recht der Stadt auf Menschen mit athenischen Eltern
beschränkte. Heiraten zwischen Bürgern und Nicht-
Bürgern wurden verboten. Diese aristokratische Maß-
nahme zeigte sich nun als eine Falle. Denn Perikles
verliebte sich Hals über Kopf in Aspasia, hätte auch
keine Bedenken gehabt, die freizügige Dame zu heiraten – aber sie stammte aus Milet, war also keine athenische Bürgerin. Er nahm sie dennoch in sein Haus
und fühlte sich bei ihr so wohl, daß er das Ausgehen
vergaß. Zunächst verzieh man ihm seine Abgeschlossen-
heit, dann murrten die Bürger, weil sie ihn nur noch im
Rathaus und in der Volksversammlung sahen. Schließlich nahm Aspasia die Sache in die Hand und machte
das Haus des Perikles zum ersten großen Salon der
Geschichte. Wenn es wahr ist, was Sokrates behauptet,
daß nämlich der Text der berühmten Leichenrede des
Perikles auf die ersten Gefallenen des Peloponnesischen
Krieges von Aspasia verfaßt worden sei, dann kann der
Geschichtsschreiber Thukydides in jenem Salon den
Wortlaut erfahren haben, den er zitiert. Seine und al-
ler Historiker Muse, *Klio*, finden Sie übrigens in der

DIE MUSEN

linken Rundung des Saales, auf einem Felsen sitzend,
mit einer Pergamentrolle in der Hand (505). Auch der
fast unumschränkte Beherrscher des athenischen Theaters, der Tragödiendichter *Sophokles* – seine Büste, die
ihn als Achtzigjährigen zeigt (496), steht links vor dem
Ausgang –, hat der Aspasia und des Perikles geist-
reiches Haus wohl oftmals besucht und darin bestätigt
gefunden, daß er recht hatte, den Eros als Unbesiegten
im Streit zu besingen. Seine und aller Tragiker Muse,
Melpomene, begegnet uns mit wirrem Haar, die Maske
des Herakles in der einen Hand, in der anderen das
Schwert, am Ende der linken Ovalseite des Saales (499).

Wir müssen uns die Gespräche in Athens erstem Hause
auf einer Höhe denken, die heute etwa von einer Gesellschaft erreicht würde, deren Anwesende es für selbstverständlich halten, die ›Göttliche Komödie‹ auswen-
dig zu können. Der Dante der Griechen hieß: *Homer.*
Er hatte ihre Welt und ihre Götter zum ersten Male
in großen Epen voller Jugendfrische ausgebreitet. Längst
war er mit der Gestalt des blinden Sängers eins geworden, die zu seinem plastischen Urbild geführt hat. Wir
finden es im rechten Oval (512). Die Muse der Epiker,
Kalliope, sitzt nachdenklich in der Mitte der rechten
Rundung des Saales (515). Den unvergeßlichen Ludwig Curtius ereilte der Tod über einem Manuskript,
dessen letzte Worte alles sagen, was uns mit Perikles,
Aspasia und ihrem ganzen Freundeskreis verbindet. Sie
lauten: »Aber Homer . . .«

Dies alles geschah mitten in einem Krieg, der die
Selbstzerstörung Griechenlands einleitete. Wenn je einmal, dann haben damals inmitten der Waffen die Musen nicht geschwiegen. Die Theater dröhnten weiter
vom Gelächter der Athener, wenn nach drei Trauer-
spielen die Komödie einzog. (Ihre Muse: *Thalia,* linkes

Halbrund, 503.) Nach wie vor füllten die Dichter der
Liebe das Dasein ihrer Zeitgenossen mit begehrlichen
und verführerischen Versen. Die Inspiration gab *Erato*,
rechtes Halbrund (511). Die Tänze der Jugend, von
Terpsychore entfesselt (rechts, 517), das Spiel der Dop-
pelflöte, von *Euterpe* beflügelt (rechts, 520, modern),
der Schlag der Leier, von *Polyhymnia* geführt (links,
508) – all dies verstummte nicht vor dem Lärm des
mörderischen Kampfes, den Griechen mit Griechen fast
ein Menschenalter lang miteinander ausfochten. Gelassen blickten des Nachts die Gelehrten zu den Sternen,
deren Kunde *Urania* ihnen zuflüsterte (links, 504, modern). Der Tag der Hellenen aber war randvoll gefüllt
mit den Grausamkeiten des Bruderzwistes.

In das Haus des Perikles trat in jenen Jahren der
größte aller antiken Bildhauer, den keine Muse be-
schützte: Phidias. Er war etwa altersgleich mit Perikles
und hat in seinen Bildwerken erreicht, worum die Hellenen so lange gerungen – den Scheitelpunkt zwischen
den Gegensätzen, die wahre Harmonie. Körper und
Seele, Bewegung und Stille, Kraft und Gelassenheit,
Leidenschaft und Ruhe streben in des Phidias Werken
zueinander, um sich genau dort zu treffen, wo vollkommene Schönheit entsteht. Daß unser Geist dies erkennt, daß er aus solcher Erkenntnis immer neue Herrlichkeiten zieht, darin sind auch wir Heutigen noch des
Phidias Schuldner.

Die Stätte aber, worin dies alles einstmals zusammentraf, das Haus des Perikles und der Aspasia, konnte
nicht dauern. Neider brachten es zuwege – da sie den
Perikles nicht direkt anzugreifen wagten –, zuerst den
Phidias und dann die Aspasia vor Gericht zu ziehen.
Vor fünfhundert Geschworenen wurde sie der Gottlosigkeit angeklagt – und Perikles selbst hat sie ver-

teidigt. Damals weinte er. Die Klage wurde zurückgewiesen, aber schon drei Jahre später starb Perikles,
von Gram und Enttäuschung gebeugt, und Aspasia
entschwindet unseren Blicken. Gelassen führte Apollo
den Reigen seiner Musen weiter durch die Geschichte.
Aber niemals wieder ist es ihnen gelungen, auf der Welt
einen Glanz zu erzeugen, der dem Zeitalter gleichkäme,
in dem Perikles und Aspasia einander liebten.

Wer sich Zeit gönnt, möge sein Auge auf das *Mosaik im
Fußboden* lenken: nicht immer ist die schreckliche Medusa,
deren Anblick versteint, von so viel Schönheit umgeben
und selbst so schön (um 200 n. Chr., gefunden auf dem Esquilin). Kuriosum: die hauptsächlichen Stücke des Saales
haben einen einzigen Fundort – die sogenannte ›Villa des
Brutus‹ bei Tivoli. Dort hat ein geistreicher Mann sein Vestibül mit Apollo und den Musen bevölkert und gleichzeitig
noch ein paar Dichter und Philosophen hinzugesellt. Von
letzteren vier wichtige:

Bias, einer der Sieben Weisen, mit denen die Philosophie
beginnt (Eingangs-Korridor rechts, 528), war ein pessimisti-
scher Realist. Seine Grundfeststellung: »Die meisten Menschen taugen nichts.« Sein Rat: »Höre viel.« Seine Lebens-
regel: »Gewinne durch Überredung, nicht durch Gewalt.«
Seine Mahnung: »Was du Gutes tust, schreib den Göttern
zu, nicht dir.« Dies alles – gesprochen im 7. Jahrhundert
v. Chr. – könnte auch Konrad Adenauer gesagt haben.

Antisthenes (Halbrund links, 507) war der Sohn eines
Bürgers von Athen und einer Sklavin aus Thrakien, also
von illegitimer Geburt, der erste Philosoph des Proletariats.
Er unterrichtete ohne Bezahlung und verlangte von seinen
Schülern Armut um jeden Preis. Seine Kleider waren so zerrissen, daß Sokrates ihm sagte: »Was mir aus deinem Mantel
entgegenblickt, ist pure Eitelkeit!« Für seine Vorlesungen in
Athen wählte er ein Gymnasion, das für Menschen außer-
ehelicher, fremdländischer oder unbekannter Geburt bestimmt
war und den Namen ›Kynosarges‹ trug. Von dort kommt

der Name seiner Schüler: Kyniker. Unser Wort ›zynisch‹ geht auf diesen Mann zurück. Sein wahrhaftigster Anhänger war Diogenes, der bekanntlich Alexander dem Großen auf die Frage, was er sich wünsche, die treffliche Antwort gab: »Geh mir aus der Sonne.«

Platon (Halbrund rechts, 519) – der aristokratische Philosoph (427 bis 347 v. Chr.) – wollte ursprünglich Tragödiendichter werden; er hätte zufolge seiner Verwandtschaft mit den Führern Athens wohl auch eine glänzende politische Karriere einschlagen können, warf aber sein Leben einschließlich Luxus und Frauen über den Haufen, als er dem Sokrates begegnete. Da Sokrates selbst nie ein Wort geschrieben hat, besitzen wir unsere ganze Kenntnis über ihn durch Platon. Aus den Gesprächen mit Sokrates hat Platon die Form geschöpft, in der er uns seine Lehre darlegt: den Dialog. Voller Lebendigkeit, Witz und Begeisterung diskutieren darin griechische Männer die tiefsten Dinge der Welt, und sie kommen zu dem Schluß, alles Erfahrbare sei relativ und werde durch Ideen zusammengehalten, die absolut sind und deren höchste Idee das Gute ist. Platos Einfluß ist unmeßbar. Eines hat er nicht erreicht: daß die Philosophen Lenker der Staaten oder daß die Staatsmänner Philosophen werden. Cicero sagte: »Lieber will ich mit Platon irren, als mit jenen rechthaben.«

Epikur (Ausgangskorridor links, 490) – ein Jahrhundert später – besaß am Stadtrand von Athen einen Garten, in dem er lehrte. Der Eingang trug die Inschrift: »Gast, du sollst dich hier glücklich fühlen, denn die Glückseligkeit gilt hier als das höchste Gut.« Er wünschte die Menschen von Furcht und Zwang zu befreien, riet ihnen Mäßigung und verachtete jeden Genuß, der den Keim zu Kummer in sich birgt. Den wahren Frieden des Lebens bietet nur Bescheidenheit, Einklang mit dem Natürlichen führt zur wirklichen Freiheit des Menschen, die nur eine innerliche sein kann. Epikurs Schüler machten aus dieser Lehre eine halbe Religion und verfälschten seinen Namen zum Begriff. Ein echter Epikuräer ist jedoch nicht, wer vom Leben nur Genüsse will, sondern wer wunschlos genießt, was die Welt ihm bietet.

Sala degli Animali

MITHRAS UND DIONYSOS

Die *Sala degli Animali* braucht ihren Namen nicht zu begründen. Am Ende des 18. Jahrhunderts, zur Zeit Pius VI., trug man hier zusammen, was an marmornem Getier der römische Boden bis dahin entlassen hatte. Aus Resten, die manchmal etwas spärlich waren, hat dann ein eifriger Bildhauer namens Franzoni den Tiergarten gezaubert, der vor uns liegt. Freunde der Fauna werden ihn mit gedämpfter Freude durchwandern. Denn im Lichte der Antike erscheinen die Tiere, die wir so gern für eine Art besserer Menschen halten, eher als Bestien. Das meiste ist wohl Gartendekoration gewesen, zeigt Virtuosität in der Technik, Kälte in der Beobachtung und läßt Auftraggeber vermuten, die schneller zu Geld als zu Geschmack gekommen sind.

Wir wenden uns in den linken Teil des Saales und finden dort an der rechten Wand eine größere Gruppe. Zweifellos hat ein naives Gemüt sie hierhin gesetzt, weil ein ›animale‹ – ein Stier – innerhalb des Dargestellten das größte Volumen einnimmt. Was hier aber wirklich vor sich geht, ist das *Stieropfer,* das der persische Lichtgott Mithras am Anfang der Schöpfung vollzieht (150).

Nach dem Glauben der alten Perser teilte sich die Welt in zwei Reiche. Eines beherrscht Ahura Mazda, der Gott der Sonne und des Lichtes, das andere Ahriman, der Fürst der Finsternis. Alles, was gut ist, gehört dem Lichte an, alles Böse liebt das Dunkel. Da auch die Perser nicht von der Erfahrung verschont blieben, daß das Böse leichter siegt und das Gute lange zu leiden hat, gesellten sie dem Lichtgott zur Hilfe einen Sohn zu, der überdies die Mittlerschaft zu den Menschen übernehmen sollte: Mithras. Er treibt das Leben vorwärts und verhindert, daß die Natur am Ende des Jahres in Dunkelheit und Winter stirbt. Durch die Weiten des Universums jagt er den Urstier, den er am Tag der Wintersonnenwende erreicht. Der entscheidende Augenblick tritt ein, wenn Mithras, auf dem Rücken des Stieres kniend, ihm das Schwert in den Hals stößt. Denn dann brechen Ströme lebensträchtigen Blutes aus dem Stier hervor. Schon kriecht die Schlange herzu, das Tier der Erde, um den herabträufelnden Lebenssaft zu trinken und daraus die Kraft für das neue Wachstum der Pflanzen zu ziehen. Verröchelnd stößt der Urstier seinen Samen aus – daraus sollen dem Tierreich neue Geschöpfe geboren werden. Aber schon schleicht auch der Skorpion des Ahriman heran – der Herr der Finsternis ist König über Reptilien und Insekten –, um den Samen zu verzehren und so die Schöpfung zu verhindern. Dies gelingt nur deshalb nicht, weil der Hund des Stieres Seele aufgenommen hat. Und so kehrt das Leben verjüngt in die Welt zurück – aber das Böse ist unbesiegt wie das Gute, und die große Jagd beginnt von neuem. Der Kulminationspunkt dieses Mythos, der Augenblick, in dem Mithras den Stier erreicht und tötet, wird in unserer Gruppe festgehalten. Im 2. und 3. Jahrhundert n. Chr. gab es unzählbare Darstellungen dieser Szene – eine kleine, primitive (149) ist über dem Mithras in die Wand eingelassen. Mit Ausnahme Griechenlands verbreitete sich der Kult über das ganze Römische Reich. Das Stieropfer galt als gleichnishaft für das Wesen dieser Religion – im selben Sinne, wie das Kreuz für das Christentum. In beiden Fällen wußte jeder Gläubige, daß mit dem Symbol das Ganze gemeint, aber nicht ausgesagt war.

Mithras

SALA DEGLI ANIMALI

Der Mithras-Kult kam durch die Soldaten des Pompeius aus dem mittleren Kleinasien – man nannte es damals Kappadokien – nach Europa. Und eine Soldaten-Religion ist er geblieben. Denn für die Mithras-Anhänger hieß gut sein: Böses besiegen. Voller Kraft mußten sie sich auf der Seite des Lichtes in den Kampf gegen das Dunkel werfen. Dafür konnten sie nach dem Tode, wenn der Richterspruch des Mithras über das Schicksal ihrer Seele gefällt wurde, sicher sein, durch die sieben Sphären der Läuterung in das Reich des Lichtes aufzusteigen, während die Bösen zu ewiger Qual in das Reich Ahrimans hinabsanken.

Eine solche Lehre mußte die Christen der ersten beiden Jahrhunderte tief erschrecken. Denn die Ähnlichkeiten waren unübersehbar. Alarmierender noch als in der Lehre waren sie in der Liturgie. Priester und Priesterinnen des Mithras standen unter dem Gelübde der Keuschheit und teilten im Gottesdienst geweihtes Brot und geheiligten Wein aus, um den Gläubigen, die zu gemeinsamer Kommunion zusammengekommen waren, die Kraft des Gottes unter diesen Gestalten einzuverleiben. Der Höhepunkt des kultischen Geschehens wurde jeweils durch ein Glockenzeichen angekündigt. Auch Mithras selbst bot erstaunliche Parallelen. Bei seinem Bilde, das stets die Stiertötung zeigte, brannte Tag und Nacht eine kleine Lampe. Bei seiner Geburt waren Hirten zugegen gewesen, ihn anzubeten. Ihm zu Ehren beging man jeden siebenten Wochentag als Sonn-Tag. Endlich wurde – da der Sieg des Lichtes gleichbedeutend ist mit der Wintersonnenwende – der Geburtstag des Mithras am 25. Dezember gefeiert. Tertullian – heute ein Kirchenvater, damals ein in Karthago geborener Rechtsanwalt, der in Rom lebte und Christ geworden war – hält den Kult des Mithras für eine Ausgeburt des Satans. Ohne es zu wissen, gebraucht er damit ein Wort, das seinerseits aus dem Mithras-Kult hervorging: ›Satan‹ ist eine Erscheinungsform des Ahriman.

Im 3. Jahrhundert begann die Kirche ihren offiziellen Kampf gegen den Mithras-Kult. Er wurde nach drei Prinzipien geführt. Zunächst übernahm man, was irgend möglich war. So wurde aus dem 25. Dezember das Weihnachtsfest. Dann stärkte man die hierarchische Organisation, die den Mithras-Priestern völlig fehlte. Schließlich nützte man den schwersten Fehler des Mithras-Kultes: seine Toleranz. Mithras verband sich ohne Schwierigkeit mit den altrömischen Göttern, etwa mit dem Sol invictus, dem unbesiegten Sonnengott. Das Christentum aber ließ keinen Kompromiß zu. Wohl konnte man einzelne Elemente fremder Religionen christlich verwandeln, aber kein Quäntchen einer heidnischen Lehre durfte in das christliche Glaubensgut eindringen. Da Form und Inhalt auch im Altertum oftmals verwechselt wurden, unterlag Mithras der christlichen Konsequenz. Um das Jahr 400 war von der mächtigen Religion in Europa kaum mehr ein Spur zu entdecken.

Wir erinnern uns: unter Bramantes Nische war des Mithras Bote dem dionysischen Symbol der Pigna benachbart. Nicht anders ist es hier: kaum zehn Schritte vom Mithras entfernt, in der linken Hälfte des nächstfolgenden Saales, finden wir die Spur des Dionysos. Am linken Ende der *Galleria delle Statue* schläft die zauberhafte *Ariadne* der Erweckung durch den ekstatischen Gott entgegen.

Ariadne – sie ist hier in einer herrlichen Kopie der antoninischen Zeit dem Urbild aus der Kunst Pergamons nachgestaltet (414) –, Ariadne war die Tochter des

SALA DEGLI ANIMALI

Königs Minos auf Kreta. Dessen Gattin Pasiphaë hatte sich einst in einen Stier verliebt, der in Wirklichkeit Zeus war. Als Frucht der seltsamen Verbindung – o Zeit der mythischen Skandale! – gebar sie ein blutdürstiges Monstrum mit Menschenkörper und Stierkopf – den Minotaurus. König Minos fand sich damit ab und ließ durch den Alleskönner Daidalos das Labyrinth erbauen, als Heimstätte für den Unhold. Dorthinein mußte nun alljährlich eine Schar von Jünglingen und Jungfrauen geschickt werden, dem Minotaurus zur Nahrung. Da Minos ungern eigene Untertanen verlor, bezwang er das aufstrebende Athen und verlangte als Friedensbedingung die Opferkinder für den Wechselbalg.

Unter diesen unglücklichen Umständen erschien auf Kreta eines Tages der athenische Königssohn Theseus, der große Heros der Griechen. Kaum angekommen, erblickte er Ariadne – und um die blonde Königstochter war es geschehen. Entgegen den väterlichen Interessen steckte sie ihm heimlich ein magisches Schwert zu und hieß ihn beim Betreten des Labyrinthes einen Faden abspulen, damit der Rückweg gesichert war. So gerüstet, ging Theseus den Minotaurus an, tötete ihn und floh auf der Stelle – nicht ohne Ariadne mitzunehmen. Auf der Insel Naxos verbrachten sie selige Wochen.

Plötzlich aber wurde dem Theseus das Getändel zuviel – er verspürte Gelüste nach neuen Taten. Da aber Frauentränen selbst einen Heros erledigen, tat er etwas typisch männliches: er stahl sich davon, während sie schlief. Noch weiß die liebliche Träumerin nicht, daß sie verlassen ist; und noch weniger ahnt sie, was ihr bevorsteht. Schon aber naht ihr künftiger Gemahl – Dionysos. In seinen Armen wird sie aus dem Schlaf erwachen, in dem wir sie befangen sehen.

Die schlafende Ariadne

Dionysos – der ursprünglich ›Zagreus‹, der Gehörnte, hieß – ist ein Kind des Inzests. Sein Vater war Zeus, seine Mutter dessen Tochter Persephone, die spätere Königin der Unterwelt. Zeus nahm den Knaben in den Olymp auf und gab ihm den vielbegehrten Ehrenplatz an seinem Thron – was Hera, des Zeus schnell beleidigte Gemahlin, zu einer Tat der Eifersucht trieb. Sie verbündete sich mit den schlimmsten Feinden der Olympier, den Titanen – diese hatten vor Zeiten die Welt beherrscht und waren durch die Götter gestürzt worden – und veranlaßte sie, den jungen Gott zu jagen. Schnell verwandelte Zeus den geliebten Sohn erst in einen Ziegenbock, dann in einen Stier – aber als solcher wurde er von den Titanen erkannt. Sie hieben ihn in Stücke und bereiteten sich eine Mahlzeit daraus, von der des Zeus Tochter Athene mit List und Göttergeschick das noch schlagende Herz wegstahl und es dem Zeus brachte. Dieser übergab es der Semele, einer thebanischen Schönheit, die davon auf mystische Weise schwanger wurde. Leider war sie zu neugierig und insistierte darauf, den Göttervater in seiner wahren Gestalt zu sehen, was ihr das Leben kostete, da Zeus als Blitz erschien. Nun hieß es, den Gott ein zweites Mal zu retten. Zeus bettete den Ungeborenen kurzerhand in seinen eigenen Schenkel und trug ihn aus bis zur Geburt. Von da an hieß er Dionysos.

Die Trauer um den Tod des Dionysos und die Freude über seine Wiedergeburt wurden von den Griechen mit der Überwindung des Winters gleichgesetzt. Im Frühjahr zogen die Frauen in phantastischen Tanzprozessionen durch die Weinberge – ihr wildes ›Euhoi‹ übertönte den Klang der Schellen und Rasseln –, bis volle Ekstase sie ergriffen hatte. Dann zerriß man einen Ziegenbock – der Gott war einer gewesen – oder einen Stier, bisweilen auch einen Mann, und trank das lebendige Blut – als primitive Kommunion mit der Kraft des Gottes. Ganz Griechenland stöhnte unter dem Wahnsinn dieses Kultes, bis die gesittete Welt der Städte, voran Athen, ihn veredelte und zu einem weitberühmten Fest werden ließ, den ›Großen Dionysien‹.

Was barbarische Raserei gewesen war, wurde nun zu geheimnisvollem Ritus. Die mystische Vereinigung der Seele mit der Gottheit war den Athenern aus den Mysterien von Eleusis längst bekannt. Ihr Geheimnis hat das Altertum so streng gehütet, daß es nicht auf uns gekommen ist. Nun drang in dieses verhüllte Zeremoniell der heilige Knabe Dionysos ein, der den Tod überwunden hatte. Die Vereinigung mit ihm mußte die Unsterblichkeit mit sich bringen, die in der offiziellen Religion der Olympier nur bewußtloses Schattendasein in der Unterwelt bedeutet hatte. Dionysos versprach die Unsterblichkeit des Bewußtseins und das von kei-

DER MYTHOS DES DIONYSOS

nem Tod begrenzte Leben in einer Welt des Lichtes und der ewigen Freude.

Je weiter durch die Vereinigung mit Rom griechisches Wesen über das Mittelmeer nach Westen zog, je blasser die Staatsgötter in ihrer Verbindlichkeit für den einzelnen wurden, um so tiefer mußten die Menschen der späteren Antike sich zu dem Erlösergott Dionysos hingezogen fühlen. Man verstand den Tod und die Auferstehung des Gottes nunmehr nicht nur als mythisches Schicksal, das die Überwindung des Todes einschloß. Nein, Dionysos selbst hat seinen Tod gewollt, um die Menschen von ihm erlösen zu können. Als das Christentum seinen Weg begann, war das Bild des sich opfernden und wieder auferstehenden Erlösers den Menschen nichts Fremdes. Ariadne aber, die dem Gott entgegenschläft, um sich nach ihrer Erweckung als Gemahlin mit ihm zu vereinen – was konnte sie den Eingeweihten anderes sein als ein von Hoffnung und Glauben belebtes Gleichnis ihres eigenen Harrens auf die Erlösung vom ewigen Tode?

GÖTTER UND MENSCHEN

Gedrängt von der flüchtigen Zeit erreichen wir ein graziöses Gelaß: das *Gabinetto delle Maschere*. Es fügt sich an die Außenseite der Galleria delle Statue an und ist eigentlich ein Turmzimmer – dem Rest des Kastells zugehörig, das Nikolaus v. gebaut und Innozenz VIII. zum Lusthaus umgewandelt hatte. Seine Dekoration entstand erst kurz vor dem Jahre 1800 – ein hübsches Beispiel für die Largesse, womit das Leben am päpstlichen Hof selbst den strengsten Klassizismus noch zur Spielerei verführte. Von den Ecken des Plafonds grüßt das freundliche Wappen Pius VI. mit dem Zephyr, der auf Lilien und Sternchen bläst. Aber der Blick zur Decke will uns kaum gelingen, denn gänzlich wird unser Auge angezogen von einer wunderbaren Figur: der *Knidischen Aphrodite* in ihrer besterhaltenen Kopie (474). Der Schöpfer des verlorenen Urbildes trägt den Namen Praxiteles.

Als er lebte – es war im Jahrhundert nach Perikles –, gab es in Athen eine glückliche ›Gefährtin‹. Sie hieß Phryne und zeigte sich in der Öffentlichkeit – entgegen allgemeiner Sitte – jahraus, jahrein tief verschleiert. Wer sie sehen wollte, mußte zwei bestimmte Gelegenheiten im Jahr abwarten: die Feste der Eleusinien und der Poseidonia. An diesen Tagen schaute halb Athen zu, wie Phryne gelassen ihre Hüllen abwarf, ihr Haar löste und vollkommen nackt ein Bad im Meere nahm. Kein Wunder, daß ihre Schönheit Stadtgespräch war. Von Geist, Kunst und Geschäftssinn Phrynes bezwungen, ruinierten sich bedeutende Männer. Bald war sie vermögend genug, um den Gedanken an ihre Unsterblichkeit unter die täglichen Beschäftigungen aufzunehmen. Sie bot der Stadt Theben an, deren zerstörte Stadtmauern auf eigene Kosten wiederherzustellen, falls man sich bereit fände, ihren Namen dort einzumeißeln. Die zimperlichen Thebaner lehnten ab. Phryne erkannte, daß dies der falsche Weg war.

Bald sollte sie jedoch ihrem Ziel unfreiwillig näher rücken. Unter jenen, die Phrynes Gunst heiß begehrten, aber nicht bezahlen konnten, war ein Mann namens Euthias. Wäre er hübscher gewesen, so hätte Phryne vielleicht mit sich reden lassen, denn es war ein ungeschriebenes Gesetz unter den ›Hetairai‹, arme aber reizende Liebhaber ohne Entgelt genießen zu lassen, was reiche Grobiane teuer bezahlten. Da dem Euthias dies

DIE KNIDISCHE APHRODITE

bekannt war, mußte er Phrynes kalte Verachtung zugleich als Werturteil für sich selbst hinnehmen. Darüber ärgerte er sich so gewaltig, daß er sie der Gottlosigkeit anklagte. Damals zählte Frömmigkeit zu den unabdingbaren Eigenschaften eines loyalen Staatsbürgers. Folglich konnte ein solcher Vorwurf, vor Gericht erhoben, dem Beschuldigten das Leben kosten (wie Sokrates' Beispiel zeigt), mindestens aber seine Existenz vernichten. Es kam zum Prozeß und den Athenern lief das Wasser im Munde zusammen. Phryne jedoch erntete die Früchte ihrer vielseitigen Freundlichkeit. Zu ihrer Freude konnte sie feststellen, daß einer unter den Richtern ihr langjähriger Verehrer war. Auch des Verteidigers Hypereides konnte sie sicher sein, denn sie hatte seine Gerissenheit in verschwiegenen Konsultationen oftmals persönlich erprobt. Die Verhandlung selbst erlangte eine Berühmtheit, die das Altertum überdauerte.

Gabinetto delle Maschere

Auf dem Höhepunkt seiner Verteidigungsrede lüpfte der schlaue Hypereides den Chiton seiner Angeklagten und konfrontierte das Gericht mit Formen, an deren Pracht sich leicht demonstrieren ließ, daß sie nur durch das Eingreifen der Götter selbst zustandegekommen sein konnten. Also nahmen die Richter Phrynes ungetrübtes Einvernehmen mit den Olympiern als erwiesen an und sprachen die Schöne frei.

Zu dieser Zeit wandte Phryne ihre Neigung einem Manne zu, der sie tatsächlich unsterblich machen sollte: Praxiteles. Als Bildhauer und Bronzegießer stand er damals auf der ersten Höhe seines Ruhmes. Die Stadt Kos hatte ihn gebeten, ein Standbild der Aphrodite herzustellen. Praxiteles nahm Phryne als Modell und schuf eine Statue, die die Auftraggeber entsetzte. Die Göttin war nackt. Das hatte bisher niemand gewagt. Praxiteles, der ein gutmütiger Mensch war, machte daraufhin für die Leute aus Kos eine zweite, bekleidete Aphrodite und verkaufte die erste nach Knidos. Dort sah sie der König Nikomedes von Bithynien und bot den Knidiern an, ihre gesamten, beträchtlichen Staatsschulden zu bezahlen, wenn er sie mitnehmen dürfte. Die Stadtväter von Knidos wußten, was das Standbild wert war und sagten nein. Der Fremdenverkehr auf der Insel stieg von Jahr zu Jahr – und noch der ältere Plinius berichtet (dreihundert Jahre nach Entstehen der Plastik), es gäbe viele, die eine lange Seereise unternähmen, nur um diese Aphrodite zu sehen.

So betrüblich es ist: solche Strapazen würde heute niemand mehr dieser Aphrodite wegen auf sich nehmen. Auch wenn man weiß, wer das Modell war, sieht die Göttin in ihrer Nische eher steif und nicht sehr attraktiv aus. Es läßt sich aber erklären, woran das liegt. Zunächst gehört der Kopf nicht zur Figur, sondern zu

DIE KNIDISCHE APHRODITE

einer anderen Kopie desselben Standbildes. Er ist auch nicht richtig aufgesetzt und hat eine ergänzte Nase, überdies ist sein Marmor ein anderer als der des Körpers. Auch der Hals ist modern, ebenso die rechte Hand nebst einem Stück des Unterarms, desgleichen der linke Arm samt der Hand bis hinauf an den Reifen, der den Oberarm umspannt, schließlich noch beide Füße und der linke Unterschenkel. Das alles müssen wir erst einmal wieder wegnehmen – am besten gelingt es ganz nahe vor der Statue –, und wenn wir dann unseren Blick auf das konzentrieren, was übrig bleibt, müssen wir zugeben: es ist hinreißend.

Wenngleich der Marmor nur noch wenig von jener atmenden Haut verrät, die Praxiteles dem Urbild verliehen hatte, wenngleich wir nicht, wie die Tempelbesucher in Knidos, im Wechselspiel von Schatten und Licht um die Göttin herumwandern können – immer noch bleibt dies eine wunderschöne, reif erblühte Frau und die vollkommene Ausprägung weiblichen Wesens. Die Göttin ist im Begriff, ein Bad zu nehmen. Sie ist unbeobachtet, gelassen und sicher. Nicht einen Augenblick wird der Betrachter zum Späher. Wir nehmen einfach an einem Vorgang teil, der eins ist mit der Natur – und in unser ewig drängendes Menschenwesen zieht Ruhe ein.

Das Außerordentliche an diesem Körper ist die Ahnung, die er in uns erweckt. Von der Jungfrau zur Mutter, von der Keuschheit zur tiefen Erfahrung, von der Lust zur Würde, welche Spielart des Wesens Frau fände hier nicht eine geheimnisumhüllte Möglichkeit? Die Nacktheit der Göttin entschleiert die Fülle der Rätsel, die das Ewig-Weibliche enthält.

Mag unser Ideal des weiblichen Körpers andere Forderungen stellen, mag des Zeitalters Sucht nach immer gröberem Reiz das herrlichste Gebilde der Schöpfung längst dem Überdruß preisgegeben haben – unberührt hiervon bleibt die Pracht dieser Glieder, die keusche Rundung des Busens, das weiche Gleiten der Hüften, das sanft gewölbte Lebensbett des Leibes. Welch ein Geist, welch eine Kunst, das Königliche mit dem Natürlichen so zu vereinen, welch eine Zeit, Schönheit, Ehrfurcht und Lust ungetrennt zu empfinden! Lernen wir hier, wie aus dem Profanen das Göttliche steigt, sofern der Mensch nur das Herz hat, es in sich selbst zu erwecken.

Aphroditen begegnen wir im selben Gemach noch zweien: der *Kauernden* – rechts, den Fenstern gegenüber (427) –, deren gebeugter Rücken bereit ist, von unsichtbarer Hand das kühlende Wasser zu empfangen, und der *Anadyomene* – links, zwischen den Fenstern (436) –, die nach dem Bade die Tropfen aus dem feuchten Haar windet. Jungmädchenhafte Grazie beide Male, nervös und prickelnd in Marmor gefangen. So wäre Phryne uns viel eher vorstellbar, obwohl beide Gestalten weit später entstanden sind. Wir sähen sie menschlicher, greifbarer, denn hier ist das Göttliche weggerückt, nur noch Vorwand, junge Mädchen im Liebreiz bloßer Haut zu zeigen: die Augenfreude hat über die Empfindung gesiegt. »Tot tibi namque dabit formosas Roma puellas«, singt der Kenner Ovid, »soviele reizende Mädchen, o Fremdling, wird Rom dir geben . . .« (Ars amatoria I, 55) Ach, und auch das ist Venus, die unerschöpflich sich Wandelnde, die schon vor dem Entstehen der römisch-griechischen Mischkultur sich geteilt hat, ein eigenes Bild den Sinnen, ein anderes dem Geiste darbietend.

Nehmen wir noch die *Drei Grazien* hinzu – links von der Knidierin (433) –, eines hellenistischen Originals römische Kopie, worin sich die Eigenschaften der Göttin: Anmut, Schönheit und Festlichkeit zu einem Reigen verführerischer Kühle verschlungen haben – dann sind wir mitten im ›Pervigilium Veneris‹, im Nachtfest der Venus, über dem der Satz steht: »Morgen wird lieben, wer niemals geliebt hat; wer aber liebte – morgen wird er lieben.«

In den Boden des Gabinetto delle Maschere ist ein *Mosaik* mit vier Feldern eingelassen. Nur diese sind antik, der umlaufende Rahmen und das Weingerank stammen aus Pius VI. Regierungszeit, wie Zephyr, Lilien und Sterne verraten. Von den vier Feldern führt uns das untere rechts in eine antike Idylle. Vielleicht ist es irgendwo im sonnenbeschienenen Latium, zwischen Hügel und Wasserlauf, wo diese Schafe und Ziegen weiden. Die sitzende Gestalt ist nicht der Hirt, sondern das Bild einer Göttin, der das kleine Heiligtum dahinter geweiht ist. Vor ihr steht ein Altar, den eine Girlande umkränzt. Bald wird jemand kommen, mit den bereitstehenden Scheiten das Opferfeuer zu entzünden. Wir glauben, Horaz zu hören: »Geliebte Flur da draußen, wann wird mein Auge dich schauen ...?« Der alte Zauber der Campagna kommt aus dem Steingefüge herauf – die Stille des Mittags und die Spur einfachen Lebens. Die Größe der Antike war insgeheim genährt durch Bescheidenheit und ein frommes Herz.

Doch auch in solcher freundlich-stillen Flur bleibt der Friede nicht ungestört. Bukolisches Wesen treibt sich herum, Bocksgestalt und Menschenleib vereinend. Lüstern nach Trunkenheit und derben Späßen folgt der rote *Satyr* des Dionysos großem Ruf (432, der Knidierin gegenüber). Dieser Landschaft fehlten Kraft und Geist, hätte der Gott des Rausches ihr mit dem Weinstock nicht die Verzückung eingepflanzt.

Aber nicht nur Fabelwesen ist der Satyr. In ihm
steckt ein Stück Selbsterkenntnis des Menschen – und
eine uralte Maske. In sein geschwänztes Gewand schlüpf-
ten im frühen Griechenland die Teilnehmer an den
›komoi‹, den dionysischen Lustbarkeiten zur Feier des
fortzeugenden Lebens. Auch bei den Griechen Siziliens
waren solche Gebräuche hoch beliebt. Anläßlich einer
dionysischen Prozession dieser Art erfand um 560 ein
Mann aus der Gegend von Syrakus, namens Susarion,
das Possenspiel mit gesprochenem, improvisiertem
Wort, wobei die Satyrn gesalzene Späße szenisch dar-
stellten. Die Sache fand Beifall und kehrte zurück ins
Mutterland. Dort wurde sie zum Kern der Komödie.

Auch bei der Tragödie stand der Satyr Pate: der
Name ›Trago(i)dia‹ bedeutet ›Bocksgesang‹. Tanzend,
singend und mimend verdeutlichten Anhänger des Dionysos im Kostüm von Satyrn mythische Szenen, von
denen der Philosoph Aristoteles in seinem späteren Bericht über die Entstehung des Dramas ausgeht: »Nachdem die Redeweise anfangs lächerlich gewesen war (weil
sie sich aus dem Satyrspiel entwickelte), wurde die Tragödie erst später feierlich.« Noch bis zu Euripides galt
es den Dichtern, den Theaterleuten und dem Publikum
als feste Regel, daß auf drei Tragödien ein Satyrspiel
zu folgen hatte. Solcherart zur Tetralogie zusammengefaßte vier Stücke gab man an einem einzigen Tag.
Es gab noch keinen Arbeits-Schutz, der es hätte verhindern können – und die Zuschauer hielten es aus, ohne
Murren.

Damals war Schauspiel – ob tragisch oder komisch –
eine religiöse Handlung. Der Würde und Heiligkeit
der Tempel stand das Theater nicht nach. Zeuge der
Handlung war das Bild des Gottes, sein Tod und seine
Wiederkehr gaben den ersten dargestellten Stoff. Um

Fußbodenmosaik im Gabinetto delle Maschere

das Geschehen zu beleben und zugleich die Zuschauer durch Kommentare einzubeziehen, trat ein tanzender und singender Chor auf. Von diesem löste sich – unter der Regierung des Peisistratos, 534, am Fest der Großen Dionysien zu Athen – ein Mann namens Thespis ab. Ein einzelner stellte sich dem Chor gegenüber – und das Drama war geboren. Was auch immer seither an furchtbaren und ironischen Vorgängen die antike Bühne erfüllte – es ging zurück auf des Thespis Tat und blieb unter des Dionysos Herrschaft.

Auf dem Mosaikfeld links neben unserer Landschaft finden wir eine Theatermaske mit roter Kopfbinde und Efeukranz – und neben ihr den Thyrsos-Stab, den wir von der Pigna her als Attribut des Dionysos kennen. In der unteren Hälfte des Bildes, im Spiel mit der dionysischen Handpauke: der Panther, des Gottes heiliges Tier. Auch die Masken in dem Feld darüber (links oben) sind als Starrgesichter der Komödie dem Dionysos zugehörig: eine weibliche, zwei Jünglingsmasken, und die eines alten, bärtigen Mannes. Erst das rechte obere Feld bietet anderes: dort ist die Maske mit Lorbeer bekränzt, nicht mit Weinlaub. Der purpurrote Mantel auf der Basis links weist auf Musiker hin, die die Kithara schlugen – nicht des Dionysos Schellen. (Die Kithara war ein harfenartiges Instrument, das der Götterbote Hermes erfunden hatte, indem er die Schale einer Schildkröte mit Saiten bespannte.) Auch Köcher und Bogen haben mit Dionysos nichts zu tun. Dennoch gehört aber das Ganze dem Theater zu – nur einem anderen Gott. Der Greif im Vordergrund ist sein heiliges Tier und verrät ihn. Es ist Apollon.

Siehe – der große Gott der Sonne, der Herr der Musen und Schützer der Künste, hat sich der Bühne bemächtigt und Dionysos hat sich nicht gewehrt. Daß der ekstatische Gott auf die Seite des Lichtherrschers trat, ist ein Zeichen für das Bestreben, die Bühne von den allzu satyrhaften Begleiterscheinungen der Menschennatur zu befreien und dem Glanz der Weisheit zu öffnen. Von da an teilten sich Apollon und Dionysos das Welttheater bis in unsere Tage, denen allein vorbehalten war, das Niveau der unteren Hälfte des Satyrs bühnenfähig zu machen.

> Doch ein Höchster vernimmt, ein Apollon vielleicht,
> Oder Pan oder Zeus, den gellenden Schrei
> Der ihm Befohlenen und schickt die Macht,
> Die auch spät noch straft,
> Vergeltung schickt er den Frevlern. (Aischylos, ›Orestie‹)

DER EROS VON CENTOCELLE

Das Gabinetto delle Maschere verlassend, wenden wir uns nach links in die längere Hälfte der *Galleria delle Statue* und treffen dort, gleich am Anfang der rechten Wand, auf den *Eros von Centocelle* (250).

Eros ist der Aphrodite Sohn. Ihr Mann, der lahme Hephaistos, hat bei seiner Entstehung allerdings auf seltsame Weise mitgewirkt. Dieser Hephaistos war von den Göttern immer schlecht behandelt worden. Seine Mutter Hera mochte ihn nicht, weil er häßlich war; und als er sie dennoch in einem Streit dem Zeus gegenüber verteidigte, packte ihn dieser beim Fuß und schleuderte ihn zur Erde, wodurch er für ewige Zeiten lahm wurde. Aber da er ein Künstler war, flüchtete er in seine Arbeit. In dunkler, rußgeschwärzter Werkstatt (bei den Römern heißt er sinngerecht ›Vulcanus‹) formte er aus reinstem Gold Waffen, Becher, Geschmeide. Dies war für Aphrodite so langweilig, daß ihr noch der Kraftmeier Ares interessanter schien. Hephaistos erfuhr rechtzeitig davon und stellte eine aus feinstem Goldnetz geflochtene Falle her. Als das Pärchen zusammentraf, klappte das Ding herunter. Hephaistos aber rief die Götter alle, und sie lachten, daß der Olymp erdröhnte. So endet bei Homer die Liebesstunde, aus der Eros hervorging. Das größte Heiligtum des Eros lag in Thespiai, in Böotien. Die Schuld daran hatte Phryne. Denn als sie den Praxiteles erhörte, wünschte sie als Geschenk sein schönstes Werk. Der Großzügige ließ ihr die Wahl. Aber Phryne, die ihrem Kunstverstand weniger zutraute als erprobteren Fähigkeiten, wollte des Meisters eigenes Urteil erforschen. Als sie ihn außerhalb der Werkstatt wußte, stürzte sie zu ihm und rief, sein Atelier stünde in Flammen. All seine Arbeit sei vergebens, habe da Praxiteles gejammert, wenn das Feuer den Satyr und den Eros zerstört habe. Phrynen war der

Eros lieber – sie machte ihn ihrer Geburtsstadt Thespiai zum Geschenk. Bald wallfahrtete die antike Welt dorthin ähnlich wie nach Knidos – und des Eros Tempel wurde weitberühmt und reich. Als Kaiser Nero seine große Sport- und Gesangstournee durch Griechenland unternahm, verliebte er sich in den Eros des Praxiteles so sehr, daß er ihn mit nach Rom schleppte. Dort ging er in den Flammen des Stadtbrandes von 64 n. Chr. zugrunde. Phrynes List war spät Wahrheit geworden.

Lange Zeit hat man in dem Eros, der vor uns steht, ein römisches Abbild des praxiteleschen Bildwerkes erkennen wollen. Heute ist die Wissenschaft zu anderer Ansicht gelangt. Was uns dennoch an der schmalen Gestalt ergreift, ist die Wandlung, die Eros seit Homer erfahren hat. Dieser Knabe ist nicht der Erbe olympischen Gelächters, nicht die Verkettung mehr von Krieg und Liebe. Agathon sagt in Platons Gastmahl (man sollte es alle Jahre einmal lesen) etwas Treffendes über ihn: »In den Gemütern und Seelen der Götter und Menschen hat er seine Wohnung gegründet, und ferner auch wiederum nicht in allen Seelen der Reihe nach; sondern wo er eine trifft, die ein hartes Gemüt hat, die flieht er, wo er aber eine trifft, die ein weiches hat, die bewohnt er. Da er nun aber mit seinen Füßen wie mit seinem ganzen Sein nur das Weichste von dem Weichsten berührt, so muß er notwendig zart sein.«

Ursprünglich hatte der Eros von Centocelle Flügel. Vielleicht trug er auch einen Bogen in der Hand. Doch der Pfeil ist abgeschossen und hat sein Ziel erreicht. Woher sonst käme diesem zauberhaften Antlitz die Trauer? In der Frühzeit der Griechen hatte Sappho den Eros den »Löser der Glieder, bitter und süß zugleich« genannt. In der Spätzeit setzte man Eros in eins mit dem Löser des Lebens, dem Tod.

EROS UND TOD

Das war nicht sentimental gemeint. Als Arria erfuhr, daß ihr Mann Paetus auf kaiserlichen Befehl aus dem Leben scheiden sollte, nahm sie ein Schwert, verwundete sich tödlich und reichte es dem Gatten mit den Worten: »Es tut nicht weh, mein Paetus.« In der Antike wohnten Liebe und Tod so nahe beisammen wie heute. Nur endete damals auch die größte Liebe mit dem letzten Augenblick. Wir aber, denen Barmherzigkeit und ewiges Leben verheißen sind, sehen in der Trauer des Todes-Eros nur die edle Haltung. Warum sehen wir nicht zugleich, welch ein Geschenk die Hoffnung ist?

Tiefer in der Galleria delle Statue, auf der rechten Seite, erwartet uns die Vollfigur eines Knaben, der ein Bruder des Eros sein könnte (264). Er steht in gelöster Haltung, lehnt den linken Arm leicht an einen Baumstamm, worauf eine Eidechse sitzt, nach der er mit der pfeilbewehrten Rechten zielt. Nicht Eros – Apollon ist dies, fast hermaphroditisch, dem Urbild des Praxiteles in römischer Zeit nachgeformt. Das Original war aus Bronze, wie wir von Plinius wissen. *Apollon Sauroktonos,* den Eidechsentöter, nennt die gelehrte Fachwelt das Bildwerk. Der Vermutungen sind viele, was das Motiv besage. Ist es ein kindliches Vorgeplänkel für den schweren Kampf, den der Gott später mit dem Python-Drachen besteht – am Beginn der Geschichte des Delphischen Orakels? Ist es einfach des Apollon Eigenschaft, von aller Plage der Natur zu befreien, die hier ein spielerisches Abbild findet? Gänzlich verborgen hinter dem schuldlos-seligen Antlitz bleibt, daß der Pfeil aus dieser Hand einst im Krieg von Troja des Helden Achilles Ferse tödlich treffen wird, daß der Niobe schuldlose Kinder unter demselben Geschoß zusammenbrechen werden, weil die Mutter den Gott gelästert hat. In dem grausam-unschuldigen Spiel des Knaben ist gerade nur eine Vorahnung eingefangen: auch dieser wunderbare Gott, der die holde Herrschaft der Vernunft und des Lichtes, der Gesundheit und der Künste über Griechenland und die ihm nachstrebende Welt breiten wird, hat teil an dem zwitterhaften Wesen, das über Götter und Menschen verhängt ist. Seligkeit schützt die Götter nicht vor dem Schicksal.

Im Weitergehen verlohnt es sich, Wände und Decke ein wenig anzusehen. Die Galleria delle Statue zeigt noch die alte Dekoration des Pinturicchio, die entstand, als hier eines der Wohngemächer Innozenz VIII. war. Damals stand noch kein einziges Werk der Antike in diesen Räumen. So weit auch der Weg uns zurückführt in Mythen und Gedankengänge der Alten, er wäre ein Irrweg, vernähmen wir nicht zugleich die süßen Madrigale, die am Höhepunkt der Renaissance hier erklangen. Ein Lustschloß war dies, der Sommerabend war seine Zeit. Ein freundlicher Mensch in weißen Gewändern labte sein schwaches Gemüt an diesem Ort mit dem einzigen Heilmittel, wodurch Geschichte und Gegenwart zur Wohltat werden: mit dem Vergessen. Übriggeblieben ist da und dort an den Wänden ein freigelegter Ausschnitt aus der Landschaft Italiens – und ein blauweiß gerautetes Wappen in den Lünetten. Unser Auge aber zieht aus dem gemalten Zierat die Freuden der Farbe, die der antike Marmor längst entbehrt.

Barockes fügt sich in die Architektur, die Pinturicchios Ornamente und Gestalten umschließt, wenn wir den Bogen durchschreiten, der aus der Galleria delle Statue in die *Sala dei Busti* führt. Und hier – nach so langem Verweilen in griechischen Gefilden – wird Geist

GAJUS JULIUS CÄSAR 131

und Auge erneut erobert durch die Kraft des alten Rom. Der Saal, in drei kapellenartige Teile gegliedert, ist angefüllt mit den Porträts der Römer. In der ersten Kapelle, am Ende des unteren Bordes rechts (3), blickt uns ein Mann an, ohne den nichts von alledem hier, und keiner von uns wäre, was er ist: *Gajus Julius Cäsar.*

GAJUS JULIUS CÄSAR

Der Mann, der die Welt so veränderte, hat einen bemerkenswerten Stammbaum. Seine Familie, die Julier, hatte ihren Reichtum schon verloren, als er geboren wurde (100 v. Chr.). 91 war der letzte Julier Consul gewesen, vor ihm ein Sextus Julius 157, ein Vopiscus Julius 473. Der älteste Consul, auf den die Familie sich berief, war Gajus Julius im Jahre 489. Als Stammherr aller Julier galt der sagenhafte Julius Ascanius, der noch vor Romulus und Remus die Mutterstadt Roms, Alba Longa, gegründet hatte. Vater dieses Julius war der trojanische Prinz Äneas, der nach dem Fall seiner Vaterstadt und nach langen Irrfahrten an Italiens Küsten gelandet war. Als Troja in Flammen stand, hatte Äneas seinen Vater Anchises auf den Schultern aus der Stadt getragen und damit das erste Beispiel römischer Kindesliebe gegeben. Dieser Anchises war im Mannesalter hauptsächlich dadurch bedeutend gewesen, daß es ihm gelungen war, die Göttin Aphrodite zur Mutter seines Sohnes Äneas zu machen. Von damals her also floß das Blut der Liebesgöttin durch die Generationenkette der Julier und mündete in Cäsars Adern. Der dankbare Nachfahr hat ihr einen Tempel auf dem Forum errichten lassen, der als ihr größtes Heiligtum galt, bis des Cäsars später Nachfolger in der Weltherrschaft, der Kaiser Hadrian, in einem grandiosen Doppeltempel neben dem Kolosseum die Standbilder der Venus und der Roma Rücken an Rücken vereinigte. Wenn also die Stadt Rom bis herauf in die Gegenwart der Göttin der Schönheit mit solcher Vorliebe huldigt, so ist Cäsars Hand dabei im Spiel. Im Vatikan genügen manchmal wenige Schritte, um vom Ursprung einer Idee – in unserem Falle wäre sie verkörpert in der Venus des Praxiteles – bis zu ihren Entfaltungen in der Geschichte zu gelangen, deren letzte Verästelung uns selbst noch erreicht. Auf einer Gedenkmünze des Papstes Leo x. sagt Rom: »Die Stadt der Venus werde ich immer bleiben.«

Hier blickt Cäsars Antlitz am Ende seines Lebens uns prüfend an. Er war damals fünfundfünfzig Jahre alt und hatte soeben die letzte Armee der Pompejaner besiegt. Die achtjährige Eroberung Galliens, die furchtbare Entscheidung, sich mit dem Überschreiten des Rubikon außerhalb der Gesetze zu stellen, der langwierige Kampf gegen Pompejus, der ständige Zwang, irgendwo an den Grenzen im Felde zu stehen und gleichzeitig die Winkelzüge der Senatspartei in der Hauptstadt zu parieren, der vielfache persönliche Einsatz seines Lebens, die andauernde Verzeihung gegenüber abgefallenen Freunden, Finanzsorgen, und schließlich der fortwährende Zustand, nahe am Ziel zu sein und es doch noch nicht erreicht zu haben – dies alles hat seine Züge gezeichnet. Die Schläfen sind eingefallen, das Kinn preßt sich an, der Nasenansatz ist gekerbt, der Hals in Falten geschrumpft, die Augen treten groß hervor. Der schmalgewordene Mund hat am Abend vor den Iden des März die denkwürdigen Worte gesprochen, der beste Tod sei ein plötzlicher Tod.

Drei Dinge sind von ihm geblieben bis in unsere Tage: die Idee, die verschiedensten Völker unter einem

GAJUS JULIUS CÄSAR 133

Recht zu gleichwertigen Bürgern eines Reiches zu machen; die Einteilung des Jahres in dreihundertfünfundsechzig Tage; der Gedanke, den wahren Frieden auf der Welt herzustellen durch eine einheitliche, durchgebildete Zivilisation. Wahrscheinlich war seine Vorstellung von der besten Herrschaftsform die einer konstitutionellen Monarchie, in der die Krone die Einheit, die Volksvertretung den freien Bürgerwillen garantieren sollte. In seinem persönlichen Verhalten zeigen sich deutliche Spuren des Bildes, das er sich von einem Herrscher machte. Die Standbilder seines größten Feindes, Pompejus, den er nie gehaßt hat, waren von Cäsars Anhängern umgestürzt worden – er ließ sie wieder aufrichten. Häufig erhielt er Kenntnis von Anschlägen auf sein Leben – die präsumtiven Mörder ließ er ungeahndet. Da seine Gegner kleiner waren als er, rief solche Milde mehr Haß hervor als jede Gewaltherrschaft. Dennoch scheint es, als habe er bis zum letzten Augenblick seines Lebens geglaubt, jeder Widerstand, selbst persönlicher Haß, lasse sich ins Gegenteil verwandeln, wenn ein bedingungsloser Versöhnungswille am Werke sei.

Und versöhnungswillig war Cäsar weit über seine Person und sein Schicksal hinaus. Wenngleich ihm der allgemeine Friede wichtiger schien als eine mißverstandene Freiheit, unter deren Herrschaft jeder Mensch des anderen Wolf bleiben würde, hat er daraus keine Ideologie gemacht. Er war viel zu praktisch, um sein Verhalten nach anderen als den momentanen Umständen zu richten – nur trachtete er darnach, diese mit seinem Eingreifen sogleich zum Besseren zu wandeln. Erst spätere Zeiten konnten aus der Gesamtschau seines Lebens erkennen, daß er sich des rechten Weges wohl bewußt gewesen war.

Geholfen hat ihm sein Genie – dieses aber war zum größten Teil Konzentration. Sein Gedächtnis funktionierte so rasch, daß er drei Stenographen zur gleichen Zeit verschiedene Erlasse diktieren konnte. Menschen, die er nur einmal im Leben gesehen, erkannte er beim Namen wieder und erkundigte sich eingehend nach ihren Familienverhältnissen, wobei er sich der Namen der gesamten Verwandtschaft entsann. Er regierte wie ein Monarch und benahm sich wie ein Bürger. Seine Liebenswürdigkeit gegenüber kleinen Leuten brachte die großen zum Zittern. Niemals hat ihm die Senatspartei verziehen, daß er – der selber das Bild eines Aristokraten war – bei irgendeiner Volksabordnung mit einem einzigen Wort dröhnendes Gelächter hervorrufen konnte. Sein Humor gefährdete ihn, zeitweilig in Melancholie zu fallen – und wahrscheinlich verbarg sich hinter seinem unerschöpflichen Tätigkeitsdrang ein tiefer Pessimismus. Wie alle großen Männer, hat er vom persönlichen Glück nichts gehalten. Schon früh muß er begriffen haben, daß das wunschlose Dasein in Zufriedenheit ein Mittelmaß voraussetzt, dem seine ganze Natur widersprach. Sein größter Fehler war, von seinen Zeitgenossen eine geistige Disziplin zu erhoffen, die der seinen glich. Seine größte Weisheit bestand in der Erkenntnis, daß der Wille, das Rechte zu tun, über den Augenschein des Erfolges hinausreicht. Er hat die Unsterblichkeit erlangt, weil er sich niemals die Zeit gönnte, nach ihr zu streben. Sein Tod hatte die Gestalt, die er sich selbst gewünscht.

Im Leben hat er keinen Reiz ausgeschlagen, war für Frauenschönheit ebenso empfänglich wie für Kunst und benützte die Selbsterkenntnis, mäßige Verse zu schreiben, zur Ausbildung eines monumentalen lateinischen Prosastils. Cicero war ein besserer Redner, Cäsar schlug ihn durch Klarheit. Cato war kompromißloser in seiner Ethik, Cäsar überraschte ihn durch die Unbestechlichkeit seiner Verwaltung. Pompejus siegte mit überlegenen Kräften, Cäsar mit unterlegenen. Obwohl er selbst wahrscheinlich areligiös war, beherrschte niemand besser das komplizierte Staatsritual, brachte niemand den Göttern mehr öffentliche Ehrfurcht entgegen, vermochte niemand besser, ein solches Benehmen zugleich als glaubwürdig erscheinen zu lassen. Er war ein großer Schauspieler, weil er stets von der inneren Wahrheit dessen überzeugt war, was er spielte. Und er war ein großer Spieler, weil er noch um den geringsten Preis bereit war, seine gesamte Existenz als Risiko einzusetzen. Es gibt kein Schicksal der Antike, das durchflochten wäre mit vergleichbarer Harmonie zwischen Persönlichkeit und Tat.

Durch die Eroberung und Befriedung Galliens war er der Vater der französischen Kultur. Durch die Einbeziehung Ägyptens leitete er den Prozeß ein, an dessen Ende der christliche Orient steht. Seine Liebe zum Griechentum vollendete die Gestalt der doppelsprachigen Weltzivilisation, die dem Abendland seine Denkformen und die beiden klassischen Sprachen gab. Sein vorzeitiger Tod rief nochmaligen Bürgerkrieg hervor, an dessen Ende die Welt bereit war, mit der Herrschaft des Augustus die ›Pax Romana‹ anzunehmen, die Cäsars Haupt entsprungen war.

Die Betrachtung von Cäsars Leben wirft ganz von selbst eine Frage auf: Wie konnte das damals schon sehr weit gespannte Reich die Kraftprobe bestehen, gleichzeitig in seinen Grenzen noch weiter gedehnt zu werden, einen Bürgerkrieg im Inneren auszuhalten und einer Regierung unterworfen zu sein, die durch bezahlte Wählerstimmen zur Macht gelangt war? Die Antwort gibt uns ein Doppelbildnis, das wir an der Fensterseite links in der Ecke finden (388): die Bildnisgruppe der *Gratidia M. L. Chrite* und des *M. Gratidius Libanus* – eines Ehepaares, das in dem Städtchen Arpinum in den Hernikerbergen zuhause war. Das Werk ist im letzten Viertel des 1. Jahrhunderts v. Chr. entstanden und war als Grabdenkmal gedacht – wir können also in den beiden Zeitgenossen Cäsars annehmen. Man braucht sie nur anzusehen, um zu wissen, warum sie jahrhundertelang für Cato und Porcia gehalten wurden. Aus den Zügen des älteren Mannes und seiner stillen Frau sprechen alle Tugenden des alten Rom: Frömmigkeit, Mäßigung, rechter Sinn, Zurückhaltung und Treue. Das Ehepaar ist mit Cicero verwandt, hat aber sein Leben außerhalb der Hauptstadt verbracht.

Männer solcher Art hatten im ganzen Reich Beamten- und Verwaltungsstellen inne. Rechtschaffen und unbestechlich hielten sie Italien und die Provinzen in

Römisches Ehepaar

einem sorgsamen Wohlstand, der durch die Eskapaden der hauptstädtischen Oberschicht nicht gestört werden konnte. Frauen dieser Art boten der Familie, dem Haus und dem Besitztum die Wohltat mütterlicher Gerechtigkeit und duldsamer Umsicht. Unserer Kunde von den Geschehnissen der damaligen Zeit fehlt der Unterbau des Ethos, das die eigentlichen staatstragenden Elemente des Römischen Reiches beseelte. Dieses wiederum gipfelt in der höchsten Tugend, die Rom kennt: in dem Familiensinn, den wir in der rührenden Geste der Zusammengehörigkeit bei dem Ehepaar vor uns gültig für alle Zeiten ausgedrückt finden.

Von den Borden dieses Saales blicken uns manche Kaiser an, die in der Vorstellung von cäsarischer Macht und in dem Wahnsinn, den sie bei ihrer Verwirklichung bewiesen, von der Rechtschaffenheit jener Beamten profitiert haben. Wir übergehen sie alle und wenden uns gleich dem merkwürdigsten Herrscher zu, den Rom je hervorgebracht hat. Sein Bildnis steht in der ersten Abteilung des Saales rechts auf dem oberen Bord (285) und zeigt uns einen bärtigen Mann mit stillem Blick: den Kaiser *Marc Aurel*.

DER KAISER MARC AUREL

Marcus Aurelius Antoninus Pius, Germanenbesieger, Sarmatenbezwinger, Vater des Vaterlandes, war Kaiser des Römischen Reiches von 161 bis 180 n. Chr. Seiner Herkunft nach war er ein Spanier, seiner Familie zufolge ein Aristokrat, seiner Erziehung gemäß ein Philosoph. Er wuchs im Hause seines Großvaters auf, der Consul gewesen war. Dort bemerkte ihn der alte *Hadrian* (unteres Bord, 283) und empfahl ihn seinem Nachfolger *Antoninus Pius* (oben, 284) zusammen mit dem jungen

Lucius Verus (286) zur Adoption. Nach des Hadrian Tod tat Antoninus, wie ihm geheißen, und der junge Marcus zog in den Kaiserpalast ein. Dort führte er, inmitten der Versuchungen imperialen Glanzes, ein Leben der Bescheidenheit und Pflichterfüllung. Was er an Zeit erübrigen konnte, widmete er der Philosophie – und selten gab es Lehrer, die einen dankbareren Schüler hatten.

Als Antoninus, durch Alter und schwindende Kraft bewogen, an einen Mitregenten dachte, berief er den Marcus Aurelius, während er den anderen Adoptivsohn Lucius Verus seiner Vergnügungsjagd in der römischen Lebewelt überließ. Kaum war Antoninus tot, setzte Marcus, aus Pietät für Hadrians ursprünglichen Wunsch, den Lucius als Mitregenten ein. Da dieser sein Leben nicht änderte, erledigte Marcus schweigend die Geschäfte für sie beide. Niemals war ein Mensch von solcher Anständigkeit auf dem römischen Throne gesehen worden. Die lange Lehrzeit an der Seite des guten Antoninus trug ihre Früchte. Platons Ideal – der Philosoph als Herrscher – schien Wirklichkeit geworden.

Im dritten Regierungsjahr des Marcus kündigte sich Unheil an. Die wilden Chatten fielen in die germanischen Provinzen ein. Gleichzeitig tobte in Britannien der Aufruhr. Und aus dem Orient kam die Nachricht, der Partherkönig Volasges III. habe Rom den Krieg erklärt. Marcus sandte den Lucius gegen die Parther. Lucius ging, kam aber nur bis Antiochia. Dort versenkte er sich intensiv in die Strategie der Liebe, während die Parther schon in Syrien standen. Darauf entwarf der kaiserliche Philosoph selber einen Feldzugsplan, der so glänzend war, daß des Lucius Unterfeldherr Avidius Cassius damit die Parther vernichtend schlagen und bis in ihre Hauptstädte vordringen konnte.

MARC AUREL

Lucius kehrte zurück, bekam seinen Triumph, über den er selbst lächelte, und schleppte die Pest nach Rom. 166–67 dezimierte die Seuche die Bevölkerung von halb Europa. Marcus opferte Hekatomben und organisierte die Ärzte, obwohl weder die Götter noch die Medizin der Krankheit gewachsen waren. Die Pest brannte aus, der Hunger zog ein. Als er überwunden war, kam die Nachricht, Chatten, Quaden, Markomannen und Jazygen seien, die Notlage Roms nutzend, in die Donauprovinzen eingefallen. Und gleich darauf erfuhr man, einige Heerzüge der Barbaren hätten die Alpen überschritten, ein römisches Heer vernichtet und stünden vor Verona. Nun machte Marcus selbst sich auf, trieb die Stämme zurück und zerrieb sie auf der Flucht. Dabei wurde er magenkrank und lebte von einer Diätmahlzeit am Tag. 169 kehrte Marcus siegreich nach Rom zurück, um zu erleben, wie Lucius, den er nicht geschätzt, aber gerne gemocht hatte, an den Freuden seines Wohllebens starb. Noch im gleichen Jahr griffen die Chatten am Oberrhein an, die Chauken fielen in Belgien ein, im Jahr darauf plünderten die Kostoboken Griechenland, wobei niemand sie hindern konnte, den altberühmten Mysterien-Tempel von Eleusis zu zerstören. Die Mauren setzten von Afrika nach Spanien über und verwüsteten Marc Aurels andalusische Familienheimat, und schließlich erschienen die Langobarden am Rhein. Zusammengenommen war das eine Bedrohung für das Reich, die der Hannibals gleichkam. Marcus entschloß sich, den gefährlichsten Stamm der Barbaren zuerst anzugreifen: die Markomannen. Sechs Jahre stand er gegen sie im Feld, warf sie weit nach Böhmen zurück und war im Begriff, die Reichsgrenze an die Karpathen zu verlegen – da traf ihn ein Schlag im Rükken: Avidius Cassius hatte sich in Ägypten zum Gegenkaiser ausrufen lassen. Marcus schloß einen schnellen Frieden, der ihm immerhin ein fünfzig Kilometer breites Gebiet nördlich der Donau sicherte, und eilte in den Orient. Dort kam er zu spät, denn Avidius Cassius war durch einen Centurio ermordet worden. Beim Eintreffen der Nachricht sagte Marcus nur, er bedaure die verlorene Gelegenheit, einem Feinde verzeihen zu können. Er blieb ein Jahr im Osten, stiftete Lehrstühle und philosophierte. Dann kam er nach Rom, feierte den Triumph, machte seinen Sohn Commodus zum Mitregenten, regierte zwei friedliche Jahre und zog 178 neuerdings gegen die Markomannen. Zwei Jahre später sagte er zu einem Offizier, der am Morgen in sein Zelt trat, um die Tagesparole zu erfragen, indem er auf Commodus wies: »Frage die aufgehende Sonne.« Dann verweigerte er die Nahrungsaufnahme. Am sechsten Tag darnach war er tot.

Dieses schwere Leben hat den Marcus Aurelius nicht gehindert, Gott und der Welt eine immerwährende Liebe und Dankbarkeit entgegenzubringen. Seiner Frau, die ihn wahrscheinlich betrog, widmet er die innigsten Worte. Er sorgt für seine alten Lehrer, hegt gegen seine Feinde keinen Haß, liebt die Natur und ehrt den Tod. Inmitten des zweiten Markomannenkrieges schreibt er nachts im Feldlager Aufzeichnungen an sich selbst: »Das Licht der Lampe erlischt nur, wenn es stirbt. In mir aber sollen Wahrheit und gerechter Sinn erlöschen, während ich noch lebe?« Über sein Kaiseramt: »Hüte dich, daß nicht der Wahn der Kaiser dich ergreift. Bleibe ein einfacher Mensch, der Wahrheit getreu, ein Freund der Gerechtigkeit, gottesfürchtig und gut. Deine Familie schließe ins Herz – und die Pflicht in dein Wesen. Es gibt nur eine Frucht, die das Dasein auf Erden zeitigt: Werke der Menschenliebe, aus frommer Gesinnung

MARC AUREL UND COMMODUS   141

getan. Das Leben ist kurz: scheue die Götter – rette die Menschen.« Über den Tod: »Mit jedem Tag verrinnt das Leben, und der Teil, der von ihm bleibt, wird immer kleiner. Alexander und Pompejus und Gajus Cäsar, die ganze Staaten niedergeworfen, haben auch selber einmal vom Leben scheiden müssen. Nur noch ein Weilchen, und auch du bist Asche, nur noch ein Name oder nicht einmal das. Dinge sind nichtig und belanglos, Menschen streitsüchtige Kinder, unsere Sinne trübe und leicht zu täuschen. Was könnte dich hier festhalten? Du bist an Bord gegangen, über See gefahren und hast den Hafen erreicht. Nun steig aus.« Über die Allnatur: »Allem stimme ich zu, was mit dir, o Kosmos, übereinstimmt. Nichts kommt mir zu früh oder zu spät, was dir zur rechten Zeit kommt . . . Von dir alles, in dir alles, in dich alles.«

Diese edlen Bekenntnisse sind untermischt mit schonungsloser Selbstkritik. Marcus legt seine Seele bis in das feinste Geäder ihrer Empfindungen bloß. Immer wieder ermahnt er sich zu Eigenschaften, die er längst besitzt: zur Wahrheitsliebe, zu Ernst und Würde, zu Gelassenheit und Gleichmut, auch zur Güte. Man nimmt mit Grund an, der Kaiser habe solche Worte nur für sich selbst geschrieben. Einige Passagen jedoch enthalten so eindringliche Ratschläge, daß man aus ihnen herauslesen könnte, sie seien für einen Menschen verfaßt, der des Marcus Aurelius Alter überschattete: für seinen Sohn Commodus. Möglicherweise hat der Kaiser trotz der Verstellungskunst des Commodus gewußt, wie wenig dieser geeignet war, ihm auf den Thron zu folgen. Um so mehr mußte ihn die Schwäche quälen, in der er diesen Sohn dennoch zum Nachfolger bestimmt hatte.

Gehen wir ein wenig zurück in der Geschichte. Auf den wahnsinnigen Domitian war der großartige *Nerva* gefolgt. (Sein Porträt: 3. Abteilung rechts, oberes Bord, 317.) Er hatte nach den bitteren Erfahrungen mit dem letzten Flavier in die Kaisernachfolge das Prinzip der Adoption eingeführt: nicht mehr ein leiblicher Sohn, sondern der Beste, der zu finden war, sollte Nachfolger werden. Nerva nahm an Sohnes statt den *Trajan* an. (1. Abteilung rechts, unten, 282.) Dieser adoptierte den Hadrian, der seinerseits den Antoninus Pius zum Sohn und Reichserben machte und für dessen Nachfolge Marcus Aurelius und Lucius Verus empfahl. Marcus, blind vor Liebe für Commodus (2. Abteilung, links, oberes Bord, 368), verließ das Adoptionsprinzip, dem er selbst es verdankte, hinaufgelangt zu sein. Noch an seinem Todestag erhob er sich vom Lager, um sicher zu gehen, daß das Heer den Commodus als Kaiser annehmen würde. Des Marcus Tragödie ist, daß die Vaterliebe den Sieg über alles davon trug, wozu er sich selbst so eindringlich ermahnt. Für das Reich bedeutete seine Entscheidung den Anfang des Verfalls.

Wer an das Römische Reich denkt, vergißt über seiner Größe leicht, wie sensibel es war. Wie jeder echte Organismus, hing es noch in seinen verzweigtesten Gliedern von dem einen Herzen ab, das der Kaiser war. (Jeder römische Bürger hatte zum Beispiel das Recht, unter Umgehung aller Instanzen direkt an den Kaiser zu appellieren.) Und nun war mit Marcus ein Mann dieses Herz geworden, der sich selbst predigte, nichtig seien Welt und Dinge. Wohl finden in seiner Persönlichkeit römisches Ethos und griechischer Geist einen Augenblick der Harmonie. Wohl sammelt er in Charakter und Wesen das Beste auf, was die Antike hervorgebracht. Aber es erwächst daraus ein Pessimismus, der nicht mehr erwirbt, um zu besitzen, sondern nur noch rüstet, um das Schicksal mit Gleichmut zu tragen. So

JUPITER – DER VÄTERLICHE GOTT   143

war in das Zentrum des Imperiums der Keim des Verfalls gesetzt, weil das Wesen Roms nicht in des Marcus Seele eindrang. Für den pflichtgetreuesten Herrscher Roms war das Reich, dessen Grenzen er schützte, nur ein kaum wahrnehmbares Gebilde im Zusammenhang der Allnatur. Die innere Tragödie des Marcus Aurelius ist, daß er keinen Jupiter mehr sah, den er hätte verkörpern, und noch nicht den einen Gott, dem er herrschend hätte dienen können.

Jupiter – am Ende der Sala dei Busti thront er über uns (326). In den ältesten Zeiten Roms hatte dieser väterliche Gott noch keine Gestalt. Man sah in ihm das Himmelsgewölbe, das sein belebendes Licht, zerstörendes Feuer und wohltätigen Regen zur Erde sandte. Als das Urbild dieser Statue entstand – Apollonios, ein Grieche aus Athen, schuf es in Elfenbein und Gold für den kapitolinischen Tempel –, trug der Gott schon lange die Züge des sinnenden Weltregenten, als der er zum Inbegriff alles Römischen wurde. Vor diesem Bilde endeten die Triumphe der siegreichen Feldherren: als monumentale Ausprägung des Staates nahm Jupiter ihre Eroberungen wie ein Opfer zu seinen Ehren an. Um seine Gestalt rankten sich die heroischen Legenden des republikanischen Rom. Im Krieg gegen die Samniter war der Feldherr Posthumus Albinus in einen Hinterhalt gefallen und hatte seine ganze Streitmacht eingebüßt. Er selbst war schwer verwundet und besinnungslos auf dem Kampfplatz geblieben. Als er wieder zu sich kam, war es Nacht, und der Feind hatte die Walstatt verlassen. Da raffte sich Albinus mit letzter Kraft auf, baute aus den Schilden erschlagener Feinde ein Mal und schrieb mit seinem Blut darauf: »Im Kampf der Römer gegen die Samniten dem Jupiter das Ehren-

zeichen.« Dieser Jupiter ist, so gewaltig sein Bildnis
erscheint, nicht eigentlich ein persönliches Wesen, sondern die Körperlichkeit für Grundsätze. Ihren obersten
hat Vergil in der herrlichen Klarheit seines Latein zu
den Worten verdichtet: »Tu regere imperio populos,
Romane, memento! – Dir ist es vorbestimmt, durch das
Reich der Völker Schicksal zu lenken; denke daran,
o Römer!«

Solcher Anspruch hat seine Wurzel in dem ältesten
Prinzip römischen Zusammenlebens, der ›patrua potestas‹ – der väterlichen Gewalt. Von Anfang an ist der
römische Staat der Familie nachgebildet. In ihr herrscht
der Vater mit unumschränkter Macht. Er ist nicht nur
der Herr, sondern der Eigentümer aller Menschen und
Dinge, die zu seinem Hause gehören. Er übt die rich-
terliche Gewalt einschließlich der Strafe an Leib und
Leben. Söhne können einen eigenen Hausstand gründen, bleiben aber der väterlichen Herrschaft gänzlich
unterworfen. Gajus Flaminius beabsichtigte einmal,
einen Gesetzentwurf durchzubringen, der der ärmeren
Bevölkerung kostenlos staatliches Land verschaffen
sollte. Der Senat widersetzte sich. Flaminius ließ sich
nicht abbringen und bestieg die Rednertribüne. Da kam
sein Vater auf ihn zu und verbot ihm, zu sprechen. Flaminius war Tribun und verfügte über beträchtliche
Macht. Dennoch beugte er sich ohne Widerspruch dem
väterlichen Willen. »Die Römer aber gingen trotz ihrer
Enttäuschung ruhig auseinander, da sie seinen kind-
lichen Gehorsam ehrten.« Diese väterliche Gewalt war
keine Tyrannei, sondern zusammengefaßte Verantwortung in einer wohlmeinenden Hand. Als der römische
Staat gebaut wurde, war die ›patrua potestas‹ dem
König übertragen. Nach der Vertreibung der Könige
wurde sie – durch Jahrhunderte – vom Senat geübt,

Jupiter – der väterliche Gott

dessen Mitglieder sich ›patres‹ – die Väter – nannten. Von Augustus an hat die väterliche Gewalt der Kaiser inne, der zum Pater Patriae wird. Nach dem Fall des Römischen Reiches übernahmen die Bischöfe der katholischen Kirche die Funktion der Senatoren – im Konzil bezeichnen sie sich heute noch als ›Väter‹ –, während die ›patrua potestas‹ sich in der Hand des Papstes sammelte, dessen Titel aus dem Worte ›Papa‹ kommt, das heißt: Vater.

Wie zum Erweis dieser uralten Herrschermacht ist vor die Statue des Jupiter der *Himmelsglobus* gesetzt (341). Als Cicero sein Buch ›De re publica‹ – Über den den Staat – beendet hatte, fügte er eine Traumerzählung an, die er nach dem Vorbild Platons einem anderen, in diesem Falle dem jüngeren Scipio, in den Mund legte. Dieser berichtet, er habe im Traume seinen Großvater, den Besieger Hannibals, gesehen, der ihn in das Innere des Universums habe blicken lassen. Dabei spricht Scipio Africanus die denkwürdigen Worte, die uns wie eine Zusammenschau des bisher Erfahrenen klingen: »Die Menschen nämlich sind unter dem Gesetz gezeugt, daß sie jenen Ball, ›Erde‹ genannt, schützen sollen. Und es ist ihnen Geist gegeben aus jenen ewigen Feuern, die Ihr Gestirne und Sterne heißt, die kugelförmig und rund mit göttlichem Geist beseelt, ihre Kreise und Bahnen mit wunderbarer Schnelligkeit erfüllen. O Scipio, übe Gerechtigkeit und fromme Liebe (iustitiam cole et pietatem), die etwas Großes bei Eltern und Verwandten, beim Vaterland das Allergrößte ist. Dieses Leben ist der Weg zum Himmel ... Wenn Du also in die Höhe schauen willst und diese Wohnstatt und ewige Heimat betrachten, darfst Du Dich nicht dem Geschwätz der Masse ergeben noch in menschlichen Lohn die Hoffnung Deiner Dinge setzen; mit ihren eigenen Verlockungen muß Dich die Vollkommenheit selber zu wahrem Glanze ziehen.«

JUPITER – DER VÄTERLICHE GOTT   147

Halten wir ein wenig inne. Es war ein langer Weg bis
zu diesem Wort. Des Perikles und der Aspasia goldene
Zeit hat uns den Höhenflug der Griechen zur Harmonie gewiesen. Im Kampf gegen die Finsternis haben wir
die Lichtgestalt des Mithras gesehen und seine Verheißung vernommen, daß es vom Bösen eine Erlösung
gibt. Des Dionysos berauschende Kraft haben wir in
ihren läuternden Verwandlungen verfolgt und sind
innegeworden, wie von der Geburt des Dramas ein
Schicksalsfaden sich spinnt bis zu der Idee von der Unsterblichkeit der Menschenseele. Die Göttin der Schönheit hat sich uns in ihrem Glanz gezeigt und ist von
Cäsars Stammutter zur Schutzherrin der Römer aufgestiegen. Für einen Augenblick hat Eros der vielför-
migen Liebe den Schatten des Todes zugesellt. Cäsars
der Tat geweihtes Leben, des Marc Aurel geteiltes Wesen zwischen Pflicht und Geist mündeten in der fortzeugenden Kraft des römischen Jupiter. In ihm zuerst
sahen wir die väterliche Macht verkörpert, die bis in
unsere Tage trägt und erhält, was heilig ist an Rom.
Cicero hat ihre Namen genannt: Gerechtigkeit und
fromme Liebe.

Wer den Rückweg in die Sala degli Animali benützen will,
um weiteres zu sehen, dem sei empfohlen:
   In dem kleinen Nebenraum an der Fensterseite der *Sala
dei Busti* eine Statue der *Kaiserin Livia* (352), etwa in dem
Alter, da Augustus sie ihrem Mann buchstäblich wegstahl.
Sie ist als Betende dargestellt, obwohl in ihrem Charakter
der nüchterne Verstand sehr überwog. Aber da Augustus es
so wollte, war sie fromm. Unweit von ihr (359) begegnen
wir der Gattin Hadrians, *Sabina*. Ein schönes, stolzes Gesicht, von leichter Resignation überschattet, als Porträt von
hervorragender Qualität. Hadrian hatte sie aus politischen
Gründen geheiratet – sie war die Großnichte seines Vorgän-

gers Trajan –, umgab sie mit Ehren, Freundlichkeit und Rücksicht, aber er liebte sie nicht. Welche Gefühle sie in der Nachbarschaft des *Antinous* beseelen (357), ist unergründbar.

An der Fensterseite der zweiten Abteilung der Sala dei Busti steht ein Knabenbildnis des Kaisers *Caracalla,* Musterbeispiel römischer Porträtkunst (345). Es zeigt den Prinzen zur Zeit der Thronbesteigung seines Vaters Septimius Severus, also etwa im Alter von sechs Jahren. Noch ist kaum wahrzunehmen, welch ein Rohling aus diesem Kinde werden würde. Dies zeigt sich in voller Schonungslosigkeit erst auf einem Porträt, das in der ersten Abteilung des Saales an der Innenwand auf dem oberen Bord steht (292). Hier ist Caracalla Kaiser, obwohl man ihn eher für einen brutalen Unteroffizier halten würde. Seine Lehrer hatten ihm erzählt, daß Alexander der Große den Kopf schief gehalten habe, also tat er es auch. Da er sich auch sonst als neuer Alexander fühlte, rüstete er sechzehntausend Mann mit altmazedonischen Waffen aus. Wenn er nicht gerade mit Gladiatoren zechte, saß er mit den Löwen bei Tisch, die bisweilen auch sein Bett teilten. Als ein Orakel ihn einmal als wildes Tier bezeichnete, freute er sich diebisch. Der Büste, die seinen Charakter so unerbittlich bloßlegt, hat er selber zugestimmt – wir stehen vor einem offiziellen Kaiserbildnis. Roheit und Heimtücke waren zur Mode geworden. Als man ihn ermordete, waren seit dem Tode des wunderbaren Marc Aurel erst siebenunddreißig Jahre vergangen.

Auf dem Bord darunter finden wir gleich in der Nachbarschaft Julius Cäsars einen berühmten Kopf des jugendlichen *Augustus,* leider eine Fälschung, die wahrscheinlich aus der Werkstatt des Bildhauers Canova stammt (273). Daneben (274) ein echter Augustus-Kopf, der den Kaiser als Mitglied der Arval-Bruderschaft zeigt. Ein großartiger *Dionysos-Priester* schließt sich an (275), dann haben wir das Vergnügen, dem Kaiser *Nero* als Apoll zu begegnen (277) – welch ein Schauspieler ist der Mann gewesen! –, hierauf folgt eine Büste, die man lange Zeit für das Porträt des Kaisers Otho hielt (da sich dies als irrig herausstellte, weiß man jetzt überhaupt nicht mehr, wer der Mann sein soll), und schließlich kommt uns noch der feiste *Titus* in den Blick, der als magerer Jüngling ziemlich grausam, nach angesetzten Leibespolstern aber der gütigste und rührendste Kaiser war.

Den verworrenen Zug dieser Gestalten schließt die Säule auf der Fensterseite sinnvoll ab. Sie zeigt den Tanz der Stundengöttinnen, der *Horen*, durch die alles verschlingende Zeit.

Im Rückweg durch die *Galleria delle Statue* begegnet uns an der Innenwand (265) die Kopie einer *Amazone* des Phidias, die leider nicht ihren richtigen Kopf aufhat. Das Original stand in dem Heiligtum der Artemis zu Ephesos, zusammen mit vier anderen. Die Gruppe war das Ergebnis eines Künstlerwettstreites zwischen Polyklet, Phidias, Kresilas, Kydon und Phradmon, von denen jeder eine dieser kriegerischen Damen – allerdings in verwundetem und dadurch gezähmterem Zustand – zu fertigen hatte. Plinius berichtet, die Künstler hätten selbst darüber abgestimmt, wem der Preis zufallen sollte. Sieger wurde nicht Phidias, sondern Polyklet, was man versteht. An der Fensterseite finden wir ein *Fragment* (401), das ein verwundetes junges Mädchen zeigt. Im Fall noch sucht es Halt am Bein eines Mannes, der ihr zu Hilfe eilt. Das Stück gehört in den Kreis eines altberühmten tragischen Themas: der Sage von Niobe und ihren Kindern. Niobe, Tochter des Tantalus, war so stolz auf ihre sieben Söhne und sieben Töchter, daß sie Leto schmähte, weil diese nur zwei, den Apollon und die Artemis, geboren hatte. Die erzürnten Götter rächten der Mutter Beleidigung, indem sie die vierzehn Kinder der Niobe mit Pfeilen töteten. Eine Tochter bricht hier zusammen. Die Beliebtheit des Motivs verrät, wie hartnäckig das Vergnügen ist, das Menschen sich mit fremder Grausamkeit machen, um die eigene harmlos zu finden.

Mit der dem Vatikan eigenen Absurdität ist das arme Geschöpf auf ein *römisches Ladenschild* gesetzt worden (401 a). Da ist eine Säulenhalle zu sehen, zu der Treppen hinaufführen. Oben thront links die Gestalt der Roma, rechts eine Göttin, die ein Füllhorn trägt. Unterhalb der Treppe ist ein

GALLERIA DELLE STATUE

Getreidescheffel abgebildet – und die findige Archäologie hat aus dem Inschriftenfragment den Sinn der Sache zutage gefördert. Diese Scheffel waren geeicht und wurden bei den üblichen Getreidespenden mietweise ausgegeben. Das Ladenschild gibt die Stelle an, wo man sie beziehen konnte.

Poetischer ist der Bereich, aus dem der jugendliche *Triton* kommt (Innenseite, 253). Er ist ein reines Phantasiegeschöpf, in dem die berauschende Freude zu leben sich mit der Freiheit der Natur zu einem Glück verbindet, das die Wirklichkeit nicht bietet. Rechts von der Tür, die zur Sala degli Animali führt, erwartet uns noch einmal ein Kaiser: jener *Lucius Verus,* den Marc Aurel zum Mitregenten machte. Wie er in seinem Leben hauptsächlich von fremden Verdiensten getragen wurde, so hat auch sein Standbild sich vieles ausgeliehen: der größere Teil des Rumpfes mit dem Panzer ist von einer Augustus-Statue, Arme und Beine sind überhaupt nicht antik. So ernst und würdevoll wie hier aufzutreten, fiel dem Lucius meist recht schwer. Den Höhepunkt seines vergnüglichen Lebens bildete eine Dame Pantheia in Antiochien, von der Lukian behauptet, die Meisterwerke aller Bildhauer der Welt hätten sich in ihrer Gestalt vereint. Die Philosophie seines Amtsbruders hat ihn nicht belastet.

In der Sala degli Animali werden Kenner noch einen Blick auf die Statue des Jägers *Meleager* werfen – sie steht an der Querwand jenseits des Korridors (40) und ist nach einem Urbild geformt, das der berühmte Skopas im 4. Jahrhundert v. Chr. verfertigte. Der Heros ruht von den Strapazen einer Eberjagd, an deren Ende er seine beiden Onkel im Beutestreit erschlagen wird, um dann von der eigenen Mutter mittels eines verzauberten Holzscheites, an dem sein Leben hing, ins Reich der Schatten befördert zu werden. Und weil wir schon wieder mitten in Schauergeschichten sind – zum Schluß noch ein Blick auf die Konsole links vom Meleager: da findet sich unter anderen Bestien auch der Kopf des *Minotaurus* (68), dem offensichtlich nicht geheuer ist – soweit ein Stiergesicht so etwas ausdrücken kann –, weil Theseus schon naht, ihm den Garaus zu machen.

Ein Augenblick der Ruhe wird uns gut tun. Treten wir hinaus in den kleinen freundlichen Hof des ›Belvedere‹. Der Vatikan bezeichnet zwei Höfe mit ›Cortile del Belvedere‹: den achteckigen, den wir vor uns haben, und den großen Hof des Belvedere, der vom Palast Nikolaus v. und dem Bibliothekstrakt eingeschlossen wird und von dem schon die Rede war. Wir werden in ihn später einen Blick tun.

Cortile ottagono o del Belvedere

BETRACHTUNGEN IM
›CORTILE DEL BELVEDERE‹

Der *Cortile del Belvedere* ist heute nicht mehr das Gärtchen, das er unter Julius II. war. Die wissensdurstig gewordene Welt brach in die Idylle ein. Ihr zuliebe hat der rührige Simonetti am Ende des 18. Jahrhunderts den ursprünglich rechteckigen Hof zu einem gepflasterten Oktogon abgewandelt, dem nur noch das Plätschern des Brunnens ein wenig von dem alten Zauber zubringt. Kaum war Simonettis Umbau fertig, schleppte man auf Napoleons Geheiß die beiden herrlichsten Stücke des Hofes, den Laokoon und den Apoll vom Belvedere, nach Paris. Sie sind zwar längst zurückgekehrt – aber ich bitte Sie alle, die Sie mir mit so viel Geduld bis hierher gefolgt sind: reden Sie sich für einen Augenblick ein, die berühmten Bildwerke wären noch immer im Exil. Denn wir werden am Ende unserer Wanderung durch die Antike wieder an diesen reizenden Ort zurückkehren, um dann mit mehr Muße und tieferem Genuß zu betrachten, woran vorbeizublicken uns jetzt so schwerfällt.

Bevor uns die Antike wieder in ihren Bann schlägt, begegnen unserer Phantasie im Belvedere-Hof zwei Männer großen Namens. Sie wandeln in dem Gärtchen zwischen den Antiken und diskutieren über Malerei. Der jüngere ist ein strahlender apollinischer Mann von bestechender Liebenswürdigkeit: Raffael im Alter von dreißig Jahren – der ältere der geheimnisvollste Mensch der Renaissance: Leonardo da Vinci. Den päpstlichen Thron hatte damals soeben – als Nachfolger Julius II. – der lebens- und kunstfreudige Leo X. bestiegen. Da er dem Hause Medici angehörte, mußte er sich keine Sorgen darum machen, wie man Reichtum erwirbt. In der

Art, ihn auszugeben, verfügte er über die köstlichste Phantasie. Leonardo, einundsechzigjährig und fast mittellos – seine enormen Einnahmen waren längst zerronnen –, hatte bei ihm angeklopft und freudige Aufnahme gefunden. Der Papst überließ ihm zur Wohnung und Werkstatt den Quertrakt, der den Belvedere-Hof abschließt, versah ihn mit allem Nötigen und hoffte, der Meister werde zum Pinsel greifen. Leonardo aber ging lieber mit Raffael spazieren. Ein wenig später erkundigte sich der Papst nach Leonardos Tätigkeit und erfuhr, der Künstler habe zwar noch keinen Strich getan, beschäftige sich aber schon mit der Herstellung des Firnis für das ungemalte Bild. »O weh«, rief da der Papst (Vasari berichtet es uns), »was soll dieser vollenden, da er beim Ende beginnt?« In der Tat: Leonardo war nicht an die Leinwand zu bringen. Er ging in die Hospitäler, um Anatomie zu studieren, er erfand verrückte Maschinen, die nie gebaut wurden, er setzte eine künstliche Eidechse zusammen, die durch Quecksilberfüllung lebendig schien, verlieh ihr Bart, Hörner und Flügel, damit man sie als Monstrum fürchten sollte, er amüsierte mehr sich selbst als seine Umwelt mit Scherzfragen und Wortspielen – aber er schuf kein einziges Werk. Der Hochmut des Ideenreichtums hatte ihn ergriffen und verhinderte die Tat. Im Papste erweckte er damit die Überzeugung, sein Weltruhm sei Blendwerk; die Römer bedauerten es kaum, als er wieder fortzog. Nur Raffael hegte seine Worte, befolgte seinen Rat und setzte ihm ein tiefempfundenes Denkmal, das wir noch sehen werden. Nicht immer sind es die eigenen Werke, die den Geist eines großen Menschen am klarsten zeigen.

Viele der Antiken, an denen in Leonardos und Raffaels Tagen die Künstler kopierend sich entzückten, sind mittlerweile in andere Teile des Vatikans abgewandert.

Immer hiergeblieben ist eine: die *Venus Felix*. Sie erwartet uns in der Mittelnische der langen Bogenhalle an der linken Hofseite – nicht sehr glorreich der knidischen Aphrodite nachgebildet (42), aber mit einem Kopf, der nicht überraschender sein könnte: wir blicken in das wirklichkeitsnahe Antlitz der Kaiserin Faustina, der Gattin Marc Aurels. Um keinen Zweifel aufkommen zu lassen, trägt sie ein Diadem. Die Stifter Helpidus und Sallustia fanden es weder unmoralisch noch ehrenrührig, die regierende Herrscherin als nackte Göttin der Liebe abzubilden. Und Faustina selbst, sofern ihr die ›combinazione‹ bekannt wurde, dürfte die Idee eher als Kompliment genommen haben. Denn sie war ein lebenslustiges und fröhliches Wesen, das nie begreifen konnte, warum Staatsraison und Wissenschaft aus ihrem Kaiser einen langweiligen Ehemann machen mußten. Pflichtgetreu schenkte sie dem Gatten vier Kinder, flirtete aber nebenbei so gerne, daß die Schauspieler in den Zwischenakten der römischen Theatervorstellungen dem klatschlüsternen Publikum die Namen jener zuflüsterten, die die wandelnde Philosophie mit der Venus felix betrogen. Marc Aurel fuhr fort, seine Frau zu ehren, verlieh den angeblichen Nebenbuhlern angenehme Staatsämter und blieb bei seinem Grundsatz, man müsse allem zustimmen, was einem vom Schicksal verhängt wird. Beide waren nicht glücklich, Faustina, weil sie Kaiserin war, und der Kaiser, weil er Faustina und die Philosophie gleichzeitig liebte. Es scheint, als sei das wahre Glück den Menschen vorbehalten, die nie danach verlangen.

Nun kehren wir zurück zum Eingang in die Sala degli Animali und beginnen unseren Weg von neuem durch den linken Bogengang des Hofes. Nach wenigen Schritten finden wir links in der Wand, von figurenreichem Relief bedeckt, die *Schauseite eines Sarkophages.*

Zu einem Grabtempel ziehen zwei Gruppen: rechts ein Mann in der Toga, dem ein anderer und ein Knabe beigesellt sind, links eine Frau, gefolgt von einer anderen und einem Mädchen. Die Begleitpersonen sind symbolisch gemeint: die Erwachsenen stellen den Genius des Mannes und Juno den der Frau dar, also die personifizierte Lebenskraft der beiden, die Kinder Camillus und Camilla. Genien mit Zweigen und Füllhörnern erwarten die Ankommenden, Sieges-Göttinnen mit Lorbeerkränzen schweben heran. Zum Gebet ausgebreitet sind die Hände der Hauptfiguren – bereit zum Opfer streben sie zur Tür des Grabes. Der Sarkophag würde uns nicht auffallen, stünde diese Tür nicht offen.

Ein Hauch von Resignation weht uns an. Da das Motiv oftmals wiederkehrt, spricht es nicht nur die Stimmung des Ehepaares aus, sondern ein Grundgefühl jener Zeit. Kündigt sich hier schon an, was später, im langsam emporsteigenden Mittelalter, der große Notker von St. Gallen zu ehrwürdiger Sequenz verdichtet hat: »media vita in morte sumus« – mitten im Leben sind wir vom Tod umfangen?

Der Sarkophag entstand, wie das männliche Porträt erweist, zwischen 240 und 250 nach Christus. Unruhe und Verwirrung hatten Stadt und Reich ergriffen. Noch ein halbes Jahrhundert vorher war es keine Übertreibung gewesen, wenn Aristides von Smyrna jubelte: »Für immer hat die Welt das Kleid des Krieges abgelegt, die Erde gleicht einem gehegten Garten. Die glücklichste Zeit der Menschheit ist angebrochen.« Nun aber herrschte neuerdings Krieg, die Kaiser lösten einander in furchtbarer Schnelligkeit ab (bis zu vieren in einem Jahr), und seit dreißig Jahren war keiner von ihnen eines natürlichen Todes gestorben. Barbareneinfälle, Geldentwertung, Bauernaufstände, Versorgungsknappheit, Militärwillkür und politische Morde steigerten die allgemeine Lebensunsicherheit. Herodianos berichtet: »Täglich konnte man erleben, wie die Reichsten von gestern zu Bettlern von heute wurden.« Es war noch nicht das Ende des Römischen Reiches, aber es war die erste Krise, die an seinen Grundfesten rüttelte. 251 fiel – in einer der furchtbarsten Schlachten der Antike – des Kaisers Decius Majestät inmitten der geschlagenen Truppen. Die Sieger trugen den Namen: Goten. Das war bis dahin unvorstellbar gewesen. So rückte der Tod, den die Römer immer heiter gesehen hatten, plötzlich mitten in das Leben. Das Grabmal öffnete seine Tür.

Ein wenig weiter, im linken vorderen Eckraum, treffen wir auf einen Gott, der die Gedanken des Sarkophages weiterführt und verwandelt: *Hermes Psychopompos,* den Geleiter der Seelen ins Todesreich (53). Dem glatten Standbild ist nicht sogleich anzusehen, was die Antike in ihm erblickte. Der Gott der Diebe, der Redner und der Reisenden versetzt im Leben die Menschen in Schlaf und schickt ihnen gute und böse Träume. Im Tode ist er der Herr der letzten Fahrt. Er allein kennt ihre Geheimnisse, er allein weiß, was die Seelen nach dem letzten Seufzer erwartet. In den ersten zwei nachchristlichen Jahrhunderten setzten die Griechen Ägyptens diesen Hermes gleich mit des Nillandes uraltem Weisheitsgotte Thot, der achtzehn Jahrtausende vorher eine dreitausendjährige Herrschaft über die Erde angetreten und zwanzigtausend Bücher hinterlassen hatte. Ihn feierte man nun als den ›Hermes Trismegistos‹, den ›Dreimal-Größten‹ – und die hermetischen Bücher wurden zum Born verschlüsselter Lehre der Unsterblichkeit. Die Menschen des Ostens waren

damals um das Schicksal ihrer Seele beunruhigter denn
je. Schon bald gaben sie sich auch mit der Erlösung, wie
sie das Evangelium verhieß, nicht mehr zufrieden. Es
traten Lehrer auf mit der Behauptung, der Glaube sei
es nicht, durch den die Seele der Erlösung teilhaftig
werde – erkennen müsse der Mensch, was Gott ist, um
erlöst zu werden. Gnosis – Erkenntnis – war der Name
der Sekte, die daraus entstand. In ihren Spekulationen
wurde Hermes Trismegistos zum Weltgeist schlechthin
– und er predigte in geheimer Weitergabe von Ohr zu
Ohr, die Seele könne sich in jede Sache verwandeln und
auch dorthin gelangen, wo kein Himmel mehr sei. In
der Mitte des 15. Jahrhunderts, also rund fünfzig Jahre
bevor dieser Hof entstand, hat in Griechenland, von
den Türken schon bedroht, der Philosoph Gemisthos
Plethon (wir hören noch von ihm) auf die hermetischen
Bücher zurückgegriffen und sie als Teil der allgemeinen großen Offenbarung Gottes am Anfang der Welt
erklärt, »deren Hauptstrom der Bibel zugeflossen« sei.
(Balthasar) So zieht durch die Jahrhunderte ungestillt
der Drang der Menschen, anstelle des Glaubens Gewißheit zu erlangen über das, was jenseits der Natur ihrer
harrt. In der Betrachtung solcher Dinge gewinnt neuen
Glanz, was das Evangelium uns zum Troste sagt: »Selig
sind diejenigen, die nicht sehen und doch glauben.«

In der querliegenden Bogenhalle, die den Hof abschließt, begegnet uns links neben dem Durchgang zum
Vestibolo Rotondo in der Wand eine andere große
Sarkophagfront (Inv. 973). Sie schildert zwei Dinge: die
Ankunft des Toten in der Stadt der Seligen und das
phantastisch verfremdete Bild des römischen Hafens
Portus. Zwei Schiffe, von Ruderbooten umschwärmt,
legen an der großen Mole an. Im linken steht, größer
als der Steuermann, der Eigentümer. Durch Barttracht

und Schwert bemüht er sich, dem vielduldenden Helden Odysseus zu gleichen. Er blickt hinauf zu zwei Adlern (einer ist abgebrochen), die der Wettergott links als freundliche Vorzeichen gesandt hat. Aus der Höhe des Himmels schauen im Zentrum auf Szene und Stadt drei vergöttlichte Vorfahren des Schiffseigners nieder. Zwischen Schiffen und Göttern türmen sich Häuser, Tempel, Triumphbogen und ein Amphitheater zu surrealistischer Architektur. Wie Odysseus nach langer Irrfahrt den Heimathafen erreichte, so gelangt hier die Seele eines Römers, von Ahnen willkommen geheißen, an das Gestade der Seligen. Nur hat – im Gegensatz zu dem vorigen Sarkophag – ein gesunder Sinn hier eine sehr römische Lösung gefunden. Aus dem verworrenen Rom seiner Zeit ist er aufgebrochen, hat die Todesreise hinter sich gebracht – und wo kommt er an? An der Lände des Ewigen Rom.

Und das Ewige Rom ist es, das uns wieder begegnet am nächsten Monument unserer Wanderung. Wir finden es im *Gabinetto dell'Apoxyomenos* – im Raum des ›Schabers‹, der sich links vom Vestibolo Rotondo öffnet, wenn wir es durchquert haben (es ist Leonardos Atelier). Hier wartet der wunderbare Athlet des Lysipp – wir werden, wenn wir zurückkehren, noch bei ihm verweilen. Jetzt soll ihm ein Blick dankbaren Erkennens gewidmet sein – zur Dankbarkeit muß man immer Zeit haben –, dann wenden wir uns, gleich nach dem Durchgang, nach rechts gegen das Fenster. Dort steht ein rechteckiger Marmorblock, der mehr hält, als er verspricht: der *Altar des Augustus,* der dem Genius und den Laren des Kaisers errichtet wurde (Inv. 1115), als er im Jahre 12 v. Chr. die Würde des Pontifex Maximus übernahm.

DER ›PONTIFEX MAXIMUS‹
UND DIE ANFÄNGE ROMS

Dies ist der Ort, dem merkwürdigen Amt, dessen Titel
die Päpste heute noch tragen, ein wenig nachzuspüren.
Pontifices waren ursprünglich drei, später wurde ihre
Zahl mehrmals erhöht, Cäsar hat sie auf sechzehn gebracht. Sie bildeten das oberste Collegium der Staats-
religion, versahen aber keinen Dienst an einzelnen Göttern – für diese gab es gesonderte Priester –, sondern
hatten darüber zu wachen, daß das ›ius divinum‹, das
Gesetz des Gottesdienstes, makellos vollzogen wurde.
Denn die Übereinstimmung mit den Göttern bildete
im alten Rom die Voraussetzung und Grundlage aller
Politik. Livius berichtet ein Beispiel. Nachdem der phö-
nizische Feldherr Hannibal im Zweiten Punischen Kriege
die Römer am Trasimenischen See vernichtend geschlagen und der Consul Caius Flaminius in der Schlacht
den Tod gefunden hatte, erklärte der Diktator Quintus
Fabius Maximus öffentlich, »daß sich der Consul Caius
Flaminius durch Nichtachtung der heiligen Gebräuche
und Götterwinke mehr als durch Unbesonnenheit und
Ungeschicklichkeit habe zuschulden kommen lassen, und
daß man um die Sühnemittel des göttlichen Zorns die
Götter selbst befragen müsse . . .« Darauf arbeitete der
Vorsteher der Pontifices, der Pontifex Maximus Lucius
Cornelius Lentulus, eine Vorlage an die Volksversammlung aus, die ein Sühnegelübde enthielt. Sollte der Staat
in diesem Kriege die nächsten fünf Jahre unbeschadet
erhalten bleiben, so möge sich jeder Bürger verpflichten,
alles was an Herdenvieh aus seinem Besitz in einem
Frühling geboren werde, dem Jupiter an einem vom Senat bestimmten Tage zu opfern. Kennzeichnend für das
vom Pontifex Maximus gehütete und vertretene ›ius

160 GABINETTO DELL' APOXYOMENOS

divinum‹ ist dabei die juristische Sorgfalt, mit der das allgemeine Opfer umrissen wird: »Wer dann opfern wird, der opfere, wann er will und nach welcher Vorschrift er will: er soll recht geopfert haben. Stirbt das, was hätte geopfert werden müssen, so soll es ungeweiht gewesen und keine Sünde sein. Verderbet oder tötet es jemand unvorsätzlich, so soll daraus kein Nachteil erwachsen. Stiehlt es jemand, so soll es weder dem Volke noch dem, dem es gestohlen wird, zur Sünde werden. Opfert es jemand ohne Wissen an einem Unglückstage, so soll er recht geopfert haben. Mag es bei Tage oder Nacht, mag es ein Sklave oder ein Freier opfern, so soll er recht geopfert haben.«

Den Pontifices oblag es, den Kalender auszugeben und die beweglichen Festtage darin anzusetzen. Ferner zeichneten sie die wesentlichen Geschehnisse des Staatslebens in Jahrbüchern auf, die späteren Geschichtsschreibern wie Livius häufig als Quelle dienten. In früher Zeit war ihnen weiterhin die Niederschrift der Prozeßformeln übertragen. Im Jahre 254 v. Chr. gab der Pontifex Maximus Coruncianus den Weg der Rechtsfindung bei Prozessen öffentlich bekannt und wurde dadurch zum ersten Rechtslehrer Roms.

Das Amtshaus des Pontifex Maximus stand auf dem Forum: die ›Regia‹ – der Königssitz. In einer Republik, die den Königshaß durch Jahrhunderte schürte, war dies ein seltsamer Name. Obwohl eines der ältesten römischen Gesetze besagte, ein Mensch, der versucht, sich zum König aufzuwerfen, sei ohne Gerichtsverhandlung auf der Stelle hinzurichten – rührten die Römer nicht an der Bezeichnung ›Regia‹; sie war ein sakrosanktes Überbleibsel der Monarchie.

Pontifex Maximus heißt wörtlich: oberster Brückenbauer. Tatsächlich zählte seit alter Zeit zu den Oblie-

DER PONTIFEX MAXIMUS 161

genheiten des Pontifex Maximus die Verpflichtung, den
›Pons Sublicius‹ wieder aufzubauen, sollte im Kriege
notwendig gewesen sein, ihn einzureißen. Doch reicht
der Begriff noch weiter zurück. Über sein Zustande-
kommen erzählt Gerhard Egger eine einleuchtende Theorie. Wir erinnern uns, daß das Kapitol auf einem
Hügel liegt. Ihm gegenüber gibt es einen zweiten, fla-
cheren – den Palatin. Zwischen beiden dehnt sich die
Senke des Forum Romanum. Das Kapitol und der Palatin trugen die beiden ältesten Siedlungen Roms. Der
Forumsplatz dazwischen war ein Sumpf, den ein Bach
entwässerte – unterirdisch gibt es ihn noch heute. Über
diesen Bach schlug man eine Brücke, den einzigen Übergang zwischen dem Palatin und dem Kapitol. Der
Mann, der diese Brücke beherrschte, war der Mächtigste der Gegend. Als die Siedlungen sich zusammen-
schlossen, machte man ihn zum König.

Wir haben bei der Betrachtung des Jupiter bemerkt,
wie sehr der römische Staat der Familie nachgebildet
war. Mehr noch als der Hausvater, mußte der König
den Willen der Götter erforschen, verwirklichen, ihrem
Zorn durch Opfer vorbeugen. Als Rom die Könige
vertrieb, blieb die geistliche Seite ihrer Würde zurück
im Amt des Pontifex Maximus. Es war nur konsequent,
daß er seinen Sitz in dem Hause nahm, das ehemals die
Könige und vor ihnen der Herr der Brücke bewohnt
hatten. Am Beginn seiner öffentlichen Laufbahn erlangte Cäsar das Amt des Pontifex Maximus. Seither
ist es in den Händen der Kaiser geblieben – bis am
Ende der Antike die Päpste es übernahmen. Es war und
blieb ein Amt der Versöhnung zwischen dem göttlichen
und dem menschlichen Bereich des Universums, eine
Wache für die Heiligkeit der Schwüre, die Unverletz-
barkeit des Rechts und den Frieden der Menschen.

Nun zu unserem Stein. Die Vorderseite ist der Wand zugekehrt und trägt eine verwaschene, aber entzifferbare Dedikationsinschrift, dem Augustus als Pontifex Maximus gewidmet. Die Rückseite, dem Raume zugewandt, zeigt eines der fesselndsten Dokumente der römischen Geschichte. Trotz der starken Schäden erkennt man in der Mitte ein Viergespann aus geflügelten Rossen, das im Begriffe ist, einen zweirädrigen Wagen in die Lüfte emporzuziehen. Auf diesem steht ein großer Mann im Feldherrnmantel, die Zügel in der Hand. Gleichzeitig taucht aus dem geöffneten Himmel links die Quadriga des Sonnengottes auf, während rechts der alte Caelus das Himmelsgewölbe wie ein geblähtes Segel über seinem Haupte spannt. Zwischen den beiden schwebt als Bote des Jupiter ein Adler heran. Das Ganze ist die Himmelfahrt des ersten Menschen, den Rom heilig sprach: des Gajus Julius Cäsar.

Von nun an wird ein ehrwürdiges Zeremoniell des Staates nach dem Tode eines Kaisers der Welt verkünden, er sei in den Himmel aufgenommen worden. Man wird seinem Namen das Wort ›Divus‹ hinzufügen und seine Statuen mit brennendem Weihrauchbecken umschreiten. Das große Ritual, das in der Peterskirche sich entfaltet, wenn der Papst einen Heiligen zur Ehre der Altäre erhebt, hat der Form nach hier seinen Ursprung. Sollte es jetzt, wie so vieles lange Geheiligte, preisgegeben werden, so wird eine spätere Zeit an diesem Stein sich erinnern, woher der Gedanke kam, welch glorreichen Weg er genommen und welch fragwürdiges Ende er fand.

Die dem Fenster abgewandte Schmalseite des Monuments zeigt den Augustus in der Ausübung seines pontifikalen Amtes: mit einem feierlichen Opfer stellt er den Kult der Laren wieder her. Die Laren waren die

DER PONTIFEX MAXIMUS

Schutzgötter von Haus und Flur. Ihre Bilder standen, meist nahe dem Eingang des Hauses, in heiligen Schreinen und wurden an Festtagen mit Blumenkränzen und kleinen Opfergaben geehrt. Augustus, der die staatserhaltende Kraft der Religion für unerläßlich hielt, wünschte die Rückkehr der Römer zu den einfachen Gebräuchen der Väter und gab ihnen durch eine erneute Heiligung des Hauses und seiner Gottheiten eine deutliche Mahnung. Wie ernst sie – offiziell – genommen wurde, erweist der große Prozessions-Fries an der Innenwand des Raumes, die *Ara der Vicomagistri*. Das Relief, so wird vermutet, stammt vom Altar der Providentia – die Vorsehung galt als Schutzgottheit des Kaiserhauses –, errichtet von des Augustus Nachfolger Tiberius. Unter den achtunddreißig Gestalten dieses Opferzuges fallen gegen die Mitte des linken Reliefteils vier besonders sorgfältig gearbeitete Knabengestalten ins Auge. Der erste ist stark beschädigt, die beiden mittleren halten auf Würfelsockeln dem Betrachter zwei Kleinstandbilder der Laren entgegen. Der anschließende vierte Knabe beweist, wie hoch seit Augustus die Laren im Staatskult eingeschätzt wurden: er trägt eine Statuette, die den Genius des regierenden Kaisers versinnbildlicht, mit dem zusammen die Laren verehrt werden sollten.

Eindringlicher noch zeigt sich die Religionspolitik des Kaisers auf der zum Fenster gewandten Seite des Steines. Hier finden wir in einer ländlichen Szene den Äneas, auf seinen Stab gestützt. Sinnend betrachtet er ein Mutterschwein, das Frischlinge säugt. Dem Äneas war geweissagt worden, er solle, wenn er ein weißes Schwein mit dreißig weißen Jungen finde, an der Stelle eine Stadt gründen: Lavinium, das religiöse Zentrum von Latium. (Jüngste Ausgrabungen haben erwiesen, daß die Stadt und ihre religiöse Bedeutung historisch sind.) Dem Äneas gegenüber sitzt auf felsigem Thron eine Gestalt mit einer Schriftrolle in der Hand. Es ist der palatinische Apoll, in dessen Tempel Augustus die Bücher der Sibyllen niedergelegt hatte. Und hier sind wir mitten in einem komplizierten Sachverhalt.

Weissagungen haben in Rom eine ungeheure Rolle gespielt. Sie beeinflußten das Geschick des Staates entscheidender als die Vorzeichendeutung. Denn während diese täglich vorgenommen und auf den Augenblick angewandt wurde, bestimmten prophetische Worte das Schicksal Roms auf lange Sicht. In der Zeit des letzten Königs, Tarquinius Superbus, hauste in einer Höhle bei Cumae am Golf von Neapel eine uralte Seherin, die sich ›Sibylle‹ nannte. Sie war aus dem griechischen Euboia herübergewandert und soll tausend Jahre alt gewesen sein. Als der König Tarquinius sie einst besuchte, bot sie ihm neun Bücher mit Weissagungen an (im Gegensatz zu den Orakeln prophezeiten die Sibyllen ungefragt). Dem König schien der Preis, den die Greisin forderte, zu hoch. Da verbrannte die Sibylle drei der neun Bücher und verlangte für den Rest das Doppelte. Wieder lehnte der König ab. Darauf warf die Erzürnte nochmals drei Bücher ins Feuer und verdoppelte die Kaufsumme neuerdings. Nun widerstand Tarquinius nicht länger. Die drei Bücher wurden nach Rom gebracht, im Keller des kapitolinischen Jupitertempels niedergelegt und einer eigenen Priesterschaft anvertraut, die sie als Staatsgeheimnis zu hüten hatte. Nur in höchster allgemeiner Gefahr und durch Vollbeschluß des Senates durften die sibyllinischen Bücher befragt werden. Als im Jahre 83 der Jupitertempel in Flammen aufging, zerstörte das Feuer auch die Heiligen Bücher. Aber inzwischen hatte man sie doch oft genug konsultiert, um sich eines großen Teiles der Sprüche zu entsinnen. Sie wurden neuerdings gesammelt – und von Augustus in den Tempel des Herrn aller Seher und Sibyllen gebracht, des Apoll. Die Schriftrolle, die der Gott auf unserem Stein in der Hand hält, ist ein sibyllinisches Buch. So ist Äneas, was die Übereinstimmung seiner Handlungen mit dem Willen der Götter betrifft, doppelt gesichert: er hat das Tier gefunden, das ihm geweissagt worden war, und trifft zugleich Apoll, der ihm die Vollendung seines Schicksals und damit die Gründung Roms garantiert.

Zusammengenommen stellt sich der Inhalt des Altares so dar: Augustus ist der Großneffe und Adoptivsohn des Julius Cäsar, der in den Himmel aufgenommen wurde und ihm von dorther beisteht. Durch Cäsar und das julische Geschlecht ist des Augustus großer Ahnherr Äneas. Die Weissagungen, die dieser von Apoll erhielt, erfüllt der Nachfahr in frommer Gesinnung, indem er durch die Ehrung der Schutzgötter des Hauses die Römer dazu anhält, bei der Sitte der Väter zu bleiben.

Dies ist ein Programm, ganz im Geiste Vergils. Der große Epiker war des Augustus treuer Freund. Zusammen arbeiteten sie an dem schweren Werk, den in Luxus, Reichtum und griechischer Skepsis versunkenen Römern beizubringen, daß Anständigkeit, Wahrheitsliebe und Opfersinn die Pfeiler des Glückes in der menschlichen Gesellschaft sind. Im Jahre 19 v. Chr., also nur sieben Jahre vor der Entstehung des Altars, war Vergil gestorben. Er hatte ein nicht ganz vollendetes Epos hinterlassen, das als des Augustus Auftrag in zehn Jahren geduldigen Schreibens und Feilens entstanden war: die Äneis. In weithintragenden Versen, die das ganze

Abendland erfüllten, wird hier die Geschichte des »pius Aeneas« erzählt, von seiner Flucht aus Troja, über seine Liebe zu der karthagischen Königin Dido (daß er sie auf Apollos Geheiß verläßt, wird Rom und Karthago ewig entzweien) bis zur Landung in Italien, wo ihn die cumäische Sibylle in die Unterwelt mitnimmt, um ihm die Zukunft seines Geschlechtes und des Augustus goldenes Zeitalter zu zeigen. Am Ende der Dichtung fällt Äneas in der Schlacht und wird in den Himmel entrückt, während sein Sohn Julius Ascanius die Mutterstadt Roms, Alba Longa, zu gründen sich anschickt. Das ganze Werk ist durchflochten von Idealbildern einer frommen Vergangenheit, und manchmal bricht Vergil mit dem Blick auf seine Gegenwart in Klagen aus: »Heu pietas! Heu prisca fides!« – Wo ist die alte Ehrfurcht, wo der Väterglaube? Wie jeder konservative Geist, glaubte er, geheiligtes Erbe beschwören zu müssen, um seine Zeitgenossen vor einer Verrottung zu bewahren, die sie selber wünschten. Dennoch hat er recht behalten, denn zwar nicht die Stadt Rom, wohl aber Italien war bereit, unter dem Schutze augusteischen Friedens zu Gesittung und Frömmigkeit zurückzukehren. Was Vergil nicht wußte, war die Wirkung, die er übte. Seine Geisteshaltung und des Augustus Staatsform haben zwei Jahrhunderte einer Blütezeit eingeleitet, die in der Geschichte der Menschheit nicht ihresgleichen hat.

Als sie zu Ende ging, zelebrierte man – im Jahre 203 n. Chr. unter dem Kaiser Septimius Severus – die Säkularfeier Roms, das große Sühne- und Heiligungsfest, das ein Zeitalter zu beschließen pflegte. Wie man damals die Gründungs-Mythen der Stadt sah, berichtet ein altarähnlicher Stein, der im *Atrio del Torso* am Fenster steht. (Wir durchqueren wieder das ›Vestibolo Rotondo‹ und treten in das nächste Gemach, dessen

Mitte der Torso erfüllt – ihm widmen wir einen Augenblick entschuldigender Ehrfurcht, denn auch er wird uns erst später beschäftigen –, um uns dann der *Ara Casali* am Fenster zuzuwenden.)

Der Stifter des kleinen, reichgeschmückten Monuments hat sich in dem Eichenkranz verewigt, der die Vorderseite ziert. Um ihn herum finden wir die römische Version jenes Götterabenteuers, das uns bei Aphrodite und Ares auf griechisch begegnet ist: unten auf einem Bett Mars und Venus, gefangen im Netz des Vulkan, der oben rechts hämisch herunterblickt, wogegen oben links der Sonnengott sich freut, daß sein Verrat gelungen ist. Die ganze rechte Seite beschäftigt sich mit Troja. Im obersten Streifen führt Merkur (der römische Hermes) die drei streitenden Göttinnen Juno, Minerva und Venus zu Paris, der sich bereits für Venus entschieden hat. Sie verspricht ihm gerade die schönste Frau der Welt, Helena, und wird ihm bei deren Entführung nach Troja helfen, worauf programmgemäß der Trojanische Krieg entbrennt. Die beiden Streifen darunter zeigen, wie es dabei zugeht. Die Fortsetzung finden wir auf der linken Seite des Steines, wo oben der tote Hektor um die Mauern der Vaterstadt geschleift wird, wogegen die beiden unteren die Leichenfeier des Achilles zeigen, dem sein Sieg über Hektor nichts genützt hat. Die Rückseite des Steines endlich schlägt die Verbindung von Troja nach Rom. Rhea Silvia, eine Nachkommin des Äneas, aus der Vaterstadt vertrieben und durch väterlichen Schwur zu ewiger Keuschheit verpflichtet, ruht im Schatten und empfängt »die Lüft' im geöffneten Busen«. (Ovid) Der Flußgott Tiber schaut ihr zu, rührt sich aber nicht, obwohl von links auf Zehenspitzen der lüsterne Mars heranschleicht. Im Felde darunter hat Rhea dem Mars Zwillinge ge-

boren – Romulus und Remus. Amulius, der Rhea aus
der Heimat vertrieb, weiß schon davon und sendet
zwei Hirten – sie kommen von rechts –, um die Kinder
auszusetzen. Im nächsten Streifen ist es soweit: Romulus und Remus bleiben zu ihrem Schrecken allein in der
Wildnis – denn den Flußgott Tiber sehen sie ja ebensowenig wie ihren Vater Mars, der in voller Rüstung da-
nebensteht. Das letzte Bild endlich zeigt die säugende
Wölfin, die die Kinder rettet, und Hirten, die sie finden.

Von Äneas keine Spur. Als das kleine Monument
entstand, war der Stamm des julischen Hauses schon
lange erloschen, der regierende Kaiser begründete eine
afrikanisch-semitische Dynastie. Das Reich glitt in die
Zeit, von der uns die Sarkophage des Belvederehofes
erzählten. Zu Ende war das Goldene Zeitalter Roms.
Vergil hatte vorausgesagt, es werde ewig dauern.

Der Dichter hat nicht geahnt, auf welche merkwürdige
Weise ihm die Geschichte dennoch recht geben würde.
Nicht das Goldene Zeitalter hatte Bestand, sondern
eine Prophezeiung, die Vergil im Zusammenhang damit getan. In einem schon vor der Äneis entstandenen
Werk, der vierten Ekloge, kündigt Vergil einen Welt-
heiland an: »Schon steigt ein neues Geschlecht vom
hohen Himmel hernieder« und ein Knabe erscheint,
»vor dem die eiserne Zeit in eine gold'ne sich wandelt«.
Diese Worte stehen in einem Gedicht, das den soeben
geborenen Sohn von Vergils Gönner Asinius Pollio
feiert. Da man von diesem nichts Sonderliches mehr
hörte, klangen sie einer späteren, christlichen Zeit seltsam genug. Schon bald zog man daraus den Schluß,
Vergil habe den jungen Pollio nur zum Anlaß genommen, um die Geburt Jesu, die in diese Jahre fiel, auf

prophetische Weise verschlüsselt vorherzusagen. So wurde Vergil zur ›anima naturaliter christiana‹ – Tertullian sei Dank für den Ausdruck! – und zog, eine von Natur aus christliche Seele, in die Vorstellungswelt des Mittelalters ein. Hieraus hat Dante das Recht abgeleitet, den Vergil zum Führer zu nehmen durch die Reiche der Hölle und des Fegefeuers, hierdurch konnten die Päpste bis herauf zu Pius XII. im geistlichen Sinne an den Worten festhalten, die Jupiter zu Beginn des Vergilschen Gedichtes der Schutzherrin alles Römischen, der Venus, zum Troste sagte: »Den Römern setzte ich weder Grenzen der Dinge noch der Zeit; denn ein Reich ohne Ende habe ich ihnen gegeben . . .«

MANCHERLEI AUS RÖMISCHEN TAGEN

In das *Museo Chiaramonti* führt eine schöne Treppe, die vom ›Atrio del Torso‹ einen Halbstock abwärts fällt. Vor uns öffnet sich ein endloser Gang, der östliche Verbindungsflügel zwischen dem Palast Nikolaus V. und dem Belvedere. Die Innenarchitektur stammt aus der Zeit Pius VII. – Chiaramonti ist sein Familien-Name – und weicht erst weiter unten der ursprünglichen, von Bramante entworfenen Gestalt.

Köpfe und nochmals Köpfe, dazwischen Statuen, Sarkophage, Fragmente – neunhundertsiebenundachtzig Stücke sind hier aufgereiht, es könnte einen mutlos machen. Spätestens an dieser Stelle haben Sie ein Recht, zu fragen, ob denn in unserer Wanderung die Antike niemals ein Ende nehmen wird. Mein Vorschlag: wir durcheilen das Ganze im Geschwindschritt und bemerken nur hin und wieder ein Stück, damit diejenigen, die noch immer unentwegt sind, nicht allzusehr klagen. Links, gleich zu Anfang (Bogen I, Nummer 3): der *Sarkophag des Iunius Euhodus und der Metilia Acte* aus Marc Aurels Regierungszeit, im Relief den Mythos der Alkestis zeigend. In der Mitte, unter der Inschrift, stirbt die Arme gerade freiwillig, weil Apollo (links mit dem Pfeilbogen) durch das Orakel verkündet hatte, sie könne damit ihrem Mann das verwirkte Leben erhalten. Rechts am Rand redet Proserpina ihrem Gemahle Pluto, dem Fürsten der Unterwelt, mit dem üblichen Gemisch aus Schmeichelei und Drohung eindringlich zu, er müsse für ein solches Muster an Gattenliebe unbedingt etwas tun. Pluto, machtlos wie alle Männer, winkt müde Gewährung und überläßt es auf dem rechten Mittelfeld dem Herkules, die treue Gattin wieder auf die Erde und zu den Ihren zurückzubringen. Beachtenswert: der verdatterte Gesichtsausdruck des Gemahls.

Rechts VIII, 3: wieder eine kaiserliche Venus: *Julia Soaemias,* eine syrische Cousine des Caracalla, Mutter des verrückten Knaben Heliogabal, der zum Entsetzen Jupiters im Gewande eines Baal-Priesters den römischen Thron bestieg. Um auch als Statue mit der Mode Schritt zu halten, trägt die Dame eine auswechselbare Frisur. Im übrigen war sie feuriger, als ihr feines Gesicht verrät. Leider fand der schwungvolle Wechsel ihrer Liebhaber ein jähes Ende durch die Prätorianer. Zusammen mit ihrem Sohn wurde sie erschlagen, kaum dreißig Jahre alt.

Links XI, 15: *Porträt des Marcus Tullius Cicero* aus seiner letzten Lebenszeit. Man hat ihn Vater des Vaterlandes genannt, weil er den Staat vor der Revolution des Catilina rettete. Da aber die Reichen ihren Besitz behielten, liebte das Volk den Cäsar mehr als ihn. Das vertrug er so schlecht, daß er Cäsar haßte. Dennoch hat dieser ihm in der Widmung seines Buches über die Analogie das wahrste Denkmal gesetzt: »Du hast«, so schreibt Cäsar, »alle Schätze der Beredsamkeit entdeckt und dich derselben zuerst bedient. Damit hast du einen Triumph erlangt, der dem der größten Feldherren vorzuziehen ist. Denn groß ist es, die Grenzen des Reiches zu dehnen, etwas Höheres aber, die Schranken des Geistes zu erweitern.« Niemand in zweitausend Jahren hat diesen Mann in der Kraft der Rede je erreicht. Erst in unseren Tagen hat man sich zu stolzer Verachtung seiner Kunst aufgeschwungen, da heute der Weg zur öffentlichen Zustimmung meistens durch Schachtelsätze führt, die nie vollendet werden.

Rechts XII, 3: *Darstellung einer Mühle,* drittes Jahrhundert nach Christus. Damit den Pferden, die beim Drehen des Mühlsteines ewig im Kreise gehen, nicht schwindlig wird, hat man ihnen Scheuklappen angelegt. Zeitloses Motiv, für Briefmarken empfehlenswert.

Links XXI, 3: *Sitzstatue des Kaisers Tiberius.* Der Körper in der offiziellen Attitude des Jupiter, der Kopf lebensnah, skeptisch, resigniert. In seiner besten Zeit hat Tiberius gesagt: »In einem freien Staate müssen Rede und Meinung frei sein.« Am Ende seines Lebens zog er sich für neun Jahre auf die Insel Capri zurück, da es ihn nach Menschen nicht mehr verlangte. Daß er schwieg, wenn er litt, hat ihm den Ruf eingebracht, ein Lügner und ein Unmensch zu sein. In Wirklichkeit war er ein hervorragender Regent, der den Fehler beging, auch als Kaiser ein Aristokrat zu bleiben. Die Menschheit hat inzwischen genügend Mittel gefunden, um niemals wieder von Männern seiner Qualität regiert zu werden.

Links XXXV, 18: *Kopf eines Römers,* erstes Jahrhundert vor Christus. Ein Republikaner beim Gottesdienst. In seinem Gesicht steht geschrieben, was die Römer unter ›gravitas‹ verstanden. Ein Beispiel: Als Horatius Pulvillus den Jupitertempel auf dem Kapitol weihte, meldete man ihm, sein Sohn liege im Sterben. Unwillig stieß er den Boten beiseite und vollendete ohne erkennbare Regung das Ritual. Dann erst, als er sein Priestergewand abgelegt hatte, eilte er mit Tränen in den Augen nach Hause.

Nach rechts geht es jetzt in den ›Braccio Nuovo‹. Wir werfen zuvor noch einen Blick durch das Gitter, das den Gang teilt. (Es öffnet sich nur für Fachleute mit besonderer Erlaubnis.) Hier treffen wir auf das edle Liniengefüge der Bramanteschen Architektur, wohltätig und ausruhend nach dem Erlebnis der Antike als Masse, das wir hinter uns haben. Fortan heißt der Gang ›Galleria Lapidaria‹, weil in ihm die in Stein gemeißelten Inschriften der Antike gesammelt sind – links die heidnischen, rechts die christlichen. Nun wenden wir uns zurück und biegen ein in den ›Braccio Nuovo‹.

DER ›BRACCIO NUOVO‹

Beim Bau des *Braccio Nuovo* fühlte der Architekt Raffaele Stern sich möglicherweise von der Idee geleitet, Glanz und Großzügigkeit der kaiserlichen Thermen wieder erstehen zu lassen. Eine langgestreckte Halle weitet sich in der Mitte zu flachgewölbtem Kuppelraum. In den Nischen stehen Statuen monumentaler Größe, der Boden ist mit antikem Mosaik bedeckt. Da alles Licht von oben kommt, wirkt das Ganze feierlich, kühl und klar. Unter den vatikanischen Museumsbauten ist dieser der vornehmste Trakt. Wenn wir ihn dennoch in ungebührlicher Eile durchmessen, so liegt das an einem außerordentlichen Bildwerk, das uns am Schluß der Runde erwartet. Wir beginnen auf der linken Seite.

In der zweiten Nische: ein *Standbild mit figurenreichem Panzer* (126), dem ein großartiger Kopf des Kaisers Domitian eingesetzt ist. Er stammt wohl aus den letzten Jahren dieses hochbegabten Mannes und zeigt mit respektloser Wahrheitstreue die Verwüstungen, die der Wahnsinn der Allmacht im Charakter des Kaisers angerichtet hat. Mißtrauen, wie es in diesen Augen wohnt, ist nicht unangenehm, sondern tödlich.

In der dritten Nische: der *Lanzenträger* (123), Kopie der frühen Kaiserzeit nach dem Inbegriff aller klassischen Plastik, dem ›Doryphoros‹ des Polyklet. Das Original, entstanden im Griechenland des fünften Jahrhunderts vor Christus, stellte den homerischen Heros Achilles dar – gelöst und ruhig stehend, wie nur Götter es können. Man weiß von diesem Werk, daß Polyklet, bevor er es schuf, eine genaue Spekulation über die Teilverhältnisse des menschlichen Körpers zum Ganzen anstellte. Ihr Prinzip: die Maßbeziehungen zwischen Fingern, Hand, Arm und allen anderen Kör-

Braccio Nuovo

perteilen müssen in Zahlen ausdrückbar sein und reine Harmonie ergeben. Eine mathematische Idealvorstellung des Menschenleibes also brachte das Urbild hervor, dessen Wohlgestalt in gewissen Spuren auch noch die Nachformung vor uns beseelt. Was dieser fehlt und was hoffentlich erst der Kopist zu ihrem Mangel gemacht hat, ist das Leben.

Vor dem Pfeiler zwischen der dritten und vierten Nische: höchst lebendig, heimtückisch blickend, der Usurpator *Philippus Arabs* (121). In den schlimmen Jahren des dritten Jahrhunderts hat er den schwachen, aber rechtmäßigen Kaiser Gordian III. auf einem Feldzug gegen die Parther ermordet und sich an seine Stelle gesetzt. Der Bildhauer hat ihn nicht geschont.

In der vierten Nische: ein *Athlet*. Das Vorbild der Kopie soll zwischen 460 und 450 v. Chr. von Myron gegossen worden sein. Er trägt siegesstolz den aufgesetzten Kopf des Kaisers Lucius Verus (120), dessen wir uns noch aus der Galleria delle Statue erinnern: des Marc Aurel epikureischer Mitregent.

Am Pfeiler zwischen der vierten und fünften Nische haben wir Gelegenheit, dem wenig anziehenden Sohn des Marc Aurel, *Commodus,* ins Gesicht zu sehen (118). Vor ihm waren ein Jahrhundert lang die Kaiser natürlichen Todes gestorben. Nach ihm bot das Amt für weitere hundert Jahre fast allen seinen Trägern die Garantie, ermordet zu werden.

In der sechsten Nische: ein *Mann in Toga* (114), dem der Kopf des Kaisers Claudius nicht übel ansteht. Von seiner Häßlichkeit haben wir schon in der Rotonda gehört, hier ist sie schonungslos bestätigt.

Am Pfeiler zwischen der sechsten und der siebten Nische blickt uns ein dicklicher Griesgram an, der zu den väterlichen Vorfahren des Kaisers Nero zählt: *Gneius*

Domitius Ahenobarbus, der Rotbart (112). Zeit seines Lebens war er nicht sicher, ob die Partei, auf deren Seite er gerade stand, die richtige war. Also wechselte er beharrlich: von Pompejus zu Cäsar, von diesem auf die Seite seiner Mörder, nach deren Tod zu ihren Besiegern Octavian und Marc Anton. Als diese sich entzweiten, hielt er zu Antonius, bis Octavian bei Aktium angriff. Wenige Stunden vor der Schlacht wechselte er zum letzten Male. Trotzdem starb er im Bett.

Alle diese Herrschaften hatten eines gemeinsam: sie litten nicht am Minderwertigkeitskomplex. Ohne Widerspruch ließen sie zu, daß ihre Porträtisten ihnen die Haut abzogen. So zuckrig das Literatengeschmeichel war, so wenig scherten die Bildhauer sich um die Gunst ihrer Klienten. Sie schufen Porträts, wahr und ungeschminkt. Die Auftraggeber zahlten hohe Preise für diese steingewordene Kritik.

In der siebenten Nische: eine *Athena* (111), die nur wenig von dem Eindruck wiedergibt, den die Statue des Phidias im Parthenon zu Athen gemacht haben muß. Goethe, der sie an ihrem früheren Standort sah, schreibt in der ›Italienischen Reise‹: »Im Palaste Giustiniani steht eine Minerva, die meine ganze Verehrung hat ... Ich fühle mich nicht würdig genug, über sie etwas zu sagen ... Wenn ich aber nicht irre, so ist sie von einem hohen, strengen Stil, da er in den schönen übergeht, die Knospe, indem sie sich öffnet, und nun eine Minerva, deren Charakter eben dieser Übergang so wohl ansteht.«

Nun sind wir schon im Kuppelraum der Mitte angekommen und sehen vor uns, von einer großen Apsis umrundet, die *Kolossalstatue des liegenden Nil* (106). Der großartige Flußgott ist am Anfang des 16. Jahrhunderts in der Nähe der Kirche S. Maria sopra Mi-

nerva, also im Bezirk des römischen Isistempels, aus-
gegraben und sogleich in den Vatikan gebracht worden.
Leonardo da Vinci hat gesehen, wie er im Belvedere-
Gärtchen einzog. Wallendes Haar deutet seine Wasser-
fülle an und verleiht ihm den Zug strömender Güte,
den man an Flußgöttern pries. Die Gelassenheit uralter
Macht geht von ihm aus, wenn er da ruht, den Arm auf
die Sphinx gestützt. Umspielt ist er von sechzehn Knaben, deren Maße zusammen die Höhe angeben, um die
der Nil in guten Jahren steigt. Da von der Wasserhöhe
die Größe der überschwemmten Landfläche abhängt,
steht der sechzehnte Knabe in dem aufgerichteten Füllhorn, das den Höhepunkt der Fruchtbarkeit versinnbildlicht. An der Basis treibt das Leben dahin, wie es
hervorkam aus des Flusses zeitlosem Segen.

Jenseits der Kuppelhalle zeigt die Büste am vierten
Pfeiler links das Antlitz des gealterten *Hadrian* (74).
Wir bemerken in dem gütigen, müden Gesicht, daß
auch die fortschreitende Krankheit in ihm nicht an-
nähernd so viel verändern konnte wie die steigende
Einsamkeit nach des Antinous Tod. Dies ist der Kaiser,
der das elegische Gedicht an seine Seele schrieb:

> Meine kleine Seele, rastlos bist du gewandert
> als Freund und Gast dieses Leibes.
> In welches Land wirst du jetzt reisen,
> bleich und bloß und frierend?
> Und wo wirst du weiter scherzen dürfen,
> wie du es bei mir so lange gewohnt warst?

In der letzten Nische links: die späthellenistische *Statue
des Demosthenes* (64). Hat er nicht soeben die Redner-
bühne Athens betreten, mustert er nicht mit der Skepsis bitterer Erfahrung die Zuhörer, um sie ein letztes
Mal für die Sache der Freiheit und der Demokratie zu
entflammen, deren Sieg er selbst schon in Zweifel zieht?

DEMOSTHENES

Der Mann war körperschwach, fast gebrechlich, und hatte von Natur aus einen eher dehnbaren Charakter. In seiner Jugend hatte er bisweilen die Reden beider gegnerischer Prozeß-Parteien verfaßt, aber auf Grund eines Sprachfehlers selber keine gehalten. Diesen überwand er, indem er Kieselsteine in den Mund nahm und gegen die Brandung des Meeres anschrie. Das Geld und die Frauen hat er so lange geliebt, bis er vom einen genug besaß und die anderen gegen Ideale eintauschte. Was im Latein des Cicero, der sich als sein Schüler bekannte, Schwung und Präzision ist, das lebt in den Reden des Demosthenes als chaotische Leidenschaft und verzehrendes Feuer. Die Liebe zum Vaterlande hat dieser Mann auch dann noch verteidigt, als das Vaterland längst nicht mehr liebenswert war. Insofern hätte man ihn heute mancherorts bitter nötig.

Das Standbild des Demosthenes wäre kein Meisterwerk, verriete es nicht auch des großen Mannes Fehler. Er schmähte mit Brisanz (»was, du Schandfleck, was hast du, was haben die Deinen mit Tugend zu tun?«), rannte wild gestikulierend auf der Bühne herum, er konnte weinen, brüllen, zischen und im Schmerz sich winden (das alles war vor dem Spiegel genau einstudiert) – aber er hatte keinen Humor. Vielleicht verlor er sein großes Spiel in Athen, weil er die Leute immerfort bei einer Ehre packte, die sie nur zu gerne ihren Vätern überlassen hätten, anstatt ihnen mit jenem Sarkasmus auf den Leib zu rücken, über den man in einer echten Demokratie am meisten lacht, wenn er einen selber trifft. Am Ende seines Lebens war die Stadt Athen längst ein Satellit der makedonischen Macht, gegen die er jahrzehntelang gestritten hatte. Von makedonischen Häschern verfolgt, floh er in einen Tempel und trank Gift, bevor sie ihn erreichten.

In der Mitte des Raumes vor dem Ausgang: eine *Marmorbüste des Papstes Pius* VII. von Antonio Canova. Was der Bildhauer im Belvederehof mit Perseus und den beiden Ringern gesündigt, das hat er hier gutgemacht. In dem fast durchsichtigen Antlitz des leidgewohnten Papstes lebt ein geistiges Feuer, das seine Seelenstärke im Widerstand gegen Napoleon begreiflich macht.

Wenden wir uns nun zurück in den Saal, so daß die bisher rechte Wand zu unserer Linken bleibt. Gleich vor dem ersten Pfeiler finden wir das *Porträt eines alten Römers* (53), den man fälschlich für Sulla ausgegeben hat. Gleichviel wer er ist, angenehm kann er nicht gewesen sein. Die hohe Stirn verrät Geist, der Mund mit hängender Unterlippe Unbeherrschtheit und Zorn, mißtrauisch und kurzsichtig die Augen, faltenreich das Gesicht – wahrscheinlich ein Spötter, der nicht lachen konnte. Virtuos modellierter Marmor, grundlegendes Beispiel für die realistische Kraft und die psychologische Einfühlung römischer Porträt-Kunst. Mein Freund wäre er nicht.

Unter der Kuppel, in deren Rund wir zurückkehren: *Cäsar* (31), vielbewundert (auch von mir), aber leider falsch. Nur der Kern ist antik, die Ausführung ist aus dem 17. Jahrhundert. Für Gelehrte wahrscheinlich ein Grund, sich abzuwenden. Aber – ist es nicht großartig, wie tief hier ein später Nachfahr begriff, welch unglaublicher Mensch das war?

Cäsar wird eingerahmt von *zwei Pfauen aus Bronze,* die erst in unseren Tagen hierher kamen. Vorher standen sie links und rechts der Pigna, auch schon, als diese noch den Vorhof von Alt-St. Peter zierte. Spurenweise ist noch erkennbar, daß die Pfauen vergoldet waren.

Einer mittelalterlichen Auskunft zufolge kommen sie aus dem Grabmal des Hadrian. Dort stellten die beiden herrlichen Vögel wahrscheinlich die Zeugen dar für die Aufnahme der Kaiserin Sabina in den Götterhimmel. (Wir erinnern uns ihres schönen Gesichtes aus der Sala dei Busti.)

Zwischen den Pfauen: eine *Alabaster-Urne* von goldgelber Maserung und außerordentlicher Eleganz. Das Gefäß wurde gefunden zusammen mit den sechs Inschriften des Treppensockels. Diese sollen an die Verbrennung von Toten des kaiserlichen Hauses erinnern. Den hier genannten Namen Livilla (4) trug die Tochter des Germanicus, die von des Kaisers Claudius skrupelloser Gattin Messalina ums Leben gebracht wurde; die Alabaster-Urne barg möglicherweise ihre Asche. Die Tafel 2 spricht von einem Enkel des Kaisers Tiberius, den sein Vetter Caligula tötete. Tafel 3, 6 und 7 gedenken der Einäscherung von drei Söhnen des Germanicus, die in jungen Jahren starben. Tafel 5 sagt mit dem einen Wort ›Vespasiani‹, der Stein sei dem Andenken eines Mitgliedes der Flavischen Familie gewidmet.

Weiter zurück, in der ersten Nische nach dem Kuppelraum: eine *Statue des Kaisers Titus* (26). Vielgepriesene Arbeit flavischer Zeit. Der angenehm beleibte Mann – dicke Leute freuen sich stets der Gesellschaft anderer Dicker, nicht wahr? – hat nur zwei Jahre regiert, diese aber mit Wohlwollen und Gutherzigkeit derart angefüllt, daß seine Zeitgenossen beinahe Angst davor bekamen. Solange er herrschte, gab es keine Hinrichtung. Als einmal ein Mordanschlag auf ihn verübt wurde, unterhielt er sich mit dem Attentäter philosophisch über dessen mögliche Gründe und ließ ihn dann auf der Stelle frei. Vorher schon hatte er einen Boten zu der Mutter des Täters geschickt, um ihr durch die

Nachricht von der Begnadigung die Sorge um den Sohn zu nehmen. Als er starb, beweinte Rom seinen Tod viel mehr als den anderer Kaiser, die Größeres und mehr für Reich und Untertanen geleistet hatten.

Nun wird es ernst, denn in der vierten Nische nach dem Titus erwartet uns die berühmte Statue des *Augustus von Prima Porta* (14).

DER KAISER AUGUSTUS

Der Kaiser Augustus war zeit seines Lebens kränklich. Schon in jungen Jahren litt er an Rheuma, schlief schlecht und trug gegen Erkältung unter seiner dicken Toga bisweilen fünf wollene Unterkleider. Er ritt mit Mühe und konnte auch auf dem Schlachtfeld die Sänfte manchmal nicht entbehren. Beim Tode Cäsars, als er durch das Testament seines Großonkels zu dessen Erben eingesetzt wurde, bedauerten selbst jene, die den Schritt als solchen billigten, daß der schmächtige Jüngling ganz so aussah, als sollten ihm nur noch wenige Jahre bleiben. Tatsächlich regierte er dann fast ein halbes Jahrhundert und starb im sechsundsiebzigsten Jahre seines Lebens.

Er begann mit Grausamkeit. Um Cäsars Tod zu rächen, verbündete er sich mit Marcus Antonius gegen die Mörder und schlug sie vernichtend. Dann hob er, nach Rom zurückgekehrt, die vom Senat erlassene Amnestie für alle an Cäsars Sturz Beteiligten wieder auf, verfolgte sie und ihre Familien an Leib und Leben und zog riesige Vermögen ein, mit denen er seine Soldaten bezahlte. Bald bestätigte sich Cäsars Ahnung: unter Cleopatras Einfluß versuchte Marc Anton, Schwerpunkt und Hauptstadt nach Osten zu verlegen und aus dem Römischen Reich eine orientalische Monarchie zu

DER KAISER AUGUSTUS 181

machen. Octavian – so hieß Augustus damals noch – verfeindete sich rechtzeitig mit ihm und schlug ihn bei Aktium. Dann verfolgte er ihn bis nach Ägypten, erlebte dort des Marc Anton und der Cleopatra Selbstmord, beschlagnahmte den ägyptischen Staatsschatz und war der reichste Mann der Welt. Weder der Senat noch das Volk verspürten von da an Lust, sich ihm zu widersetzen. Also machte man ihn zum Ersten des Senats. Zehn Jahre später hatte er die Wunden des Bürgerkrieges geheilt, das Geld wieder hervorgelockt, den Handel zu neuer Blüte gebracht und dem Reich das Bewußtsein gegeben, es könne durch niemand Besseren regiert werden. Aus dem Princeps des Senats war der Kaiser des Imperiums geworden.

Seine erste Ehe war kinderlos. Mit seiner zweiten Frau hatte er eine schöne Tochter: Julia. Durch sie sollte er später das kummervolle Los aller Väter teilen, die ihre Töchter zu zärtlich lieben. Eines Tages lernte er die hochschwangere Frau des Senators Tiberius Claudius Nero kennen, verliebte sich in sie, gab seiner eigenen Gattin den Scheidebrief und veranlaßte den unglücklichen Ehemann, sich seinerseits scheiden zu lassen, noch bevor das Kind geboren war. Die Frau hieß Livia und Augustus hat bis zu seinem Tode glücklich mit ihr gelebt. Wenn zutrifft, was sie selbst bekennt, war sie ein Muster an Klugheit und Einsicht: »Ich lebte selbst in allen Züchten und Ehren, tat alles, was ihm angenehm war, mit Freuden, mischte mich nicht in seine Händel, zankte nicht über seine Liebesabenteuer und tat, als ob ich nichts davon wüßte.« Zu beiderseitigem Kummer war die Verbindung kinderlos. Dadurch rückten Livias Söhne aus ihrer ersten Ehe – Tiberius und Drusus – in die unmittelbare Nähe der Thronfolge. Drusus fiel auf einem Feldzug gegen die Germanen, Tiberius trat das

Erbe an. Nach des Augustus Tod regierten Livia und
er eine Zeitlang gemeinsam. Tiberius baute sich einen
Palast auf dem Palatin, Livia zog das Leben in der
Campagna vor. Sie hielt sich zumeist in einer entzük-
kenden Villa auf, die an der Via Flaminia lag, etwa
fünfzehn Kilometer außerhalb von Rom, in der Nähe
der Ortschaft Prima Porta. Dorthin wünschte sie eine
Statue des Augustus gebracht zu sehen, die sie schon bei
seinen Lebzeiten bevorzugt hatte. Da das Original
wahrscheinlich an geheiligter Stelle stand und nicht
entfernt werden konnte (es ist verlorengegangen), gab
die Kaiserin die Kopie in Auftrag, vor der wir stehen.

Augustus ist im Panzer, barhäuptig und unbeschuht.
Die bloßen Füße deuten darauf hin, daß er schon zum
›Divus‹ geworden, in den Götterhimmel eingegangen
ist – sicher eine Veränderung gegenüber dem Original.
Er hebt grüßend die Rechte. Mit derselben Geste be-
grüßten in späterer Zeit die Kolossalstatuen der Kaiser
an den Molen der römischen Häfen die einfahrenden
Schiffe. Hier bei Augustus hat man die Bewegung lange
Zeit als den Gruß verstanden, den der vom Opfer kom-
mende Imperator seinen Legionen entgegenbringt. Aber
schon die Taten und die Politik des Augustus selbst
haben den Inhalt der Geste verändert: aus dem Gruß
an ein kriegsbereites Heer wurde das Handzeichen für
den Frieden, den die Person des Kaisers der Welt garantiert. Daß diese Umdeutung nicht ohne Grund entstand,
beweist das figurenreiche Relief des Panzers, der des
Augustus Körper bedeckt.

Sein Programm beginnt oben am Halse mit dem alten
Caelus, der auch hier wieder das Himmelsgewölbe wie
ein Segel über sich ausspannt. Rechts unterhalb fliegen
zwei weibliche Gestalten vorbei, die erste mit einer
Fackel, die zweite mit einem Krug: Morgenröte und

DER KAISER AUGUSTUS 183

Tau. Von links stürmt auf gleicher Höhe das Viergespann des Sonnengottes daher. Soweit die Zone des
Himmels, die die obere Atmungsregion des kaiserlichen
Leibes beherrscht. Ihr entspricht unterhalb des Nabels
die Zone der Erde. Da lagert Tellus, von zwei Kindern
umspielt, in der Hand das Füllhorn der fortzeugenden
Natur. Hinzu kommen die seitlichen Randzonen des
Panzers. Knapp über dem Zwerchfell finden wir dort
zwei Frauen: die linke weist eine leere Schwertscheide
vor und ein barbarisches Blasinstrument, die Drachentrompete; die rechte, in der Haltung tiefer Niederge-
schlagenheit, hält ein Schwert, dessen Knauf durch einen
Vogelkopf gebildet ist. Weiter unterhalb links, wo die
Leber sitzt, reitet Apollo auf dem Tier der Phantasie,
dem Greifen, die Lyra der Künste in der Hand. Ihm
gegenüber, in der Zone der Milz, zieht Diana herauf,
die Göttin der Jagd.

Dies alles will sagen: Am Himmelsgewölbe der Welt
erscheint ein neuer Tag und zugleich ein Goldenes Zeitalter, die ›Saturnia Regia‹, die Vergil besingt. Freudig
erwacht die Natur und beginnt, ihr Füllhorn mit dop-
pelter Gabe auszuschütten. An den Segnungen der Ordnung inspiriert sich die Kunst, durch Apollo vertreten –
und selbst die Welt der Barbaren, durch Diana und Jagd
gezeichnet, nimmt daran teil. Noch trauern die unterworfenen Provinzen in Gestalt der beiden Frauen: Gal-
lien mit der Drachentrompete, Pannonien mit dem Vo-
gelkopf-Schwert. Aber bald wird Freude sie beleben,
denn in der Mitte des kaiserlichen Leibes vollzieht sich
soeben ein Vorgang, der neue Hoffnung erweckt.

In Höhe des Apollo wendet sich zur Mitte ein römischer Offizier in Helm, Panzer und Stiefeln, die Wölfin
des Kapitols an seiner Seite. In der Linken trägt er sein
Schwert, die Rechte streckt er aus in der Geste des Emp-

fangens. Ihm gegenüber steht rechts in der Nachbarschaft Dianas ein wirrhaariger bärtiger Mann im Kittel des Barbaren. Mit beiden Händen hält er dem Offizier einen Schaft entgegen, vom Adler bekrönt und mit einer Reihe von Medaillons bestückt: das Feldzeichen einer römischen Legion. Frage: Wie kommt der Barbar in den Besitz solch geheiligten Zeichens? Wie kann ein römischer Offizier sich soweit demütigen, es von einem Barbaren entgegenzunehmen? Was veranlaßte den Augustus, auf seinem Panzer einen Vorgang zu dulden, der offensichtlich auf eine römische Niederlage anspielt?

Die Sache hat eine grausige Vorgeschichte. Sie reicht zurück in Cäsars Lebenszeit – als er noch nicht Diktator war. Damals, man schrieb das Jahr 53 v. Chr., teilte sich Cäsar die Herrschaft über Rom mit dem Feldherrn Pompejus und dem Bankier Crassus im Triumvirat. Letzterer wollte dem Ruhm seines Geldes die Unsterblichkeit von Kriegstaten zugesellen. Mit einem großen Heer zog er an die Ostgrenze des Reiches, um die unruhig gewordenen Parther durch einen Einfall in ihr Gebiet zum Frieden mit Rom zu zwingen. Ein anfänglicher Erfolg zerrann in der Doppelschlacht von Karrhä und Sinnaka, die mit einer vollständigen Katastrophe endete. Die Legionen waren aufgerieben, Crassus mußte verhandeln. Nach glimpflichem Beginn der Gespräche kam es unter den Delegationen zu einem Gemetzel, in dem Crassus den Tod fand. Der parthische Sieg konnte nicht vollständiger sein.

Als die Nachricht hiervon in der Hauptstadt der Parther eintraf, wurde dort gerade die Hochzeit des Kronprinzen gefeiert. Im Hochzeitsprogramm war des Euripides Tragödie ›Die Bacchen‹ vorgesehen, die eine wandernde griechische Schauspielertruppe aufführen sollte. »Der Schauspieler, der die Rolle der Agaue

DER KAISER AUGUSTUS

spielte, welche in wahnsinnig dionysischer Begeisterung
ihren Sohn zerrissen hat, und nun, das Haupt desselben
auf dem Thyrsus tragend, vom Kithäron zurückkehrt,
vertauschte dieses mit dem blutigen Kopfe des Crassus,
und zum unendlichen Jubel seines Publikums von halb
hellenisierten Barbaren begann er aufs neue das wohl-
bekannte Lied:

Wir bringen vom Berge
Nach Hause getragen
Die herrliche Beute,
Das blutende Wild. *(Mommsen)*

Der Friede mit den Parthern wurde aber erst dreiunddreißig Jahre später geschlossen — durch Augustus.
Mittlerweile war Rom weit überlegen und hätte mit
neuer Kriegsdrohung manches Zugeständnis der Parther erzwingen können. Mit voller Absicht jedoch beschränkte sich Augustus auf die Rückführung noch gefangener römischer Bürger und auf die Herausgabe der
Feldzeichen, die die Parther dem Crassus entwunden
hatten. Die Szene auf dem Augustus-Panzer zeigt, wie
der parthische Barbar eines jener Feldzeichen dem römischen Offizier übergibt. Nicht von Schmach oder Niederlage also ist hier die Rede, sondern von Frieden.
Eine neue Idee war des Augustus Haupt entsprungen —
und sie war Geist von Cäsars Geist. Nicht um die Unterwerfung der Völker ging es, sondern um ihre Gesittung: die Herrschaft der ›Pax Romana‹ hatte begonnen.

Hierzu ein Wort. Durch die ganze Antike zieht der
uralte Gegensatz zwischen Zivilisation und Barbarei.
Man hat dabei weder in Griechenland noch in Rom unter Barbaren unbedingt verwilderte, rohe Menschen
verstanden. Barbarisch erschien zunächst jede völkische
Gemeinschaft, die nach Gesetzen lebte, welche nur für

sie selbst geschaffen und nur innerhalb ihrer Angehörigen anwendbar waren. Hingegen war das Ziel der römischen Zivilisation, über nationale Ordnungen hinweg zu allgemein-menschlichen Gesetzen zu gelangen, die für England die gleiche Verbindlichkeit haben konnten wie für Syrien. Das Wesen des Erdkreises, wie Rom ihn als Aufgabe verstand, verlangte die Internationalität seiner Lebensform. Stammes-Eigenheiten der Unterworfenen schonte man weitgehend – sofern sie nur das Zusammenleben mit anderen Völkern unter einem einheitlichen Recht anzuerkennen bereit waren. In des Augustus Zeit war der Eroberungswille Roms nicht mehr auf Gebietszuwachs gerichtet, sondern ausschließlich auf Sicherung. Das Reich erfreute sich allgemeinen Wohlstandes. In dem Augenblick, da ein barbarisches Volk wie die Parther auch nur zu gutwilliger Nachbarschaft bereit war, nahm Rom dies als Zeichen der Annäherung an die römische Zivilisation und schloß Frieden.

Vielen schien die Idee der ›Pax Romana‹ nur ein schöner Deckmantel für das kalte Machtstreben des Imperiums. Von den Barbaren her gesehen ist solche Interpretation auch verständlich. Wer aber innerhalb der römischen Grenzen lebte, hatte die Früchte der Pax Romana so deutlich vor Augen, daß ihm rätselhaft bleiben mußte, warum ein Teil der Welt partout darauf verzichten wollte. Vom Meilenstein Null auf dem Forum Romanum flocht sich durch alle Teile des Reiches ein Straßennetz, dessen Festigkeit noch heute dauert. Die Post funktionierte zuverlässig und schnell. Die Währung war vielfältig, aber durch die römische Münze in ihrer Stabilität gewährleistet. Über jeden beliebigen Markt waren die Produkte des ganzen Reiches zu beziehen. Wenngleich der Gegensatz von Armut und Reichtum sehr groß war, so sorgte der Staat doch, daß

PAX ROMANA 187

Hunger nicht aufkam. Wer Vermögen besaß, hielt es für selbstverständlich, öffentliche Bauten aufzuführen: Thermen, Bibliotheken, Handelszentren, Sportanlagen, Säulenhallen und Gärten dienten dem allgemeinen Wohl, wurden aber aus privaten Mitteln bezahlt. In jenen Provinzen, die von der Wohltat der mittelmeerischen Sonne ausgeschlossen waren, führte man die Warmwasserheizung ein und ließ sie damit auch an der nicht genug zu preisenden Bäderkultur Roms teilnehmen, die so viel zur Verbreitung der Bildung beigetragen hat.

Die Welt der Bücher kannte kaum Grenzen. Es gab Verleger, die Tausende von Schreibern zur Vervielfältigung der Texte beschäftigten und durch weitgespannte Vertriebsnetze dafür sorgten, daß sich die gesamte Literatur der Antike über die Provinzen ergoß. Im privaten Bereich wurde mit Anhänglichkeit und Treue das Gastrecht geübt. Die Empfehlung eines gemeinsamen Freundes genügte, um dem Fremdling ein Haus zu öffnen, das er nie zuvor betreten. Gastfreunde, die sich vielleicht nur einmal im Leben gesehen hatten, blieben brieflich in Verbindung und schickten sich gegenseitig ihre Kinder, so daß sich Familienfreundschaften bildeten, die Jahrhunderte währten. Neben den zahlreichen örtlichen Sprachen gab es zwei Weltsprachen: für das westliche Mittelmeer die Sprache des Rechtes und der Behörden, Latein; für den Osten die Sprache der Philosophie und Poesie, Griechisch. Beide wurden im ganzen Reich gesprochen und gaben seinen Bewohnern das Bewußtsein, Weltbürger zu sein. Am allgemeinsten aber war das Recht. Wenn jemand einen Prozeß führte, konnte er es in Ägypten und in Spanien nach den gleichen Gesetzen tun. War er mit dem Urteil nicht zufrieden, so stand ihm frei, von irgendeinem Punkt des Rei-

ches aus unter Umgehung sämtlicher Instanzen direkt
an den Kaiser zu appellieren. All dies hatte seine Wurzeln in Zeiten, die schon für Augustus weit zurücklagen.
Auch waren nicht alle Errungenschaften einer solchen
Zivilisation römischen Gehirnen entsprungen – im Gegenteil. Aber Rom hat sie zum Blühen und zur Harmonie gebracht durch eine konsequente und machtvolle
Friedenspolitik, die in der Herrschaftszeit des Augustus
ihren Anfang nahm. Ihren Wesensgrund hat sie in der
genialen Vereinigung monarchischer, aristokratischer
und demokratischer Prinzipien, und in der Welt blieb
sie ohne Beispiel bis auf den heutigen Tag.

Kehren wir noch einmal zu des Augustus herrlichem
Standbild zurück. Die Sinnbilder der ›Pax Romana‹
haben wir von seinem Panzer abgelesen. Sie entrollen
sich auf dem Körper des Kaisers, der zugleich den Kosmos repräsentiert. Folgerichtig thront über dem Caelus
das Haupt des Kaisers, der nicht nur die überblickbar
gewordene Erde regiert, sondern zugleich an den ewigen Weltgesetzen teilhat, deren Abbild er auf dem Erdkreis zu verwirklichen strebt. Auf diese Weise tritt bei
aller Treue des Porträts die Persönlichkeit des Augustus
in unserem Standbild zurück hinter der ausgreifenden
Geste des Friedens, die als höchsten Glanz der ›Pax
Romana‹ die Majestät des Imperiums verkündet. Cicero
sagt: »Das wahre Gesetz nämlich ist die richtige Vernunft, welche mit der Natur übereinstimmt, stets gleich
bleibt und ewig ist.«

Vorbei an der Canova-Büste Pius VII. gelangen wir, den
Braccio Nuovo verlassend, in den westlichen Korridor, der
dem Museo Chiaramonti parallel läuft. So sehr es uns hier
nach links zöge, dem Bibliotheks-Saal und dem Borgia-Appartement zu – wir widerstehen und wenden uns nach rechts
gegen den Ausgang in Richtung der Quattro Cancelli. An

DIE TETRARCHEN

den Wänden der ineinandergehenden Salons reihen sich gleichförmige Schränke, die Akten und Materialien der Vatikanischen Bibliothek bergen. Die einzelnen Räume sind getrennt durch Säulen. Von ihnen zeigt *das dritte Säulenpaar* – von unserem Eintritt in den Korridor an gerechnet – eine Besonderheit. Der Stein dieser Säulen ist Porphyr, das kaiserliche Material, die Stücke stammen wahrscheinlich aus dem Sonnentempel des Aurelian. Beide Säulen werden gekrönt von je zwei fast vollplastischen männlichen Gestalten, die sich umarmen. Alle vier tragen Lorbeerkränze, Panzer und Militärmantel, Strümpfe und Stiefel und halten je in der linken Hand einen Globus. Es handelt sich um die vier gleichzeitig regierenden Kaiser, denen wir bei der Geschichte der heiligen Helena schon einmal begegnet sind. Am Ende des dritten Jahrhunderts hatte, wie wir uns erinnern, der Kaiser Diocletian vor den andrängenden Barbaren den Entschluß gefaßt, zum Schutz des Reiches drei Mitregenten zu ernennen, die in Residenzen nahe der Grenze die römische Verteidigungsmacht konzentrieren und zu schnellerem Einsatz bringen sollten. Die Archäologie weist nach, die linke Säule trage die Porträts der Kaiser Diocletian und Maximian, die rechte die Bildnisse des Constantius Chlorus und des Galerius. Constantius war, wie wir erfuhren, der Helena Gemahl und Vater Konstantins des Großen. Mit der Geste der Umarmung demonstrieren die vier Kaiser die Eintracht von Herz und Sinn, die dem Bürger trotz der viergeteilten Kaisermacht das Bewußtsein geben sollte, das Reich sei von einem einzigen Willen regiert. Das System hatte keine zwanzig Jahre Bestand. Doch muß man zugeben: damals wußten die Regierenden noch eindrucksvolle Gesten aufzubringen, um ihren Untertanen zu beteuern, daß die Staatsführung einig sei.

Im folgenden Salon gibt es rechts eine Vitrine, worin antike Stücke aufbewahrt werden, die Ferdinand II., König von Neapel und beider Sizilien, Papst Pius IX. zum Geschenk gemacht hat. Man befand sich damals im Jahre 1849 und war den Unruhen und Revolutionen des Vorjahres mit knapper Not entronnen. Der eher liberale Pius IX. fühlte sich veranlaßt, seinem unbeholfenen Nachbarn von Neapel einen Staatsbesuch zu machen. Da man des Papstes Vorliebe für das klassische Altertum kannte, wurde in das Programm ein Besuch der Ausgrabungen von Pompeji einbezogen. Natürlich verlangte es die ›bella figura‹ der Neapolitaner, daß dort in Anwesenheit des Pontifex etwas Besonderes aus dem Boden zu kommen hatte. Also holte man aus dem Magazin des Museums von Neapel *das kleine Reiterrelief* – es stammt aus dem griechischen Sizilien des 5. vorchristlichen Jahrhunderts – und grub es flugs an geeigneter Stelle ein. Als Pius IX. dann erschien, erstarrte alles in Ehrfurcht vor der päpstlichen Anziehungskraft: kaum hatten die Arbeiter den Spaten angesetzt, erschien das hübsche, etwas grobe Stück an der Oberfläche. Der Papst bekam es geschenkt und war generös genug, den Schwindel nicht zu bemerken.

Der letzte Raum vor den Quattro Cancelli ist ein entzückender Salon aus der Zeit um 1800, bestückt mit Wandschränken aus Brasilien. Sie sind von besonderem Holz gefertigt und geben sich in der fremdartigen Eleganz jener Zonen. In die Innenseite ihrer Flügeltüren sind *antike Elfenbeinreliefs* eingelassen, zusammen mit anderem kostbaren Krimskrams. Das Ganze sieht aus wie das Kabinett eines privaten Sammlers mit reichlichem Geld, der einen nicht ganz sicheren Geschmack mit entwaffnender Liebenswürdigkeit ausgleicht. Unmittelbar vor dem Ausgang zum Vestibül der Scala Simonetti bemerken wir links und rechts der Türe zwei Nischen, in denen ungewöhnliche Stücke stehen: rechts der Fehlguß eines *Bronzeporträts des Kaisers Nero,* links eine herrliche *Erzbüste des jüngeren Augustus.* Fachleute mögen bedauern, daß der einzige erhaltene Bronzekopf des Nero durch das Mißlingen des Gusses gelitten hat. Mir scheint die verwaschene Schauseite des Antlitzes den zwiespältigen Charakter des Herrschers nur zu erhöhen. Es ist ratsam, dieses Gesicht im Gedächtnis zu behalten: die weiche Brutalität und Verletzbarkeit des Nero werden wir bei der Geschichte des Laokoon noch näher kennenlernen. Der Augustus-Kopf links wird für eines der schönsten Bronzebildnisse aus der

Antike überhaupt gehalten. Das Werk entstand um 30 v. Chr. und zeigt den Kaiser noch als Octavian – in jenem Augenblick, da er die Strafe an den Cäsarmördern vollzogen hatte und sich zum letzten Kampf um die Herrschaft über Rom rüstete. Augustus und Nero – hier im gleichen Format und Material uns vorgestellt – demonstrieren zwei Spielarten der Macht in spiegelbildlichem Schicksal: der eine begann mit Terror und endete als vergöttlichter Friedensfürst, der andere trat auf mit Wohlmeinung und starb als wahnsinniger Tyrann. Ein altes römisches Wort mahnt: respice finem – bedenke das Ende.

ZUR SALA DELLA BIGA

Nun steigen wir die Scala Simonetti ein zweites Mal hinauf – diesmal bis zu ihrem Ende. Dort beginnt der obere Gang des Westkorridors. Bevor wir ihn betreten, biegen wir rechts ein in einen Rundsaal (er liegt über den Quattro Cancelli):

die *Sala della Biga*. Der Raum erhielt seinen Namen von dem marmornen Zweigespann, das seine Mitte einnimmt. Uns aber zieht zunächst – rechts im ersten Viertel der Rotunde – ein bärtiger Mann in griechischer Kleidung an, der seine Rechte auf einen Stab stützt. Die Statue ist, nach einem Vorbild des 4. vorchristlichen, im 1. nachchristlichen Jahrhundert geschaffen. Am Saum des Mantels schräg über der Brust steht in griechischer Schrift das Wort, das dem Werk seinen Namen gab: *Sardanapallos* (608). So hieß ein König von Assyrien im 7. Jahrhundert, ein lästerlicher Prasser, den wir aus der Bibel kennen. Die Gelehrten belehren uns aber, er

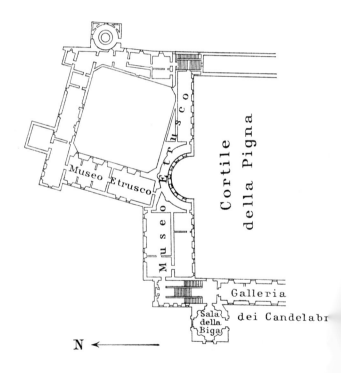

SALA DELLA BIGA
193

sei hier nicht gemeint. Denn das Wort trete gleichzeitig als
Kultname eines kleinasiatischen Gottes auf. Dieser habe sich
aus dem mächtigen Mysterien-Gott Sabazios entwickelt, der
seinerseits dem Dionysos verwandt sei. Das Standbild, obwohl relativ spät entstanden, stellt also in kleinasiatischer
Einhüllung die Urgestalt des Dionysos dar: einen hoheits-
vollen älteren Mann von großem Ernst. Er ist ein gütiger
Gott, weit entfernt von der Leidenschaft, die sein Kult bald
darauf annehmen und nie mehr ganz verlieren sollte.

Wie man sich *den Gott Dionysos* später vorstellte, wird
deutlich an seinem Bild aus dem 2. Jahrhundert v. Chr., das
in einer antoninischen Kopie (610) vor uns steht: schon fast
ein Hermaphrodit, dessen schwellende Formen weiblichen
und männlichen Sinnenreiz zu vereinen suchen. Ihm schrieb
man die göttlichen Schauer zu, deren die Eingeweihten seiner Mysterien teilhaftig wurden. Da dies unter Formen geschah, die alle Ordnung durch Chaos und alle Vernunft durch
endlose Lust ersetzten, kann man wohl verstehen, warum
der römische Staat den Kult des gefährlichen Gottes lange
Zeit verbot. Wir brauchen uns nur die *Toga-Statue des opfernden Römers* (612) anzusehen, die in der Nische des zweiten
Viertels rechts steht, um zu begreifen, wie feindlich die
Strenge des römischen Staatskultes von Natur aus dem
Dionysos gewesen sein mußte. Vielleicht war aber gerade
das Verbot der dionysischen Mysterien für viele Menschen
ein Anreiz, sie aufzusuchen. Denn der Staatskult konnte zwar
Ordnung, Sicherheit und Moral repräsentieren, aber er setzte
einen Glauben voraus, den die meisten Römer längst verloren hatten. Und was half es, mit Sorgfalt und Würde
einem Ritual zu folgen, dessen Inhalt sich in leere Formen
verflüchtigt hatte? Man vollzog es aus Aberglauben – aber
das steigerte nur das Bedürfnis nach Glauben. Und Dionysos
bot große Verheißungen: Unsterblichkeit und Erlösung. Seine
Mysterien führten leicht zu einer Art Glauben, da sie mit
überwältigenden körperlichen Erfahrungen und greifbarer
Selbstbefreiung verbunden waren. Für die Kaiser wurde
dieser religiöse Zwiespalt nachgerade zum Problem.

Ein erster, fast schüchterner Lösungsversuch verbirgt sich
in dem zweigespannten Wagen – *der Biga* (623) –, der die
Mitte des Saales einnimmt. Er läßt uns zunächst an Circus
und Wagenrennen denken – aber unsere Phantasie irrt: Pferde,
Deichsel, Stütze, Achse, Räder und Wagensockel sind – bis
auf einen geringen Rest am rechten Pferd – modern. Antik
ist allein der Wagenstuhl, der in der Basilika S. Marco im
Baugefüge des Palazzo Venezia lange Jahrhunderte als Bi-
schofsthron benützt wurde. Er stammt aus tiberianischer Zeit
und hat ursprünglich wohl einem Gespann gedient – aber mit
einem ganz anderen Lenker. Ein weniges verrät der Zierat
der Wandung. Die Mitte der Innenseite nimmt ein bildloser
Kultpfahl ein, der mit Lorbeerzweigen geschmückt ist. Außen
steigt ein Akanthus-Kelch empor, um den sich Ähren, Mohn,
Rosen, Trauben und Efeu ranken. Den Kultpfahl hat man
dem Apollo zugeordnet, die Pflanzen weisen auf Dionysos,
oder Bacchus, wie ihn die Römer nannten. Doch wie man
schon in Griechenland den Dionysos mit der Fruchtbarkeits-
göttin Demeter verband – so hier den Bacchus mit der lebens-
mehrenden Ceres. Nach uralter Legende schenkte Ceres das
erste Korn einem Heros aus Eleusis namens Triptolemos.
Nachdem dieser gesät und geerntet hatte, schickte ihn die
Göttin auf einem Wagen über die Erde zu allen Menschen,
um ihnen das Getreide zu bringen. Dieser Mythos kam in
der Kaiserzeit wieder zu Ehren, da man die Kaiser als Brin-
ger und Verbreiter der Kultur vielfach mit dem Triptolemos gleichsetzte. Möglicherweise war der Lenker dieses Wa-
gens ein römischer Herrscher in der Gestalt des Triptolemos.
Dieser aber verhüllte seinerseits den verbotenen Dionysos,
indem er dessen Rausch und Ekstase durch frommen Fleiß
zu natürlichem Segen zu verwandeln suchte. Das Ganze
mutet an wie ein Märchenspiel der Religion – worin zum
Schluß Dionysos der Sieger bleibt. Erst wenn Christus erscheint, wird auch er sich beugen.

GALLERIA DEI CANDELABRI

Der große Gang des Westkorridors, in den wir nun einbiegen, zerfällt in sechs Abteilungen, die durch Marmorkandelaber getrennt sind; zusammen bilden sie die *Galleria dei Candelabri* – ehemals eine offene Loggia, die erst durch Pius VI. bei der Vollendung des Museo Pio-Clementino geschlossen wurde. Hier erreicht das vatikanische Durcheinander seinen Höhepunkt. Dekorationsstücke, Kopien bedeutender Werke, Genre-Szenen und Sarkophage nehmen sich gegenseitig Sicht und Wert. Das Ganze gewinnt an Komik durch frömmelnd-tugendsame Deckengemälde, die Leo XIII. am Ende des vorigen Jahrhunderts hier anbringen ließ. Resultat: wir eilen hindurch.

Erste Abteilung rechts in der Ecke: Basaltkopf aus dem Besitz Winckelmanns, *Idolino* genannt; Kopie, wahrschein-

Sala della Biga

lich nach einem Bronze-Original des Polyklet; sehr schöne Darstellung eines jungen Wettkampfsiegers aus dem Griechenland des 5. Jahrhunderts.

Zweite Abteilung rechts in der Nische zwischen den Fenstern: *Statue der Artemis von Ephesos* (22) aus der Villa des Hadrian. Uraltes Kultbild in später Kopie. Artemis, die Schwester des Apoll, ist hier nicht die Göttin der Jagd, sondern Herrin der Fauna und Flora, umspielt und bedeckt von Löwen, Löwengreifen, Hirschen, Hunden und Rindern, mit vielen Brüsten, die wahrscheinlich aus einem Früchteschmuck hervorgegangen sind. Der monströsen Dame war eines der größten Heiligtümer des Altertums geweiht: der Tempel zu Ephesos, eines der sieben Weltwunder der Antike. Ein Wahnsinniger brannte ihn ab, um dadurch unsterblich zu werden, was ihm gelang.

Dritte Abteilung links und rechts: *zwei Säulenbasen* mit ägyptischen Kultszenen im Relief (33, 40). Die eine (Inv. 2599) zeigt, auf welch bombastische Weise man in Ägypten die heiligen Krokodile zu füttern pflegte; vom Giebelfeld des Tempels rechts sieht die nackte Isis befriedigt zu. Ihr gilt auch die andere Säule, auf der Herkules sich vor dem Abstieg in die Unterwelt in die Isis-Mysterien einweihen läßt. Rechts in der Wand ein *Stilleben in Mosaik,* 2. Jahrhundert n. Chr. (12), das uns beweist, wie liebevoll die Römer an den Freuden des Mahles hingen.

Abteilung IV, 30: *Sarkophag,* dessen Relief den Augenblick schildert, an dem Dionysos, von schwärmendem Gefolge umgeben, auf Naxos die schlafende Ariadne entdeckt. Der Gott ist vom Wagen gestiegen und schaut nachdenklich auf die Ruhende, deren leichtes Gewand ein Pan genießerisch lüpft. Rechts davon bringt eine Alte das Hahnenopfer dar – vor dem Kultbild des bärtigen Dionysos, der zu einer Art Ahnherrn des großen Rauschgottes geworden ist. Die Szene ist erfüllt von Musik und tanzenden Mädchen und stammt aus einer Zeit, da der Dionysos-Kult schon gesiegt hatte: Ende des 2. Jahrhunderts n. Chr.

Abteilung V, 5: *Wettläuferin* aus dem griechischen Olympia. Entzückendes Mädchen mit schönen langen Beinen. Werk eines späten Künstlers, dem der alte Stil lieber war als der neue.

So sehr es uns locken würde, in die anschließende Galerie der Raffael-Gobelins einzutreten – wir wenden uns heroisch zurück und gelangen, die Galleria dei Candelabri neuerdings durchmessend, zur obersten Plattform der Scala Simonetti. Nach einem Blick hinunter in die Sala della Croce Greca und durch das Portal der Rotonda in das Innenrund der großen Porphyrschale führt unser Weg nach rechts durch ein Tor mit der Inschrift: *Museo Gregoriano Etrusco*. Hier beginnt eine andere Welt.

IM MUSEO GREGORIANO ETRUSCO

Alles Bleibende der Weltgeschichte ist in seinen Ursprüngen von Geheimnis umhüllt. Nur sehr langsam gelingt es einer späten Wissenschaft, unter Mythen und Legenden den Wahrheitskern freizulegen, der uns über die Anfänge Chinas, Ägyptens, Indiens Kunde gibt. Auch Rom hat sein Urgeheimnis – und es widersetzt sich der rationalen Aufhellung hartnäckiger als jedes Vergleichbare. Wir wissen, daß die Erstgestalt Roms, die Anfänge seiner Religion, seiner Bräuche, wohl auch seiner Sprache den Stempel eines Volkes tragen, das nicht römisch war. Seit Jahrhunderten gibt der Boden Mittelitaliens immer reichere Schätze einer Kultur frei, halbschwesterlich der römischen, dabei nicht geschlossen, sondern von fremden Elementen mannigfach durchsetzt. Manches aus sehr früher Zeit deutet nach Kleinasien, Entscheidendes später nach Griechenland. Die formende Kraft aber, der geistige Grundimpuls scheint dennoch alt-italisch. Wer diese Menschen in Wirklichkeit gewesen sind, können wir zwar mit Tausenden von Fundstücken belegen, aber im Ganzen doch nur ahnen.

Das Geheimnis der Anfänge Roms verbirgt sich unter dem Namen: Etrusker.

Der erste Etrusker, dem wir begegnen, liegt hochgestützt auf dem Deckel seines *Sarkophags* (Saal 1, 76) und richtet das Auge auf uns. Als er bestattet wurde, stand die Welt in der zweiten Hälfte des 5. Jahrhunderts v. Chr. Es scheint, als horche der Mann auf irgend etwas. Lauscht er nur den ausgedehnten Beisetzungs-Zeremonien, die im Relief der Sarkophagwand, von vielfältiger Musik begleitet, sich entrollen? Oder hört er schon den Spruch, den das Tribunal der Unterwelt über seine guten und bösen Taten fällt?

Dieses erste, herrliche Fundstück läßt uns ahnen, daß das Museo Gregoriano Etrusco unsere Verwirrung nicht klären, sondern steigern wird – so mustergültig auch die neue Ordnung ist, in die Filippo Magi und Hermine Speier die Sammlung brachten. Dauernd werden wir die oftmals hohe Schönheit der Funde zerrinnen sehen vor der Gewalt ihres Ausdrucks, den wir so schwer enträtseln können. Alles, was hier ausgebreitet ist, stammt aus Gräbern. Die Etrusker haben ganze Städte angelegt für ihre Toten. Während die Siedlungen der Lebenden fast spurlos verschwunden sind, leben diese Toten heute noch – hautnah neben uns. Man stattete sie mit Gaben aus, die tausendfach erzählen, wie wichtig und wirklich die Etrusker ihre Existenz nach dem Tode empfunden haben. Daß sie diese in Bildern sahen, die dem irdischen Dasein entnommen waren, verschafft uns Kenntnis von ihren Gepflogenheiten, Ängsten und Freuden. Wieviel davon nach Rom gewandert ist, um dort zu den geheiligten Beständen der Kultur gezählt zu werden, davon spricht der Sarkophag, worauf unser Etrusker liegt.

Sein Relief weist den Verstorbenen als Staatswürdenträger aus, dessen Alter die Inschrift auf der oberen

LEBEN DER ETRUSKER

Leiste mit sechsunddreißig Jahren angibt. Auf zweirädrigem Wagen stehend, fährt der vornehme Mann aus zur letzten Reise. Sein Sekretär folgt ihm. Dem Wagen voraus ziehen zwei Männer in Toga. Sie tragen die >fasces< – Rutenbündel, die das antike Rom von den Etruskern als Zeichen der Amtsdiener übernahm. Ursprünglich umschlossen diese >fasces< eine Doppelaxt, Zeichen der Vollmacht für den Beamten, Missetäter durch Schläge, schlimmstenfalls durch Hinrichtung zu bestrafen. Im Stadtgebiet von Rom – und hier scheint der erste große Unterschied zum Etruskischen auf – war die Blutgerichtsbarkeit dem Volke übertragen. Deshalb fehlen dort die Beile.

Die Etrusker beherrschten Mittelitalien – der Name >Toscana< spricht heute noch davon – und einen Teil Oberitaliens. Ihre festen Städte verschränkten durch geheiligtes Bündnis Macht und Beistand. Mit den Phöniziern trieben sie lebhaften Handel, von den Griechen Süditaliens übernahmen sie manches Handwerk und manchen Gott. Die reichen Etrusker ergaben sich schnell dem Luxus, von den armen ist kaum die Rede. Wenn man den Schilderungen der Gräber folgt, lief das Leben zum großen Teil in Fröhlichkeit dahin. Die Männer fanden sich zum Zechgelage zusammen und brauchten dabei nicht auf die Gesellschaft kundiger, üppig geschminkter Damen zu verzichten. Festliche, von Sport und Wettkämpfen begleitete Spiele unterbrachen den Alltag. Rührend wird das Familienleben geschildert, wenngleich es zurückweicht vor der anscheinend natürlichsten Beschäftigung aller Männer: ihre Nachbarn zu überfallen und sich gegenseitig mit Mordwaffen totzuschlagen. Die Medizin war hoch entwickelt (man hat in den Gräbern Zahnbrücken gefunden), auch Mathematik, vor allem Geometrie, standen in Blüte. Alle Bil-

dungsgüter waren Männern und Frauen in gleicher
Weise zugänglich. Die Gesellschaft lebte nach feudalen
Prinzipien, was besagt, daß eine unnennbare Zahl von
Sklaven und Halbfreien sich plagte, um einer dünnen
Oberschicht den Müßiggang zu ermöglichen, der der
Schaffung einer Hochkultur so förderlich ist. Wie weit
es diese schon im 7. Jahrhundert v. Chr. gebracht hatte,
erfahren wir im Saal II.

Er enthält Fundstücke aus der *Sorbo-Nekropole bei
Cerveteri.* Das meiste davon entstammt einem fürstlichen Grab, das die beiden Italiener Regolini und Ga-
lassi im Jahre 1836 entdeckten. Der Eingang war mit
Sorgfalt unkenntlich gemacht. Hinter ihm lag ein aus
riesigen Blöcken gefügtes Kammer-System, in dessen
Hauptraum eine Frau bestattet war. (Zeichnungen an
den Wänden geben die Ansicht des Grab-Inneren.) Die
Tote muß im Leben eine Herrscherin gewesen sein: zwei
vornehme Männer fand man in Nebenkammern weit
minder großartig beigesetzt. Die Frau aber war bestückt
und umringt mit Gaben von märchenhaftem Reichtum:
Gegenstände in Gold, Silber, Elfenbein, Knochen, Ton,
Eisen und Bronze – zum Teil aus dem Orient eingeführt. Ein Prunkstück darunter steht links in der Vitrine A (28, mittleres Fach): *der große goldene Schild,*
der die Brust der Fürstin bedeckte. Sein Mittelfeld wird
umzogen von dreizehn hufeisenförmigen Bändern. Deren äußerstes zeigt ein Strahlenornament, auf den inneren Bahnen folgen dann Züge von Steinböcken, Greifen,
Chimären, Flügelrossen, umschauenden Löwen, Hirschen und geflügelten Frauen. Das Mittelfeld selbst zerfällt in vier waagrechte Friese, auf deren oberstem ein
Mann zwischen zwei Löwen erkennbar ist. Über die
Deutung des Ornaments ist nichts bekannt. Doch handelt es sich zufolge des außerordentlichen Glanzes, der

ETRUSKISCHER SCHMUCK

von dem Schilde ausgeht, wohl um die Insignie königs-
priesterlicher Würde.

Noch faszinierender ist die große *Plattenfibel* in der
gleichen Vitrine (1, oberes Fach). Sie fügt sich zusammen aus zwei ungleichen Schilden. Der untere, kleinere,
zeigt den Umriß eines Lindenblattes mit abwärts ge-
richteter Spitze. Über seine stark ausgebuckelte Fläche
laufen von unten nach oben sieben erhabene Goldbah-
nen, die von vollplastischen, entzückenden Entchen besetzt sind. Leider fehlen einige – die ursprüngliche Ge-
samtzahl wird fünfundfünfzig gewesen sein. Oberhalb
des Entenschildes folgen dann, beweglich montiert,
zwei Querbänder, die den von der Fibel gerafften Stoff
zusammenhielten. Das Ganze wird gekrönt durch den
größeren Schild, der die Form eines querliegenden, an-
nähernden Ovales hat. Sein Rand trägt auf umlaufen-
dem Bande ein Ornament von komplizierter Konstruktion: siebenundsiebzig Rosetten, deren jede aus sieben
Goldkügelchen zusammengesetzt ist, werden durch eine
Doppelkette von Halbkreisen miteinander verbunden.
Das Ganze wirkt wie ein von Blüten besetzter stili-
sierter Zaun. Auf dieses äußere Ornament-Band folgt
in etwa gleicher Breite nach innen ein leerer Raum.
Er ist an seiner Innenseite begrenzt durch ein weiteres
Ornament-Band, dessen Muster mit dem äußeren iden-
tisch ist, aber nur fünfundfünfzig Rosetten zeigt. Ein
geistvoller Interpret sah in dem Ensemble der drei umlaufenden Streifen einen Fluß mit seinen Ufern. Es
wäre ein Fluß, der aus keiner Quelle kommt und in
kein Meer mündet, sondern in sich selber zurückströmt.
Das verbleibende zentrale Feld wäre dann eine Insel,
die von fünf Löwen bevölkert wird: in der oberen
Hälfte zwei, die sich anblicken, darunter zwei, die einander folgen, und einer, entgegengesetzt schreitend.

MUSEO GREGORIANO ETRUSCO

Natürlich drängt sich die Frage auf, ob die merkwürdig korrespondierenden Zahlenverhältnisse des Stückes wirklich nur ästhetischen Überlegungen entspringen. Die Zahl fünf bei den Löwen ist gegliedert in ein entgegengesetztes, ein gleichlaufendes Paar und einen Einzelgänger. Ist das nicht die einfachste Reduktion dessen, was das Leben bringt: Gegensatz, Übereinstimmung und Einsamkeit – oder schlichter gesagt: Kampf, Frieden und Tod? Die Fünf kehrt wieder in den fünfundfünfzig Rosetten, die den inneren Zaun um das Löwenfeld bilden, und in den fünfundfünfzig Enten auf dem unteren Schild. Diese sitzen auf sieben Bahnen. Sieben ist auch die Zahl der Kügelchen, aus denen jede Rosette zusammengefügt ist, und sie kehrt wieder in den siebenundsiebzig Rosetten des äußeren Ornamentbandes. Der Multiplikator ist elf, das Zahlenpaar aus der Eins, die im Löwenfeld zweimal als Paar und einmal als Einzelwesen erscheint. Rätsel über Rätsel – wie müssen ihre Lösung den Fachleuten überlassen.

Immerhin hat die Wissenschaft herausgefunden, daß die Etrusker auf andere Weise rechneten als wir. In allem gingen sie von der einzig sicheren Tatsache des Lebens aus, von seinem Ende. Das Menschendasein sahen sie in Phasen eingeteilt, die auf den Tod zustreben. Und sie glaubten, wie dem einzelnen, so sei auch ihrem Volke nur eine begrenzte Lebensdauer zugemessen. Diese teilten sie in acht, nach anderer Quelle in zehn ›Saecula‹ ein. Die ersten vier ›Saecula‹ umfaßten das goldene, silberne, kupferne und eiserne Zeitalter und dauerten je hundert Jahre. Von da an wechselt die Dauer der ›Saecula‹, denn man rechnete stets vom Ende des vorhergehenden ›Saeculums‹ bis zu dem Augenblick, da der Letzte verstorben war, der seinen Beginn erlebt hatte. Es berührt uns tief, zu erfahren, daß das

Ende des ›etruskischen Namens‹, also das Aufgehen der Etrusker in der römischen Zivilisation, zusammenfällt mit dem Ende des letzten ›Saeculums‹, das die Seher errechnet hatten.

Unwissenschaftliche Frage: Wenn das Leben der Etrusker mit dem zehnten ›Saeculum‹ verlöschen sollte, könnte dann nicht der Multiplikator elf, auf Lebendiges angewandt, etwas mit Unsterblichkeit zu tun haben? Die Sache gewinnt noch an Rätselhaftigkeit, wenn man bedenkt, wozu die wunderbare Fibel möglicherweise diente. Die Archäologen belehren uns, sie sei als Schulterfibel verwendet worden, um ein Gewand zu raffen. Der unzureichende Fundbericht dagegen teilt mit, man habe die Fibel in der Höhe des Hauptes der bestatteten Fürstin gefunden. Es ist also nicht ausgeschlossen, daß sie ein Tuch gerafft hat, mit dem zusammen sie vielleicht eine Art königlicher Kopfbedeckung bildete. Wurde sie wirklich als Diadem getragen, dann stellen ihre Zahlenverhältnisse wohl eine magische Formel dar, die ihre Trägerin über das Leben ihres Volkes hinaus auf besondere Weise schützen sollte. Sehr bedeutsam fragt Vacano: »Konnte sie diese Embleme schon zu Lebzeiten tragen, bei bestimmten erhöhenden Gelegenheiten vielleicht, so wie dem Triumphator zu Rom nach als etruskisch bezeugter Sitte die Tracht und das Gefährt des Tinia zukamen, weil er für die Dauer des Triumphes nicht nur symbolisch, sondern in der heiligen Wirklichkeit der sichtbar unter die Menschen tretende Himmelsgott selbst war?« Der leuchtende Gegenstand, wie auch aller andere Schmuck der Fürstin, verrät nicht die geringste Spur früheren Gebrauches.

Von den übrigen Stücken fesselt uns besonders eine *goldene Halskette* mit drei Bernsteinmedaillons (Vitrine A 2, oberes

Fach), dann ein Paar breiter, reliefverzierter *Goldarmbänder* (A 3 und 4, oberes Fach), schließlich eine *Goldkette* aus sechzehn länglichen und zwölf kugeligen Gliedern (A 66, mittleres Fach). Alle diese Dinge zeichnen sich aus durch höchste Meisterschaft in der Behandlung des Goldes. Vielfach hat man dabei die Technik der Granulation angewandt, die am Beispiel der die Rosetten bildenden Kügelchen flüchtig beschrieben sei. Das handwerkliche Problem bestand darin, zu verhindern, daß die einzelnen Kügelchen beim Herstellungsprozeß in den goldenen Untergrund einsanken oder untereinander verschmolzen. Man teilte zunächst sehr feinen Golddraht in regelmäßige Stücke, legte diese, sorgfältig voneinander getrennt, in einen mit Kohlenstaub gefüllten Schmelztiegel und erhitzte das Ganze. Nach dem Erkalten waren die Drahtstücke zu vollkommen regelmäßigen Kugeln geschmolzen. Dann isolierte man jedes einzelne Kügelchen mittels Kupfersalzen und Speichel und setzte es auf den erhitzten Goldgrund. Bei einer bestimmten Temperatur wurde aus der Isolierschicht ein Klebestoff, der die Kügelchen auf dem Grunde festmachte, ohne sie zum Schmelzen zu bringen. Soviel Kunst haben die Etrusker aufgewendet, um ihre Toten würdig auf die letzte Reise zu schicken.

Unter den Gaben, die das Grab der Larthia überreich füllten, fand sich auch eine *Biga,* ein zweirädriger Wagen mit löwenköpfiger Deichsel, der in der Mitte des Saales II steht (E 227). Halb verbrannt und zerbrochen lag er in der Kammer, worin der eine der beiden vornehmen Männer beigesetzt war. Wir kennen das Gefährt vom ›Beamtensarkophag‹ in Saal I. Gleich daneben (H 237) steht ein vierrädriger Wagen, der ein Totenbett trägt (15 052). Hierauf wurde die Königin zur letzten Ruhestätte gefahren. Dort hat man das Bett abgenommen, den Wagen in der Vorkammer abgestellt und die Tote in das Innere des Grabes gebracht. Die beiden Wagen und das Bett sind die einzigen Gegenstände des Saales, die eine konkrete Verwendung zulassen. Alles übrige: Schilde, Dreifüße, Bronzegefäße sind aus so dünnem Metall, daß sie praktisch für den Zweck, den sie vorgaben, unbrauchbar waren. Dem Toten genügte allein die Form – an gebrauchsfähige Materie war er nicht gebunden.

Wie es bei den ausgedehnten Zeremonien der Leichenfeier zuging, können wir nicht mit Sicherheit feststellen. Doch scheint man die Toten selbst als Gastgeber empfunden zu haben – vielleicht setzte man sie auf *Thronsessel* (Vitrine C, 217), von denen aus sie den Wettkämpfen und Schmausereien der Hinterbliebenen wie stumme Könige präsidieren konnten. Es ist nicht unmöglich, daß die tote Larthia vor ihrer Bestattung noch Zeugin von Menschenopfern wurde. Denn für den Antritt ihrer Reise bedurften die Toten als Nahrung des Blutes. Wir wissen, daß im Jahre 355 in Tarquinia dreihundertsieben gefangene Römer zu Ehren etruskischer Verstorbener geopfert wurden. Bei der grausigen Zeremonie – sie war bis ins kleinste kultisch festgelegt – trat ein kräftiger, maskierter Mann auf. Er trug riesige Flügel, hatte wirres gesträubtes Haar, eine Nase, die dem Schnabel der Raubvögel nachgebildet war, in der Hand einen mächtigen Hammer: ›Dispater‹, der Dämon des Todes. Er beherrschte die Schwelle zwischen dem diesseitigen und dem jenseitigen Leben. Was dann folgte, entrollte sich in einem unerbittlichen Mechanismus von Strafe, Sühne und Belohnung, als dessen Vorahnung die Etrusker das irdische Schicksal empfanden. Schon seit ältester Zeit war man der Meinung, der Tod beendige das Leben nicht, sondern verwandle das Geschick der Betroffenen zu gesteigerter Existenz. Die jüngst Verstorbenen waren hilflose Neugeborene, denen der Eintritt in die Verwandlung durch Grabbeigaben, Opfer und Kulthandlungen leichter gemacht werden konnte. Man war überzeugt, die Verbindung zwischen der nach dem Tode beginnenden längeren Lebenshälfte

und ihrem irdischen Vorspiel sei unzerreißbar. Je sorg-
fältiger der jenseitige Weg geebnet war, um so günsti-
ger erwiesen sich die beträchtlichen Kräfte der Verstorbenen gegenüber den Hinterbliebenen. So war das Leben durchsetzt mit Tod, und der Tod die eigentliche
Form des Lebens.

Der nächste Saal (III) teilt sich in drei Abteilungen, von denen die erste unzugänglich ist. Ein provisorischer Korridor
führt unmittelbar in den zweiten Teil des Saales. Dort bieten zwei große Vitrinen *Gräberfunde aus Bronze* dar: Ge-
räte und Gefäße, Henkel, Füße und Statuetten. In der linken
Vitrine (J, oberes Fach, Mitte) ein gewaltiger Stabdreifuß
aus dem letzten Viertel des 6. Jahrhunderts, Prunkstück
etruskischer Schmiedekunst. Im unteren Fach ein Kohlenbek-
ken mit Feuergerät, 5. Jahrhundert.

In der Vitrine J (oben rechts rückwärts) finden wir die
Statuette eines schlanken Mannes im Mantel, der eine
spitze, von zwei Bändern gehaltene Mütze trägt. Das
Stück ist aus dem 4. Jahrhundert v. Chr. und zeigt eine
Tracht, wie sie auch in römischen Priesterkollegien üblich war. Einen ähnlich spitzen Hut, an dem ein Öl-
zweig befestigt war, hatte der Flamen Dialis, des Jupiter höchster Priester. Man weiß von ihm – was wahrscheinlich auch auf etruskische Hochpriester zutraf –,
daß er ein durch zahllose Tabus eingeengtes Leben führen mußte, verwickelt genug, um den Staat zur Einsicht
zu bringen, man müsse ihn von allen bürgerlichen Pflich-
ten befreien. Der Mann vor uns kann als ein Vorläufer
römischer Priester gelten: er ist ein ›Haruspex‹; sein
Geschäft war die Vorzeichendeutung aus der Leber-
schau.

Ihr Prinzip geht aus von Tinia, dem obersten der
Götter, dem blitzeschleudernden Himmelsherrn. Er hat

DIE VORLÄUFER RÖMISCHER PRIESTER 207

seinen Thron hoch im Norden. Von dort aus teilt sein
Auge das südlich von ihm liegende Land in zwei Hälf-
ten: eine linke, glückliche, in der Sonne, Mond und
Sterne aufgehen, und eine rechte, in der die Nacht siegt
und das Unglück wohnt. All dies verhält sich umge-
kehrt für den Schutzflehenden, der Tinias Thron vom
Süden her naht: ihm ist alles Rechte gut, von links
kommt, was er fürchtet. Da Tinias Wirkkraft mit der
Entfernung geringer wird, teilt sich schließlich die Welt
in vier Viertel: glückbringend ist der Nordosten, relativ
günstig der Südosten, bedrohlich der Südwesten, furchtbar der Nordwesten.

Über den Himmel verteilt, wohnen die Götter in
Häusern. Acht davon sind Blitzgötter, deren Vorsteher
als neunter Tinia ist. Sie bilden zusammen mit drei weiteren Göttern den himmlischen Verband der ›Di con-
sentes‹, der Zusammenstimmenden, der wiederum von
Tinia regiert wird. Diesen schließt sich eine große Zahl
weiterer überirdischer Wesen an.

In der Nähe von Piacenza wurde das bronzene Abbild einer Schafsleber gefunden, auf deren Unterseite
die Nord-Süd-Teilung eingezeichnet ist, während ihre
Oberfläche sich in vierzig Felder gliedert, jedes mit dem
Namen eines Gottes versehen. Diesem einzigartigen
Fund entnehmen wir, die Leber des Opfertieres sei den
Etruskern das Abbild des Himmelsgewölbes gewesen,
die Gestalt ihrer Oberfläche habe kundgetan, was in
den einzelnen Wohnungen der Götter vor sich ging. So
konnte bei Staatsunternehmungen wie im Privatfall
der Haruspex aus der Opferleber ablesen, ob Günstiges
oder Widriges im Himmel beschlossen war.

All dies haben in ältesten Zeiten die Römer von den
Etruskern übernommen. Nach etruskischer Regel war

die alte ›Roma Quadrata‹ auf dem Palatin errichtet –
ihr Abbild spiegelt sich noch spät in der Anlage römischer Feldlager. Plutarch berichtet von der Gründung
der Stadt Rom selbst, Romulus habe Männer aus Etrurien kommen lassen, »die ihn, wie bei Mysterien, unterrichten und alles nach gewissen heiligen Gebräuchen
und Vorschriften anordnen mußten. Es wurde nämlich
auf dem jetzigen Comitium eine runde Grube gemacht,
und man legte in dieselbe Erstlinge von allen Dingen,
deren Gebrauch entweder das Gesetz erlaubt oder die
Natur notwendig macht. Zuletzt warf jeder eine Hand-
voll Erde, die er aus dem Lande, aus welchem er gekommen war, mitgebracht hatte, hinein und rührte alles
durcheinander. Eine solche Grube heißt bei den Römern, ebenso wie das ganze Weltgebäude, ›mundus‹.
Hierauf zeichnete man um sie, wie um den Mittelpunkt
eines Kreises, den Umfang der Stadt. Der Erbauer befestigt an einem Pflug eine eiserne Pflugschar, spannt
einen Stier und eine Kuh vor und zieht in eigener Person eine tiefe Furche um jene Grenzlinie. Einige gehen
hintendrein, deren Aufgabe es ist, die vom Pfluge auf-
geworfenen Erdschollen einwärts zu kehren und ja
keine außerhalb liegen zu lassen. Durch diese Linie
bestimmt man den Umfang der Mauer ... Wo man
ein Tor einzusetzen gedenkt, nimmt man die Pflugschar ab und hebt den Pflug darüber weg, um einen
Zwischenraum zu lassen. Aus dieser Ursache hält man
die ganze Mauer, nur die Tore ausgenommen, für heilig; sollten aber auch die Tore als heilig gelten, so mußte
man sich ein Gewissen machen, Dinge, die zwar notwendig, aber nicht rein sind, durch sie ein- und auszuführen.« (Plutarch, Romulus, 10)

So war in jedem kleinsten Teil das Leben dem Willen
der Götter ausgeliefert und von der Macht geheimen

DIE VORLÄUFER RÖMISCHER PRIESTER   209

Priesterwissens durchdrungen. Die Römer haben Jahrhunderte gebraucht, sich innerlich von diesem Prinzip zu befreien, äußerlich ist es ihnen nie ganz gelungen. Noch in der spätesten Kaiserzeit, auch als das Christentum schon gesiegt hatte, befragten sie vor jeder Staatsaktion getreulich die Haruspices nach dem Befund der Opferleber, die den Zustand des Himmels kundgab. Es war eine Privatmeinung, die der aufgeklärte Seneca anbietet, wenn er schreibt: »Der Unterschied zwischen uns – das heißt, der griechisch-römischen Welt – und den Etruskern ... ist folgender: Wir glauben, daß die Blitze durch den Zusammenstoß der Wolken entstehen; sie glauben, daß die Wolken zusammenstoßen, damit die Blitze entstehen; denn da sie alles auf Gott zurückführen, sind sie der Meinung, daß die Dinge nicht etwas bedeuten, weil sie geschehen, sondern daß sie geschehen, weil sie etwas bedeuten sollen ...« (quaestiones naturales II, 32, 2)

Im Durchgang zur dritten Abteilung des Saales III werfen wir einen kurzen Blick des Entzückens auf zwei bronzene Knäblein, etruskische Votivfiguren des 2. vorchristlichen Jahrhunderts, und wenden uns dann nach rechts zur Vitrine K. In der Mitte des oberen Faches sind *drei Bronzepfannen* aufgestellt mit figürlichen Griffen nach griechischen Vorbildern des 6. Jahrhunderts v. Chr. Die Stützfiguren der beiden größeren Stücke stellen ein weibliches Wesen dar: Lasa, die Göttin des Schicksals. Mit ihr hatten es die Etrusker am schwersten. Sie trat in vielen Verkörperungen auf, gebot über Schlangen und bedrohte die Erdenbürger mit dem Schwert der Unerbittlichkeit. Ihre Beschlüsse waren unwiderruflich, wenngleich durch ein verzweigtes Ritual der Aufschub des Geschickes erreicht werden konnte. Was über den einzelnen verhängt war, ließ sich im günstigsten Fall zehn Jahre hinauszögern, wogegen man für das Gesamtgeschick Etruriens einen Schicksalsaufschub von dreißig Jahren zu erhoffen wagte. Lasa, die stets Tinte und Feder mit sich führt, um ihre Entschlüsse urkundlich zu machen, versinnbildlicht den etruskischen Pessimismus: alles ist durch das Schicksal vorherbestimmt, seinem Spruch entgeht nichts, was lebt – selbst die Götter nicht. Der Mensch kann durch genaueste Befolgung aller heiligen Vorschriften lediglich die Milderung dessen erreichen, was das Schicksal zu beschließen im Begriffe steht. Wenn aber der Spruch gefallen ist, hält nichts mehr seine Erfüllung auf. Der Tod kommt heran, und mit ihm die große Reise der Seele, des Lebens wesentlicher Teil.

Im Saal IV, links der Treppe, die aus ihm in den nächsten Raum führt, finden wir *zwei Urnen aus Volterra,* die die Reise in die Unterwelt darstellen. Auf der kleineren (Inv. 13 894) erscheint sie deutlicher: der Reiter ist der Tote, sein Mantel wird schon gebläht vom Nachtwind der jenseitigen Welt. Ein Diener begleitet ihn, den Sack mit der Wegzehrung über der Schulter. Beide werden begrüßt von einem alten Mann in griechischer Kleidung: Charon, Fährmann über den Totenfluß. Hier ist er ernst und sanftmütig dargestellt – die Urnen sind in etruskischer Spätzeit entstanden –, manchmal kann man ihn auch als geflügelte Furie erleben, die eine Fakkel trägt, oder als teufelsohrigen Greis, dem Dispater verwandt. Er wird den Toten in das düstere Reich bringen, das von Mantus und Mania regiert wird (der Name des ersteren lebt noch in der Stadt Mantua). Sie verfügen über ein unabsehbares Heer geflügelter Dämonen. Diese schaudervollen Wesen nehmen in der späteren etruskischen Religion an Zahl und Wirkung immer mehr

ETRURIENS GÖTTERWELT

zu – und entsprechend fürchterlicher wird das Schicksal der Seele. Schließlich stellten sich die Etrusker den Bezirk der Abgeschiedenen nicht weniger schrecklich vor als das Mittelalter die Hölle. Durch endlose Quälereien muß die Seele sich langsam emporläutern, bevor sie in die Gesellschaft der himmlischen Götter eintreten und dort eine Ewigkeit an Schmausereien und Liebesgelagen durchmessen darf. Die Entscheidung darüber fällt – noch in der Unterwelt – durch ein unbarmherziges Gericht, vor dem der Verstorbene Gutes und Böses in seinem Erdenleben zu rechtfertigen hat.

Bei der Betrachtung dieser düsteren Religion fragt man sich bisweilen, ob nicht – nachdem Rom die Etrusker unterworfen – in dessen Innerstem ein feiner, unterbewußter Strom solcher Unterweltsbilder lebendig blieb, der am Ende der Antike in die christliche Vorstellung vom sündigen und strafwürdigen Menschen einmündete und ihm bedeutsame Kräfte zubrachte. Jedenfalls beginnt mit der etruskischen Jenseitsvorstellung jener Glaube, den kein späterer Staatskult jemals ganz zu unterdrücken vermochte: daß der Mensch nach dem Tode ein persönliches Schicksal habe, daß dann erst sein eigentliches Leben beginne und daß er zurückgeben müsse, was Natur und Übernatur ihm auf Erden verliehen hatten. Niemand kann sagen, das Ewige Rom könne dieses Gedankens entraten, ohne in seinem Wesen geschmälert zu sein.

Wir wenden uns nun noch einmal zurück zum Durchgang zwischen Saal III und IV, in dessen Mitte eine wunderbare Bronzegestalt uns erwartet: der *Mars von Todi*, ein fast vollständig erhaltenes Standbild aus der Mitte des 4. Jahrhunderts v. Chr. Mars gehörte zu Etruriens großen Göttern – es ist möglich, daß das Bildnis den zum jugendlichen Helden gewordenen Kriegsgott darstellt. Eine andere Interpretation vermutet in ihm das Idealporträt eines etruskischen Feldherrn, der durch Ruhm und Taten zum Heros aufgestiegen ist. Seine Augen waren aus Edelstein geschnitten und eingesetzt, seine Lippen mit Blattgold bedeckt. Das Haupt trug einen prunkvollen Helm, der verloren ist. Als man das Bildwerk fand, war es – ähnlich dem Herkules der Rotonda – zwischen großen Steinplatten bestattet. Nun steht es vor uns voller Leben, in leicht gespreizter, kraftvoller Bewegung, und weckt in uns durch den Reiz seiner Unmittelbarkeit die Vorstellung, wie Roms Feinde in heroischer Zeit ausgesehen haben.

Das früheste Rom lag in der Südzone des etruskischen Einflußgebietes – es kann als sicher gelten, daß seine Könige Etrusker waren. Als man sie vertrieb und die Römische Republik einführte, wurde der Königshaß in Rom zum Kriterium der Staatstreue – aber er verband sich nicht mit fortdauerndem Haß gegen das rätselhafte Volk, aus dem diese Könige gekommen waren. Zumeist lebte Rom mit dem größeren Teil Etruriens in Frieden und nur jeweils mit jener Stadt in Feindschaft, die es zu erobern beabsichtigte. Der Städtebund der Etrusker verfügte zwar über eine Armee und eine außerordentlich schlagkräftige Reiterei, setzte sie aber nur im Falle gemeinsamer Bedrohung ein. Bei Einzelfehden der Städte griff er kaum zu Schutzmaßnahmen – und so warf das junge, eroberungssüchtige Rom seine ganze Streitmacht stets nur gegen eine einzelne etruskische Stadt.

So war es auch mit dem reichen, weitberühmten Veji, an dessen Mauern sich die Schicksalswaage Etruriens zugunsten der Römer neigte. Die Stadt lag tiberaufwärts und hatte mit Rom einen alten Hader. Man

VEJI UND ROM

führte Krieg in Form von Raubzügen und schloß in
deren Pausen keinen Frieden. Familien- und Staats-
interesse gingen oftmals ineinander auf. So war es im
5. Jahrhundert v. Chr. die Großfamilie der römischen
Fabier, die vom Senat die Erlaubnis zu einem Privat-
krieg gegen Veji erbat und erhielt. Dreihundertsechs
bewaffnete Männer brachten die Fabier auf. Die Vejen-
ter lockten sie in eine Falle, schossen alle nieder bis auf
den Jüngsten und sandten diesen mit der Unglücks-
nachricht nach Rom. Wenig später machten die Römer
Ernst und belagerten, diesmal mit offizieller Heeres-
macht, die große Rivalin. Der eigentliche Träger, den
das Schicksal zum Untergange Vejis sich wählte, war
ein ›Haruspex‹. Der alte Mann stand eines Tages auf
der Mauer der Stadt, als das zweite Gesicht ihn befiel.
Singend begann er zu weissagen, »nie würde der Römer
die Stadt überwältigen, ehe nicht die Wasser des Albaner-Sees abgelassen seien«. Ein römischer Posten, der
das hörte, verabredete mit dem Priester eine waffen-
lose Zusammenkunft, angeblich um sich Rat für die
Deutung eines Familien-Orakels zu holen. Als der
Haruspex kam, packte der junge Mann den Wehr-
losen und schleppte ihn vor den römischen Feldherrn.
Dieser, in Götterdingen bewandert, sandte ihn unver-
züglich vor den Senat.

Der Haruspex sah sich in beklemmender Lage. Als
Werkzeug der Götter hatte er geweissagt, und das Gewissen verbot ihm nun – obwohl er vor der Regierung
der Feinde stand –, seine Worte zurückzunehmen. Den
Römern war nicht weniger zwiespältig zumute. Kurz
vorher hatte man sie benachrichtigt, der Spiegel des
Albaner-Sees – er ist 45 km in der Luftlinie von Veji
entfernt – steige auf unerklärliche Weise. Man hatte
Boten an das Delphische Orakel geschickt, um die Be-

deutung des Phänomens zu ergründen. Nun kam der feindliche Priester und behauptete, dies habe etwas mit Vejis Eroberung zu tun. Man beschloß, die Boten aus Delphi abzuwarten. Zur Überraschung aller brachten diese einen Bescheid, der mit den Worten des Haruspex übereinstimmte. So wurde der Albaner-See unter der rituellen Anleitung des unglücklichen Haruspex abgelassen. Und alsbald gelang es dem römischen Diktator Marcus Furius Camillus, unter den Mauern Vejis hindurch einen Stollen zu treiben, der im Innern des Hauptheiligtums der Stadt endete. Durch diesen drangen die Römer ein, öffneten von innen die Tore, metzelten die Bevölkerung nieder und zerstörten die Stadt. Vierhundert Jahre später sang der römische Dichter Properz:

> Veji, du altes,
> auch dich befehligte damals
> ein König;
> auf deinem Marktplatz ward golden
> der Thron ihm gestellt.
> Heute ertönt in den Mauern
> das Horn des gemächlichen Hirten,
> und über eurem Gebein
> werden die Felder gemäht.

Verlassen wir nun die kampfdurchdröhnte Welt der Männer und wenden wir uns dem heiteren Teil des etruskischen Lebens zu: den Frauen. Wir gehen noch einmal ein paar Schritte zurück in die dritte Abteilung des Saales III, um in der Vitrine K (unteres Fach Mitte) *einen Beauty-case* zu betrachten, den man sehr geschickt in seiner ursprünglichen Form auf Plexiglas montiert hat. Sein Inhalt waren Kämme, Schminke und Spiegel; denn der Kosmetik konnte eine Dame, die auf sich hielt, auch in der Unterwelt – und besonders vor de-

DIE ETRUSKISCHE FRAU

ren Richtern – unmöglich entraten. Im Gegensatz zur
gleichzeitigen griechischen Sitte bewegten sich Etruriens
Frauen in Männergesellschaft gleichberechtigt und un-
gezwungen. Mancher Grieche, der zu Besuch weilte,
hielt sie samt und sonders für ›Hetairai‹, weil in der
hellenischen Gesellschaft nur diesen ein gleichartiges
Benehmen erlaubt war. In der Bildung und im politischen Ränkespiel waren die Frauen den Männern durch-
aus ebenbürtig – nur in die Vorzeichendeutung wurden
sie nicht eingeweiht. Dafür durften sie Götter- und
Menschenfeste durch ihren Tanz verschönen – und gro-
ßenteils war es ihr Verdienst, daß das Leben durch-
woben war von Musik. Da Prüderie in Etrurien ziemlich unbekannt war, nahm niemand Anstoß daran,
wenn ein Mädchen vor der Ehe seine Gunst mehrmals
verschenkte und als Gegengabe eine Beisteuer zu seiner
Mitgift empfing. Im ganzen wurden die Frauen hoch-
geehrt und vergalten den Männern mit Phantasie, Anmut und Nachsicht ihre offensichtliche Mühe, Kavaliere
zu sein.

Unser Toilettekästchen hat als Griff am Deckel zwei
Schwäne, die kunstvoll miteinander verbunden sind.
Auf ihnen reiten, einander zugekehrt, in zurückgelehn-
ter Haltung, zwei nackte junge Menschen – Venus und
Adonis. Adonis, ein Jüngling von vollkommener Schönheit, ist auf der Venus-Insel Cypern geboren. Seine
Mutter war Myrrha, die Tochter des Königs Kinyras.
Dieses unglückliche Geschöpf verliebte sich in den eigenen, wahrscheinlich sehr heroischen Vater und schlich
in zwölf von den Göttern eigens stockdunkel gemach-
ten Nächten in dessen Schlafzimmer. Als der König
schließlich merkte, mit wem er sich vergnügte, warf er
die Myrrha hinaus und verfolgte sie mit dem Schwert
um die halbe Welt. Die Götter hatten Erbarmen und

verwandelten die Arme in einen Myrrhenbaum. Vorher hatte sie gerade noch Zeit gehabt, den Adonis zur Welt zu bringen. Dieser besaß das Erbteil seines Großvater-Vaters in gesteigertem Maß: zwei Göttinnen verliebten sich gleichzeitig in den jungen Mann – Persephone, die Königin der Unterwelt, und Aphrodite. Der Liebhaber der letzteren, der Kriegsgott Ares, entdeckte die Geschichte, verwandelte sich kurzerhand in einen reißenden Eber und biß den Adonis tot. Aus dem Blute, das dem Sterbenden entströmte, sproß eine bezaubernde Blume – die Anemone. Die betrogenen Göttinnen aber stürzten heulend vor Zeus, der ein wahrhaft olympisches Urteil fällte: beide sollten den unentbehrlichen Liebhaber behalten, aber sie mußten sich in ihn teilen. Sechs Monate des Jahres hatte Adonis in der Unterwelt zu weilen, das andere Halbjahr durfte er mit Aphrodite und ihren Töchtern auf Erden verbringen. Frauen vieler Mittelmeervölker beklagten Jahr für Jahr unter Tränen seinen Tod und brachen in lauten Jubel aus, wenn seine Auferstehung wiederkehrte.

Auf unserem Kästchen ist von Kummer um Adonis nichts zu sehen – es scheint, als lehnten die beiden schönen Gestalten sich auf ihren Schwänen zurück in seliger Betrachtung ihrer Schönheit. Dies ist ganz griechisch – und eines der zahllosen Zeichen für die tiefe Durchdringung mit hellenischem Geist, die Etrurien damals erfahren hat. Bald werden wir sehen, wie das italische Urelement der etruskischen Seele auf den Adonis-Mythos reagiert hat.

Was Griechenland in Etrurien vermochte, dafür gibt es ein herrliches Beispiel im nächsten Saal (v), an der Wand links der Türe, die zu Saal vi führt. In gesonderter Vitrine (K) finden wir ein Wassergefäß aus der Zeit um 510 v. Chr., die berühmte *Hydria des Euthymides*.

GEGENSTÄNDE DES GEBRAUCHS   217

Um die Mitte des tönernen Leibes läuft ein szenischer
Streifen: ein junger Mann, voll Eifer in die Doppel-
flöte blasend, ein älterer, bärtiger, aus großer Amphora
Wein in ein Mischgefäß gießend, und ein dritter, bekränzt und fast unbekleidet wie die beiden anderen,
der genießerisch assistiert. Das Ganze ist eine diony-
sische Szene – auf das Wesentlichste im gemäßen Augenblick zurückgeführt – und allerhöchste Kunst. Gemeint
ist der Aufbruch zum Komos – zu jener ekstatischen
Prozession, die die Wiege für die Komödie war. Auch
hier also, mitten unter den Etruskern, war der große
Dionysos gegenwärtig, auch hier senkte er seine Verheißungen und Sehnsüchte den Menschen ins Herz.

Sonst ist der Saal v hauptsächlich mit *Tongefäßen* aus dem
etruskischen Vulci angefüllt, das unter den Besitzungen des
Marchese Benedetto Guglielmi verborgen lag. Was dieser im
Laufe langer Grabungen dort gefunden hat, schenkte er am
Ende seines Lebens Papst Pius XI. Darunter sind einige her-
vorragende Beispiele der Bucchero-Technik, die einen vollkommen gleichmäßigen schwarzglänzenden Ton hervorbrachte und zu den Errungenschaften des etruskischen Kunst-
handwerks zählt. Im übrigen ist sinnverwirrend, was der
Vatikan an Tongefäßen besitzt – nur ein verschwindender
Teil ist ausgestellt. Die Plünderer etruskischer Gräber suchten Edelmetalle, Steine und bestenfalls Bronzen – Keramik
ließen sie stehen. Dies macht es uns Spätzeit-Besuchern
manchmal schwer, unfromme Regungen zu unterdrücken.
   In den Vitrinen des Saales VI reihen sich unglaublich feine
Diademe aus Lorbeer- und Eichenblättern, Efeu und Beeren.
Dazu Ohrenschmuck, Goldanhänger, Kettchen mit baumeln-
den Perlen, mit Frauenmasken, Blumenknospen und Blät-
tern, weiterhin Goldfibeln, Ringe, Gürtelschließen, Bernstein
– kurz alles, was eine verwöhnte Etruskerin veranlassen
konnte, ihren Gemahl oder Liebhaber unter jenen aus Drohung und Schmeicheln sorgsam gemischten Terror zu setzen,

MUSEO GREGORIANO ETRUSCO

der todsicher mit dem Erwerb des Begehrten endet. Unsterblich ist die weibliche Kunst, Edelmetalle und schöne Steine zur Steigerung natürlicher oder zum Vortäuschen gewünschter Schönheit zu verwenden. Einmütig berichtet das Altertum, Etruriens Frauen seien berückend gewesen.

Der Saal VII führt uns in der Vitrine H (oberes Fach links) den lebensnahen *Kopf eines Galliers* vor. Ein wildes Gesicht, in Wirbeln gesträubtes Haar, zerfurchte Stirn – man ist versucht zu sagen: mit dem ist nicht gut Kirschen essen – nur gab es damals die Kirsche noch nicht. (Einen dankbaren Gruß dem Lucullus, der die köstliche Frucht zweihundert Jahre später aus Kleinasien mitbrachte!) Unter den Galliern hatte Italien viel zu leiden. In unbezähmbaren Horden fielen sie vom Norden her in Etrurien ein, durchzogen sengend und plündernd das Land und machten auch vor Rom nicht Halt. Berühmt ist das Wort des Gallierkönigs Brennus vor den Römern, die das Tributgold abwogen. Er warf sein Schwert auf die Waage und rief: »Vae victis – wehe den Besiegten!« Es gehört zu den Dingen, die Roms Eroberungslust nachträglich in milderem Licht erscheinen lassen, daß es diesen Grundsatz nicht übernahm.

Gegen Ende des Saales finden wir drei *Sarkophagdeckel* mit gelagerten Figuren aus Terrakotta. Sie stammen aus spätetruskischer Zeit und zeigen wieder die eigenartige horchende Aufmerksamkeit, die uns schon im ersten Saal begegnete.

In Fensternähe (VII, Vitrine M) ein wundervolles kleines Monument, das zum Teil noch seine alten Farben hat: der *Tod des Adonis.* Das in Ton geformte Werk ist nicht als Urne gedacht, sondern als Gedenk-Altar, in dessen Sockel man Weihrauch verbrennen konnte. Die realistische Darstellung zeigt den Moment, an dem der Todeskampf des schönen Jünglings sein Ende findet. Hier stehen wir vor der Antwort, die Etrurien dem griechischen Adonis-Kult gegeben hat: man übernahm

LEBEN NACH DEM TODE

ihn, betonte aber nicht seine Auferstehung, sondern das Hinscheiden des Vielgeliebten. Die Todesmystik hatte die griechische Idee von der Unsterblichkeit der Hoffnung besiegt – nicht daß Adonis wiederkehrte, war wesentlich, sondern daß er starb.

Und so sind wir am Ende unserer Wanderung durch Etruriens Gefilde wieder beim Ausgangspunkt angelangt. Das Leben wird beherrscht vom Tode, und was nach ihm kommt, ist die eigentliche Wirklichkeit. Uns ist dieser Gedanke vertraut, wenngleich aus anderer Quelle. Was uns an seiner etruskischen Form berührt und ergreift, ist sein geheimes Weiterleben in Rom und die Wandlung, die er durch Petri Ankunft erfuhr.

Im ganzen genommen sehen wir die Etrusker vor uns als ein Volk italischer Grundprägung, das von Griechen, Ägyptern und Phöniziern Kenntnisse, Wissenschaft und mannigfaltige Zivilisationsteile übernommen hatte, der Religion die zentrale Bedeutung im menschlichen Dasein zuerkannte und das seltsame Gemisch seiner Lebensform als Urstoff an Rom weitergab. Die drei Säle des *Antiquarium Romanum* (VIII 1 und 2, IX), die sich jetzt anschließen, bieten in Hunderten von Fundstücken die langsame Übernahme ursprünglich etruskischer Zivilisationsfaktoren in die Kunst, das Handwerk und das tägliche Leben der Römer. (Bezaubernd in Saal VIII 2 die *Gläser*: Vitrine L, zweites Fach links – eine Serie von Fadengläsern, die zu den ältesten italischen Glasfunden gehören; in der Vitrine M die schönsten Glasgefäße des Vatikans, zumeist geblasenes Glas, dessen Technik um Christi Geburt im Orient aufkam.)

Der Prozeß, durch den die etruskische Kultur von den Römern aufgesogen wurde, dauerte sehr lange.

220   MUSEO GREGORIANO ETRUSCO

Cäsar war schon geboren, als die Seher mit dem zehnten ›Saeculum‹ das Ende Etruriens verkündeten. Wenig später galt es in Rom bereits als etwas Besonderes, als eine Art Auserwähltheit geradezu, von etruskischem Blute zu sein. Maecenas etwa, des Augustus stolzer und gebildeter Freund, sorgte eifrig dafür, daß man seine Abstammung aus etruskischem Königsgeschlecht bemerkte – so durch die Feder des Horaz: »Maecenas atavis edite regibus . . .« Und Vergil, der den Beinamen Maro trug, bildete sich etwas ein auf dessen etruskische Herkunft. Tiefer jedoch als solche Mode wurzelte im römischen Geist über die Zeiten hinweg der aus Etrurien vererbte Grundsatz, »alles auf Gott zurückzuführen«.

Niemand kann bisher sagen, wieviel Rom den Etruskern verdankt, und noch schwerer ist zu umreißen, was die Römer im Widerspruch zu Etruriens Erbe an Eigenem gefunden und zur Größe gebracht haben. Als die Etrusker mit dem aufstrebenden Rom in ernsthafte Berührung gerieten, waren sie selbst schon in der späten Reife ihrer Kultur angelangt, und unter allem, was sie an Fremdem aufgenommen hatten, dominierte das Griechische. Die Römer ihrerseits empfingen das griechische Element ihrer Zivilisation nicht nur durch den etruskischen Filter, sondern in reicherem Strom aus dem Süden Italiens, den man heute noch die Magna Grecia nennt, und aus Hellas selber. So ist es nur natürlich, daß wir nun, am Schluß unserer Wanderung durch die Antike, noch einmal dem Griechentum begegnen. Seine herrlichsten Originalstücke aus vatikanischem Besitz erwarten uns in den beiden Abteilungen des Saales XII, der sich nach bewährter vatikanischer Verwirrungstaktik in die *Salette degli Originali Greci* I *und* II gliedert. Bevor wir sie erreichen, durchmessen wir einen Korridor, in dem einige römische Großbronzen stehen,

Fragmente späterer Zeit (der Gang trägt unerklärlicherweise die Bezeichnung Saal XI – Saal X habe ich nie finden können).

Die leider verschlossene Glastür links gibt einen kümmerlichen Durchblick auf das obere Ende der *Bramante-Treppe*, die eines der Meisterstücke vatikanischer Architektur ist. Jetzt erst wird uns bewußt, wo wir uns befinden: im ersten Stock des Belvedere-Palazzetto, den Innozenz VIII. sich als Refugium hatte bauen lassen. Diesem fügte Bramante die besagte Treppe als sanft steigenden Reitweg für das Maultier Julius II. an. In der Form der Spirale windet sich die Rampe durch eine dreimal wechselnde Säulenprozession – gestreng den Vorschriften des Baumeisters Vitruvius folgend, der im Altertum eine Art Heiliger Schrift der Architekten verfaßte. (Als solche galt sie mehr oder weniger bis zu dem Zeitpunkt, da der Freiheitsrausch des Beton die Architekten veranlaßte, der Ästhetik den Krieg zu erklären.) Der alte Vitruv schrieb vor, eine solche Treppe solle im ersten Drittel von tuskischen, im zweiten von ionischen, im dritten von korinthischen Säulen getragen werden. Ein Jammer, daß wir nicht unten stehen können, um im Blick hier herauf wahrzunehmen, welch kühnen Schwung der Verjüngung Bramantes Genie der Rampe gegeben hat – am Scheitelpunkt zwischen Leichtigkeit und Last. Griechischem Geist und römischer Ordnung gab das glückliche Italien die Seele der Musik.

HELLAS IN ROM

Nun aber zu den Griechen. Was die beiden Sälchen darbieten, ist schön und bedeutend, aber es gibt nicht einen entfernten Begriff von der Gewalt und dem Wunder griechischer Kunst. Dennoch findet sich Ergreifendes –

222 MUSEO GREGORIANO ETRUSCO

so das *Votiv-Relief* (Inv. 799) an der Fensterwand.
Drei Figuren – in der Mitte ein über die Maßen schönes
weibliches Wesen mit einem Weinkrug. Sie blickt zur
Seite, zeigt uns ihr edles Profil mit klarem Auge, sanft
gewelltem Haar und mit dem Ausdruck jenes ruhevollen
len Ernstes, der zwischen Mädchen und Frau Keuschheit
heit und Kühnheit zusammenbindet. Leise zieht sie ihren
Schleier über der Schulter hoch – verehrungsvolle Geste
für den Mann, auf den sie blickt: den thronenden Heilgott
gott Asklepios, der mit olympischer Gelassenheit ihr
die Trinkschale entgegenhält. Links ist, wesentlich kleiner,
ner, der ehrfürchtig herzu schreitende Stifter des Votivbildes
bildes angefügt. Alles ist Gegenwart, jugendfrisch und
von Morgenglanz umhüllt – beseelt von der Entdeckung
kung des Menschen im Gotte und des Gottes im Menschen.
schen. Der Kult des Asklepios, des Gottes aller Heilung
von Krankheit des Körpers und der Seele, wurde in
Athen um 410 v. Chr. eingeführt. Etwa zehn Jahre
später, 399, sagte der zum Tode verurteilte Sokrates,
nachdem er den Schirlingsbecher getrunken und ausgestreckt
streckt auf sein Erkalten wartete, indem er das Tuch
vor seinem Haupte noch einmal zurückschlug: »O Kriton,
ton, wir sind dem Asklepios einen Hahn schuldig: entrichtet
richtet ihm den und versäumt es ja nicht!« Es waren
seine letzten Worte. Sie galten dem Gotte, dessen Trinkschale
schale hier von der bezauberndsten Athenerin gefüllt
wird – und sie bezeichnen das Ende eines Mannes, der
– wie Platon sagt – »unserem Urteil nach von den damals
mals Lebenden, mit denen wir es versucht haben, der
Trefflichste war und auch sonst der Vernünftigste und
Gerechteste«.

Im zweiten Sälchen erschrecken wir fast vor einem
kahlen Kopf, in dessen Schläfen man zwei Löcher geschlagen
schlagen hat. Die Augen sind dem weißen Marmor-

GRIECHISCHE KUNSTWERKE   223

gesicht in grauem Chalkedon eingesetzt. Das Gesicht, großflächig, starr, hält die Waage zwischen einem Jüngling und einer Frau. Drohend ist der Ausdruck: es ist das *Antlitz der Athene*, in das wir blicken. Sie trug Haare aus Edelmetall und einen prunkvollen Helm – die Löcher dienten beidem zur Befestigung. Das Werk ist um 470 v. Chr. entstanden, wahrscheinlich von der Hand des großen Pythagoras von Rhegion, der damals nach Athen kam, um den strengen Stil der frühen Klassik einzuleiten. Dieser Athene ist zu glauben, daß sie nicht vom Weibe geboren, sondern gepanzert aus dem Haupte ihres Vaters Zeus hervorgegangen war. Sie war die Göttin der Weisheit und des Rates, der Intelligenz und der Einsicht – und keine Stadt hat sie mehr geliebt als Athen. Da Attika, das Land Athens, vom Meere umspült wird, stritt der Beherrscher der Fluten Poseidon mit Athene um dessen Besitz. Sie handelten aus, es solle siegen, wer »dem Land die nützlichste Gabe schenke«. Poseidon brachte das Pferd, Athene aber pflanzte den Ölbaum – und nahm Attika und Athen zu eigen. Ihr zu Ehren feierte man alljährlich die Panathenäen, das Fest der allgemeinen Heiligung an die Göttin. In großer Prozession, bekränzt und von Musik begleitet, zog die Blüte der attischen Jugend hinauf zur Akropolis, um dem Bildnis ihrer Schutzherrin – es stand, von des Phidias Hand aus Elfenbein und Gold geformt, im Parthenontempel – ein neugewebtes Prachtgewand als Huldigungsgabe darzubringen.

Dieser Festzug hat Unsterblichkeit erlangt durch den Fries, der den Parthenon zierte und unter des Phidias sonnenhaftem Auge entstand. Von ihm finden wir im gleichen Raum ein atemberaubendes Fragment (Inv. 1014): den *Kopf eines Jünglings*, der aus dem Relief herausblickt und eine (stark beschädigte) Schüssel mit dem

224 MUSEO GREGORIANO ETRUSCO

Opferkuchen fast in Wangenhöhe trägt. Wenn irgendwo
in der Kunst natürlicher Ernst und religiöse Sammlung
ineinander aufgegangen sind, dann hier. Aber auch die
Göttin selbst, Athene, bietet uns hier eine – wenngleich
indirekte – Spur. Am Westgiebel des Parthenon fuhr
sie auf einem Gespann daher, von dem der *Kopf eines
Pferdes* erhalten ist. Er steht in der Mitte des Raumes
(Inv. 1016). Als der venezianische Feldherr Morosini
das von den Türken besetzte Athen 1688 eroberte,
wurde ihm dieser von Leben glühende Pferdekopf zugebracht und wanderte unter den Beutestücken nach
Venedig, um von dort nach der Aufhebung der Sere-
nissima durch Napoleon in den Vatikan zu gelangen.
Bald war seine Herkunft vergessen, das päpstliche Magazin nahm ihn auf. Aus dessen Dunkel hat Hermine
Speier ihn in unseren Tagen ans Licht geholt und damit
ein gewaltiges Zeugnis für die Kunst jener Zeit unserem
dankbaren Auge wiedergeschenkt. Hier erfahren wir,
wie es war, als der Mensch zum erstenmal entdeckte,
daß das Leben in jedem Muskel, in jeder Ader, in jedem
winzigen Flächenteil der Haut sitzt und dennoch über
all dies hinweg aufsteigt zur Idee des lebendigen Ge-
schöpfes.

Über dem *Fragment eines Reiterreliefs* (Inv. 1684)
dagegen weht – leise, sehr leise – ein Hauch von Provinz. Am Pferd liegt es nicht, es ist prachtvoll stilisiert,
Haltung von Kopf und Hals entsprechen genau dem
tänzelnden Prozessionsschritt, worin der Reiter zieht.
Leider ist sein Gesicht etwas dümmlich ausgefallen –
der Mann stammt aus Boiotien, und die Menschen dieses Landstriches galten den Griechen soviel wie man-
chem neunmalklugen Zeitgenossen die Bewohner baye-
rischer Waldgebiete. (Ein Irrtum, im einen wie im anderen Fall.) Aber an Eleganz und Sicherheit bleibt der

GRIECHISCHE KUNSTWERKE 225

Boiotier hinter den Athenern natürlich zurück – wie uns
der *Kopf von der Südmetope* XVI *des Parthenon be-*
weist (Inv. 1013): das Antlitz eines Athleten, noch ganz
im Nachklang der Bewegung befangen, worin er wett-
kämpfend gesiegt.

Ein wenig älter als dieser ist der Jüngling auf der
Grabstele am Fenster (Inv. 559). Er hat seine Kleider
abgelegt, hebt die Linke zu grüßender Geste und blickt
hinunter auf einen Dienerknaben, der ihm ein Kugel-
gefäß mit Salböl anbietet. »Im ausdrucksvollen Blick-
bezug von Herr und Diener ist die Schönheit, die Größe
und die Trauer jugendlich vollendeten Daseins eingefangen.« (Helbig)

Die Griechen liebten es, ihre Verstorbenen in einer
typischen Lebens-Situation darzustellen. Das vornehme
Monument scheint aus pentelischem Marmor zu sein,
der nur in Athen Verwendung fand und nicht ausgeführt werden durfte. Da der Stil des Reliefs aber eher
der Kunst zuneigt, wie sie auf den Inseln der Ägäis
geübt wurde, nimmt man an, der dargestellte junge
Mensch sei in Athen ein kultivierter Fremder gewesen,
den ein Gast-Bildhauer verewigt habe. Wo ist die lebens-
volle Ruhe geblieben, wo die klare Poesie, die diese
Jugend beseelte? Wir werden Erhabeneres finden auf
unserem Weg, auch Größeres, nichts jedoch, was uns
schmerzlicher zeigte, welchen Adel die menschliche Natur in sich trägt und wieviel sie verloren hat.

Nun durchmessen wir einen weiteren Korridor und
gelangen an dessen Ende zu einer kleinen Vitrine, die
in Sichthöhe ein einziges Gefäß birgt: die schwarzfigu-
rige *Amphore des Exekias* (Inv. 16757). Das Stück ist
in der Etruskerstadt Vulci gefunden und sieht aus, als
sei es gestern fertig geworden. Sein Töpfer und Maler
Exekias schuf es um 520 v. Chr., also hundert Jahre

226 MUSEO GREGORIANO ETRUSCO

vor Perikles und Phidias, hundert Jahre vor dem Parthenon – und dennoch, so will mir scheinen, in gleicher Vollkommenheit. Über den gewölbten Leib der Amphore zieht ein breiter, von Figuren bedeckter Streifen, der durch die beiden Henkel in zwei Felder geteilt wird. Uns entgegen blickt das rückwärtige Feld, die Hauptszene ist der Wand zugekehrt. Dort finden wir in der Mitte ein majestätisches schwarzes Roß, dessen lanzenbewehrter Reiter soeben abgesprungen ist. Er wendet sich zurück zu einer sehr eleganten Dame in reichgesticktem Bolero-Jäckchen und langem, engem Rock. Sie trägt in der Linken eine Blütendolde und reicht mit den gespreizten Fingern der Rechten eine einzelne winzige Blüte als Willkomm dem Reiter dar. Von rechts nähert sich ein würdiger Greis, der das Pferd liebevoll am Kopf streichelt. Ihm voraus trägt ein kleiner Diener einen Hocker auf dem Kopf, worauf ein gefaltetes Gewand liegt; vom Arm baumelt ihm das kugelige Salbgefäß, das wir von der Stele kennen. Beides, Festkleid und Öl, ist bestimmt für den nackten Jüngling am linken Bildrand, der sich zu einem freudig bellenden Hund hinunterbeugt. An den Figuren zeigen Inschriften an, wer die Personen sind. Der Reiter und der nackte Jüngling werden als Kastor und Polydeikes ausgewiesen, die Dame ist ihre Mutter Leda, der würdige alte Mann ihr Gemahl, der König Tyndareos von Sparta. Die Zwillinge, die hier nach Hause zurückkehren, sind nicht des Königs Söhne: Leda empfing sie von dem berühmten Schwan, in dessen Gestalt der Göttervater Zeus die keusche Königin einst überlistete. Auf unserer Szene ist von dem Problem, das sich aus solchem olympischem Ehebruch ergab, nichts zu spüren – sie entrollt sich als Idylle: ein königliches Elternpaar freut sich der Heimkehr seiner stattlichen Söhne.

DIE AMPHORE DES EXEKIAS

Auf der Rückseite des wunderbaren Gefäßes finden
wir einen Vorgang geschildert, der ähnlich dem be-
schriebenen Mythos und Menschlichkeit verbindet: die
beiden größten Griechenhelden des Trojanischen Krieges – Achilles und Ajax – spielen eine Partie Würfel.
»Drei«, sagt der helmlose Ajax, »vier«, der behelmte
Achill. Ajax ist zornig, weil er verliert. Er rückt auf
seinem Hocker weit nach vorne. (Später wird er sich
aus Gekränktheit das Schwert in den Leib stoßen, weil
man ihm des gefallenen Achilles Waffen nicht zugesprochen hat.) Hier noch mehr wie in der Hauptszene
wird die Liebe des Malers zum feinsten Detail offenbar: selbst das Muster der Gewänder, die über die Panzer fallen, ist verschieden. Wer das Gefäß in seinem
vollen Wert zu würdigen wünscht, der möge sich von
den Figuren, vom Dargestellten selbst allgemach lösen;
im Kleinsten wird er der Liebe gewahr, die hier am
Werke gewesen.

In diesem kleinen Korridor wollen wir einen Augenblick das tiefe Glück bedenken, das die Betrachtung der
griechischen Kunst auch uns Heutigen noch zuträgt. Es
ist der Geist des Morgens, des jugendlichen Tages, der
auf dem Himmelsgewölbe emporfahrenden Sonne, den
wir abendliche Menschen von ihr empfangen. Maß
spricht aus ihrer Form, Kraft aus ihren Gestalten, ihr
Innerstes aber ist Reinheit. Es ist nicht wahrscheinlich,
daß die Menschen damals glücklicher, und es ist sicher,
daß sie nicht besser waren. Doch waren sie einfacher
und im tieferen Sinne Menschen, als wir, die an Gütern
so reich geworden und so arm an Harmonie.

ZURÜCK ZUM CORTILE

Nach wenigen Schritten erreichen wir eine abwärts führende Treppe: die *Scala dei Rilievi Assiri,* dekoriert mit Inschrift-Steinen aus dem Orient. Links durch das große Fenster blickt ein Turm herein, zinnenbewehrt, in dem man nicht ohne weiteres die rechteckige Außenhülle der Spiralenrampe Bramantes erkennt. Nach einigen Stufen öffnet sich rechts eine Tür zur *Vatikanischen Vasensammlung.* Wer gleich mir ihrer Anziehungskraft widerstehen kann, der folge der Treppe weiter nach abwärts. Ihr unteres Ende entläßt uns wieder in das *Atrio del Torso.*

Fast sind wir am Ziel. Nur der Torso, der Schaber, der Apoll und der Laokoon erwarten uns noch – mit ihnen geht unsere Wanderung durch die Antike zu Ende. Dem inneren Zusammenhang zuliebe möchte ich einen letzten, winzigen Umweg vorschlagen: lassen Sie uns neuerdings das Atrio del Torso durchqueren und nicht mit diesem beginnen, sondern mit dem *Schaber des Lysipp* (Gabinetto dell' Apoxyomenos, Mittelfigur).

Vor uns steht ein Athlet nach dem Wettkampf. Ob er gesiegt hat, ist nicht erkennbar. Entspannt und gelassen schabt er sich mit der ›Strigilis‹, einer kleinen Metallsichel, das Öl vom Körper, das ihn während des Kampfes geschützt hat. Das Urbild des Werkes entstand um 320 v. Chr. in Athen, sein Meister ist Lysippos von Sykion. Von ihm überliefert uns Plinius das Wort: »Die alten Meister haben die Menschen gebildet, wie sie sind – ich bilde sie, wie sie zu sein scheinen.« Nicht mehr die Rückführung des Individuums auf seinen idealen Urtyp, sondern die Persönlichkeit in ihrer sinnenhaften Wirkung auf die Umwelt war des Lysippos künstlerischer Anreiz. So schien ihm die menschliche Qualität des jungen Wettkämpfers weder in körperlicher Anspannung noch in Sieg oder Niederlage zur Gänze ausgedrückt – in der beiläufigsten aller athletischen Tätigkeiten, der Reinigung vom Kampföl, wollte er den menschlichen Zuschnitt des Dargestellten zeigen.

Apollo

Der Jüngling ist von maßvoller Kraft, grenzbewußtem
Geist und natürlicher Sicherheit. Nicht der außerordentliche, der ordentliche Mensch ist Gegenstand des Werkes, nicht die Tat, das Getane sein Ziel. Fast scheint es,
als habe Lysippos mit dem edlen Jüngling ein Symbol
geschaffen für das Griechenland seiner Zeit: der mör-
derische Bruderkampf war vorüber, niemand hatte
wirklich gesiegt, nun versuchte man – endlich! – mit
Schönheit und Geist allein auszukommen.

Das Original war aus Bronze. Es wanderte – vielleicht als Beutegut aus der Eroberung Griechenlands –
schon bald nach Rom. Marcus Agrippa, der Freund
und Schwiegersohn des Augustus, ließ den Schaber in
den Thermen aufstellen, die er dem römischen Volk
aus Privatmitteln gebaut hatte (ihr Zentrum war das
Pantheon). Tiberius liebte das Standbild so sehr, daß
er es in seinen Palast auf dem Palatin bringen ließ. Ein
paar Tage später protestierte das Volk im Theater mit
lautem Geschrei gegen die Entführung. Tiberius mußte
nachgeben, und bald stand der Schaber wieder an öffent-
lichem Platz; wenn er nicht das Opfer späterer Barbarei geworden ist, die sein Metall begehrte, ruht er vielleicht heute noch irgendwo im Boden von Rom. Die
Plastik vor uns ist eine römische Kopie aus der Zeit des
Kaisers Claudius. Sie kam 1849 in Trastevere zum
Vorschein. Goethe, der den Schaber nie gesehen hat,
sagt dennoch das Richtige: »Man wird der Mannig-
faltigkeit der Menschengestaltung gewahr und durch-
aus auf den Menschen in seinem reinsten Zustande zurückgeführt, wodurch der Beschauer selbst lebendig
und rein menschlich wird.«

Hinaustretend in den Umgang des Cortile finden wir
links, im ersten Ecksalon, wohltuend isoliert, den *Apoll
vom Belvedere*. Das kalte, streuende Licht, das auf ihn

fällt, weckt nur einen schwachen Teil seines Lebens. Wir müssen ihn in großer Ruhe betrachten, Auge in Auge mit ihm verweilen. Dann allerdings wird etwas Ungewöhnliches geschehen: plötzlich wird er nicht mehr vor uns dagewesen sein, sondern soeben erscheinen. »Über die Menschheit erhaben ist sein Gewächs und sein Stand zeuget von der ihn erfüllenden Größe. Ein ewiger Frühling, wie in dem glücklichen Elysion, bekleidet die reizende Männlichkeit vollkommener Jahre mit gefälliger Jugend und spielt mit sanfter Zärtlichkeit auf dem stolzen Gelände seiner Glieder . . .« (Winckelmann) Auf ein fernes Ziel ist sein Auge gerichtet, die Linke trug den Bogen, die Rechte einen Lorbeerzweig – Sinnbilder für des Gottes Gewalt, die Frevler zu strafen, und für seine Macht, die Wunden des Körpers und der Seele zu heilen. Goethe hat die leuchtende Kraft der göttlichen Erscheinung mit Erschütterung empfunden. »Glüh ihm entgegen«, so schreibt er mit hastender Feder, »glüh ihm entgegen, Phoeb Apollen – kalt wird sonst sein Fürstenblick – über dir vorübergleiten . . .«

Auch hier war das Urbild aus Bronze, die über den Arm geworfene Chlamis, der Köcher und die Sandalen wahrscheinlich vergoldet. Der Meister hieß Leochares und gilt neben Praxiteles als der größte Bildhauer des spätklassischen Athen. Die Statue vor uns, eine Kopie aus hadrianischer Zeit, bringt deren kühle Glätte mit herauf. Dennoch lebt genug an sonnenhaftem Feuer in diesem Antlitz, um in unser Herz eine Ahnung zu senden von dem, was Griechenlands Götter waren. Fast ekstatisch ruft Goethe aus: »Apollo vom Belvedere, warum zeigst du dich in deiner Nacktheit, daß wir uns der unsrigen schämen müssen?« Genau hier beginnt die Schwierigkeit, die der Apoll uns

Heutigen aufgibt. Für Goethe war die Scham des Menschen, der sich vor dem Göttlichen klein empfindet, noch ein Gefühl, das keiner Erklärung bedurfte. Unsere Zeit aber, die auf das Schöne längst verzichtet hat, flieht in die Form und bespiegelt sich in selbstgefälligem Unvermögen. Wer in diesem Werk nur die Kunst sucht, nicht das Göttliche, wer sich zufrieden gibt mit Verstehen und die Ergriffenheit scheut – der eile weiter; der Marmor wird ihm ein totes Gebilde bleiben. Wie schwer ist es doch, in die Tiefe der Wirklichkeit zu sehen, wenn dem eigenen Auge kein Licht entströmt.

Kehren wir nun zurück zum Größten, zum *Torso*. Von ihm sagt Winckelmann das wunderbare Wort: »Scheinet es unbegreiflich, außer dem Haupte, in einem anderen Teile des Körpers eine denkende Kraft zu zeigen, so lernet hier, wie die Hand eines schöpferischen Meisters die Materie geistig zu machen vermögend ist.« Von der einstigen Riesengestalt sind Rumpf und Oberschenkel geblieben – und der Name des Künstlers: Apollonios, der Sohn des Nestor aus Athen. (Er lebte im ersten Jahrhundert vor Christus und hat wahrscheinlich auch den kapitolinischen Jupiter geformt, dessen spätes Nachbild wir in der Sala dei Busti gesehen haben.)

Ein schwerer Körper, in halbgebeugter Stellung auf einem Felsen sitzend, die Haut von Muskeln reich geschwellt, strahlt atmendes Leben aus. Die fehlenden Glieder sich vorzustellen, ist müßiges Spiel, auch das Haupt vermissen wir nicht. In dem gewaltigen Leib ist alles gesagt, in den Sinn kommt uns des Sophokles berühmter Vers:

> Ungeheuer ist viel. Doch nichts
> ungeheurer, als der Mensch.

VOM TORSO ZUM LAOKOON

Wahrhaftig, hier ist er, der Adam der Antike. An ihm wird das alte Wort begreiflich, daß es der Geist ist, der sich den Körper baut. Nicht der kleinste Teil ist Selbstzweck, alles lebt aus dem Gleichgewicht von Ordnung und Kraft. Die Griechen haben den Menschen so gesehen, Rom hat die Welt darnach geformt. Der Torso lehrt uns, daß der von Phantasie erfüllte Geist die Vernunft am lebendigsten gebraucht. Für die Antike ist der Mensch kein abstraktes Wesen, das sich zur Masse addiert, sondern ein Kosmos, dessen Leben mit dem Weltgebäude in Harmonie verbunden ist. Alles Menschliche findet sich darin, alle Tragik, alle Heiterkeit, alle Schwäche, alle Kraft – der Tod und Gott.

Sechzehnhundert Jahre nach der Schöpfung dieses Bildwerks hat Michelangelo den Torso gesehen. Auf der Stelle änderte er seinen Stil. Denn hier wurde ihm klar, wie groß der Mensch gedacht ist, dessen letzte Verwandlung er an die Wand der Sixtina werfen sollte. Immer wieder, während er am Fresko des Jüngsten Gerichtes arbeitete, kehrte er zum Torso zurück. Was er von ihm mitnahm, werden wir am Ende unseres Weges sehen.

Für die Kunst späterer Zeit gibt es nur ein Werk, das den Torso an Bedeutung übertrifft: den *Laokoon*. Im Cortile del Belvedere finden wir ihn – doppelt: einmal in Gips, in der westlichen Längshalle, das andere Mal in Stein, im anschließenden Ecksalon. Beide Exemplare weichen im Detail voneinander ab. Hinter solch seltsamer Art der Aufstellung verbirgt sich eine Geschichte, an der zweitausend Jahre beteiligt sind. Setzen wir uns ein wenig auf die Steinbank, von der wir Abguß und Original in einem Blick umfangen können, und folgen wir, begleitet vom Geplätscher des Brunnens, der Schicksalsbahn des Werkes, die auch unsere Tage noch berührt.

DER KAISER NERO UND
DIE ABENTEUER DES LAOKOON

Der Kaiser Nero, Muttermörder, Brandstifter, Christenverfolger, war am Beginn seiner Herrschaft ein empfindsamer Jüngling mit einem Herzen voll Toleranz. Noch Jahrhunderte später galten die ersten fünf Jahre seiner Regierung – das ›quinquennium Neronis‹ – als die beste Zeit, die Rom jemals erlebt hatte. Die Staatsverwaltung war auf dem Gipfel der Perfektion angelangt, es herrschte Frieden, der Handel blühte, und die Steuern sanken. Selbst der Korruption war man soweit Herr geworden, als es der allgemeinen Vorstellung von römischer Bürgerfreiheit zumutbar schien. Und der Staatsschatz floß über.

Niemand empfand es als ein Zeichen von Cäsaren-Wahnsinn, daß Nero alsbald begann, inmitten der Stadt einen Palast zu bauen, wie man ihn nie gesehen. Durch eine Art Naturpark mit bebauten Feldern, Wiesen und Weiden zogen sich kilometerlange Säulenhallen, die Hofgebäude, Theater, Stadien, Lustschlößchen, Stallungen und Küchen miteinander verbanden. Die immensen Kosten deckte Nero durch Zwangsausschreibungen bei reichen Senatoren, wodurch seine Beliebtheit beim Volke nur stieg. Nach außen hin stand der Kaiser damals auf der Höhe seines Erfolgs. Wenn er – keineswegs ohne Können und Geschick – öffentlich als Schauspieler oder Wagenlenker auftrat, akklamierte ihm die Menge mit solcher Begeisterung, daß es ihm leichtfallen mußte, sich über die eisige Opposition der Adelspartei hinwegzusetzen. Aber noch inmitten des Jubels vereinsamte sein Geist. Und so wurde der neue Palast – das Volk nannte ihn längst ›das Goldene Haus‹ – zur romantischen Fluchtstätte: im unerhörtesten Luxus suchte der Kaiser die quälende Erkenntnis zu vergessen, immer nur ein Talent und niemals ein Genie zu sein.

Wände, mit Perlmutt und kostbaren Gemmen ausgelegt, elfenbeinerne Blumen, aus denen Parfum sprühte, überall Statuen, Mosaiken, Brunnen; die Decke des Speisesaales, einen kreiskuppelförmigen Himmel darstellend, über den blitzende Sterne zogen – darunter versammelt die herrlichsten Skulpturen des Altertums: für Neros kranke Seele schien Schönheit das einzige Heilmittel.

Doch es half nicht. Ein Jahrzehnt später war aus dem Menschenfreund ein grauenhafter Despot geworden, dessen Wahnsinn den Staat erschütterte. Roms politische Führungsschicht raffte sich auf, ihn zu beseitigen. Um sein Leben zitternd, verließ Nero das Goldene Haus. In einem Keller an der Via Salaria versteckte er sich – und erst als seine Verfolger ihn dort aufgespürt hatten, stieß er sich widerstrebend den Dolch in den Hals. Der Senat atmete auf.

Die kleinen Leute indessen wollten Neros Tod nicht glauben. Lange Zeit stellten sie Bildnisse von ihm auf, »als ob er noch lebe und binnen kurzem zum Verderben seiner Feinde wiederkehren werde«. (Sueton) Rom aber stürzte in den blutigen Taumel des Vier-Kaiser-Jahres. So wohlmeinend Nero begonnen hatte, so böse war die Narbe, die er in der Welt hinterließ. Die Geschichte rächte sich durch das Bild, das sie von ihm zeichnete – und durch das Schicksal des Goldenen Hauses.

Mitten in Neros Palastgärten hinein setzten die Flavier das Amphitheater, das wir als Kolosseum kennen. Einen Teil der Gebäude verwandelte Titus in öffentliche Bäder. Als er zehn Jahre nach Neros Tod

Kaiser wurde, war nur das Privat-Appartement noch
intakt. Schon Domitian, der dem Titus zwei Jahre
später folgte, verließ auch dieses und zog wieder auf
den Palatin. Von da an blieb der Restbestand des
neronischen Palastes kaiserlicher Nebenbesitz, Trajan
baute noch einmal Thermen ein – und schließlich, in
späterer Zeit, verkaufte man das Ganze an einen Pri-
vatmann. Wir wissen nicht einmal, an wen.

Nur einen großen Augenblick noch hatte nach Neros
Tod das Goldene Haus: während der zwei Jahre, die
Titus dort verbrachte, zog in einen seiner Räume das
Kunstwerk ein, auf das unser Auge fällt – die Gruppe
des Laokoon. Vielleicht war es schon Neros Plan gewesen, das hochberühmte Werk von Rhodos – wo es
in hellenistischer Zeit entstanden war – nach Rom zu
bringen. Jedenfalls scheint sich in seinem merkwürdigen Geschick durch zwei Jahrtausende die Unruhe fortzusetzen, die in Neros Palast ihren Anfang nahm.

Wir sehen – in Lebensgröße – einen kräftigen älteren Mann und zwei Jünglinge, umstrickt von einem
Paar riesiger Schlangen, deren eine gerade zum Biß
ansetzt. Mit virtuoser Kälte werden an dem Vater und
seinen beiden Söhnen alle Phasen demonstriert, worin
der Übergang vom Leben zum Tode sich vollzieht:
äußerste Hoffnung auf wunderbare Rettung, verzwei-
feltes Aufbäumen der Lebenskraft, gelähmte Ergebung
in ein unbegriffenes Schicksal und das endliche Bewußtsein der Reue und der Schuld. Ein antiker Triumph
des Todes also, zurückgeführt auf drei Persönlichkeiten, in denen alle Lebensalter vereinigt scheinen. Vom
Charme der Kindheit umhüllt ist der Knabe, zum
Mannestum strebt der Jüngling, an der Schwelle zum
Alter verharrt der kraftvolle Mann. Er und der jüngere
Sohn sind durch höheren Ratschluß gezwungen, das

Leben in diesem Augenblick zu verlassen. Der ältere kann sich retten.

Dieses Werk also brachte man unter der Regierung des Kaisers Titus in den Palast, worin die Harfe des wahnsinnigen Nero und das wollüstige Geflüster der Poppäa noch kaum verstummt waren. Ein Zeitgenosse beider, der ältere Plinius, der die Gruppe gesehen hat, berichtet darüber in seiner ›Geschichte der Natur‹. Der Laokoon, so sagt er, sei ein Werk, allen anderen der Malerei und Plastik vorzuziehen. »Aus einem Block schufen ihn, den Vater, die beiden Kinder und die erstaunlichen Windungen der Schlangen, auf Ratsbeschluß die großen Künstler Hagesandros, Polydoros und Athanodoros aus Rhodos.« Leider hat der sonst so Genaue in diesem Satz einen Irrtum mitgeteilt, der später viel Verwirrung anrichtete. Man kann nämlich von der Gruppe nur dann sagen, sie sei aus einem Block, wenn man damit die Herkunft des verwendeten Marmors meint. Als Werk ist sie nicht aus einem Stück, sondern vielfach zusammengesetzt.

Wir wissen heute, daß der Laokoon schon in der Antike gewisse Ausbesserungen erfahren hat. Vielleicht waren durch den Transport von Rhodos nach Rom kleine Schäden entstanden, vor allem an den Klebestellen des Marmors – etwa an jener Naht, die den rechten Arm des Vaters mit der Schulter verbindet. Jedenfalls hat man hier – um den Arm besser zu befestigen – im antiken Rom eine Eisenklammer eingesetzt. Sie wird uns später noch beschäftigen.

Im sinkenden Altertum, als das Christentum mit seiner anfänglichen Abneigung gegen die Bildwerke der Heiden immer mehr erstarkte, geriet der Laokoon allmählich in Vergessenheit. Und eines Tages standen die Barbaren, die Rauhbärte aus dem Norden, die Goten, vor den Toren der Stadt. Längst im Verfall befand sich damals der Überrest des Goldenen Hauses. Wir wissen nicht, wie der Mann hieß, der in jener Stunde des Zusammenbruchs der Kunst des Abendlandes eine über elf Jahrhunderte währende Hilfe leistete. Vielleicht war es der Besitzer des alten Titus-Appartements, vielleicht einfach ein kultivierter Römer; jedenfalls faßte der Unbekannte in der Vereinsamung des Gebildeten angesichts der Barbarei den Entschluß, den Laokoon vor der Zerstörung zu retten. Und daß er dies tat, ist ein Zeugnis edelsten Vertrauens. Er hat nicht nur gehofft, er muß daran geglaubt haben, einmal in ferner Zukunft würden andere Menschen, erleuchtetere als die seiner Zeit, die Augen auf dieses Kunstwerk richten und seine Botschaft verstehen.

So ruhte von einem nicht bekannten Zeitpunkt des 5. Jahrhunderts an der Laokoon in seinem Prunkgemach wie in einem Grabe. Als er nach tausend Jahren ans Tageslicht zurückkehrte, leuchtete über Rom die Sonne der Renaissance. Die Päpste hatten das Erbe des alten Imperiums angetreten und gerade begonnen, das Christentum und die Antike auf neue Weise in Einklang zu bringen. Damals lag über den Resten des Altertums noch der Schutt vieler dunkler Jahrhunderte. Aber schon waren – als Flüchtlinge vor den Türken – griechische Gelehrte mit ihren unschätzbaren Bibliotheken nach Italien gekommen und hatten die Erneuerung nicht nur der Kenntnis, auch des Geistes der Antike ins Werk gesetzt. Jedermann las die antiken Schriftsteller. Die Humanität des Heidentums, seine Hochschätzung der Persönlichkeit, die Freude am schönen Körper, die individuelle Freiheit – all dies ging wie ein feiner Rausch durch die Menschen, genährt durch die Bildwerke, die der geduldige römische Boden nach dem Schweigen eines Jahrtausends aus seinem Schoße entließ.

Rom war damals keine zusammenhängend besiedelte Fläche. Überall zwischen den Stadtvierteln gab es weite Gärten, zumeist mit Wein bepflanzt. Einen dieser Gärten besaß ein Mann namens Felice de Fredis. Dieser grub am 14. Januar 1506 seinen Weinberg um und brach dabei ein. Er rutschte ein paar Meter in die Tiefe und traf auf eine vermauerte Pforte. Als er sie erbrach, sah er sich in einem reichverzierten Gemach und stand vor dem Laokoon.

De Fredis meldete seinen Fund sofort Papst Julius II. Was darauf geschah, erzählt der alte Francesco di Sangallo in einem Brief, der einundsechzig Jahre nach dem Ereignis geschrieben wurde: »Ich war noch sehr jung, als eines Tages dem Papst gemeldet wurde, in einem Weinberg nächst S. Maria Maggiore habe man einige sehr schöne Statuen gefunden. Der Papst rief einen Kämmerer und sagte ihm: ›Lauf, und sage Giuliano di Sangallo (dem Vater des Briefschreibers), er solle gleich hingehen und nachschauen.‹ Mein Vater machte sich auch augenblicklich auf den Weg. Da aber Michelangelo Buonarotti, dessen eigenes Haus durch meinen Vater noch nicht ganz fertiggestellt war, sich damals fast dauernd bei uns zu Hause aufhielt, wollte mein Vater, daß auch er mitgehe. Ich schloß mich ganz von selber an, und wir gingen. Kaum waren wir hinabgestiegen zu dem Ort, wo sich die Statuen befanden, da sagte mein Vater: ›Das ist der Laokoon, den Plinius erwähnt.‹«

Welch eine Bildung! Ein Kunstwerk, das man nie gesehen, nach der Beschreibung eines antiken Schriftstellers wiederzuerkennen, die man im Gedächtnis hat!

Damals war es beinahe selbstverständlich, solche Dinge zu wissen. Kaum war der Fund bekannt, gerieten Rom und die ganze gebildete Welt in Taumel. Der Papst kaufte de Fredis das Bildwerk ab, ließ es in den Vatikan bringen – eben in das Antiken-Gärtchen des Belvedere, woraus später der Hof geworden ist, in dem wir uns befinden –, und die Künstler errichteten Ehrenpforten über seinem Weg. Neun Jahre später war der Laokoon schon so berühmt, daß er zum Politikum wurde. Der König Franz I. von Frankreich, der damals als Sieger von Marignano in Italien stand, verlangte beim Friedensschluß vom Papst, er solle ihm als Zeichen der Aufrichtigkeit seiner politischen Gesinnung den Laokoon zum Geschenk machen. Der kunstbegeisterte Leo X. versprach zögernd, die Bitte zu erfüllen, bestellte aber gleichzeitig bei dem Bildhauer Bandinelli eine Marmorkopie, die man statt des echten Laokoon nach Frankreich schicken wollte. Doch ist nicht einmal diese nach Paris gelangt – sie steht heute in den Uffizien in Florenz.

Unter den Gedichten, die damals auf den Laokoon verfaßt worden sind, hat Filippo Magi eines entdeckt, das den Titel trägt: ›Deploratio dexteri lacerti in Laocoonte marmoreo – Klage über den Verlust des rechten Armes des Laokoon‹. Man hatte den Laokoon gefunden, aber der rechte Arm des Vaters und je einer bei den Söhnen waren verloren. Die antike Eisenklammer, die die Nahtstelle zwischen dem rechten Arm und der Schulter des Vaters zusammenhalten sollte, war im Laufe der Jahrhunderte oxidiert und schließlich gebrochen. Ähnliches ist wohl auch bei den Armen der Söhne geschehen – nur sind diese von geringerer Wichtigkeit. Der verschwundene Arm des Vaters aber sollte zu mancherlei Irrwegen führen.

DIE ABENTEUER DES LAOKOON 241

Im Drange nach Vollkommenheit, wie er die Renaissance beseelte, ging man sofort an die Rekonstruktion der fehlenden Stücke. Da mischte sich neuerdings die Politik ein. Franz I. war damals mit Kaiser Karl V. in einen mörderischen Krieg verwickelt, den Papst Paul III. zu Nizza in einen widerwilligen Waffenstill-

Der Laokoon nach Eingriff Michelangelos

stand umzuwandeln suchte. Noch in dieser heiklen Situation hatte Franz I. den Laokoon nicht vergessen, den er vor Jahren vergeblich begehrt. Aus Erfahrung wußte er, daß er das Original nicht bekommen würde. Also gab er sich mit einem Bronzeabguß zufrieden – unter der Bedingung, daß alle zeitgenössischen Ergänzungen vorher entfernt würden. Der König wollte den Laokoon so haben, wie er aus der Erde gekommen war. Paul III. erfüllte diesen Wunsch – und so besitzt der Louvre seit damals einen bronzenen Laokoon.

Als der Abguß vorgenommen wurde, arbeitete Michelangelo an dem Riesenfresko des Jüngsten Gerichtes in der Sixtina. Der einzige Ort, den der scheue Meister aufsuchte, um Kraft und Atem zu finden für sein zyklopisches Werk, war das Belvedere-Gärtchen mit den Antiken. Hier begegnete er aufs neue dem von allen Ergänzungsversuchen befreiten Laokoon. Und hier zündete der Funke des Genies. Michelangelo besah sich die antike Bruchstelle und meißelte dann in roher Form für die Figur des Vaters einen rechten Arm, würdig des Originals. Um ihn anzubringen, griff er bedenkenlos in den antiken Bestand des Kunstwerks ein. Er nahm von der Schulter des Laokoon ein Stück von etwa zehn Zentimeter Tiefe weg und bohrte in die so gewonnene neue Ansatzstelle eine L-förmige Vertiefung, der ein erhabener L-Zapfen an seinem Ergänzungsarm entsprach. So dachte er, einen festen Halt für seine Hinzufügung geschaffen zu haben. Merkwürdigerweise ist dieser Arm von Michelangelo nicht vollendet und auch niemals angebracht worden.

Noch im gleichen Jahrhundert aber machte sich der Bildhauer Montorsoli, ein Schüler Michelangelos, an die Arbeit. Er ergänzte den Arm des Laokoon in der Weise, wie er in unsere Schulbücher eingegangen ist:

in hochgestreckter Bewegung, einen Teil des Schlangenkörpers von sich wegstreckend. Zu dieser Lösung war Montorsoli gekommen, weil er von der Bruchstelle ausging, die Michelangelo geschaffen hatte. Nimmt man sie als Original, so ergibt sich zwingend die Annahme, der ursprüngliche Arm müsse eine Streckbe-

Der Laokoon mit Ergänzungen Montorsolis

wegung nach oben vollführt haben. Montorsolis Versuch hat im Laufe der Jahrhunderte manche Kritik gefunden, doch gelangten weitere Verbesserungsvorschläge nicht zur Ausführung. Falsch ergänzt blieb der Laokoon unberührt im Hof des Belvedere.

Zwei Jahrhunderte später erreicht Goethe die Stadt Rom. Bei Fackelschein geht er in tiefer Nacht in den Vatikan, um den antiken Bildwerken das Leben abzuschauen. Hier begegnet er dem Laokoon, und dieser trifft ihn wie ein fixierter Blitz. Nicht den Priester, nicht den Heros sieht er, nur den Menschen, den Vater in höchster Bedrängnis. Entfernt stellt er sich auf, schließt die Augen, öffnet sie einen Moment, schließt sie wieder – und sieht den Marmor in leibhaftiger Bewegung. Gleichzeitig aber ahnt er, daß die Bewegung falsch ist, da die Ergänzungen das Auge in die Irre führen.

Genauso war es Winckelmann ergangen, der eine Generation vor Goethe nach Rom gekommen und dort zum Präsidenten der päpstlichen Altertümer aufgestiegen war. Auch er empfindet das Werk als gestört, kommt aber dennoch zu der Überzeugung, daß in dem Laokoon »mehr verborgen liegt, als was das Auge entdecket, und daß der Verstand des Meisters viel höher noch als sein Werk gewesen«.

Schließlich – um den Dritten im klassischen Bund zu nennen – hat Lessing den Laokoon in falsch ergänzter Gestalt zum Ausgangspunkt seiner berühmten Theorie über die Kunst gemacht und die deutsche Bildungswelt weit über seine Zeit hinaus damit beeinflußt.

Am Ende des 18. Jahrhunderts betrat den Boden Italiens Napoleon Bonaparte. Als Trophäe seiner Siege wanderte wenig später – wie wir schon wissen – der Laokoon nach Paris. Er fand im Louvre Aufstellung

DIE ABENTEUER DES LAOKOON 245

– unter einem Dach mit jenem Bronzeabguß, der vor dem
Eingriff Michelangelos für Franz I. gegossen worden
war. In den achtzehn Jahren, die der Laokoon im Louvre
verblieb, hat sich niemand die Mühe genommen, die
beiden Exemplare zu vergleichen. Unentdeckt blieb,
daß die Schulter des Vaters und somit der Ansatz seines rechten Armes nach dem Bronzeabguß verändert
worden war, eben durch Michelangelos Eingriff. Niemand bemerkte, wie recht Michelangelo gehabt hatte,
seinen ergänzten Arm nicht in die Höhe gehen zu lassen,
sondern zu beugen. Ein Rätsel wird schließlich bleiben,
wie es kam, daß schon so kurze Zeit nach dem Eingriff Michelangelos Montorsoli nicht mehr gewußt hat,
was mit der Schulter des Laokoon nach dessen Wieder-
entdeckung geschehen war.

Begeben wir uns nun in das Jahr 1905. Damals stö-
berte der deutsche Archäologe Pollak in der Werkstatt eines Steinmetzen an der Via Labicana herum
und fand einen muskulösen, im spitzen Winkel ge-
beugten Arm, dem die Hand fehlte. »Gleich sah ich«,
so schreibt Pollak, »daß es der rechte Arm eines Laokoon sei, und erwarb ihn, um ihn vor dem sicheren
Untergang zu retten.« Er nahm den Fund mit in den
Vatikan, versuchte, ihn an den Körper des Vaters an-
zupassen, was aber durch Michelangelos Schuld miß-
lang. Und so blieb der Arm liegen, wie der des Michelangelo vor ihm.

Erst unserem Jahrhundert war es vorbehalten, die
Rätsel um den Laokoon zu lösen. Heute, da ein Zeitalter zu Ende geht, gibt er sein Geheimnis preis. 1958
entdeckte Filippo Magi, damals Generaldirektor der
Vatikanischen Museen, bei einem Besuch im Louvre
die Differenz zwischen dem Schulteransatz des Bronze-
abgusses und dem des Originals. Da gleichzeitig die

Funde von Sperlonga zur Verfügung standen, gingen zahllose Spekulationen auf, und nach fünfzig Jahren bekam Pollak mehr recht, als er selber gewußt hatte.

Magi, dem die Pariser Entdeckung den letzten Antrieb verliehen hatte, ging an ein kühnes Unternehmen. Nachdem er den Laokoon in seiner bisherigen Gestalt noch einmal sorgfältig in Gips hatte abgießen lassen, nahm er die Figurengruppe vollständig auseinander. Er entdeckte die verschiedenen Techniken der Aneinanderfügung – die Griechen hatten möglichst wenig Metall und meist einen besonderen, aus Harzen bereiteten Klebstoff verwendet –, er entdeckte die römischen Stützen und Ausbesserungen, und er entdeckte vor allem das tiefe L-förmige Loch des Michelangelo in des Laokoon Schulter. Jede Einzelheit wurde fotografiert. Magi fügte den Arm des Michelangelo an den Leib des Laokoon und siehe – er paßte. Dann goß er, nach den Maßen der Louvre-Bronze, das von Michelangelo entfernte Schulterstück nach, erhielt so die ursprüngliche Bruchstelle zurück, fügte den von Pollak gefundenen Arm ein und siehe – er paßte. Das Ergebnis all dieser Bemühungen ist, daß man heute im Vatikan den Laokoon zweimal zu Gesicht bekommt: einmal, wie er früher war, wie Winckelmann, Lessing und Goethe ihn gesehen haben, und das andere Mal von allen späteren Ergänzungen befreit – das antike Original. Den unvollendeten Arm des Michelangelo finden wir rückwärts am Sockel. Dies ist der formale Abschluß der Abenteuer des Laokoon.

Wir aber lassen die lange Reihe der Gestalten, deren Schicksale mit dem des Laokoon verbunden waren, noch einmal an uns vorüberziehen: die Künstler auf der Roseninsel Rhodos, die das Werk geschaffen, Titus, der

DIE ABENTEUER DES LAOKOON

es in des Neros Haus hat aufstellen lassen, Plinius, der
es gepriesen, der Weinbergbesitzer, der es entdeckt,
Papst Julius II., der es für den Vatikan erworben, Napoleon, der es daraus geraubt, Pollak, der den fehlenden Arm gefunden, und schließlich Magi, der dem Geist
der drei griechischen Künstler des Anfangs wieder zum
Recht verholfen hat. Dazu Winckelmann, der den Laokoon zum erstenmal in der Wissenschaft ansiedelte,
Lessing, der von ihm seine Theorie der Kunstkritik
ableitete, und endlich Goethe, der wie fast in allen
Dingen auch hier dem Auge zum erstenmal sein königliches Vorrecht verschaffte. Alle diese Menschen bedenkend, wollen wir noch einmal zurückkehren zu jenem
Unbekannten, der am Ende der Antike die schützende
Mauer vor den Laokoon legte. Hat er wirklich nur
ein Werk der Kunst retten wollen? Oder sah er in dem
Vorgang, den die Gruppe darstellt, einen Sinn, der
hier reiner und leuchtender zutage tritt als irgendwo
sonst? Und sollte dieser Sinn einer späteren Zeit Mahnung und Beispiel sein?

Die Wiederherstellung des Laokoon, wie wir sie in
unseren Tagen erlebten, brachte in das Werk einen
Ausdruck, den es in den Jahrhunderten vorher nicht
besaß. Gewichen war aus der Gruppe die Geste des
Protestes, die sich am deutlichsten in dem hochgestreck-
ten Arm des Vaters manifestiert hatte. Eingezogen
war in den Marmor – durch die Beugung des Armes –
der Geist der Ergebung, die Hinnahme des Schicksals.
Heute steht der Laokoon vor uns nicht mehr als der
bestrafte Frevler, sondern als ein heiliges Opfer.

Laokoon ist ein Priester des Poseidon aus dem königlichen Hause, das die Stadt Troja regiert. Die Griechen, die Troja zehn Jahre vergeblich belagert haben,
greifen schließlich auf des Odysseus Rat zu einer List.

DIE ABENTEUER DES LAOKOON

Sie täuschen vor, sich einzuschiffen, lassen aber an der Küste ein riesiges hölzernes Pferd zurück, in dessen Bauch ihre bewährtesten Krieger verborgen sind. Die Trojaner glauben sich endlich befreit, sind aber unschlüssig, was mit dem Pferd geschehen soll. Man konnte es verbrennen. Man konnte es über die Stadtmauer hinunterwerfen. Oder sollte man es der Göttin Athene weihen? Athene war den Trojanern immer feindlich gewesen. Wenn man ihr das Pferd darbrachte, würde sie sich vielleicht versöhnen lassen. Da erhob Laokoon seine Stimme und warnte die Trojaner, das Pferd in die Stadt zu ziehen. Kaum hatte er seine Rede beendet, tauchten aus dem Meer zwei Schlangen auf und töteten ihn und einen seiner Söhne.

Wer hat die Schlangen geschickt? Athene, die den Hellsichtigen bestrafen wollte, weil er versucht hatte, den beschlossenen Fall Trojas zu verhindern? So dachte man lange. Heute hat der veränderte Ausdruck des Laokoon dazu geführt, daß man sich einer Stelle in der ›Iliou Persis‹ erinnert, die den Vorfall anders berichtet. Apollo ist es gewesen, der die Schlangen gesandt hat – der Gott, der zu den Trojanern hielt. Er wußte, die Stadt war nicht zu retten, denn das Schicksal wollte ihren Untergang. Schon waren die Griechen vom Meere zurückgekehrt, schon waren die Trojaner aufs neue bedrängt. Da opferte Apoll den königlichen Priester und einen seiner Söhne, um durch deren furchtbare Todesart die Aufmerksamkeit der Griechen und der Trojaner vom Kampfe abzulenken. Diesen Augenblick nämlich sollte der Königssohn Äneas dazu benützen, mit einem Teil des Volkes heimlich aus der Stadt zu fliehen und sich in den Abhängen des Ida zu verstecken. Laokoon mußte sterben, damit nicht alle Trojaner untergingen. Denn Äneas sollte nach manchen Irrfahrten die Küste Italiens erreichen, um der Stammvater der Römer zu werden.

Laokoons Opfer ist die erste behütende Tat für den Lebenskeim Roms. Mit Laokoon beginnt der endlose Zug jener, die unter Preisgabe ihres Lebens die heilige Roma vor Schaden und Verderben beschützten. Deshalb war der Platz dieses Bildwerkes zu Recht im Hause des Kaisers. Deshalb wohl hat auch jener Mann am Ende der Antike unter den Tausenden von Kunstwerken der Stadt gerade dieses vor dem Ansturm der Barbarei zu retten versucht. Und daß die Rettung glückte, daß wir heute in des Laokoon ursprünglicher Gestalt den tiefen Sinn seiner Existenz erkennen, gibt dem Unbekannten recht. In einer Zeit der Verzweiflung hat er nicht aufgehört, daran zu glauben, daß der Mensch auch im Vollzug tragischen Geschickes einem höheren Willen anheimgegeben sei, der ihn zum Guten führt.

RÜCKBLICK

Wir haben ein Zeitalter durchmessen und sind vorübergewandert an Tausenden von Denkmälern, die uns den Menschen in seiner Vollnatur vor Augen stellten – gezeichnet von vergossenem Blut und dennoch von Schönheit geadelt, getrieben von Heimtücke und dennoch von Güte beseelt, vielfach durch Gewalt aus dem Leben gerissen und nicht weniger oft bereit, es für ein Ideal zu opfern. Immer war dieser Mensch befangen in den Grenzen des Egoismus und gleichzeitig entschlossen, seine Fesseln zu sprengen. Planend, dichtend, glaubend war er sich selbst gewiß ein Rätsel, doch ausgeforscht bis in feinste Verzweigung.

Unmeßbar ist, was von der Antike her noch in uns Heutigen lebt. Die Demokratie, die Universität, der

Sport wurzeln in griechischem Geist. Das Drama, die Komödie, die Tragödie wurden in Hellas geboren. Die Geschichtsschreibung, die Epik, der Roman, die Lyrik, der Dialog sind Früchte griechischer Erfindungskraft. Die griechische Musik hat den Kosmos unserer Töne geordnet – erst heute geht er vor dem gemeinsamen Ansturm Afrikas und der Elektronik in Trümmer. Noch aber schwört jeder Arzt der Welt, wofern er innerhalb der modernen Medizin wirkt, den Eid des Hippokrates. Die Astronomie, die Meteorologie, die Zoologie, die Botanik reichen hinab zu griechischen Anfängen. Die Hochschätzung der Vernunft, die Verkettung von Sachverhalten und Gedanken in der Logik, das Denken überhaupt als natürliche menschliche Kraft – die Griechen haben damit begonnen. Endlich haben sie uns gelehrt, daß es vereinbar ist, Weisheit zu suchen und gemäß ihren Erkenntnissen zu leben. Nicht der Heros, nicht der Herrscher – der Philosoph war den Griechen der ideale Mensch.

Rom hat dies alles aufgesogen und daraus – nach schweren Machtkämpfen – den Universalitätsgedanken geboren. Zu seiner Verwirklichung hat es das tragfähigste Weltgebäude der menschlichen Gesellschaft errichtet und über sein weites Herrschaftsgebiet einen Frieden gebreitet, nach dessen Wiederkunft wir uns vergeblich sehnen. Seine Schrift wird heute auf der halben Welt geschrieben, seine Sprache lebt in vielen Abarten weiter in Italien, Frankreich, Rumänien, Spanien, Portugal und den lateinamerikanischen Staaten. Das Englische ist durchsetzt mit lateinischen Wörtern, die Internationalität der Wissenschaft hängt an ihrer lateinisch-griechischen Terminologie. Die herrlichste aller Sprachen, das Latein, war bis herauf ins 19. Jahrhundert über Politik und Kriege hinweg das wertbe-

ständige Kommunikationsmittel aller Gebildeten. In
seinem kristallinischen Wortgefüge fand das Gedan-
kengut unserer Zivilisation eine übernationale Heimstätte, an der jedermann teilhaben konnte. Durch das
Vorbild Roms sind die Ideen vom Rechtsstaat und
vom Völkerfrieden davor bewahrt worden, als Uto-
pien verworfen zu werden, denn Rom hat bewiesen,
daß man sie verwirklichen kann. Der Griechen rastlos-
fragendes Suchen galt dem Menschen und seinem Geist,
Roms kraftvolles Streben schuf dem Menschen seine
Welt, und aus beidem zog das Christentum durch den
Filter des Evangeliums die Idee: der Mensch – ein
unsterbliches Wesen.

Das Zeitalter des Menschen – hat es nicht vollbracht,
was auf dem Eingangstor des Delphischen Orakels zu
lesen stand: »$\gamma\nu\tilde{\omega}\vartheta\iota\ \sigma\varepsilon\alpha\upsilon\tau\acute{o}\nu$ – erkenne dich selbst?«
Auf dem Wege dahin hat der Mensch ein höheres Ge-
setz nicht nur geahnt, sondern erkannt – und sofort
dagegen rebelliert. Das Schicksal schien ihm noch über
den Göttern zu stehen – also fühlte er sich durch die
Gemeinsamkeit des Erleidens den Göttern ebenbürtig,
was diese wiederum als Hybris furchtbar zu strafen
pflegten. An den Grenzen der Vernunft, an der End-
lichkeit des Verstandes, am Chaos der Gefühle maß der
Mensch der Antike sein Wesen – und wurde fromm,
was immer auch der Gegenstand seiner Verehrung war:
Götter, Ideen, ewige Prinzipien, das Licht oder der
eine Gott. Er versuchte, Recht zu schaffen nicht nur,
um Unrecht zu tilgen, sondern um der Erkenntnis willen, daß freiwillige Beschränkung des einzelnen geboten ist, wenn die Freiheit aller gedeihen soll. Gegenüber seinen eigenen Siegen entwickelte er allgemach
die Skepsis der Vorläufigkeit, denn gleichzeitig erwachte seine Ahnung, daß ewige Größe eher aus tra-

gischem Untergang erwächst. Von dort her spricht des
Sophokles Antigone das edelste Wort der Antike:
»Nicht mit zu hassen, mit zu lieben bin ich da.« Sie
hat die Liebe schon gespürt als das Größte, wessen der
Mensch fähig ist – nur war diese Liebe noch mit Tod
verbunden, nicht mit Erlösung.

Fast zwei Drittel dieses Buches haben wir mit dem
Altertum zugebracht. Sehr berechtigt scheint die Frage:
Was hat das alles mit dem Vatikan zu tun? Heißt das
nicht den Besucher in die Irre führen – der doch gekommen ist, das Zentrum der katholischen Christenheit zu sehen? Warum schicken ihn die Päpste durch die
endlosen Irrgärten des antiken Rom, bevor er eine nennenswerte Spur des Christentums entdeckt? Steckt dahinter etwa die Absicht des Vatikans, den harmlosen
Pilger so zu ermüden, daß er – endlich in die Zonen
des alten päpstlichen Palastes gelangt – dort manches
wenig Christliche nicht mehr bemerkt? Schließlich: ist
nicht die Sammlerleidenschaft der Päpste bestenfalls
eine Nebenwirkung ihres Amtes, die wir Heutigen
eher verurteilen als billigen sollten?

Ich gebe zu: der Vatikan als geistiges Kraftwerk der
katholischen Kirche müßte ebensogut funktionieren,
wenn kein einziges antikes, ja wenn überhaupt kein
Kunstwerk in seinen Hallen zu finden wäre. Doch ist
dies eine Feststellung, die unserer Gegenwart vorbehalten blieb. Von Konstantin dem Großen bis tief herein
in die Neuzeit wäre niemand auf den Gedanken gekommen, die Kirche könne der Kunst entbehren. Im
Gegenteil: wo sollte die Kunst als wesentliches Aus-
drucksmittel des Menschen eine ihrer Natur gemäßere
Heimat finden, als in der Kirche? Erst heute ist man
geneigt, im Pontifex Maximus einen Priester zu sehen,
dem es schlecht ansteht, gleichzeitig ein Mäzen zu sein.

Erst wir sind es, die aus den Sammlungen des Vatikans ein Museum machen, das dem Papst zum Vorwurf wird.

Indessen: haben wir wirklich nur Kunst gesehen? Ist nicht in all diesen Zeugnissen einer Epoche, die den Menschengeist geformt hat, eine Spur von den ewigen Regungen des Herzens aufbewahrt? Fordern uns diese zahllosen Monumente nicht behutsam auf, darüber nachzudenken, was am Menschen unvergänglich ist?

Wenn wir in Leistungen und Irrtümern die Schicksalsbahnen der Antike zusammennehmen, so bietet uns der Vatikan zwei entscheidende Perspektiven: vor uns entrollt sich das Bild eines Zeitalters, in das hinein zum ersten Mal die Worte des Evangeliums erklangen – und wir erkennen die Zustände des Herzens, die der christlichen Wahrheit vorausgesetzt waren: Einsicht in die eigene Unzulänglichkeit, Hoffnung auf einen tieferen Sinn des Lebens und die Sehnsucht, von der Nachtseite unseres Wesens erlöst zu werden. Im Spiegel der Antike entdecken wir, daß der Mensch sich gleichgeblieben ist. Darauf aber gründet der Anspruch des Evangeliums, für alle Zeiten gültig zu sein.

Noch bis in unsere Tage herein galt als unbestrittene Schulweisheit, die Wurzeln der abendländischen Kultur seien Antike und Christentum. Dabei wurde vom einen zum anderen säuberlich unterschieden. Heute, inmitten der Auflösung dieser Kultur, stellen wir uns die Frage: Ist die Antike wirklich ein Phänomen, in das die christliche Idee wie ein Blitz vom Himmel einschlug, zerstörend und verwandelnd zugleich? Dagegen wage ich zu behaupten: Das Auftreten Jesu Christi geschah nicht außerhalb, sondern im Innern der Antike: es ist ihr bedeutendstes und erregendstes Ereignis. Wo fände man in der Weltgeschichte einen Zeitabschnitt, der in ähnlich unerhörter Weise – unbewußt und konsequent – auf ein einziges Ziel hin orientiert ist? Wo gäbe es ein Schauspiel, das deutlicher den Sinn der Geschichte offenbarte, als die Bereitung des Nährbodens für das Samenkorn der christlichen Idee? Der Höhepunkt der Antike heißt Christus – warum wundern wir uns also, wenn Sein Fortleben auch das Zeitalter unsterblich machte, worin Er unter den Menschen erschien?

DIE WELT DER PÄPSTE

DER VATIKAN UND DER GEIST
DER RENAISSANCE

Wandern wir nun, meine Leser, endlich in die Welt der
Päpste. Ihr Generalthema im Vatikan rechtfertigt,
warum wir bei der Antike so lange verweilten. Es
trägt den Namen ›Renaissance‹. Das dazwischen liegende Jahrtausend wird unseren Weg nur in kleinen
kostbaren Gegenständen säumen, die die Größe seiner
Geschichte mehr andeuten als erzählen. Wer das Mittelalter sucht, wird im Vatikan enttäuscht. Überhaupt
hat Rom darin viel weniger zu bieten als die herrlichen
Papststädte Latiums – etwa Viterbo oder Anagni. Im
römischen Stadtgebiet finden sich ein paar edle Kreuz-
gänge, in manchen Kirchen strahlen hieratische Mosaiken, aber es gibt – die Engelsburg eingeschlossen – auf
dem Boden der Stadt kein Monument, das dem mittelalterlichen Papsttum die Ehre zollte, die ihm gebührt.
Selbst der Lateran, durch dramatische Jahrhunderte
der Königssitz apostolischer Macht, hat das Kleid seiner Triumphzeit eingebüßt und weist nur noch verein-
zelt Zeugnisse vor, die über das 14. Jahrhundert zu-
rückreichen. Was heute den Glanz des päpstlichen
Rom ausmacht, wurzelt entweder tief in der Antike –
oder es nimmt seinen Anfang erst in der Zeit Nikolaus v. (1447–1455), der den Humanismus in Rom
zur beherrschenden Bewegung machte und die Renaissance lächelnd ermunterte, ihr jugendliches Haupt
über Stadt und Erdkreis zu erheben.

Die Abwesenheit des Mittelalters auf unserem Wege
ist aber nicht unbedingt ein Mangel. Je mehr es unserem Blick entrückt ist, um so kraftvoller leuchtet die
Kontinuität des antiken Erbes im Lebensraum des
Heiligen Stuhls. Allerdings ist eines nicht zu leugnen:

MELOZZO DA FORLI
Sixtus IV. und der Humanist Platina, um 1480
Fresko aus der ersten vatikanischen Bibliothek
Pinacoteca Vaticana

VATIKAN UND RENAISSANCE 257

es hat schon immer Menschen gegeben, die dieses nicht
wegzuräumende Gewicht der Antike als furchtbare
Belastung des christlichen Glaubens empfanden. In
jüngster Gegenwart sind ihrer sehr viele geworden.
Möglicherweise wird das Erbgut des Altertums heute
von der Kirche selbst in den Schutt der Geschichte geworfen. Es scheint, als bringe kaum jemand noch die
Mühe auf, jene so unbedenklich zum Trümmertod verurteilten Menschheitswerte darauf zu prüfen, ob ihr
Bestand nicht etwa zeitlos sei. Geschähe dies nämlich,
so wäre entweder zu bekennen, daß man den Anspruch der griechisch-römischen Tradition für heutiges
Menschenmaß als zu groß empfindet – oder man müßte
zugeben, daß die Kirche der antiken Jahrhunderte zu
einem ungeschichtlichen Idealbild geworden ist. Gilt
doch heute das frühe Christentum vielfach als einzig
heilbringendes Vorbild, während die Herrschaft des
Rechtes und die Übernationalität der Lebensform, die
die Kirche der antiken Zivilisation verdankt, für ein
Ärgernis gehalten werden, das auszureißen das Evangelium befiehlt. Mir kommt das so vor – aber das ist
meine persönliche Meinung –, wie wenn ein Arzt die
Kreislaufstörungen seines vertrauensvollen Patienten
durch eine Herzoperation beseitigen wollte. Im nächsten Band dieser Rom-Reihe, der das ungeheure
Schicksal der Peterskirche zum Gegenstand hat, wird
von alledem noch eingehend die Rede sein.

Die Welt der Päpste, in die wir jetzt eintreten, hat
das Gegenteil des soeben Geschilderten leidenschaftlich
versucht. Am Beginn der Neuzeit schien es, als führe
die Wiederbelebung der Antike dem bis dahin ausge-
formten christlichen Lebensbild eine gewaltige Kraft
zu: die Freiheit. Pico della Mirandola, der bezaubernde Humanist, hat den Gedanken in seiner berühm-

ten Rede ›De hominis dignitate – Von der Würde des Menschen‹ emphatisch formuliert: »O wie groß ist die Freigebigkeit Gottes! Welch höchstes, bewundernswertes Glück ward dem Menschen gespendet! . . . Er vermag zu sein, was er begehrt. Die Tiere besitzen von der Geburt an alles, was sie jemals besitzen werden. Die höchsten Geister sind vom Uranfang an . . . dasjenige gewesen, was sie bis in alle Ewigkeit bleiben werden. In den Menschen allein streute der Vater bei seiner Geburt den Samen zu allem Tun . . .« Hier wird der Mensch als ein Wesen gesehen, das im eigenen Willen die Möglichkeit besitzt, fast bis zur Höhe Gottes aufzusteigen – ebenso wie es ihm freigestellt ist, durch den Entschluß zum Bösen ein dem bloßen Auge sichtbarer Teufel zu werden. Die Last der Erbsünde tritt im Bewußtsein der Gebildeten zurück gegenüber der freien Entscheidung für oder gegen den Willen Gottes. Der Mensch empfindet, daß er auch in der Unvollkommenheit seiner zeitlichen Begrenzung die Krone der Schöpfung ist – gleichviel, wohin seine Freiheit ihn führt.

Dabei bestand das Mittelalter fort. Es lebte in den Systemen der scholastischen Philosophie und Theologie, die die Grundlagen der katholischen Weltanschauung bildeten – nach wie vor. Das Volk hing weiterhin mit frommer Liebe und Phantasie an seinen Madonnen und Heiligen, war zu Wallfahrten und Aberglauben gleicherweise bereit und seufzte unter der Fron, die seine humanistischen Tyrannen, je schönheitssüchtiger um so geldgieriger, ihm abverlangten. Widerstreit und Mißbrauch beider Lebensformen mobilisierten alle Geister jener Zeit, doch war der Grundgedanke der Renaissance nicht mehr aus der Welt zu schaffen: die Menschheit konnte veredelt werden, wenn sie sich

darauf besann, menschlicher zu sein. Menschlich sein –
das war aber damals gleichbedeutend mit der Gesittung, deren große und umfassende Vorbilder in ewiger Jugend aus der Antike emporstiegen.

In dieser eigenartigen Revolution ging das Papsttum, dem man so gerne den Vorwurf der Rückständig-
keit macht, mit Riesenschritten voran. Der römische
Hof wurde zur Heimstätte der Humanisten, mit denen sich die Päpste in der Idee einig wußten, »aus der
Welt ein einziges, allen gemeinsames Vaterland zu machen, damit die Menschheit sich als einzig-einiges Volk
fühle unter der einen Sonne, die allen gemeinsam
leuchtet«. Dies ist, in der Formulierung des Grafen
Castiglione, der Gedanke, unter welchen Aristoteles
die Erziehung Alexanders des Großen gestellt hatte.

Die Renaissance in Rom ist seit Jahrhunderten der
bittersten Kritik jener ausgesetzt, die ihr die Hoch-Zeit
der Künste zwar widerwillig zugestehen, sie aber desto
überzeugter für den tiefsten Abgrund halten, in den
die katholische Kirche jemals geriet. Über die Hem-
mungslosigkeit, mit der damals geirrt worden ist, besteht kein Zweifel. Doch sollte man die Ideale nicht
übersehen, die jene Zeit sich selbst gegeben und ohne
die noch wir Heutigen unser Leben kaum einzurichten
vermöchten. Am Vorbild der Antike entdeckte die Renaissance das Individuum, seine Kräfte und seine Freiheit. Doch war man weit davon entfernt, antike Verhältnisse einfach nachzuahmen oder zu übernehmen.
Die Gesetze des harmonischen Zusammenlebens für so
viele, zu neuem Selbstbewußtsein erwachte Individuen
waren noch nicht gefunden. Folglich mußten die ge-
fährdetsten Menschen des Zeitalters jene Päpste sein,
die es gewagt hatten, ihre noch in mittelalterlichen
Formen befangene Kirche in den Strudel der Renais-

260 VATIKAN UND RENAISSANCE

sance zu reißen. Es war gar nicht aufzuhalten, daß sie
noch mehr als bisher zu Fürsten dieser Welt wurden.
Doch waren sie es auf eine neue Weise: zum erstenmal
in der Geschichte des Papsttums dominierten Geist und
Schönheit über die politische Macht, und für kurze
Zeit schien die Kunst ein neuer Pfad zu sein, sich der
Herrlichkeit Gottes zu nähern.

So werden wir auf unserer Wanderung durch den
zugänglichen Teil der Vatikanischen Paläste nun einem
Papsttum begegnen, das nach der Wegstrecke eines
Jahrtausends – vom Ende der Antike bis zur Renaissance – aufs neue mit dem Lebensraum konfrontiert
wurde, aus dem es einst gekommen war. Voller Kraft
nimmt es ihn auf – und verwandelt sich selbst.

Um das erste Zeugnis dieses Geschehens zu betrachten, müssen wir – getreu den vatikanischen Spielre-
geln – einen längeren Weg zurücklegen; denn es handelt sich um ein Bild in der Pinakothek. Streben wir
also wieder den Quattro Cancelli zu – und hinaus auf
jene große Terrasse, von der aus wir zu Anfang das
Werden der Vatikanischen Paläste erörtert haben. Hier
wird den Rauchern unter Ihnen, meine Leser, eine
Zigarette fast überirdische Wonnen bereiten – sofern
Sie auf den langen Märschen in den Gefilden des Altertums das Laster nicht schon aufgegeben haben. (Ob
Dante bei Vergils Führung durch Hölle und Fegefeuer
auch so müde wurde? Jedesmal, wenn er erbarmungs-
los ist, wünschte ich es ihm – doch davon später.) Hier
also liegt, nach Überquerung der Terrasse, direkt vor
uns die Bildersammlung der Päpste.

Mit Recht ist die *Pinakothek* ein abgesonderter Bezirk – das einzige wahrhafte Museum im Vatikan. Der
gedrungene Bau hat alles verschluckt, was früher in

GRÜNDUNG DER BIBLIOTHEK 261

schönem Durcheinander die Korridore und Gemächer
der Apostolischen Paläste zierte, dazu noch manches,
was nach Napoleon nicht mehr an seinen alten Platz
zurückkehrte, und schließlich einiges aus der Peterskirche. Gleich beim Eintritt merken wir: hier herrscht
nicht das geringste Chaos. Mit wenigen Ausnahmen –
denn die Perfektion der Ordnung wäre dem Vatikan
nun doch zu gefährlich – hängen die Bilder gemäß der
Chronologie ihrer Entstehung. Zum großen Teil sind
sie sorgfältig beschriftet und haben gutes Licht – ein
Querschnitt durch die christliche Malerei, nicht überreich, aber typisch. Das einzige, was fehlt, ist der
Charme, den die alte Kunst- und Wunderkammer der
Päpste sonst so generös verstreut.

Dies bedenkend, möchte ich Ihnen einen waghalsi-
gen Vorschlag machen: betrachten wir für dieses Mal in
der Pinakothek nur ein einziges, und nicht einmal das
bedeutendste Bild. Denn so absurd es klingt – im
Band über die Peterskirche werden wir ohnehin noch
einmal hierher zurückkehren, und sei es nur, um die
Originale einiger Altarbilder von St. Peter aufzusuchen, die in der Basilika durch feinste Mosaik-Kopien
ersetzt worden sind. Jetzt aber begeben wir uns sogleich in den Saal IV, an dessen Innenwand ein ab-
genommenes und gerahmtes Fresko hängt, das aus den
Räumen unter der Sixtinischen Kapelle stammt: Melozzo da Forlìs *Gründung der Vatikanischen Bibliothek*.

Wir blicken in einen langgestreckten Büchersaal mit
reicher Kassettendecke, die von ornamentierten Pfeilern getragen wird. Den Vordergrund füllen fünf Personen aus, die auf eine sechste zentriert sind: den ma-
jestätisch thronenden Papst *Sixtus* IV. (1471–1484).

SIXTUS IV. GRÜNDET DIE BIBLIOTHEK

Er war das Kind bäuerlicher Eltern und schon in früher Jugend so kränklich, daß seine Mutter ihn dem hl. Franziskus weihte – was als probates Mittel bei Kindern galt, von denen man nicht wußte, ob sie am Leben bleiben würden. Als er sich mit neun Jahren einigermaßen gekräftigt hatte, zog seine Familie aus dem Gelübde die Konsequenz und schickte ihn in ein Franziskaner-Kloster. Von dort wurde er für ein paar Jahre an die Familie della Rovere ausgeliehen, um deren nicht sehr lernwütige Kinder zu unterrichten. Den Aufenthalt in diesem klein-aristokratischen Milieu hat er als so angenehm empfunden, daß er aus Dankbarkeit den Namen der Familie übernahm: della Rovere heißt ›von der Eiche‹ – noch als Papst führt Sixtus im Wappen den Eichenbaum. Die philosophischen und theologischen Studien absolvierte er an den Universitäten von Pavia, Padua und Bologna, wurde rasch Professor und entwickelte ein so überragendes Lehrtalent, daß man später zu Recht von ihm sagte, die ganze nachfolgende Generation der Gebildeten Italiens sei bei ihm in die Schule gegangen. Im Zeitalter der Bildungsleidenschaft mag dieser Ruhm den Franziskaner-Orden bewogen haben, den großen Gelehrten zum General zu wählen. Damals war er fünfzig. Drei Jahre später trug er den Purpur, weitere vier Jahre danach bestieg er den Heiligen Stuhl. Nachgeholfen hat er zweifellos.

Sein Pontifikat war nicht glücklich. Sixtus kannte die Schliche der Kurialen zu gut, um an die Ehrlichkeit ihrer Ratschläge zu glauben. Dem römischen Volk konnte er die Steine nicht vergessen, die beim Krönungszug an seine Sänfte geflogen waren. So wurde

GRÜNDUNG DER BIBLIOTHEK   263

aus dem Wissenschaftler ein Papst, der seine Politik
allein machte und mit Entsetzen sah, daß sie zu blutigen Kriegen führte. Bei seiner Thronbesteigung waren die Feudal-Familien des Kirchenstaates in ein all-
gemeines Morden verstrickt. Sixtus versuchte es ein-
zudämmen, griff zur Gewalt, unterlag und klammerte
sich schließlich – niemand anderen mehr seines Vertrauens für würdig achtend – in blinder Liebe an seine
Neffen. Das Gespenst des Nepotismus zog durch den
Vatikan in nie gesehener Macht.

Zwei dieser Neffen sind bemerkenswert. Der eine steht
im Hintergrund des Bildes neben dem Papst und blickt
aus dicklichem Gesicht mit Sixtus in die gleiche Richtung. Es ist der muntere Pietro Riario, der mit fünfundzwanzig Jahren Kardinal geworden war und mit
achtundzwanzig an den Lastern seiner Jugend sterben
sollte. In diesen drei Jahren verbrauchte der hem-
mungslose und geistreiche junge Mann etwa fünf Millionen Dollar – hauptsächlich durch den Ankauf von
Kunstwerken, den Unterhalt eines lüsternen Hofstaa-
tes und die Abhaltung von sechsstündigen Diners. Die
Römer erinnerten sich dabei genüßlich der Zeiten des
Kaisers Nero.

Der andere Neffe des Papstes – er steht in der Bildmitte vor Sixtus – hat weit größeren Zuschnitt. Giuliano della Rovere war ein Mann, »stolz und ehrgeizig,
vom stärksten Selbstbewußtsein, jähzornig bis zur
Wut, doch niemals niedrig und klein«. (Gregorovius)
Auf unserem Bilde ist er vierunddreißig und schon seit
sieben Jahren Kardinal. Noch weitere sechsundzwanzig Jahre wird er ohne Demut und Kompromisse den
Purpur tragen, bevor seine große Stunde schlägt. Er
ist der spätere Papst Julius II.

Von den beiden jungen Männern, die auf der linken Bildhälfte ein Flüstergespräch zu führen scheinen, ist der größere Giulianos jüngerer Bruder Giovanni, der dem Kardinal – wie wir in den Stanzen hören werden – einmal einen großen Dienst erwies. Der andere ist der Graf Riario, ein Bruder des Pietro.

Nichts auf dem Bilde verrät die Schwierigkeiten, die Sixtus IV. damals hatte. Seine Politik kostete mehr Geld, als aufzubringen war. Doch war der Papst darob wenig bekümmert, wie aus dem Bericht eines boshaften venezianischen Gesandten hervorgeht, der von Sixtus den Ausspruch gehört haben will: »Für einen Papst genügt ja ein Federstrich, um jede Summe, die er will, zu haben.« Schlimmer als der Geldmangel für seine unglücklichen Kriege mußte den gelehrten Pontifex schmerzen, daß der erfolgreich betriebene Ämterverkauf an der Kurie nicht genügend einbrachte, seine großen Projekte zur Förderung der Künste und der Wissenschaften zu finanzieren. Denn so schwach Sixtus in seiner Politik war, so schwer ihn sein Nepotismus belasten mag – in der Welt des Geistes und der Künste gab es keinen freigebigeren Herrscher. Es war ihm gelungen, den berühmten Filelfo nach Rom zu locken – mit einem Jahresgehalt von 15 000 Dollar –, und wir können seinen Ärger verstehen, als er vernahm, der große Humanist habe seine lateinischen und griechischen Vorlesungen jählings wieder abgebrochen, da der päpstliche Schatzmeister säumig gewesen war. Dem Griechen Johannes Argyropulos und dem deutschen Astronomen Regiomontanus wurde daraufhin mit der größten Sorgfalt begegnet – und sie blieben. Doch verlangten sie und viele andere nicht nur nach Geld, sondern mehr noch nach Büchern – und Sixtus war entschlossen, sie ihnen zu geben.

GRÜNDUNG DER BIBLIOTHEK 265

Die *Vatikanische Bibliothek* besaß bei seinem Regierungsantritt etwa zweitausendfünfhundert Bände. Sixtus vermehrte sie um weitere elfhundert, für damalige Verhältnisse eine außerordentliche Zahl. Er gab diesem Bücherschatz neue Räume – sie bildeten das Untergeschoß zur Sixtinischen Kapelle – und erlaubte jedermann, dort zu studieren. Zum Bibliothekar berief er den Mann, der im Zentrum unseres Bildes vor Sixtus kniet: den Humanisten Platina.

Es ist ein dramatischer Weg, der zu dieser Berufung führte. Der Vor-Vorgänger Sixtus IV., der liebenswürdige Siene Pius II. (1458–1464), ist der Welt unter seinem Familiennamen Enea Silvio Piccolomini als glänzender Humanist bekannt. Die geistige Bewegung seiner Zeit hatte ihn so tief ergriffen, daß er sie auch als Papst nicht abstreifen konnte. So berief er an die siebzig Humanisten in kuriale Ämter, die ihnen ein sorgenfreies Leben und genügend Zeit für ihre Studien sicherten. Unter den solcherart Begünstigten befand sich auch Platina.

Der nächste Papst, der Venezianer Paul II. (1464–1471), liebte Juwelen weit mehr als die Wissenschaft. Als er sich ausgerechnet hatte, wieviel Steine seiner Tiara durch die Kosten der gelehrten Gesellschaft vorenthalten wurden, entließ er die ahnungslosen Humanisten mit einem Federstrich. Platina bat in einem eleganten Brief um die Rücknahme dieser harten Verfügung, wurde aber vom Papst so schroff abgewiesen, daß er mit einer Drohung antwortete. Darauf ließ Paul II. ihn in die Engelsburg werfen, aus der ihn der Kardinal Gonzaga erst einige Monate später wieder herausholen konnte.

In Rom gab es damals einen hochgelehrten Mann, der sich Pomponius Laetus nannte und ein reiner

266 GRÜNDUNG DER BIBLIOTHEK

Heide war. Zusammen mit anderen Humanisten gründete er eine vielbeachtete Akademie, führte darin den Kult des Genius von Rom wieder ein und trat in dessen Zeremonien als ›Pontifex Maximus‹ auf. Das Ganze geschah unter den wachsamen Augen der päpstlichen Polizei und wäre wohl als schwärmerische Verrücktheit durchgegangen, hätte nicht der soeben freigekommene Platina in diesem Kreis eine führende Rolle gespielt. Sein stadtbekannter Haß auf Paul ii. führte bald zu dem Gerücht, die Akademie plane eine Verschwörung gegen den Papst. Dieser ordnete kurzer Hand die Auflösung des Zirkels an, ließ Pomponius Laetus verhaften und mit ihm – ein zweites Mal – Platina. Dem Laetus gelang es durch ängstlichste Versicherung seiner Rechtgläubigkeit, dem Kerker zu entgehen – Platina aber blieb in der Engelsburg. Man vermutete in ihm das Haupt der Verschwörung und wünschte deren übrige Mitglieder zu kennen. Da Platina vorgab, nichts zu wissen, unterwarf man ihn der Folter. Sie verlief ergebnislos – doch konnte Platina, solange Paul ii. lebte, die Freiheit nicht wieder erlangen. Erst als Sixtus iv. den Thron bestieg, wendete sich sein Geschick. Der neue Papst war Platina seit langem gewogen und handelte nun in dem Gefühl, an dem mißbrauchten Humanisten etwas gutmachen zu müssen. Er befreite ihn aus der Haft und übertrug ihm den schönsten Posten, den ein Gelehrter damals erträumen konnte: die Kustodie der Vatikanischen Bibliothek. Den Augenblick dieses Ereignisses zeigt in der kühlen Farbenblüte der steigenden Renaissance das Bild, vor dem wir stehen.

DIE BIBLIOTHEK

Büchern haftet zu allen Zeiten die merkwürdige Eigenschaft an, sich ganz von selbst ins Ungemessene zu vermehren. Da im frauenlosen Vatikan nie jemand dagegen protestierte, genügte ein Jahrhundert – und die päpstlichen Bücher sprengten die Säle, in denen Platinas Hand ordnend gewirkt hatte. Am Ende des 16. Jahrhunderts regierte wieder ein Sixtus – der fünfte seines Namens. Wie wir uns erinnern, war er ein Papst schneller Entschlüsse. Er berief den Architekten Domenico Fontana – eines seiner Meisterstücke war die Aufrichtung des Obelisken vor St. Peter – und verlangte von ihm einen massiven Bau, der sich wie ein Riegel zwischen den oberen und den unteren Teil des großen Belvederehofes legen sollte. Es kümmerte den Papst wenig, daß diesem Projekt die grandiose, nach Bramantes Plänen aufgeführte Treppenanlage zum Opfer fiel, die bisher das Niveau zwischen dem Palast Nikolaus V. und der Riesen-Nische ausgeglichen hatte. Die Bücher mußten Platz haben

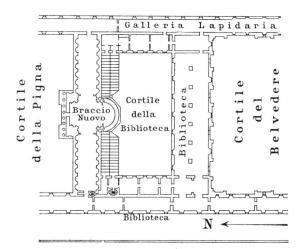

WEG ZUR BIBLIOTHEK 269

und den Studierenden zugänglich sein, das allein war wichtig. Fontana beugte sich dem Willen seines Herrn. In das Obergeschoß des Baues fügte er eine zweischiffige Pfeilerhalle ein, groß wie eine Kirche, worin heute die Kleinodien aus dem vatikanischen Bücherbesitz ausgestellt sind. Dorthin, meine Leser, möchte ich Sie jetzt einladen.

Unser Weg führt uns zurück zu den Quattro Cancelli, dann wenden wir uns sofort nach rechts und gelangen aufs neue in den Korridor, den wir – vom Braccio Nuovo kommend – schon einmal gegenläufig durchmessen haben. Der Gang ist in Abteilungen gegliedert, in deren vierter wir im Vorbeigehen links eine etwas vorgesetzte Vitrine bemerken. Sie ist mit Büchern vollgestopft und trägt in der Mitte die Büste eines alten Herrn mit geistbelebten Zügen. Dies ist Ludwig Freiherr von Pastor, der größte Geschichtsschreiber, den das Papsttum der neueren Zeit aufzuweisen hat. Ein Deutscher von Geburt, nahm er 1901 als Direktor des Österreichischen Kultur-Institutes seinen Wohnsitz in Rom, wurde von Kaiser Franz Joseph zweimal geadelt und verbrachte die letzten Lebensjahre als Botschafter Österreichs am Heiligen Stuhl. Als überzeugter Katholik hielt er es für seine Pflicht, die Päpste der Vergangenheit von allen Legenden zu befreien. Denn das Lob, das er ihren Großtaten spendete, konnte nur glaubwürdig sein, wenn er auch ihre Irrtümer nicht schonte. So ging er etwa mit Alexander VI. derart ins Gericht, daß die Urteile protestantischer Historiker über denselben Papst vergleichsweise milde erscheinen. Indessen ist seine ›Geschichte der Päpste seit dem Ausgang des Mittelalters‹ mit einer Lauterkeit verfaßt, die nur noch von seiner fast unbegreiflichen Fähigkeit zur Durchdringung des Stoffes erreicht wird. Wer irgend über das Papsttum und den Vatikan zu schreiben unternimmt, ist für immer sein Schuldner.

Die ersten sechs Abteilungen des Korridors geben sich im Stile der Zeit um 1800. Ihre Fresken sind eine Art Bilderbogen, worin uns Geschichten aus dem Leben von Pius VI. (1775–1799) und Pius VII. (1800–1823) erzählt werden. So

finden wir noch über der Tür zur siebenten Abteilung einen
schönen Pius VI. dabei, die Pontinischen Sümpfe aufzusuchen, um deren Trockenlegung er sich vergeblich bemüht.
Unmittelbar danach aber ändert sich die Ausstattung der
Räume: wir geraten in die Nähe Sixtus V. (1585–1590). In
den Fresken der Fensterwand tauchen wieder einmal große
Männer der Antike auf – der Schlemmer Lucullus, die Kaiser Gordian und Konstantin, der byzantinische Zenon –,
alle im Zusammenhang mit Büchern. Dazu gesellt sich auf
der Innenseite Papst Paul V. (1605–1621), der soeben befiehlt, »zur Nützlichkeit für den katholischen Glauben in
den Regulär-Schulen Hebräisch, Griechisch, Latein und Arabisch zu lehren«. Damit ist ein Stichwort gefallen: der
Glaube wird gefördert durch die Wissenschaft. Nichts
könnte die Ehrfurcht vor dem Geheimnis der Offenbarung
kräftiger wecken, als das Ergreifen aller Dinge dieser Welt
durch den menschlichen Geist; denn im Denken und Erkennen bewältigt der Mensch die Natur, gelangt an seine Grenzen und reift somit zur Demut heran, die der gläubigen
Anerkennung der Übernatur vorausgesetzt ist. Auch erhebt
die Offenbarung einen Totalitätsanspruch. Das Evangelium
sagt, der Mensch solle Gott lieben aus seinem ganzen Herzen, seinem ganzen Gemüte und allen seinen Kräften. ›Alle
seine Kräfte‹ – heißt das nicht auch: Verstand, Einsicht,
Vernunft? So führt die Wissenschaft zum Glauben – und
das Fehlurteil über Galilei ist kein Gegenbeweis. Das Instrument der Wissenschaft aber, das Buch, ist ein heiliges
Gefäß – der Prunk der Sixtinischen Halle dient seinem
Ruhm.

HABENT SUA FATA LIBELLI

Der *Salone Sistino* ist, wie vieles im Vatikan, leicht zu
durchmessen, sofern man sich mit der wuchernden
Pracht seines Dekors zufrieden gibt. Wer aber vom
Gift der Neugier genossen hat und die verfängliche
Frage stellt, was wohl der Sinn der zahlreichen Alle-

DIE BIBLIOTHEKS-FRESKEN   271

gorien und Historien sei, die über Wände und Gewölbe
einen Teppich leuchtender Farben und grotesker Formen ziehen – dem steht ein beschwerlicher Weg bevor.

Zunächst hat es gar keinen Sinn, von vorne anzufangen, denn wir kommen aus der falschen Richtung.
Die Halle ist orientiert nach dem Portal, durch das der
Papst sie betrat. Wir finden es an der Rückwand des
rechten Schiffes. Unmittelbar links davon kniet Fontana vor Sixtus V., der aus verschmitztem Bauern-
gesicht wohlwollend und skeptisch auf die dargereich-
ten Pläne niederschaut. Rechts vom Portal dagegen beginnt, noch an der Querwand, ein großer *Freskenzyklus mit dem Thema: Geschichte des Buches.* Er entrollt sich über die ganze südliche Fensterwand – und
wir wollen ihm eilends folgen.

Neben dem Portal noch übergibt Moses sein Gesetz-
buch den Leviten. Es bildet den Grundstock der *Bibliotheca Hebraica,* in der wir links vom Fenster den
Priester Esra bemerken, beschäftigt mit der Vorberei-
tung zu dem niemals gebrochenen Schwur der Juden
auf ihre religiöse Verfassung. Dieser hindert aber den
Propheten Daniel und seine Gefährten auf dem nächsten Bilde nicht (zwischen den Fenstern, linke Hälfte),
in der *Bibliotheca Babylonica* die Sprache und Wissenschaft der Chaldäer zu studieren – während rechts auf
Befehl des Perserkönigs Kyros der Tempel zu Jerusalem wiederhergestellt wird. (Kyros war der Vater
des grausigen Kambyses, von dem der kleine Priester
im ägyptischen Museum erzählte, erinnern Sie sich?)
Indessen gründet fast gleichzeitig der Tyrann Peisistratos seine *Palastbibliothek in Athen,* worin eine Kom-
mission von Gelehrten tagt, um dem Homer die endgültige Fassung zu geben; daneben erstattet der Perser-
könig Seleucos den Griechen zurück, was Xerxes ihnen

an Büchern geraubt. Im nächsten Doppelfresko taucht schließlich Ptolemäus auf, Vorfahr der Cleopatra und Begründer der *Bibliotheca Alexandrina;* er nimmt von den siebzig Weisen der Septuaginta, die das Alte Testament ins Griechische übersetzten, die Früchte ihrer Arbeit entgegen und öffnet damit dem jüdischen Geist und Glauben den Weg in die hellenistische Kultur. Die nächste Szene spielt schon nach Christi Geburt, im 3. Jahrhundert: der hl. Alexander, Bischof und Märtyrer, rettet die *Bibliothek von Jerusalem* vor dem Zugriff der Christenverfolger unter Kaiser Decius. In der *Bibliothek von Cäsarea* sehen wir dann den Priester Pamphilus beim eifrigen Kopieren heiliger Schriften. Endlich befiehlt – rechts des letzten Fensters – der Apostel Petrus, den Bücherschatz der römischen Kirche sorgsam zu pflegen, was an der Wange des Gewändes von seinen Nachfolgern treulich befolgt wird, indem sie die Apostolische Bibliothek errichten. Zusammengefaßt heißt das: die Bücher, die uns hier umgeben, weisen eine doppelte Ahnenreihe auf; sie beginnt bei Moses und bei Homer.

Die Worte des Moses in der Sprache Homers enthält der ehrwürdigste Codex, den die Päpste besitzen. Wir finden ihn im nördlichen Schiff der Halle, in der Vitrine 1: *die griechische Bibel des Vatikans* aus dem 4. Jahrhundert n. Chr. – ein Buch also, geschrieben vor sechzehnhundert Jahren. Kaum jemals auf unserem Wege ist uns in den Sinn gekommen, nach der Hand zu fragen, die den Meißel führte, den Ton formte oder das Gold schmiedete. Aber hier, beim Buch, sehen wir den Menschen, der es geschaffen, noch beinahe körperlich vor uns – wir fühlen, wie er atmet und schreibt, wie er mit Liebe die Buchstaben zieht, wir spüren seine Konzentration und die sanfte Gewalt, mit

BERÜHMTE HANDSCHRIFTEN 273

der die Wahrheit des geschriebenen Wortes sein Herz erreicht.

Habent sua fata libelli – Bücher haben ihr eigenes Schicksal. In der Vitrine II ein Beispiel: das Buch mit der Nummer 4 war vom 7. bis zum 19. Jahrhundert zu Recht bekannt als ein Text des hl. Augustinus. 1820 untersuchte der damalige Präfekt der Bibliothek, Angelo Mai, den Codex genauer und stellte etwas merkwürdiges fest: das Pergament war zweimal verwendet worden. Aus Sparsamkeit hatte der Schreiber der *Augustinus-Handschrift* im 7. Jahrhundert einen Text aus dem 4., der ihm unwichtiger schien, sorgfältig ausradiert. Als man diesen sichtbar machte – und so liegt das Buch vor uns –, gab es eine Sensation: man hatte das staatsphilosophische Hauptwerk Ciceros entdeckt: *De re publica* – samt dem angefügten Traum des Scipio, aus dem wir bei der Betrachtung des kapitolinischen Jupiter das wunderbare Wort vernahmen: ». . . mit ihren eigenen Verlockungen muß die Vollkommenheit selber dich zu wahrem Glanze ziehen . . .«

Gleich daneben ist aus dem *Vergilius Vaticanus,* der ebenfalls aus dem 4. Jahrhundert stammt, eine Seite aufgeschlagen, worauf uns in farbenreicher Miniatur der Laokoon wiederbegegnet. Der Unterschied zur Marmorgruppe ist sofort klar: hier sind es nicht zwei Schlangen, sondern nur eine, nicht Knaben, sondern kleine Kinder – und Laokoon selbst ergibt sich weder in sein Schicksal noch protestiert er; mit einem Kurzmantel angetan, den der Wind des Schicksals über seinem Haupt zur Purpurmuschel aufbläht, breitet er die Hände aus – wie zum Gebet. Es scheint, als habe der Maler den Marmor-Laokoon wohl gekannt, aber mit der Vorstellung seines Todes Bilder vermischt, die ihren Ursprung in der Haltung christlicher Märtyrer haben.

274 SALONE SISTINO

Im gleichen Fach finden wir noch zwei andere *Hand-schriften mit Werken des Vergil* (5, 7) – wir begegnen seinem Helden Aeneas und ihm selbst als fürstlichen Dichter –, und im Gegenfach stoßen wir auf den ehrwürdigen *Codex Augustaeus* (9) mit seinen grünen Initialen, der die ›Georgica‹ enthält, worin Vergil die Bebauung der Erde besingt. Hier tönt uns aus den Schriftzeichen des 4. Jahrhunderts eine ernste Mahnung entgegen:

Aber es schwindet derweil die Flüchtige, unwieder-
bringlich
Schwindet die Zeit; und wir, im Banne der Liebe,
verfolgen Einzelnes!

Wie recht er hat! Die Sammlung ist allzu reich. Eilen wir, das Wesentlichste zu sehen.

Der *Rotolo di Giosuè* (I, 3 – 7. bis 8. Jahrhundert, griechisch) entrollt uns die Geschichte des Josua, der nach dem Tode des Moses das Volk Israel in das Gelobte Land zu führen hatte – wobei er durch Gottes Kraft die Sonne in ihrem Laufe anhielt und die Mauern Jerichos mit Hilfe des Posaunenschalls zum Einsturz brachte. Der *Codex Bembinus* (II, 10 – 4. bis 5. Jahrhundert, lateinisch) enthält die gepfefferten Komödien des Terenz und hat seinen Namen von Pietro Bembo, der das Italien der Renaissance als graziöser Lebe-Dichter entzückte und als frommer Kardinal starb. Aus dem Schatz der lateranischen Palastkapelle ›Sancta Sanctorum‹ kommt das *Fragment des Livius* (II, 11 – 4. bis 5. Jahrhundert) – und aus der byzantinischen Welt die christliche *Topographie des Cosmas Indicopleustes* (III, 15 – 9. Jahrhundert), worin uns rechts der Priesterkönig Melchisedek begegnet, in Gewand und Gebärde ein byzantinischer Kaiser. Das westliche Gegenstück dazu, aus der gleichen Zeit, ist der herrliche *Lorscher Codex* (IV, 18), der einen von göttlicher Inspiration umstrahlten Evangelisten Johannes auf dem römischen Kaiserthron zeigt: die höchsten Ehren, die die Welt zu vergeben hat, gebühren dem Worte Gottes.

BERÜHMTE HANDSCHRIFTEN   275

Griechischer Phantasie des 12. Jahrhunderts entsprang der Traum Jakobs von der Himmelsleiter in der *Homilie des Joachim Monacus* (IV, 19), auf dessen rechter, abstrakt ornamentierter Seite im runden Mittelfeld vier Delphine spielen – schon seit der Antike dazu ausersehen, die Seele in die bessere Welt zu tragen. Der Verherrlichung des ›Exsultet‹ in der Osternacht, des schönsten Gedichtes der soeben entschwindenden lateinischen Liturgie, diente im 11. Jahrhundert der reiche *Rotulus aus der Bibliothek von Monte Cassino* (IV, 21) – der Diakon auf dem Ambo gegenüber der Osterkerze beginnt gerade zu singen von der ›felix culpa‹, der glücklichen Schuld Adams, die nach einem solchen Erlöser verlangt.

Da der Mensch in seiner Unvollkommenheit neben der Seele auch noch einen Leib herumschleppt, geht es in der nächsten Vitrine etwas weltlicher zu. Dionysisch umrankte Bogenarchitektur (V, 26) faßt die kulinarischen Erkenntnisse des Apicius – *De re coquinaria* – ein, der dem glücklichen Lucullus ein kongenialer Chefkoch war – mancher klösterliche Küchenmeister im rauhen Mittelalter mag träumend über den Rezepten gesessen haben. Um Wildenten und anderes fliegendes Getier aus der Luft in den nach Apicius zugerüsteten Kochtopf zu holen, bediente man sich damals der Falken – und die Jagd mit ihnen war so edel, daß der große Hohenstaufenkaiser Friedrich II. in den Streitpausen, die der Papst ihm ließ, ein Buch darüber schrieb (V, 25 – 13. Jahrhundert); es entstand in den glücklichen Tagen, die Friedrich den Beinamen ›Sultan von Lucera‹ einbrachten, weil er in seinen süditalienischen Schlössern zu arabischen Damen freundlich war und mit islamischen Gelehrten die Sterne befragte. Von der Wissenschaft der letzteren erzählt ein *Traktat aus Spanien* (V, 29), dessen linke Seite das Sternbild des Löwen zeigt, während rechts der Mondhase als Reittier Verwendung findet.

Soviel Weltliches blieb nicht ganz ohne Rückwirkung auf die Geistlichkeit, weshalb der Mönch Gratian die Gesetze der Kirche in *Dekretalen* zusammenfaßte, von denen uns das Gegenfach eine Abschrift aus dem Bologna des 14. Jahrhunderts bietet (v, 31); auf hohem Throne sitzt da der Papst, Eugen III. (1145–1153), von Kardinälen, Bischöfen und Ordensmännern umgeben, während eine Gestalt im grauen Mönchshabit, barhäuptig und bärtig, um Vergebung fleht für den menschlichsten aller Fehltritte, den die Initiale diskret als ›lapsus carnis‹ bezeichnet. Über solche, der Munterkeit des Fleisches zur Last fallenden Wirrungen hat sich auch Dante sehr erregt, wie wir in der *Göttlichen Komödie* erfahren (vi, 34 – Schule von Ferrara), worin den Sklaven leiblicher Lust von schneidenden Winden jede weitere Begehrlichkeit ausgetrieben wird. Schlimmeres allerdings fiel Dante als Strafe für die epikureischen Ketzer ein, wie Botticelli uns sogleich beweist (vii, 48–50, drei *Illustrationen zur Göttlichen Komödie,* linkes Blatt); im sechsten Kreis der Hölle, in der Stadt des Lucifer, stecken die gottvergessenen Lebensgenießer in feurigen Gräbern, durch deren Hitze sich die Deckel heben, damit uns der Anblick der Gerösteten abschrecke.

Von zukünftigen Dingen – *De futuribus* – wird in einem Codex gehandelt, dessen Verfasser der spätere Papst Sixtus IV. ist (vi, 35). Noch als Kardinal ließ er den prachtvollen Band in Ferrara anfertigen und auf dem linken Innenblatt in fünf Kreisen die Titel angeben, die er enthält. Darunter finden wir auch eine Untersuchung über das kostbare Blut Christi, die uns später noch beschäftigen wird. Die Initiale der rechten Seite zeigt das Porträt des Papstes Paul II., der Platina so schmählich behandelt hatte; es war eine Höflichkeit des della Rovere, seine Werke dem regierenden Pontifex zu widmen, dem nachzufolgen er sich so eifrig mühte.

Mit wieviel Liebe die Kunst sich damals der Gebete annahm, die die Großen dieser Welt dann doch nur selten verrichteten, erweist im Gegenfach eine Reihe von zarten *Stundenbüchern* (36, 37, 39, 41 und 42). An der Kreuzigung (38), die Pinturicchio in eine umbrische Phantasielandschaft verlegte, erleben wir die Demut eines poetischen

BERÜHMTE HANDSCHRIFTEN 277

Künstlers. Giuliano di Sangallo, der den Hof des oberen Belvedere erbaut hat, legt uns (VII, 43) ein paar Stadt-Veduten vor, aus denen wir erkennen, wie Rom damals ausgesehen hat: aus der Engelsburg ragt noch der Borgia-Turm heraus, die Engelsbrücke ist befestigt, das Tiberufer war noch nicht eingefaßt, Tiberinsel und Ponte Fabrizio dagegen haben sich bis heute wenig verändert. Wie wir wissen, beherbergte Sangallo in der Zeit, als der Laokoon gefunden wurde, in seinem Hause den soeben zum zweitenmale nach Rom gekommenen Michelangelo; von diesem liegt in der gleichen Vitrine (44) die Zeichnung eines gegiebelten Fensters und daneben die Handschrift eines Gedichtes – der große Mann meißelte auch an Worten so lange, bis sie seinen Gram und seine Frömmigkeit tragen konnten.

Einen Begriff von dem Zauber und der Raffinesse, die sich in der Renaissance mit dem Namen Urbino verbanden, gibt uns in der Vitrine VIII die miniatur-geschmückte *Handschrift der camaldulensischen Disputationen*; das Buch handelt in dialogischer Form über die Frage, ob die Betrachtung der Tätigkeit vorzuziehen sei – und der Herzog von Urbino, Federigo da Montefeltro (1444–1482), Vorbild eines tadellosen Fürsten, scheint von seinem Balkon aus mit einem leisen Vorbehalt den Gesprächen zuzuhören. Seine Bibliothek war eine der reichsten Italiens, und niemals hat er zugelassen, daß ein gedrucktes Buch in sie aufgenommen wurde. Er schuf die Welt, die der Nährboden für Raffaels Genie sein sollte: des Meisters Geburtshaus stand in Urbino.

In der gleichen Vitrine begegnen wir auf einer Miniatur des 18. Jahrhunderts (54) dem feinsinnigen und liebenswürdigen Papst Benedikt XIV. (1740–1758), der so sehr ein Mann des Geistes war, daß ihm der Kirchenhasser Voltaire ein Werk gewidmet hat. Unter seiner Regierung lebte in Rom ein Karikaturist namens Pietro Ghezzi, dessen Blätter an der Klerisei wenig Gutes ließen (56); schon in der Zeit, als Benedikt XIV. noch der Monsignore Prospero Lambertini war, hat Ghezzi sich auch seiner angenommen (57), was ihm

278 SALONE SISTINO

später die Ehre einbrachte, daß der Papst zum ersten Sammler seiner Blätter wurde. Karikaturen waren in dem spott-
lustigen Rom immer beliebt – zwei ungeheuerliche Blätter
von Bernini beweisen es (59, 60).

Das Persönlichste, was die Vatikanische Bibliothek besitzt, begegnet uns in Vitrine IX: *Handschriften berühmter Männer*. Bei ihrer Betrachtung füllen sich Namen, die
wir als gängige Begriffe im Munde führen, mit Kraft und
Leben. Wir sehen den hl. Thomas von Aquin die dritte seiner
Sentenzen schreiben (62), wir werden Zeugen, wie Michelangelo mit dem Vorsteher der Bauhütte von St. Peter ver-
handelt (63), wir beobachten Raffaels Höflichkeit gegenüber
seinem Onkel Simone (64), wir vernehmen Martin Luthers
gewaltig tönendes Wort an den Kurfürsten Johannes von
Sachsen (65). Heinrich VIII. von England schreibt kurz vor
seiner Trennung von der Kirche persönlich über den Anspruch der sieben Sakramente an Papst Leo X. (66). Daneben liegt ein eigenhändiger Brief desselben Königs an
Anna Boleyn, die eine Zeitlang launenhaft und selbsther-
risch den Thron mit ihm teilte und später trotz zweifel-
hafter Schuld das Blutgerüst besteigen mußte (67). Der Florentiner Dominikaner-Prior Savonarola, furchtbarster Prophet der Reformation, schrieb in der Zeit, die ihm seine
Bußpredigten ließen, philosophische Traktate (68) – er
wurde unter Alexander VI. als Ketzer verbrannt. Dasselbe
Schicksal drohte ein gutes Jahrhundert später dem großen
Astronomen Galilei, der sich durch Abschwören rettete –
und durch die Gunst Papst Urbans VIII. (1623–1644), des
früheren Kardinals Barberini, der den vorliegenden Brief
von ihm erhielt und bewahrte (69). Welche Schicksale – und
wieviel Anklage gegen die Päpste, die der Vatikan hier frei-
mütig zur Schau stellt!

In der Vitrine XI finden wir das monumentale Buch, durch
welches das Mittelalter ein Ende fand und die Neuzeit begann (79): *die zweiundvierzigzeilige Bibel des Johannes
Gutenberg* aus Mainz. Dieses Werk, das die Geschichte der
Buchdruckerkunst einleitet, hat das Bildungsmonopol ge-

BERÜHMTE DRUCKE

brochen, welches die Kirche seit dem Ausgang der Antike besaß. Ein technisches Element im Handwerk, die Auswechselbarkeit der Letter, wurde zum Keim für das Phänomen der Massenkommunikation, das bis in unsere Tage vom gedruckten Wort nicht zu trennen war. Erst heute tritt an seine Stelle das bewegte Bild und löst durch scheinbar augenfällige Information die höhere Gedankensicherheit des Geistes ab. Dennoch nimmt die Welt, wie sie heute ist, ihren Ausgang von Gutenbergs Werk.

Die *erste gedruckte Bibel mit Kommentar* (80) kommt aus der Presse von Adolf Rusch, einem Straßburger, der die Schrift der klassischen Antiqua in Deutschland heimisch machte. Eines der besten Erzeugnisse der beiden Deutschen Sweynheym und Pannartz, die die Buchdruckerkunst in Italien eingeführt und ihre Presse im Untergeschoß des Palazzo Massimo zu Rom aufgestellt hatten, ist *die Bibel von 1471* (82); ein Jahr später erwähnen die beiden hochgeschätzten Meister in einem Gesuch an Papst Sixtus IV., sie hätten bis dahin »28 Werke in 46 Bänden gedruckt, einige davon in mehreren Auflagen von meist 275 Stück«. (Steinberg) Die erste Bibel, die in hebräischer Sprache aus der Presse kam (81), entstammt dem Dorfe Soncino bei Cremona, wo sich eine deutsch-jüdische Druckerfamilie niedergelassen hatte; sie nahm den Namen des Dorfes an und schickte ihre handwerkskundigen Mitglieder durch Italien und Griechenland bis in das Ottomanische Reich. In Spanien förderte der allmächtige Kardinal Ximenes de Cisneros die Kunst der beweglichen Letter durch die Stiftung von 50 000 Golddukaten (was ungefähr einer halben Million Goldmark entspricht) zur Herstellung der vielsprachigen *Bibel von Alcalá de Henares* (83). Angesichts der Revolution, die die neue Kunst allenthalben hervorrief, schrieb damals ein Basler Gelehrter an seinen Freund: »Gerade zu dieser Stunde läßt Wolfgang Lachner ... einen ganzen Leiterwagen voll Klassiker von den besten Aldiner Ausgaben kommen (gemeint sind Bücher aus der Offizin des Aldus Manutius zu Venedig). Willst du etwas davon haben, so

sage es mir geschwind und schicke mir bar Geld. Denn kaum
langt eine solche Gallione an, so stehen immer dreißig für
einen da, fragen nur, was kostet's und katzbalgen sich noch
darum.«

Die Vitrine XIII enthält *Handschriften aus der östlichen
Welt* – einen Koran in kufischer Manier (96), arabische No-
vellen mit Miniaturen (97), ein arabisches Evangelium aus
dem 10., ein persisches aus dem 15. Jahrhundert (98, 99),
persische Gedichte, vierhundert Jahre alt (100, 101) und
christliche Erzählungen in türkischer Sprache und syrischer
Schrift, die vor etwa zweihundert Jahren entstanden (102).
Im Gegenfach liegen Kirchenväter-Texte im Syrisch des
6. Jahrhunderts (105), aus Damaskus ein samaritischer Pen-
tateuch von 1227, die fünf Bücher Mosis umfassend (106),
ein Buch aus Java, auf vergoldete Metallblätter geschrieben
(107) und ein Beschwörungsbuch aus dem Innern Sumatras,
das magische Formeln enthält (108). Daneben aus Indien
zwei Palmblätter-Bücher (109, 110), aus Mexiko ein Ri-
tuale aus Hirschleder (112), schließlich auf Silberfolie ein
Brief des Kaisers von China an den damaligen Papst (111)
und ein japanisches Sendschreiben an Paul V. (113). Den Abschluß bildet der handschriftliche Atlas des chinesischen Reiches, den der Jesuit Michele Boym in der ersten Hälfte des
17. Jahrhunderts als Missionar am Hofe zu Peking im Auftrag des Himmels-Sohnes herstellen konnte (114).

In der Bibliothek zeigt sich der Vatikan von seiner
besten Seite. Angesichts etwa des letztgenannten chinesischen Kartenwerkes wird jeder denkende Mensch zu
der Frage kommen: wenn die Jesuiten damals schon so
weit waren, warum ist China dann nicht christlich
geworden? Antwort: Versagen des Vatikans. Luther
ist abgefallen, weil der Papst falsch oder gar nicht re-
agierte, Savonarola wurde verbrannt mit Billigung des
Heiligen Stuhles. Galileis wissenschaftlicher Tod bei
Lebzeiten, durch Angst vor der Folter herbeigeführt,
fällt dem Papsttum zur Last. Und all dies wird zugege-

DIE KONZILS-FRESKEN 283

ben – unbeschönigt: man stellt die Handschriften der großen Rebellen aus, mit einem historischen Respekt, der nur um so deutlicher macht, wie tief die Irrtümer der Menschen im Hause der Päpste empfunden werden und wie wenig man sich selber frei von ihnen weiß. In der Weltgeschichte gibt es keine vergleichbare Institution, die wie der Vatikan bereit wäre, für die Fehler vergangener Jahrhunderte durch heutige Opfer einzustehen.

VON NICÄA BIS TRIENT

Nach so vielen Verbeugungen vor Büchern und Handschriften wollen wir nun, meine Leser, unser Auge noch einmal zu den Wänden des Bibliotheks-Saales erheben. Wieder müssen wir dabei ausgehen von dem päpstlichen Portal an der rückwärtigen Querwand. Wenn wir uns von hier aus nach Norden wenden, also in das Schiff mit den Vitrinen I–VII, geraten wir in die Geschichte jener geistlichen Versammlungen, mit deren Hilfe die Kirche durch die Jahrhunderte versuchte, den Glauben rein zu erhalten. Und da dieser Glaube – sofern man die Meinung der damaligen Welt nicht für absurd hält – die Voraussetzung und das Ziel aller Wissenschaft ist, haben die Konzile der Kirche in der Vatikanischen Bibliothek ihren legitimen Platz. Die Flüchtigkeit, womit wir sie betrachten, sei durch das Vorhaben gerechtfertigt, bei der Geschichte der Peterskirche sehr ausführlich auf sie zurückzukommen.

Noch an der Querwand sehen wir – unter dem Vorsitz des Kaisers Konstantin des Großen – die Väter im Jahre 325 in *Nicäa* versammelt; sie sind im Begriffe, die Lehre des Arius zu verdammen, der behauptet hatte, Christus sei zwar der Sohn Gottes, teile aber mit

dem Vater weder das Wesen noch die Ewigkeit. In der
üblichen wirkungslosen Konsequenz übergibt man am
Beginn der Längswand die Bücher des Arius dem
Feuer. Zwischen dem ersten und dem zweiten Fenster
tagt – 381 – das *erste Konzil von Konstantinopel,* das
das Weiterleben der Lehren des Arius eingestehen muß:
energisch wendet man sich gegen die Ansicht der Aria-
ner, der Heilige Geist sei nicht die dritte Person der
Dreifaltigkeit, sondern nur ein Geschöpf Christi. Die
nächste Fläche der Fensterwand zeigt uns das *Konzil
von Ephesus* – 431 –, wo man es mit Nestorius zu tun
hatte; dieser erkannte zwar die menschliche und die
göttliche Natur in der Person Christi an, leugnete aber
ihre Vereinbarkeit: für ihn war Jesus ein Mensch, in
dem der Sohn Gottes wie in einem Tempel wohnte –
weshalb Maria, die nur den Menschen Jesus geboren
hatte, keinen Anspruch darauf erheben konnte, Gottesmutter genannt zu werden. In *Chalkedon* – 451 –
ging es dann um die Irrlehre des Eutyches, der in das
dem Nestorius entgegengesetzte Extrem verfallen war:
er nahm in Christus nur eine einzige Natur an, nämlich die göttliche, worin die menschliche vollständig
aufgegangen sein sollte. 553 war man neuerdings in
Konstantinopel versammelt, um über die ›Drei Kapi-
tel‹ des Kaisers Justinian zu beraten, in denen dieser
aus Gründen der Reichseinheit versucht hatte, zwischen
den erstarkten Anhängern des Eutyches (Christus – nur
eine, die göttliche Natur) und der Orthodoxie (Christus – göttliche und menschliche Natur) zu einem er-
träglichen Kompromiß zu gelangen. Wie wenig damit
ausgerichtet war, zeigte sich – 680 – auf dem *dritten
Konzil von Konstantinopel;* dort mußte man sich gegen die Lehre des Patriarchen Sergius zur Wehr setzen,
der zwar wieder bereit war, in Christus zwei Naturen

DIE KONZILS-FRESKEN 285

anzuerkennen, diese aber einem einzigen Willen, nämlich dem göttlichen, unterordnete. Erst mit der Ver-
werfung dieser Theorie war der Kampf um die Definition des Erlösers beendet. Nur ein Jahrhundert später
jedoch entbrannte der Kampf um sein Bild. Man zer-
stritt sich über der Frage, ob die Verehrung der Bilder
Christi und der Heiligen Götzendienst oder legitimer
Ausdruck christlicher Frömmigkeit sei – und es bedurfte des *zweiten Konzils von Nicäa, 787,* um dem
Vandalismus der Bilderfeinde ein Ende zu setzen.
Kaum war dies geschehen, erforderte der aufflammende
Konflikt zwischen dem Patriarchat von Byzanz und
dem Heiligen Stuhl um Gleichrang oder Vorherrschaft
ein weiteres, das *vierte Konzil von Konstantinopel,*
das durch die versöhnliche Wiedereinsetzung des ver-
triebenen Patriarchen Photius die drohende Kirchenspaltung gerade noch verhinderte (869–870).

Nun treten wir in den fensterlosen Teil des Saales
ein und begegnen dort, an der Wand weiter entlang
schreitend, dem hohen Mittelalter und den Beschlüssen
des *dritten Lateranischen Konzils* von 1179. Damals
hatte in der reichen Stadt Lyon ein frommer Kauf-
mann namens Petrus Valdes plötzlich sein Vermögen
an die Armen verschenkt und zu predigen begonnen,
der Mensch könne nicht Christ sein, solange er an per-
sönlichem Eigentum festhalte. Diesen Frühkommunis-
mus erweiterte die Sekte der Katharer in der Gegend
von Toulouse zu der Behauptung, die römische Kirche
sei die Hure Babylon – wer ins Paradies gelangen
wolle, müsse sie verlassen. Hiergegen schritt Papst
Alexander III. (1159–1181) ein und erwirkte das Ana-
them. Aber die Katharer – man nannte sie nach ihrem
südfranzösischen Zentrum auch ›Albigenser‹ – erwiesen
sich als störrisch und ermordeten einen Legaten, den

der Papst zu ihnen geschickt hatte. Darauf kam es, mit
Unterstützung des Königs von Frankreich und unter der
Führung des Markgrafen von Montferrat, zu den grau-
enhaften Albigenser-Kriegen; ihren Ausbruch finden
wir dargestellt in der Vorhalle zum Salone Sistino, im
Vorsprung links der Wand, durch deren Türe wir zu
Beginn eingetreten sind. Unmittelbar links dieser Türe
begegnen wir dem Augenblick, in dem unter Innozenz III. (1198–1216) der dritte Kreuzzug als Heiliger
Krieg gegen die Mohammedaner ausgerufen wurde.
Ein paar Jahre später, um 1200, verkündete der kala-
bresische Abt Joachim von Fiore, das Zeitalter des
Gottes-Sohnes gehe zur Neige – es stehe nun, von
Drangsal und Verwüstung ein letztes Mal eingeleitet,
das Zeitalter des Heiligen Geistes bevor, das den allgemeinen Frieden bringen und der Priesterherrschaft
in der Kirche ein Ende bereiten werde. Das *vierte Late-
ranische Konzil* verdammte diese Behauptungen im
Jahre 1215 – wir sehen die Szene rechts der Türe –,
obwohl zumindest eine Voraussage des Abtes eintraf:
daß ein neuer Orden auftreten werde, um die Seelen
der Gläubigen zu Einkehr und Buße zu führen. Und
siehe – in der Wange des Gewändes rechts träumt
Papst Innozenz III., die Lateran-Basilika stürze ein und
werde von einem einzigen demütigen Mönch aufgefan-
gen: vom hl. Franziskus von Assisi, der seinen Orden
der Armut soeben gegründet hatte. Zwischen den beiden Fenstern der Vorhalle wendet sich das *erste Konzil
von Lyon* – 1245 – gegen zwei verschiedene Widersacher, einen mächtigen und einen übermächtigen: der
Kaiser Friedrich II. (der ›Falkenjäger‹) wird von Papst
Innozenz IV. (1243–1254) zum Feind der Kirche erklärt – und den Mohammedanern soll wieder einmal
das Heilige Land entrissen werden. Die Wirkung war

DIE KONZILS-FRESKEN 287

jedoch gering; Friedrich regierte weiter, und der siebente Kreuzzug – man hatte seine Führung dem gutherzigen König Ludwig dem Heiligen von Frankreich anvertraut – erwies die Stärke der Kreuzfahrer mehr bei orientalischen Gastmählern als auf dem Schlachtfeld.

Dreißig Jahre später, 1274, versammelten sich die Väter neuerdings in *Lyon* – wie auf der Ausgangswand zu sehen ist. Links im Mauervorsprung empfängt der würdige Papst Gregor x. (1271–1276) eine Delegation des byzantinischen Kaisers Michael Paläologos, den die Türkengefahr bewog, eine kirchliche Annäherung an den Westen ins Auge zu fassen. Das Fresko links des Türstockes zeigt die theologische Schwierigkeit, die damals – nach außen hin – die Einigung verhinderte und heute noch besteht: zwei Kleriker haben einen liturgischen Codex aufgeschlagen, in dessen Text das Wort ›filioque‹ zu lesen ist. Für den Osten ging der Heilige Geist nur vom Vater aus, für den Westen ex patre filioque – vom Vater und vom Sohne. Links im Hintergrund erkennen wir im Franziskanerhabit auf der Lehrkanzel den hl. Bonaventura mit dem Kardinalshut auf dem Kopf, wie er das ›filioque‹ verteidigt. Rechts der Tür bringt ein anderer Franziskaner, Hieronymus von Ascoli, die Gesandten des Großtürken vor das Konzil, von denen einer – vielleicht um den Preis, die Einigung mit den Griechen zu verhindern – sich sogleich zum Christentum bekehrt.

Das Fresko gegenüber der Fensterwand bildet in diesem Geflecht von Kämpfen gegen Ketzer und Ungläubige eine Ausnahme. Während des *Konzils von Vienne* (1311–1312) setzt Papst Clemens v. (1305–1314) das Fronleichnamsfest ein und befiehlt gleichzeitig die Mobilisierung der Philologie: Hebräisch, Chaldäisch, Arabisch und Griechisch sollen von den Klerikern mit Fleiß studiert werden, um der Ausbreitung des Glaubens wirkungsvolle Hilfe zu sein.

Neuerdings um die Griechen geht es im fensterlosen Teil der Südwand – zu Beginn des zweiten Schiffes. Hier tagt das *Konzil von Florenz* unter dem Vorsitz des Papstes Eugen IV. (1431–1447), um dessen Thron die Abgesandten der griechischen, armenischen und koptischen Kirchen sich scharen. In beschwörender Abwehrgeste begriffen sehen wir rechts vom Fenster den Kaiser Johannes VIII. von Byzanz, der dem Abendland die verzweifelte Situation seines auf die Hauptstadt Konstantinopel zusammengeschmolzenen Reiches vor Augen führte, die Einigung der östlichen Kirchen mit Rom schlechten Gewissens unterschrieb und dennoch keine Hilfe gegen die Türken erhielt. Seine Heimkehr nach Byzanz brachte den endgültigen Bruch der Orthodoxie mit Rom.

Im Westen hatte man von jetzt an andere Sorgen, wie das *fünfte Lateranum* beweist, das uns auf den Außenwangen des Pfeilerdurchgangs zwischen den Schiffen des Saales begegnet. Julius II. (1503–1513) berief dieses Konzil nach Rom, um einer Gruppe von Kardinälen zuvorzukommen, die ihn mit Frankreichs Hilfe abzusetzen gedachten. Der römisch-deutsche Kaiser Maximilian heckte zur gleichen Zeit den abenteuerlichen Plan aus, selber Papst zu werden. Wir wissen davon aus einem Brief, den er zur Zeit einer schweren Erkrankung Julius II. an seine Tochter Margareta richtete und mit den Worten schloß: »Geschrieben von der Hand Eures guten Vaters Maximilian, nächstkünftigen Papstes.« Dahinter stand die Idee, die beiden höchsten Gewalten der Christenheit in einer Hand zu vereinen

DIE KONZILS-FRESKEN

– und seltsamerweise hegte sie auch der Papst, von dem man öfter den Ausspruch hören konnte: »Ich sollte Kaiser sein . . .« Weder in dieser Frage noch in den dringend anhängigen Reformen richtete das Konzil Nennenswertes aus. Der Nachfolger Julius ii., der Mediceer Leo x. (1513–1521), entließ es im gleichen Jahr, in dem Martin Luther seine fünfundneunzig Thesen an die Tür der Schloßkirche zu Wittenberg schlug, was von der neuen protestantischen Forschung übrigens bestritten wird.

Aus dieser Tat erwuchsen für die römische Kirche Konsequenzen, die wir an den nach Norden gerichteten Flächen des Pfeilerdurchgangs beobachten können. Hier finden wir die Väter des großen Erneuerungs-Konzils versammelt, das von 1545–1563 in der Kirche S. Maria Maggiore zu Trient – als *Tridentinum* – tagte. Man lauscht aufmerksam den Argumenten, womit ein Dominikaner von der Kanzel gegen die Rechtfertigungslehre Luthers zu Felde zieht. Auf der Bank der Kardinäle hat als zweiter von rechts der hl. Karl Borromäus Platz genommen, dem das Konzil verdankt, daß es zum Schluß nicht noch gänzlich auseinanderbrach. Die Kirche mußte den Verlust der protestantischen Länder akzeptieren, um zu sich selbst zurückzufinden. Das Resultat von Trient war die Gegenreformation.

Das Tridentinum ist das letzte im ›Salone Sistino‹ dargestellte Konzil. Als der Bibliotheks-Saal entstand, lag es kaum ein Vierteljahrhundert zurück. Und noch war innerhalb der römischen Kirche alles in Bewegung, die Beschlüsse von Trient zu verwirklichen. Dies erklärt vielleicht, warum die Konzilsfresken hier in ihrer Thematik so einseitig sind: fast ausnahmslos zeigen sie die

Kirche im Kampf. Irrlehrer, Abtrünnige und Ungläubige werden mit Waffen des Geistes und der Gewalt, mit Exkommunikation und Krieg heimgesucht. Alles ist auf Schutz und Verteidigung gerichtet – und darüber hat man, mit Ausnahme des Fronleichnamsfestes, vollständig vergessen, daß die dargestellten Konzile neben der Verdammung schädlicher Strömungen auch eine Menge Positives aufzuweisen hätten. Damals hielt man nichts für großartiger, als die Beseitigung aller Hindernisse, die der katholischen Einheit der Welt im Wege standen. Niemals war sich die Kirche tiefer ihrer Feinde bewußt, niemals bedurfte sie mehr der historischen Beispiele zur Bekräftigung ihrer Siegessicherheit, niemals hielt sie es für gottgewollter, sich zur Wehr zu setzen. Kaum ein Mittel schien unvereinbar mit dem Evangelium – weil dieses ja vom irdischen Dasein Opfer, Buße und das Ertragen aller Ungerechtigkeit verlangt –, um die einzig wichtige, die ewige Existenz des Menschen nach dem Tode vor Schaden zu bewahren.

Wir sind heute längst daran gewöhnt, das Leben nach dem Tode als eine Privatsache anzusehen, die vor den Erfordernissen unseres irdischen Geschickes zurückstehen muß. Die Gegenreformation dagegen betrachtete das Leben nach dem Tode als eine Menschheitsfrage, deren positive Lösung durch Feinde und Widersacher nicht gefährdet werden durfte. Also kämpfte man, zwar irrend, aber im Vertrauen auf die gute Sache. Vielen fällt es schwer, solche Begründung zu verstehen. Denn heute scheint auf dieser Welt Toleranz allenthalben das oberste Gebot. Doch erst der Jüngste Tag wird zeigen, wie weit wir selbst ein Recht dazu hatten, so fröhlich auf irdischen Vorteil bedacht zu sein und unser ewiges Leben unbekümmert der Geduld und Nachsicht Gottes zu überlassen.

PAPST SIXTUS V. 291

Das Programm des Salone Sistino ist ein Konzentrat dessen, was den gewaltigen Sixtus v. und seine Zeit bewegte. Der in Aufruhr geratene Erdkreis sollte nach dem Ideal katholischer Universalität neu geordnet werden. Der Tatmensch auf dem Heiligen Stuhl begann mit dem Nächstliegenden: mit der Stadt Rom. Die Urbs, die einen Sixtus zum Herrn hatte, mußte zum Schauzeichen und Vorbild werden für die Harmonie, zu der die Gegenreformation die widerspenstige Menschheit zurückzuführen gedachte. Dazu bedurfte es zweier Dinge: einer grundlegenden Neuordnung der Lebensweise Roms und einer tiefgreifenden Umwandlung seiner architektonischen Gestalt. Beides finden wir – dem Bibliotheks-Saal zugekehrt – in den Lünetten der Eingangsbogen: im nördlichen Schiff eine ausgedehnte Allegorie, die Hebung der Sitten verkündend, in der südlichen Nachbarlünette dagegen den großen Bauplan für das neue, sixtinische Rom. Was auf beiden Gebieten im einzelnen unternommen und verwirklicht wurde, stellen uns über den Fenstern des Saales vierzehn Veduten vor. Sie beginnen an der Südwand mit dem Moses-Brunnen auf der Piazza San Bernardo, der die von Sixtus erstellte Wasserleitung der Acqua Felice abschließt. Darauf folgt der neu aufgerichtete Obelisk Konstantins des Großen auf dem Laterans-Platz. Über dem dritten Fenster ruft man das außerordentliche ›Heilige Jahr‹ aus, womit Sixtus v. noch im Jahr seiner Krönung (1585) die pilgernden Massen der Christenheit um seinen Thron zu versammeln wünschte. Die Säule des Kaisers Trajan, das hochragendste Monument des Altertums, empfängt auf ihrer Spitze die Statue des hl. Petrus, der damit die Päpste wieder einmal zu Nachfolgern der Cäsaren legitimiert. Auf dem nächsten Bild schüttelt der Löwe, den Sixtus im Wappen führt, den Baum des Überflusses – und die friedlichen Bürger-Schafe mästen sich an seinen Früchten. Wie der Petersplatz 1588 aussah, zeigt uns die sechste Vedute, während die siebente von der Austilgung der Straßenräuber erzählt, die der Löwe Sixtus durch den Donnerkeil seiner Todesurteile wie wilde Tiere vernichtet.

In mehreren Windungen wälzt sich auf der Lünette über dem Papstportal der Triumphzug durch Rom, mittels dessen Sixtus von seiner Bischofskirche, dem Lateran, Besitz ergreift. Wenig vorher hat er – die nördliche Nachbarlünette erzählt es – auf der Treppe des unfertigen Neubaus von St. Peter die Tiara empfangen. Schon damals war er entschlossen, die Kuppel Michelangelos nach vollendeter Einwölbung mit einem Schlußstein zu versehen, der seinen Namen trägt. Als Flottenbaumeister erleben wir den Papst auf der Vedute des ersten Fensters der Nordwand. Über dem zweiten erhebt der Obelisk von S. Maria Maggiore seine Nadel – als Wegemarke für eine neue Straße: Sixtus hat sie vom Pincio herüber (wo sie heute noch Via Sistina heißt) schnurgerade durch die Häuser brechen lassen und geleitet auf ihr – über dem dritten Fenster – den Leib des hl. Papstes Pius V. (1566–1572) nach der von ihm so sehr geliebten Marienkirche. Um den heiligen Petrus auf der luftigen Höhe seiner Säule nicht allein zu lassen, krönt Sixtus die Marc-Aurel-Säule auf der Piazza Colonna mit dem Apostel Paulus. Für alte und kranke Geistliche errichtet er am Ponte Sisto das Hospital der ›Cento Preti‹, versieht mit einem weiteren Obelisken die Piazza del Popolo und überwölbt die ehrwürdige Reliquie der Krippe von Bethlehem in S. Maria Maggiore mit einer prunkvollen Kapelle, deren architektonischen Schnitt die letzte Vedute zeigt. Schließlich finden wir an der Ausgangswand der Vorhalle noch das Bild des Lateran, bevor Sixtus Hand an ihn legte – und gegenüber, an der Eingangswand seine feierliche Weihe.

Wenn wir von hier aus den Korridor nach Süden entlanggehen, kommen wir sogleich in die zwei letzten zur Sixtinischen Bibliothek gehörenden Säle. Im zweiten angelangt, wenden wir uns einen Augenblick nach rückwärts. Denn hier entrollt sich über dem Durchgang, den wir soeben durchschritten, die spektakulärste Szene dieses bauwütigen Pontifikates: die Aufrichtung des Obelisken auf dem Petersplatz.

DIE AUFRICHTUNG DES OBELISKEN 293

Eigentlich ist mehr sein Transport dargestellt. In der linken Bildhälfte finden wir den fünfundzwanzig Meter hohen Monolithen eingerüstet – aber noch an seinem

294 DIE AUFRICHTUNG DES OBELISKEN

alten Platz, an der Südseite der Peterskirche (sie ist
mitten im Umbau, noch steht das Hauptschiff der kon-
stantinischen Basilika). Schon neigt sich der 3300 Zentner schwere Schaft unter der Einwirkung des Rollen-
Systems, das die Brüder Fontana in einem Jahr vor-
bereitender Arbeit errechnet hatten. Achthundert Arbeiter, gestärkt durch vorherige Pflichtkommunion,
hundertfünfzig Pferde und sechsundvierzig Maschinen,
allesamt mit Weihwasser besprengt, sind zu dem Werke
aufgeboten. Rechts ist dessen erste Phase glücklich vorbei – von Eisenspangen umklammert gleitet der Obelisk auf runden Bohlen seinem neuen Bestimmungsorte
zu. Noch dreißig Jahre vorher hatte selbst Michelangelo das Unternehmen für undurchführbar gehalten.
Sixtus, dessen Wille es erzwang, mußte für solchen
Aufwand einen besonderen Grund haben.

Aus unseren Wanderungen durch Rom und von den
Veduten der Bibliothek her kennen wir die Vorliebe
des Papstes für Obelisken. Er teilte sie mit einigen
antiken Kaisern, mit Caligula zum Beispiel oder Konstantin dem Großen. Jene hatten Obelisken von Ägypten nach Rom gebracht, um das Aufgehen aller Herrschermacht in der Würde des Kaisers zu dokumentie-
ren. Sixtus hingegen bediente sich der alten Ruhmes-
pfähle, um der Welt vor Augen zu stellen, daß alle
Kaiser-Herrlichkeit der Antike einmünde in das Imperium Christi. Auf die Spitze des ägyptischen Sieges-
mals ließ er das Kreuz setzen, das einen Splitter des
wahren Kreuzes enthält. Die Gegenreformation erhob
das Zeichen der alten, neu erstarkten Religion über die
Trophäen des Heidentums und das Zeitalter seiner
Wiedergeburt. Vollzogen wurde die Taufe der Antike,
zu Ende war die Renaissance.

Was nun begann, holte seine Kraft aus anderen Quellen. Hatte der Mensch sich bisher berufen gefühlt, die Welt im Gleichgewicht zu halten, so setzten sich nun die guten und die bösen Kräfte des Universums in Bewegung, um auf der Tenne seiner Seele ihren Kampf auszutragen. Der Himmel war nicht sicher vor den Niederlagen, die die Hölle ihm bereiten konnte – durch die Fehlentscheidung eines jeden Menschen, der sein Heil verriet. Fiel aber diese Entscheidung im Sinne der Erlösung, so feierte darob der Himmel einen Triumph, der sich als geistbewegtes Schauspiel an den Gewölben der Kirchen niederschlug und sein irdisches Abbild fand in einem Papsttum, das vom Glanz des Jenseits umleuchtet war. Unter solchen Bildern entfaltete sich das Welttheater des römischen Barock.

Seine Heimat ist die Peterskirche – nicht der Vatikan. Denn der Palast der Päpste bleibt – mindestens in weiten Teilen – in aller Glorie und in jeder Schwäche dem Humanen aufs engste verhaftet. Dessen Aufstieg haben wir wahrgenommen bei der Gründung dieser Bibliothek durch Sixtus IV. und dabei erlebt, wie die Entdeckung der menschlichen Freiheit aus dem Erbe der Antike neue Nahrung zog. Später haben wir gesehen, wie durch die Erschütterung der Reformation das Bild des zu irdischer Vollkommenheit ausgereiften Menschen wieder ins Wanken geriet. Papst Sixtus V., der vom Schicksal dazu ausersehen war, in das Gewölbe der Peterskuppel den Schlußstein zu setzen, hat uns in seiner großen Bücherhalle den Weg des Geistes bis zu jenem Augenblick gezeigt. Er hat uns aber auch die Grenzen gewiesen, die dem Zeitalter des Menschen gesetzt waren.

Im Weiterwandern wollen wir nun die Höhen und Tiefen der römischen Renaissance noch einmal – und

nachdenklich genug – durchmessen. In den Borgia-Ge-
mächern, in den Stanzen und in der Sixtinischen Kapelle werden wir ihrer Dämonie begegnen, ihrem Reichtum, ihrer Schönheit und ihrem Gram. Wir werden
erkennen, daß das Altertum für sie nicht nur ein Gewinn, sondern ein Stachel war – und das Christentum
nicht eine ererbte Formel, sondern ein tiefes Problem.
Eine Zeit, die Cesare Borgia und den hl. Ignatius, Machiavelli und Michelangelo hervorbrachte, mußte aus
Extremen leben – und im Ringen um deren Versöhnung
verströmte sie ihre immense Kraft. Die Schönheit, die
ihre Domäne war, hielt den Schmerzen dieser Welt nur
stand, weil sie aus der Würde geboren wurde, die der
Mensch in sich selbst entdeckt hatte. Will Durant, in
unserem Jahrhundert der letzte große Humanist, feiert
das Erbe der Renaissance in wunderbaren Worten. Sie
seien den folgenden Kapiteln als Leitstern vorange-
stellt: »Überall in Europa und Amerika leben heute
Menschen voll Gesittung und Lebensfreude, Bürger
einer aristokratischen Republik der Bildung, für die
das Vermächtnis jener Jahrhunderte – die geistige Freiheit, der Sinn für das Schöne, die Toleranz und die
Menschenliebe – zum täglichen Brot gehört. Sie verzeihen dem Leben willig seine Tragödien, genießen mit
offenen Sinnen seine Schönheit, und immerdar erklingt
in ihren Herzen, inmitten der Haßgesänge der Welt
und des Donners der Kanonen, das unvergängliche
Lied der Renaissance.«

Eilen wir, meine Leser, es zu vernehmen.

WANDERUNG
ZU DEN BORGIA-GEMÄCHERN

Aus dem letzten Sixtinischen Saal kommend, sind wir
in den Korridor eingetreten, den man die Galerie Urbans VIII. (1623–1644) nennt. Seine westlichen Fenster
– in unserer Wegrichtung auf der rechten Seite – bieten dem strapazierten Auge das wohltuende Bild der
Vatikanischen Gärten. Inmitten zärtlichen Grüns glänzt
da ein ockerfarbenes Schloß aus dem 16. Jahrhundert,
von Pirro Ligorios Hand – das *Casino Pio Quarto*, ein
steingewordenes Madrigal.

Kühle steigt auf von dem Wasserbecken im Tal, in
das zwei Rinnsale plätschernd niederfallen. Von hier
ist ein erster Pavillon in die Höhe geführt zu einer
Loggia mit klassischem Giebel. Dahinter – auf dem
Niveau der kleinen Säulenhalle – dehnt sich ein ellip-
tischer Hof, dessen Rand wie eine Brunnenschale hoch-
gezogen ist und von umlaufenden Steinbänken ge-
säumt wird. Dann erst kommt, sanft an den Abhang
gesetzt, das maßvolle Haus, von arkadischen Szenen
belebt.

Sein Bauherr, Papst Pius IV. (1559–1565), ist – mehr
als durch seine Taten – wegen eines Neffen berühmt:
des hl. Karl Borromäus. Am Beginn seines dritten Le-
bensjahrzehnts war dieser erstaunliche Mann durch die
Gunst seines Onkels der reichste Prälat der römischen
Kirche; als er nach bewegtem Leben als Erzbischof von
Mailand starb, war er fast arm zu nennen – so wörtlich hatte er die Reformgesetze des Tridentinums an
sich selbst verwirklicht. Da sein Ernst und frommer
Eifer schon zu Lebzeiten des päpstlichen Onkels deutlich zutage traten, beruhigte dieser sein Gewissen,
bürdete dem jungen Mann die Leitung der Kirche auf

298 GALERIE URBANS VIII.

und gab sich selbst unbekümmert der Musik hin und der Liebe zu Schaugepränge und Festen. Natürlicherweise empfand der vergnügungsbedürftige Papst in deren Pausen dieselbe Sehnsucht nach idyllischer Ruhe, wie ein halbes Jahrhundert vor ihm – wenn auch aus anderen Gründen – Innozenz VIII. (1484–1492). Dessen Belvedere war aber längst kein Lustschloß mehr: Antiken und Künstler hatten die Päpste daraus ver-

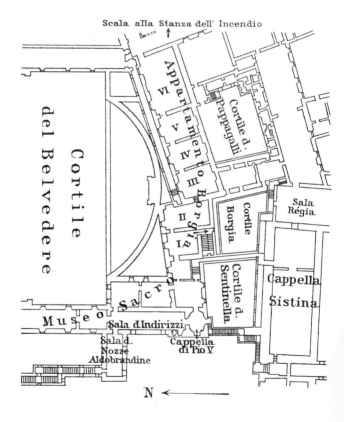

drängt. So ging Pius IV. erneut daran, dem Oberhaupt der Christenheit inmitten seines weitgedehnten Palastgeländes ein Plätzchen zu schaffen, wo man Amt, Repräsentation und Zeremoniell für Stunden abstreifen konnte, um nichts weiter zu sein als ein Mensch, der die Freuden des Lebens dankbar genießt. Dafür allein scheint das Casino gebaut. Natürlich würde in unseren veränderten Zeiten kein Papst mehr wagen, es diesem harmlosen Sinn gemäß zu benützen. Also hat man dieses reine Gefäß der Schönheit zur Heimstätte der Päpstlichen Akademie der Wissenschaften gemacht. Nur ein paar Mal im Jahr nimmt es wohlgedämpfte Sitzungen auf, um jeweils schon nach einigen Stunden wieder in den Traum zu versinken, den wir es träumen sehen.

Ein ganz anderes Bild bieten uns die linken Fenster der Galerie. Sie lenken unseren Blick in das graue Steingefüge des *Großen Belvederehofes*. Sein Name geht nach bewährtem vatikanischem Rezept der Klarheit sorgsam aus dem Wege, weil er an längst entschwundene Sachverhalte gebunden ist. Wie wir uns erinnern, dehnte sich ursprünglich zwischen dem Belvedere-Schlößchen Innozenz' VIII., das den Laokoon birgt, und dem Palast Nikolaus' V., der unser Blickfeld rechts als Querbau abschließt, ein einziger Hof. Sixtus V. teilte ihn – links von uns – durch den massiven Trakt der Bibliothek. Hinter diesem liegt als weiterer Querbau der Braccio Nuovo, jenseits dessen dann der Cortile della Pigna mit der Riesen-Nische beginnt. Der monumentale Hof vor unseren Augen aber hat – obwohl von hier aus kein Eckchen des Belvedere zu sehen ist – den ursprünglichen Namen des Ganzen behalten: ›Cortile del Belvedere‹.

Was uns darin am meisten fesselt, ist die konkave

Front des *Palastes Nikolaus'* v. Ist das überhaupt die
Residenz eines Papstes – oder nicht eher die Burg eines
Fürsten, der vor seinen Untertanen auf der Hut sein
muß? Mauerkränze und Zinnen muten mittelalterlich
an – wenngleich sie es nicht sind. Wo bleibt in diesem
schweren Steingetürm der Geist der Renaissance? In
der Tat: noch war das Mittelalter nicht überwunden,
noch verlangte die aufkeimende Schönheit wehrhaften
Schutz. Nur die Proportionen der Fenster verraten
etwas von dem Ebenmaß, dem die neue Zeit zustrebte.
Aber es sollte noch ein volles Jahrhundert vergehen,
bevor man den Mut zu waffenloser Heiterkeit auf-
brachte, wie das Casino Pio IV. sie uns zeigt.

Doch birgt dieser abweisende Bau zwei Kleinodien
der römischen Renaissance: auf unserer Höhe das ›Appartamento Borgia‹, die Zimmerflucht Alexanders VI.
(1492–1503) – und im Stockwerk darüber die offizielle
Wohnung Julius II., die man heute unter dem Namen
›Stanzen‹ kennt. Was über diesen liegt – hinter der
Säulengalerie des dritten Stockwerks – gehört zum
Areal der ›Segretaria dello Stato‹ und ist uns Normal-
Besuchern verschlossen. Dort oben wird – in einem
durch die Jahrhunderte lautlos funktionierenden Getriebe – die Politik des Vatikans gemacht. Hierzu –
ohne auf das Riesenthema einzugehen – eine typische
Kleinigkeit: wer immer auch dort oben empfangen
wird, kann zwar auf zwei riesigen Globen an der
Wand der Galerie bewundern, wie weltumspannend
man hier schon seit jeher gedacht hat, aber in die Ar-
beitsräume der Staats-Sekretarie wird er niemals gelangen. Man führt ihn in einen der zahlreichen kleinen
Salons, rotbespannt und mit nichtssagenden Barock-
möbeln ausgestattet, dann erscheint der zuständige
Monsignore, man erörtert das interessierende Thema

und trennt sich wieder. Kein Stück Papier ist dabei im Spiel.

Wir müssen aber gar nicht in jene sachlichen Zonen hinaufsteigen, um zu erkennen, wie tief die vatikanische Politik bisweilen in das Räderwerk der Weltgeschichte eingreift. Am Ende der Galerie, in der wir uns befinden, erwarten uns – in gesonderten Vitrinen – zwei Dokumente, die eine Geschichte zu erzählen haben.

Es handelt sich um *die Weltkarten aus der Zeit um 1530*. Die linke, von einem anonymen Autor, zeigt als Zen-

Galerie vor der Staats-Sekretarie

trum den Atlantischen Ozean, jenseits dessen die amerikanische Ostküste auftaucht, in ihrer Mitte der Golf von Mexiko. Dort dehnte sich noch wenige Jahre vor der Entstehung der Karte das Reich der Azteken. 1521 hatte Fernando Cortez dessen Hauptstadt mit lächerlichen Mitteln, beispiellosem Wagemut und einer bestialischen Auslegung des Christentums für Spanien erobert. Voller Stolz berichtete er nach Hause von der raffinierten Anlage des Königspalastes, der von einem System verästelter Kanäle durchzogen inmitten eines blauen Sees gelegen habe. Auf unserer Karte leuchtet die aztekische Residenz blau eingefaßt – und in unmittelbarer Nachbarschaft sitzt auf seinem Thron, damals schon ein Anachronismus, ihr fremdartiger Herr: der König Montezuma.

Die Mitte der anderen Karte nehmen Europa und Afrika ein; dann folgen ostwärts, ziemlich genau, Indien und Hinterindien. Die amerikanische Ostküste ist in ihrer reichen Gliederung schon zur Gänze zu erkennen. Als Autor zeichnet Giovanni da Verrazzano, der später durch Franz 1. von Frankreich ausgesandt wurde, um im nordamerikanischen Teilkontinent eine Durchfahrt nach Asien zu finden. Sein Forschergeschick ließ ihn dabei eines Tages im künftigen Hafen von New York vor Anker gehen, was für die dankbare Stadt Grund genug war, ihm durch ein Denkmal an der Battery eine begrenzte Unsterblichkeit zu sichern.

Soweit betrachtet, sind diese Karten kulturgeschichtliche Zeugnisse, aus denen ein Zusammenhang mit dem Vatikan nicht unmittelbar hervorgeht. Er taucht indessen auf, wenn man den unterschiedlichen Gesichtswinkel berücksichtigt, unter dem sie die damals bekannte Welt darstellen. Die linke zeigt mit atlantischem

DIE WELTKARTEN 303

Schwerpunkt die Interessensphäre Spaniens, die rechte mit ihrer ausführlichen Behandlung Afrikas und Asiens die politisch-merkantile Domäne Portugals.

Bekanntlich waren die Portugiesen im Zeitalter der Entdeckungsfahrten den Spaniern um einige Jahrzehnte voraus. Auf Weisung des phantasievollen Prinzen Heinrich des Seefahrers, der selber niemals ein Schiff bestieg, waren ihre Kapitäne die Westküste Afrikas entlanggesegelt und hatten schließlich den ersehnten Seeweg nach Indien entdeckt. Seine Erschließung bedeutete Krieg mit Eingeborenen, Gründung von Niederlassungen – Kolonien. Um dabei jede europäische Konkurrenz auszuschalten, wandte sich die portugiesische Krone alsbald an den Papst. Der Heilige Stuhl war zu jener Zeit eine Art letzte Instanz für Völkerrechtsfragen – und so wünschte Portugal von ihm einen vorsorglichen Schiedsspruch, demzufolge es zu Recht besitzen sollte, was es erobern würde. Die Tiara trug damals der gemütliche Calixtus III. (1455–1458) aus dem Hause Borgia, ein Onkel des späteren Alexanders VI. Er war den kühnen Entdeckern gerne gefällig und verlieh ihnen das alleinige Recht, zwischen Kap Bojador und Guinea alles für ihren Handel Zuträgliche ins Werk zu setzen. Allerdings knüpfte er daran die Bedingung, bei Gründung von Niederlassungen müsse die Unterwerfung der Eingeborenen von diesen freiwillig vollzogen werden. Verständlicherweise sahen die Spanier solchen Machtzuwachs ihrer Nachbarn nur ungern. Da sie aber gerade die letzte Anstrengung machten, die Mauren von ihrem Territorium zu vertreiben – noch war Granada ein mohammedanisches Königreich –, willigten sie 1479 durch einen Vertrag mit Portugal in die päpstliche Entscheidung ein.

Wenige Jahre später hatte sich Columbus sein gro-

ßes Projekt zurechtgelegt und klopfte damit bei den
Portugiesen an. Man schickte ihn aber wieder fort,
denn die Entwicklung des Asiengeschäftes schien interessanter zu sein als ein unsicheres ozeanisches Abenteuer. Zum Ärger der Portugiesen fand Columbus bald
darauf bei den katholischen Königen von Spanien die
verdiente Förderung, lief aus – und entdeckte die Neue
Welt. Inmitten des spanischen Triumphes aber entsann
sich der schlaue König Manuel von Portugal des päpstlichen Schiedsspruches und des nachfolgenden Vertrags
mit Spanien. Mit gekonnter Naivität machte er sein
Besitzrecht für alle Gebiete geltend, die Columbus im
spanischen Auftrag entdeckt und erobert hatte. Die
Spannung zwischen den beiden Nachbarländern stieg
beinahe bis zum Kriege. Da beschloß der spanische Ferdinand – ein Odysseus unter den Monarchen –, die
Portugiesen mit ihrer eigenen Waffe zu schlagen: er
wandte sich an den Papst. Da auf dem Heiligen Stuhl
inzwischen Alexander VI. saß, ging der König dabei
von der richtigen Annahme aus, was der Onkel den
Portugiesen zugebilligt hatte, werde der Neffe den
Spaniern nicht abschlagen. Und so geschah es. Gegen
die Zusicherung, man würde bei allen Eroberungen
augenblicks den christlichen Glauben ausbreiten, zog
Alexander VI. im Vatikan eine Demarkationslinie von
Pol zu Pol. Sie verlief 270 Seemeilen westlich der Azo-
ren. Alles davon westlich liegende Gebiet sollte Spanien vorbehalten sein, alles östliche den Portugiesen
eingeräumt bleiben. Deren König war damit zunächst
nicht einverstanden, doch kam es schon im Jahr darauf
durch eine kleine Korrektur zugunsten Portugals zu
einer dauerhaften Einigung. Was sie bedeutete, ist zu
ermessen, wenn man bedenkt, daß wenig später, im
Jahr 1500, der Portugiese Capral die Ostküste Brasi-

liens entdeckte, während gleichzeitig der Italiener Ame-
rigo Vespucci im Auftrag Spaniens in den Amazonas
eindrang. »Die päpstliche Entscheidung hat wesentlich
dazu beigetragen, daß zwischen Spanien und Portugal
eine Reihe schwieriger Grenzfragen ohne Krieg ge-
schlichtet . . . wurden. Sie gereicht dem Papst zum
Ruhme . . .« (Pastor) Sicher ist: die Geschichte Ameri-
kas hätte einen anderen Verlauf genommen ohne den
Schiedsspruch, der 1493 in den Gemächern unterzeich-
net wurde, denen wir uns jetzt nähern. Von düsterer
Faszination ist heute noch der Name, den sie tragen:
Borgia.

DAS ›MUSEO SACRO‹

Bevor wir das Appartement Alexanders VI. erreichen, müssen wir eine Reihe von Sälen durchschreiten, die das *Museo
Sacro* beherbergen. Im ganzen genommen ist es wahrscheinlich das reichste Museum frühchristlicher und mittelalterlicher Kleinkunst, das überhaupt existiert. Doch befanden
sich seine Schätze beim Abschluß des Buches in vollständiger
Umgestaltung. Da es wenig Reiz hat, vor geschlossenen
oder leergeräumten Vitrinen zu erzählen, was sie früher
enthielten, muß ich mich auf Ihr Glück verlassen, meine
Leser, wenn ich wenigstens ein paar Dinge anführe. Dem
Begünstigten leuchten vielleicht aus den Schaupulten des
ersten Saales *Gold- und Bronze-Kreuze* entgegen, die in
den Katakomben gefunden wurden. Im zweiten Saal wird
er möglicherweise die Sammlung runder Glasscheiben zu
Gesicht bekommen, aus denen wunderbare *Goldporträts*
heidnischer und christlicher Römer hervorblicken, oftmals
auch die Apostel Petrus und Paulus – Erkennungsmarken
an Katakombengräbern. Vom dritten Saal führt rechts eine
Tür in die *Sala delle Nozze Aldobrandine,* worin die herrlichsten Malereien und Mosaiken der heidnischen Antike
an den Wänden hängen; hier ist alles intakt – die ›Aldobrandinische Hochzeit‹ wird uns auf dem Rückweg noch

beschäftigen. Im dritten Saal selbst kann man in den Schrankvitrinen links vielleicht ausgestellt sehen: in der Abteilung I den sogenannten *Kelch des hl. Hieronymus* aus dem 9. Jahrhundert. In der Vitrine IV ein Exemplar der goldenen *Tugend-Rose* – 19. Jahrhundert –, die der Papst an katholische Könige und Königinnen zu senden pflegte, machmal weil sie sie verdient hatten. Kostbare *romanische Kleinplastik* aus Limoges, von Email überzogen, bot bisher die VIII. Abteilung, die IX. eine Sammlung früher *Kruzifixe*. Im Schaufach XII werden Sie – so hoffe ich – auf der untersten Pultleiste links das berühmte *Diptychon von Rambona* finden, eine Elfenbein-Arbeit aus der Zeit um 900, auf deren linker Tafel in einer Höhle unter dem Golgotha-Hügel die alte römische Wölfin haust – mit den Knaben Romulus und Remus; alle drei haben sich unter das Kreuz gebeugt. Gleich daneben sollte – wie ich Ihnen wünsche – der prachtvolle Einband-Deckel des *Lorscher Codex* stehen (wir erinnern uns seiner aus der Bibliothek); er setzt sich aus fünf Elfenbeinfeldern zusammen, auf deren mittlerem ein antikisch-jugendlicher Christus die segnende Hand erhebt.

Der nächste Raum ist eine Kapelle, welche den ganzen langen Korridor abschließt, den wir seit den Quattro Cancelli durchmessen haben. Sie trägt den Namen des Heiligen Papstes Pius V. und enthält nur eine einzige Vitrine – aber die ehrwürdigste des Vatikans. Hier sind die Reliquiare der lateranischen Palastkapelle *Sancta Sanctorum* versammelt; vor allem ist das große emaillierte Kreuz zu beachten (unten, Mitte), das Papst Paschalis I. (817–824) im 9. Jahrhundert zur Aufbewahrung von fünf Splittern des wahren Kreuzes anfertigen ließ: Schaft und Balken tragen Szenen aus der Kindheit Jesu.

Es ist sinnlos, meine Leser, Ihnen diese einzigartige Sammlung als Stückwerk vorzustellen. Jeder Gegenstand birgt so viel Schicksal und Heiligkeit, und zusammen sind sie ein so außerordentlicher Schatz des römischen Mittelalters, daß ich es vorziehe, Ihnen das ganze ›Museo Sacro‹ in Verbindung mit der Peterskirche darzubieten, zu deren spätantiker

und mittelalterlicher Geschichte man sich kaum einen be-
redteren Kommentar wünschen könnte. Eilen wir also weiter, der Führungslinie folgend. Den nächsten Raum, dessen
Vitrinen gegenwärtig leer stehen, durchschreiten wir diagonal nach links, treten in der Ecke durch die kleine Tür
und befinden uns wenig später im ersten der hochgewölbten
Säle des *Appartamento Borgia*. Hier umfängt uns aufs neue
mit kühlem Zauber die Renaissance.

DAS SPIEL DER HÖLLE
MIT DEM HIMMEL

»Er ist von hoher Gestalt, von mittlerer Farbe; seine
Augen sind schwarz, sein Mund etwas voll. Seine Gesundheit ist blühend; er erträgt über jede Vorstellung
Mühen aller Art. Er ist außerordentlich beredt; jedes
unzivilisierte Wesen ist ihm fremd.« Das war Papst
Alexander vi., von Hieronymus Porticus geschildert
im Jahre seiner Krönung 1493. Zehn Jahre später berichtet der Florentiner Guicciardini: »Zum Leichnam
Alexanders strömte in St. Peter ganz Rom mit unglaublicher Freude zusammen, und niemand konnte
sich sattsehen an dem tot daliegenden Drachen, der
durch seinen maßlosen Ehrgeiz, durch seine unheilvolle
Meineidigkeit und durch alle Beispiele von schauder-
hafter Grausamkeit, von unnatürlicher Unzucht, von
unerhörter Habsucht . . . die ganze Welt vergiftet hatte.« Dies ist das Bild, das die Welt bis heute von Alexander behielt. Als »eine der nichtswürdigsten Gestalten« geistert er durch Papstgeschichten, Romane, Dra-
men. Keines Papstes Taten sind mehr Menschen zur
Kenntnis gelangt, keiner wurde wie er zum Kronar-
gument gegen die römische Kirche. Wir betreten die
Räume, in denen er sein Pontifikat verbrachte, und
fragen uns: wer war dieser Mensch?

Schon der erste Saal – die *Sala delle Sibille* – erzählt eine grausige Geschichte. Die entzückend ornamentierte Kruste aus Gold und Blau, womit Pinturicchio und seine Schüler das Gewölbe überzogen, die fromm weissagenden Gestalten der Sibyllen und Propheten in den Lünetten, das feingemusterte Majolika des Fußbodens – all dies hat eine Bluttat gesehen. Hauptbeteiligte waren zwei Kinder des Papstes, Cesare und Lucrezia Borgia.

Daß Alexander Kinder hatte, nahm ihm seine Zeit weniger übel als wir. Schlimmer war seine Familienfreude. Denn während andere Kardinäle meist nur flüchtige Liebschaften riskierten, führte Rodrigo Borgia – so hieß Alexander als Kardinal – mit der schönen Vanozza de' Catanei jahrzehntelang eine regelrechte Ehe, die zu verheimlichen der bequeme Gatte der Dame kaum hinreichte. Die Liebe aber, mit der er an seinen vier ›offiziellen‹ Kindern hing, sollte den Heiligen Stuhl an den Rand des Abgrundes bringen. Kaum hatte er die höchste Würde erlangt, machte Alexander seinen ältesten Sohn zum Herzog von Gandia und gab ihm eine Nichte Ferdinands des Katholischen von Spanien zur Frau. Cesare, der zweite, wurde zunächst Kardinal, legte später den Purpur wieder ab, behielt aber dessen Einkünfte. Giofre, der jüngste, heiratete eine Prinzessin von Neapel – und Lucrezia, die schöne Tochter, gelangte nach manchen Umwegen schließlich auf den Herzogsthron von Ferrara. Ihre zarte Gestalt beschäftigt uns zuerst.

Sie war ein feines, schmalgliedriges Geschöpf, gesegnet mit einer solchen Fülle goldblonden Haares, daß sie über Schmerzen klagte, wenn sie es hochgesteckt tragen mußte. »Ihr ganzes Wesen atmet lachende Heiterkeit«, so erzählt Cagnolo. Mit elf Jahren – ihr Va-

ter war noch Kardinal – hatte man das liebenswürdige
Mädchen aus dem Kloster geholt, um es einem spanischen Edelmann zu verloben. Diesen schlug ein besserer Bewerber, der Graf von Aversa, aus dem Feld.
Er hätte sie zweifellos heimgeführt, wäre Alexander
nicht inzwischen Papst geworden. Damit jedoch wurde
Lucrezia plötzlich zur politischen Partie. Es war Alexander nicht gegeben, als Inhaber des Heiligen Stuhles
auf die altgewohnte Rolle eines zärtlichen Familien-
vaters zu verzichten. Seine einzige Konzession gegenüber hergebrachten Gepflogenheiten bestand in der
Trennung von Vanozza. Um so heftiger aber zog er
seine Kinder an sich. Wie die meisten verliebten Väter
konnte er sich nicht vorstellen, Lucrezia würde an der
Seite irgendeines Mannes ein größeres Glück finden,
als er selbst ihr bot. Da sie indes verheiratet werden
mußte, war er allein auf den Vorteil bedacht, der mit
der Vergabe ihrer Hand verbunden sein konnte – für
die Familie Borgia und, nach Alexanders voller Überzeugung, somit auch für die katholische Kirche. Der
Papst suchte damals die Freundschaft des mächtigen
Mailand – also bestimmte er des dortigen Herrschers
Neffen, Giovanni Sforza, Herzog von Pesaro, zu Lucrezias Gemahl. Fünf Jahre später schwor diese, tief
gequält und glaubwürdig, Giovanni habe die Ehe niemals vollzogen. Inzwischen bedurfte Alexander der
Freundschaft Neapels – also kam der nächste Freier
von dort: Alfonso, Herzog von Bisceglie, der natürliche Sohn des Erbprinzen. Lucrezia, die nichts anderes gewohnt war, fügte sich abermals.

Aber nun geschah etwas Unerwartetes. Alfonso, ein
Jahr jünger als Lucrezia, erwies sich als ebenso temper-
amentvoll wie unreif. Dies weckte in Lucrezia gleichzeitig Sinnlichkeit und Muttergefühle. Die Frühge-

prüfte erlebte ihre erste Liebe. Zwei Jahre lang boten die jungen Leute das reizende Bild irdischer Seligkeit. Dann brach die Tragödie herein.

Das Paar weilte am römischen Hof. Dort genoß naturgemäß Lucrezia jeden Vorrang. Alfonso, der sich zurückgedrängt fühlte, stärkte sein Selbstbewußtsein durch betontes Auftreten als königlicher Prinz von Neapel. Auf Neapel aber hatte zu jener Zeit Frankreich sein begehrliches Auge geworfen, unterstützt durch den mächtigsten Mann Roms, den Papstsohn Cesare Borgia. Es war klar, daß Alfonso in ihm einen politischen Feind sehen mußte. Auch persönlich hatte er Grund zur Eifersucht. Seine Gemahlin Lucrezia hing mit demütiger Willenlosigkeit an dem faszinierenden Bruder. Dieser war umlagert von den Gesandten ausländischer Mächte, von Künstlern, die sein hervorragendes Urteil suchten, von Poeten, die sein gewinnendes Wesen besangen, und von Frauen, die seine raubtierhafte Skrupellosigkeit anzog. Je länger Alfonso gezwungen war, in Cesares Nähe zu leben, um so mehr haßte er ihn – und er machte kein Hehl daraus. Cesare antwortete lange Zeit nur mit Spott und kalter Verachtung. Eines Tages aber schlug er zu.

Am 15. Juli des Heiligen Jahres 1500 wohnte Alfonso einem abendlichen Gottesdienst in der Peterskirche bei. An dessen Ende hielten ihn ein paar Höflinge so lange auf, bis der Petersplatz menschenleer war. Als Alfonso die Basilika verließ, stachen gedungene Mörder auf ihn ein. Der Herzog brach zusammen, war aber nicht tot. Mit letzter Kraft erreichte er den nahen Palast eines Kardinals. Man holte Lucrezia herbei, die bei seinem Anblick in Ohnmacht fiel. Aus Angst vor Gift wurden päpstliche Ärzte zurückgewiesen. Lucrezia wich nicht von dem Kranken und mühte

sich Tag und Nacht, ihm gleichzeitig mit seiner fortschreitenden Genesung den Verdacht auszureden, daß
Cesare sein eigentlicher Mörder sei.

Eines Tages stand der kaum wiederhergestellte Alfonso am Fenster dieses Saales. Unten im Garten sah
er einen eleganten Mann in nachdenklicher Haltung
spazieren gehen – und erkannte seinen Todfeind. Rasch
griff er nach einer Armbrust, zielte und schoß. Der
Pfeil verfehlte den Schwager um Haaresbreite. Cesare
lief in das Untergeschoß des Palastes und alarmierte
seine spanische Leibwache. Gleichzeitig kam aus der
Tür vor uns Lucrezia in das Zimmer und sah den Gatten mit der Waffe in der Hand. Ein paar Sekunden
später wurde Alfonso vor ihren Augen in Stücke ge-
hauen.

Lucrezia floh aus Rom in die Einsamkeit von Nepi.
Alfonso erhielt ein heimliches Begräbnis, vor der Öffentlichkeit hüllte man sich in Schweigen. Der Papst
gab vor, Cesare zu glauben, der den Vorfall als Not-
wehr dargestellt hatte. Cesare ließ zweieinhalb Monate
verstreichen und ging dann, die Schwester aufzusuchen. Er blieb einen Tag und eine Nacht bei ihr – und
verließ sie verwandelt. Die allzeit Gefügige war bereit, zu glauben, er habe recht gehandelt. Den Zeitgenossen erschien dies verdächtig genug, um von einer
Inzestliebe der Geschwister zu flüstern. In Wahrheit
aber hatte sich Lucrezia – gleich dem Vater – nur dem
unheimlichen Willen Cesares gebeugt.

Drei Jahre später saß derselbe Cesare in der ›Sala
delle Sibille‹ – als Gefangener. Alexander war tot –
der gleichen Krankheit erlegen, gegen die Cesares eiserne Natur noch ankämpfte. Vorüber waren die Tage des
Triumphes – der Verschlagene hatte seinen Meister gefunden: Papst Julius II. Zunächst hatte es den An-

schein gehabt, als sei mit Alexanders Tod der alte Haß
des Kardinals Giuliano della Rovere gegen die Borgia
erloschen. Noch vor dem Konklave fand eine Unter-
redung statt, in der Cesare sich erbot, für Giuliano
die Stimmen der spanischen Kardinäle zu beschaffen,
während dieser ihn als Herzog der Romagna und
Kommandeur der päpstlichen Streitkräfte zu bestäti-
gen versprach. Kaum war Julius gewählt, griff Venedig
die Romagna an, die Cesare von der Kirche zu Lehen
besaß. Dies gab dem Papst den Vorwand, den Papstsohn mit dessen eigenen Waffen zu schlagen. Er bat
ihn, den Krieg gegen Venedig aufzunehmen, und entließ ihn nach Ostia, wo Cesare sich nordwärts einzuschiffen gedachte. Gleichzeitig aber schickte Julius einen
Kurier in den Hafen, der Cesare den Befehl überbrach-
te, er habe sein Kommando über die Festungen der
Romagna augenblicklich niederzulegen. Cesare weigerte
sich empört und eilte zurück nach Rom. Dort ließ der
Papst den Ungehorsamen verhaften und sperrte ihn in
das Gemach, worin Lucrezias zweiter Gatte Alfonso durch
Cesares Schergen niedergemacht worden war. Nächte-
lang ging Cesare hier auf und ab und lernte die schwere
Kunst, an eine ausgleichende Gerechtigkeit zu glauben.
Nach einem halben Jahr war sein Widerstand gebrochen. Er sandte seinen Festungen den Befehl zur Ka-
pitulation – nicht vor Venedig, sondern vor dem neuen
Papst.

So sah dieser Raum die Demütigung jenes Mannes,
der einmal davon geträumt hatte, der Herr eines geeinten Italien zu werden. Zu seiner Zeit waren Frankreich, England, Spanien und Ungarn zu schlagkräfti-
gen Nationen aufgestiegen, denen Italien nur ein Bün-
del streitsüchtiger Kleinstaaten entgegenzusetzen hatte.
Cesare wäre vielleicht der Mann gewesen, die Apennin-

CESARE BORGIA 313

Halbinsel unter die Herrschaft der Päpste zu beugen und dem Heiligen Stuhl damit eine von den Großmächten unabhängige Politik zu ermöglichen. Indessen scheiterte er an seiner Gewissenlosigkeit. Gleich Machiavelli, dem er in vielen Bezügen zum Vorbild für den ›Principe‹ diente, war Cesare der Überzeugung, Anständigkeit bei Mächtigen sei ein Zeichen von Dummheit und Schwäche. Militärische Erfolge schienen ihm erst dann vollkommen zu sein, wenn sie unter Mitwirkung von Hinterlist und Grausamkeit errungen wurden. Besiegte Feinde überhäufte er mit Liebenswürdigkeit, bis sie jeden Verdacht verloren – dann ließ er sie ermorden. Den eroberten Ländern aber war er ein glänzender Regent – und der verrottete Kirchenstaat wandelte sich unter seiner zielsicheren Hand in ein wohlgerüstetes Machtgebiet. Körperliche Kraft und Eleganz, bescheidenes Auftreten und jene strahlende Heiterkeit, die er gleich Lucrezia vom Vater geerbt hatte, dienten ihm als Masken für unberechenbare Winkelzüge und ein immerwaches Mißtrauen. Er hielt die Menschen aller bösen Dinge für fähig und sich selbst für genial genug, in der Täuschung schneller, in der Lüge glaubwürdiger, im Mord sicherer zu sein als sie alle.

Sein einziges wahres Problem war der Vater. Zu einem gewissen Zeitpunkt scheint Alexander nämlich erkannt zu haben, in welche Abgründe der gleisnerische Sohn ihn zu führen trachtete. Da er ihn dennoch liebte und vor Cesares kaltem Geist der Schwächere blieb, gab er immer wieder nach, wo er hätte verweigern sollen. In der zweiten Hälfte des Pontifikats begann Alexander, den Sohn zu fürchten, und wurde so zu dessen mächtigstem Instrument. Cesares Rechnung wies einen einzigen Fehler auf: er hatte die Lebensdauer seines Vaters falsch eingeschätzt. Als er hier gefangen saß, siebenundzwanzig Jahre alt, wußte er, daß die Sonne der Borgia gesunken war.

In der *Sala del Credo* steht diese Sonne aber noch im Zenit ihres Glanzes. Von Pinturicchios Decke strahlt sie auf die zwölf Apostel in den Lünetten, deren jeder – von einem kommentierenden Propheten begleitet – seinen Artikel des Apostolischen Glaubensbekenntnisses vorträgt. Aus dem Ornament des Gewölbes leuchten zwei heraldische Zeichen der Borgia-Familie: die goldenen Wellen und eine schwebende Krone, die Strahlen niedersendet.

Von goldenen Wellen des Glückes ist Rodrigo Borgia in der Tat zur Höhe der Tiara emporgetragen worden. Sein Onkel Calixus III. verlieh dem jungen spanischen Edelmann zuerst den roten Hut und dann die Vizekanzlerschaft der Kirche. Diese verwaltete Rodrigo siebenunddreißig Jahre mit dem Geschick eines Bankiers, der Beredsamkeit eines Advokaten, der Menschenkenntnis eines Schauspielers und den Manieren eines Weltmannes. In der langen Zeit hat ihn nur einmal ein Papst gerügt – Pius II., der selber ein bewegtes Vorleben hatte –, weil er auf einem Ball in Siena der Tanzlust nicht widerstehen konnte. Auch sein märchenhafter römischer Palast wurde ihm nicht verübelt; denn er führte persönlich ein so bescheidenes Leben, daß sich Amtskollegen häufig von seinen Einladungen entschuldigten, weil ihnen seine Küche zu schlecht war. Im ganzen genommen, bietet uns Rodrigo in jenen Jahren das Bild eines vitalen Mannes, der zuverlässiger war als die meisten Renaissance-Menschen und fleißiger, als man es damals von einem Kardinal erwarten konnte.

Trotzdem hatte er im Konklave zunächst geringe

Chancen. Im ersten Wahlgang stimmten nur sieben Kardinäle für ihn, im dritten waren es erst acht. Aber schon am Abend des gleichen Tages besaß er die Zweidrittelmehrheit: er hatte vier Päpsten gedient und wußte, welche Art von Geschäft ihre Wahl sein konnte. Den Ausschlag gab die Stimme des fünfundneunzigjährigen Kardinals Gherardo, den niemand mehr für zurechnungsfähig hielt. Befragt, welchen Namen er als Papst zu führen gedächte, antwortete Rodrigo: »Den des unüberwindlichen Alexander.« Wie eine blasphemische Antwort darauf klingt das Distichon eines Hofpoeten vom Krönungstage:

> Durch Cäsar groß gemacht,
>   Erreicht nun Rom seinen Gipfel,
> War jener nur ein Mensch –
>   Ist Alexander ein Gott.

Er begann sehr vielversprechend. Innerhalb von zwei Jahren hatte er die bankrotten Finanzen des Heiligen Stuhles völlig ausgeglichen. Er führte eine neue Buchführung ein und entließ schmarotzende Beamte in Scharen. Die Kardinäle erhielten, was Alexander ihnen für den Fall seiner Wahl versprochen hatte – und waren zufrieden. Giuliano della Rovere war nach Frankreich geflohen und machtlos. Die erste ernsthafte Gefahr kam von Florenz. Dort hatte der Dominikaner-Prior Girolamo Savonarola die Macht an sich gerissen und erhob seine fanatische Büßer-Stimme: »Ich versichere euch in verbo Domini, daß dieser Alexander kein Papst ist noch dafür gelten darf. Denn abgesehen davon, daß er durch die schändliche Sünde der Simonie den Heiligen Stuhl erkauft hat (was der Wahrheit entsprach) und noch täglich die geistlichen Pfründen an jeden vergibt, der ihm am meisten dafür zahlt (was andere vor ihm straflos getan hatten); abgesehen von seinen anderen Lastern, die die Welt kennt (hier glaubt er Gerüchten), behaupte ich auch, daß er kein Christ ist und nicht an das Dasein Gottes glaubt . . .« Das war die Unwahrheit. Alexander lebte wie ein Heide, aber er glaubte wie ein Christ. Nur weigerte er sich standhaft, einen Widerspruch zu Gottes Gesetzen darin zu sehen, daß er mit der Liebe zur Christenheit bei den Mitgliedern seiner Familie begann.

Als wäre es mit den ›offiziellen Kindern‹ nicht genug gewesen, erhob Alexander vier weitere Verwandte zu Kardinälen. Und immer neue Borgia-Sippen kamen hoffnungsvoll aus Spanien herüber. Ein Teil der Kurie ging in Opposition und sorgte für die Ausbreitung phantastischer Gerüchte über die Lasterhaftigkeit des Papstes. In Wirklichkeit opferte Alexander dem Eros auf eine für ihn zwar verbotene, aber ganz normale Weise. Weit bedenklicher waren seine Manipulationen mit Geld. Cesares kriegerische Unternehmungen verlangten immer bedeutendere Summen. Alexander beschaffte sie, indem er sich selbst zum gottgewollten Erben reicher Kirchenfürsten machte. Um ihm das Geschäft zu verderben, verschenkten manche Prälaten fast ihren ganzen Besitz schon bei Lebzeiten. Zwar wird unerwiesen bleiben, ob Alexander in solcher Praktik wirklich bis zum Giftmord ging, aber man kann nicht leugnen, daß einige Kardinäle ihm sehr gelegen starben. Für Cesares Feldzug in der Romagna wurden unbedenklich die Pilgerspenden in Anspruch genommen, die das Heilige Jahr 1500 gebracht hatte. Die großen Familien Savelli, Caetani und Colonna sahen sich mit Alexanders Billigung durch Cesare ihres Besitzes beraubt, den man als Herzogtum Sermoneta Lucrezias zweijährigem Sohn Rodrigo zusprach. Ähnliches traf

ALEXANDER VI. 317

wenig später die Orsini. Das Herzogtum Urbino behielt Cesare selbst, der Besitz von Camerino wurde einem dreijährigen ›inoffiziellen‹ Sohn Alexanders übereignet, der gleichzeitig den Titel ›Infant von Rom‹ bekam. Weder Cesare noch Alexander waren in der Lage, sich vorzustellen, das Patrimonium Petri könnte jemals in Zukunft etwas anders sein als die Machtdomäne des Hauses Borgia.

Die meisten dieser verhängnisvollen Entscheidungen Alexanders wurden in der anschließenden *Sala delle sette Arti liberali* getroffen, dem Saal der sieben freien Künste. Hier war das Arbeitszimmer des Papstes. Die großen Lünetten stellen uns in allegorischen Figuren die zwei klassischen Wissenschaftsgruppen vor, die seit dem Altertum Geltung besaßen – das Trivium (beginnend über der Ausgangstür) mit Grammatik, Dialektik und Rhetorik – und das Quadrivium, das mit der Geometrie beginnt und über Arithmetik und Musik bis zur Astronomie über dem Fenster reicht. Im Zentrum aller menschlichen Geistesbemühung also saß der heitere Alexander, auch als Papst noch der emsigste Arbeiter seiner Kurie, dekretierte die kirchliche Druckerlaubnis für Bücher, schützte flüchtige Juden vor christlichen Übergriffen, schrieb Instruktionen für den Visitator Deutschlands, verständigte sich zur Bedrängnis Frankreichs mit dem Sultan, verteidigte die kirchliche Freiheit in den Niederlanden, schickte dem verurteilten Savonarola die Absolution und dachte bei alldem immerfort an seine Kinder. Wenn er seinen Blick zur Decke erhob, strahlte ihm auf blauem Grunde, von Dukatengold bedeckt, das Wappentier seines Hauses entgegen, dem er königlichen Rang zugedacht hatte: der schreitende Stier. Lachend konnte er bei dem Anblick sich des Spottverses erinnern, den die Römer bald nach seiner Krönung an die Statue des Pasquino geheftet hatten:

PRAEDIXI TIBI PAPA BOS QUOD ESSES

Das konnte dreierlei heißen: »Ich habe dir vorausgesagt, daß du ein Ochsenpapst sein wirst« oder: »Ich habe dir vorausgesagt, o Papst, daß du ein Ochse sein wirst« oder: »Ich habe dir vorausgesagt, o Ochse, daß du Papst sein wirst.«

Am 18. August 1503, bei Einbruch der Dunkelheit, herrschte in diesem Raum eine Verwirrung ohne Beispiel. Alexander war tot. Noch einen Monat vorher hätte das niemand geglaubt. Der Papst schien kerngesund und hegte hochfliegende Pläne. Am Anfang August starb dann plötzlich der Kardinal Juan Borgia. Als sein Leichenzug unter dem Fenster vorbeiging, flog ein Uhu herzu und verendete zu Füßen des Papstes. »Schlimme, schlimme Vorbedeutung!« rief Alexander aus und floh in sein Schlafzimmer. Am 5. August beschloß man, da die Hitze im Vatikan fast unerträglich geworden war, im Garten der Villa des Kardinals Corneto zu Abend zu speisen. Alexander, Cesare und einige andere Gäste blieben bis Mitternacht im Freien sitzen – um allesamt in den Tagen darauf zu erkranken. Man sprach von Gift – es habe dem Papst und seinem Sohne gegolten, sei aber versehentlich auch von den Gästen genommen worden. Wahrscheinlicher ist, daß die Beteiligten sich das malaria-artige Fieber geholt hatten, das noch bis ins vorige Jahrhundert den römischen Sommer gefährlich machte. Dreizehn Tage kämpfte Alexander gegen die Krankheit. Überreichlich ließ man ihn zur Ader, und schließlich erlag der kräftige Mann dieser Therapie. Am 18. August empfing er die Letzte Ölung und starb gegen sechs Uhr nachmittags. Zu Füßen der sieben freien Künste dieses Saales bahrte man ihn auf. Gleichzeitig brachten die Höflinge, die sich als seine Kreaturen nun schutzlos wußten, ihre Habschaften in Sicherheit. Einige von ihnen untersuchten noch schnell den grünen Teppich des Saales, entdeckten ein paar hohlklingende Fliesen und fanden darunter den berühmten Schatz Alexanders, der auf diese Weise dem Zugriff Cesares entging. Da der Leichnam rasch verfiel, brachte man ihn schon nach einigen Stunden fort. Alexanders zuverlässiger Zeremoniar, der Deutsche Johannes Burchard, berichtet darüber in seinem Tagebuch: »Am Abend nach neun Uhr wurde er von hier in die Kapelle der heiligen Maria delle Febbri gebracht . . . und zwar von sechs Lastträgern, die dabei Späße und Anspielungen auf den Papst machten. Die beiden Zimmermeister hatten den Sarg zu eng und zu kurz gemacht. Sie legten ihm die Mitra an die Seite, bedeckten ihn mit einem alten Teppich und halfen mit den Fäusten nach, damit er in den Sarg ginge.« So endete der Papst, von dessen glanzvollem Beginn die Wände und Decken dieser Räume noch heute so beredt erzählen.

Die Dekoration des Borgia-Appartements vollendete Pinturicchio 1495, im zweiten Jahre des Pontifikats. Um die Entwürfe auszuführen, hatte er alle seine Schüler eingesetzt. Vielfach griff er selber ein, am meisten wohl in den beiden nun folgenden Sälen. Sie wurden eingeweiht durch ein Bankett Alexanders für König Karl VIII., der gekommen war, ihn abzusetzen, und durch Alexanders Diplomatie bewogen wurde, statt dessen Frankreichs Huldigung anzubieten. Als der König die neuen Räume betrat, äußerte er, nirgends auf der Welt habe er Vergleichbares gesehen. Tatsächlich war eine solche Mischung von Phantasie, Farbenpracht und düsterer Hoheit nur unter dem Borgia-Papst

PINTURICCHIO

Die hl. Katharina vor dem Kaiser Maximian
um 1495
Fresko im Borgia-Appartement

möglich. Schon zu Lebzeiten hatten ihn seine Feinde einen ›Marranen‹ genannt – einen nur scheinbar zum Christen gewordenen spanischen Juden. Wenn daran etwas Wahres ist – wie sollten seine Gemächer nicht die seltsam-dunkle Atmosphäre des halb orientalisierten Spanien spiegeln, die das Gold der Gewölbe noch heute mit magischer Kraft belebt?

In der *Sala della vita dei Santi* zeigen die Lünetten Szenen aus dem Leben der Heiligen. Über dem Fenster stirbt Sebastian an seinem Pfahl, rechts davon machen sich vor einer Prunkfontäne zwei beturbante Greise an den Kleidern der keuschen Susanna zu schaffen. Daneben flieht die heilige Barbara aus ihrem Turm-Gefängnis, während der erzürnt davonstürmende Vater schon das Schwert zieht, sie hinzurichten. An der Wand gegenüber dem Fenster diskutiert die heilige Katharina mit dem Kaiser Maximian die Glaubenswahrheiten, anschließend teilen die Eremiten Antonius und Paulus das vom Raben gebrachte Brot, schließlich wird über der Eingangstür Elisabeth heimgesucht durch ihre Base Maria. Zusammengenommen ist das ein Programm, so konventionell fromm, daß man beinahe Gleichgültigkeit dahinter vermutet. Ganz anders dagegen die Decke: dort erscheint im höchsten Goldprunk die Göttin Isis, die die Menschen lehrt, Felder zu bestellen und Früchte zu ernten. Dann auf dem Innenfeld neben dem Mittelbogen der heilige Stier Apis, Verkörperung des Osiris, von den Bewohnern der Erde in demütiger Haltung angebetet. Vor seiner Pyramide bringt man Opfer, sein Bild trägt man in hochgebauter Goldsänfte durch die Phantasielandschaft der Renaissance. Hier tritt zutage, daß dieser joviale Alexander ein Mensch der Hybris war: der Stier ist der Kraftdämon des Borgia-Geschlechts, und seiner Verehrung ordnet sich alles

DIE FRESKEN PINTURICCHIOS

unter, selbst die Kirche und das Leben ihrer Heiligen.

Aber auch dies ist noch durchsetzt von halb profaner Gegenwart. Katharina, deren goldblondes Haar über ihre Hüften hinabreicht, mit ihrem zarten Gesicht und den graziösen Händen – Jahrhunderte haben zu Recht gefragt, ob es nicht Lucrezia ist, die der Heiligen Gestalt und Züge lieh. Auf dem Kaiserthron ein blonder, bärtiger Mann von vornehmer Haltung – vielleicht Cesare Borgia? Rechts von ihm, isoliert vor den Stufen des Thrones, ein reich gekleideter Orientale – wer sollte das anders sein als Djem, der unglückliche Türkenprinz? Links von Cesares Thron, in einer Kleidung, die an Balkantrachten erinnert, möglicherweise der ›Despot von Morea‹, Sohn des letzten byzantinischen Kaisers, seit dreißig Jahren Flüchtling am päpstlichen Hof. Gleich links von ihm, am Bildrand, ein Mann mit goldener Halskette, das Winkelmaß der Architekten in der Hand: verbürgtes Porträt des älteren Sangallo, ein Jahrzehnt, bevor er zusammen mit Michelangelo den Laokoon wiedererkannte. Rechts etwas hinter ihm ein langhaariger Mann mit leicht geneigtem Kopf: Pinturicchio, der Schöpfer dieser Herrlichkeiten. Das Ganze findet seine Krönung in dem verwandelten Konstantins-Bogen. Auf seinem Mittelfeld erscheint die Inschrift ›Pacis cultori – dem Pfleger des Friedens‹. Sie gilt dem gewaltigen goldenen Wesen auf dem First: dem heiligen Stier der Borgia.

Mit Recht fragen wir: Ist das blasphemisch? Wir wollen die Antwort im Weitergehen suchen. Über der Tür zum nächsten Saal finden wir in wunderschönem kreisrundem Medaillon eine feingesichtige Madonna, die das Jesuskind mit einem aufgeschlagenen Buch beschäftigt und ihren Blick in das Gemach gerichtet hat. Nichts ist bewiesen, doch hat sich über die Jahrhunderte die Nachricht erhalten, dies sei Giulia Farnese, Lucrezias Freundin, der Alexander sein Herz zuwandte, nachdem er Papst geworden war. Der berühmtesten Schönheit Roms widmete Alexander zärtliche Briefe. Allerdings enthalten sie so viele keineswegs notwendige Äußerungen der Frömmigkeit, daß man wieder daran zweifeln kann, ob er wirklich mehr gesucht hat als den täglichen Anblick dieser lebensvollen und wohlgestalteten jungen Frau. Andererseits war ihm als Preis für ihre Nähe der Kardinalshut nicht zu hoch, den er ihrem Bruder Alessandro verlieh. ›Il Cardinale della gonnella‹ nannten ihn die Römer – den Kardinal des Unterrocks. Ebensogut könnte es aber auch Weitblick gewesen sein, was Alexander zu der Ernennung veranlaßte, denn später wurde aus dem schmalen jungen Mann der bedeutende Papst Paul III. Rätsel über Rätsel.

Der nächste Saal, der letzte zugängliche der Borgia-Säle – *Sala dei Misteri della Fede,* Saal der Glaubensgeheimnisse, genannt –, beginnt sein Lünetten-Programm an der dem Fenster entgegengesetzten Wand mit Mariä Verkündigung. Dann folgen nach rechts die Geburt Christi, die Anbetung der Könige, die Auferstehung, die Himmelfahrt, die Herabkunft des Heiligen Geistes und die Aufnahme Mariens in den Himmel. Ganz gleich, wieviel man Pinturicchios Manier abgewinnen kann – eines unter diesen Bildern wird jeden Besucher fesseln: die Auferstehung. Denn hier erscheint, kniend an Christi Grab, in juwelenbesätem Ornat, er selbst – Alexander VI. Ein behäbiger Mann mittelmeerischen Typs, Hakennase, kleine gescheite Augen, fliehende Stirn, volle Lippen, Ansatz zum Doppelkinn, die Hände fromm gefaltet – so blickt er zu seinem Erlöser auf. Die Tiara liegt zu seinen Füßen. Nirgends eine erkennbare Spur, die auf Verbrechen oder Verkommenheit wiese. Das einzige, was wir sehen: diesem Mann ist sein Amt keine Bürde. Ist diese Physiognomie, so fragen wir uns, wirklich das Resultat einer vollendeten Schauspielkunst? Hat Alexander sich insgeheim derselben Mittel bedient, die bei seinem Sohne Cesare so dämonisch zum Durchbruch kamen? Besaß er wie jener, nur feiner verborgen, die Fähigkeit zur vollendet täuschenden Maske?

Eines Tages erfuhr er in diesen Gemächern, man habe seinen ältesten Sohn, den Herzog von Gandia, des Nachts in einem dunklen Gassenwinkel meuchlings ermordet. Alexander schloß sich ein und klagte herzzerreißend. Als er nach Tagen die Kondolenz der Kardinäle entgegennahm, sagte er ihnen unter Tränen: »Ein härterer Schlag hätte Uns nicht treffen können; denn Wir liebten den Herzog von Gandia mehr als alles auf der Welt.« Er bekannte, dieses Unglück sei ein wohlverdientes Strafgericht Gottes, das um seiner Sünden willen über ihn gekommen sei. Dann aber versprach er, »von jetzt an auf Unsere und der Kirche Besserung bedacht zu sein ... Dem Nepotismus wollen Wir entsagen, die Reform mit Uns selbst beginnen, dann zu den anderen Gliedern der Kirche übergehen und das Werk zu Ende führen.« Zur Bekräftigung setzte er sich sogleich an den Schreibtisch und entwarf einen Stichwortkatalog für die Kirchenreform. Darin finden sich unter vielen anderen die folgenden Titel: »Der Papst soll keine Kirchengüter verkaufen. Im Konklave ist jede Korruption auszumerzen. Spiel und Jagd haben aufzuhören. Die Kardinäle sind gehalten, an der Kurie Dienst zu tun. Der Schatzmeister soll keine Vorschußzahlungen leisten. Gegen das Konkubinat der Priester ist einzuschreiten . . .« Das Pro-

326 APPARTAMENTO BORGIA

gramm war so glänzend, daß die Reformation hätte
unterbleiben können, wäre es durchgeführt worden.
Nur einen Monat später wurde in der Sala delle Sibille Lucreziens Gatte niedergemacht. Und Alexander
tat nichts. Denn der, der den Mord auf dem Gewissen
hatte, war sein Sohn.

Daß er die Frauen liebte, kann man ihm zwar zum
Vorwurf machen – aber wer von uns würde den ersten
Stein auf ihn werfen? Daß er seine Kinder liebte, kam
aus einem natürlichen Familiensinn, für den die kin-
derhörige Gegenwart ihn schwerlich verurteilen kann.
Sein eigentlicher Fehler war eine Wucherung der Renaissance: geheimer, maßloser Stolz. Aus ihm erwuchs
die Hybris, mit der er den Heiligen Stuhl seiner Familie zum Geschenk machte. Und Hybris war es, die
ihn dazu reizte, den Stier der Borgia offen und ohne
Scham mit den Verdiensten der Heiligen zu schmücken.
Im Wahn der Selbsterhöhung versanken die glänzenden Eigenschaften, die sein Bildnis kundgibt. Hoffart
ist die einzige Sünde, die auf dem menschlichen Antlitz keine Spuren hinterläßt.

Es ist keine Rechtfertigung Alexanders, aber für uns
ein Trost in dem zwiespältigen Gefühl, womit wir die
Räume des Borgia-Papstes verlassen, wenn wir im
Weitergehen das Wort Leos des Großen bedenken:
»Selbst in einem unwürdigen Erben geht die Würde
des heiligen Petrus nicht verloren.«

WEG ZU DEN STANZEN

Die Stanzen, unser nächstes Ziel, liegen genau über dem
Borgia-Appartement. Zwar gäbe es eine Treppe dort-
hin – doch ist sie verschlossen. Der nächste mögliche
Zugang würde uns zwingen, durch die Sixtina zu ge-

hen. Sie aber sollte jeder Besucher erst am Schluß seiner Wanderung betreten – denn nichts im Vatikan hält ihrem Eindruck stand. So bleibt nur der längste aller Wege: wir müssen zurück zu den Quattro Cancelli, dort über die Scala Simonetti in das obere Stockwerk, dann neuerdings den ganzen Korridor entlang, bis wir wieder im Palast Nikolaus V. ankommen. Auf diesem Spaziergang wollen wir uns einem Manne anvertrauen, dessen Zusammenhang mit Alexander VI. nicht der Ironie entbehrt.

Zunächst erfreut uns, während wir den Saal der Heiligen rückkehrend durchmessen, das vielfältige Spiel mit Büchern, das die Holzintarsien der Wandverkleidung darbieten; sie stammen aus der Privatbibliothek Sixtus IV. und wurden erst später hier angebracht. Dann – in der ›Sala delle sette Arti liberali‹ – begegnen wir in einem Marmorporträt unserem freundlichen Geleiter: Papst Pius II. – oder wie die Welt ihn noch heute lieber nennt: *Enea Silvio Piccolomini*. Wir kennen ihn, den großen Förderer der Humanisten, schon aus der Gründungsgeschichte der Vatikanischen Bibliothek. Seinem von Leidensspuren heimgesuchten Gesicht ist kaum mehr anzusehen, welch ein glänzendes Dasein ihm beschieden war, bevor er den Heiligen Stuhl bestieg. Bis zum vierzigsten Lebensjahr stand sein Sinn nach allem eher als nach der Tonsur. Er war ein unglaublich gebildeter Mensch, voller Lebenslust und Neugier, und von einem Charme, der den Frauen verzeihlich erscheinen ließ, daß er ihnen untreu war. »Ein Geizhals«, so sagte er, »ist nie mit dem zufrieden, was er besitzt, und ein gescheiter Mensch nie mit dem, was er weiß.« Er war nicht dazu geboren, die Welträtsel zu lösen, wohl aber sie in einen eleganten Stil zu kleiden.

Er schrieb alles – bizarre Romane, frivole Theaterstücke, scharfsichtige Biographien, romantische Naturschilderungen, kritische Essays. Reiseberichte verfaßte er mit der Genauigkeit eines Kartographen, Epigramme mit der Treffsicherheit eines Fechtmeisters, Gedichte mit der Kunst eines Troubadours und seine Memoiren mit der Pedanterie eines sühnewilligen Beichtkindes. Sein Wissensdurst ließ ihn die Natur der Pferde untersuchen, seine Menschenkenntnis veranlaßte ihn zu Abhandlungen über den Zölibat und das elende Leben der Höflinge, seine Freundschaft endlich zeitigte jenen köstlichen Liebesbrief, den er für einen Tolpatsch aufsetzte, um dessen sprödes Mädchen zu erweichen. Der ganze Mann strahlte liebenswürdige Verbindlichkeit aus. Da er sich in alles verliebte und es mit Geschmack und Anteilnahme auszudrücken wußte, nannte man ihn bald und mit Recht einen wahren Humanisten.

Die harmlosen unter den Freuden seines Lebens hat er auch als Pontifex beibehalten – vor allem die Liebe zur Natur. Selbst für wichtige Sitzungen mit Kardinälen oder Gesandten wählte er oftmals einen Olivenhain oder ein schattiges Ufer. Er war und blieb, wie er selbst sagte, ›silvarum amator‹ – ein Liebhaber der Wälder. Allerdings meinte er dies nicht so sehr im Geiste des heiligen Franziskus als im Sinne des Horaz. Denn auch als er fromm geworden war, sah er in der Natur weniger den Anreiz zur Andacht als eine Quelle des Wohlbefindens. Sein Körper genoß die reine Luft, sein Auge freute sich des Lichtes, sein Herz blieb dem Geschenk des Tages zugewandt. Niemand hätte wie er die antiken Landschaften gepriesen, denen wir uns jetzt, auf dem Rückweg durch das Museo Sacro, zuwenden – in der *Sala delle Nozze Aldobrandine*.

SALA DELLE NOZZE ALDOBRANDINE 329

In schwere Rahmen gefaßt, hängen an den Längs-
wänden des Gemaches die *Landschaftsfresken mit Szenen aus der Odyssee* (414). Sie wurden 1848–49 in
einem Gebäude aus der Zeit Cäsars auf dem Esquilin
entdeckt und gelten seither als Anfang der abendländischen Landschaftsmalerei. Von römischer Hand, folgen sie einem hellenistischen Vorbild des 2. vorchristlichen Jahrhunderts. Ihre Scheinarchitektur bietet Aus-
blicke auf ein paar gefährliche Momente in der langen
Irrfahrt des Odysseus. Aber nicht, was ihm und seinen
Gefährten zustößt, nicht was die riesenhaften Laestry-
gonen oder die Zauberin Kirke dem Vieldulder an
Widrigkeit und Leiden zufügen – einzig die Natur ist
das Erstaunliche an diesen Szenen. Zurückgeführt auf
ihr Einfachstes – Meer, Gebirge, Bäume, Weiden – ist
sie hier erstmals nicht nur Kulisse für menschliches
Schicksal, sondern Ausdruck ihrer selbst. Was immer
auch der Mensch in ihr erleidet oder empfindet: ›natura
non contristatur‹ – die Natur betrübt sich nicht. Antike und Humanismus haben darin einen großen Trost
gesehen.

In dem außerordentlichen Wandgemälde der *Aldo-
brandinischen Hochzeit* (416), das die Rückwand einnimmt, hätte unser päpstlicher Humanist allerdings
schwerlich den Doppelsinn erkannt, den die Archäologie mittlerweile entdeckte. Enea hätte gestaunt über
die Virtuosität, womit in der Zeit des Augustus ein
Maler diese Hochzeitszeremonie auszubreiten wußte.
Das Gefüge der gebrochenen Farben, den lebensvollen
Ausdruck der Gesichter, den keuschen Zauber der
Braut auf dem Bett hätte er nachempfunden, die Über-
redungsgeste der Venus und die Ungeduld des be-
kränzten Bräutigams vielleicht zum Anlaß für eine
Ode genommen. Aber er hätte wohl kaum bemerkt,

was diese Malerei über die Realität des Dargestellten hinaus bedeutet. Dem Augenschein nach wird hier in der linken Bildhälfte die rituelle Fußwaschung der Braut zugerüstet, begleitet von der Musik der anmutigen Mädchengruppe rechts. In der Mitte flüstert Venus der schüchternen Braut weibliche Kunde von den Lockungen der Liebe zu, während eine ihrer Grazien duftendes Öl in eine Muschel gießt. Unter dieser Form einer irdischen Hochzeit beschwört jedoch das Ganze die Erinnerung an einen Ehebund herauf, der Welt und Menschen jährlich neu beschwingt: die mythische Hochzeit des Dionysos mit Ariadne. Erst wir Heutigen erkennen allgemach die erregenden Lebensströme, die von der Erlösergestalt des Dionysos in die alte Welt eingedrungen sind und dem Christentum den Nährboden bereitet haben. Dem Humanismus aber war dies noch verschlossene Kunde. Denn zu neu, zu menschlich schien damals, was aus der Antike ans Licht kam. Erst dem Grübeln späterer, gebeugter Zeiten war die Erkenntnis vorbehalten, daß mit dem humanen Erbe des Altertums auch die Sehnsucht nach einer Erlösung aufstieg, die Dionysos versprochen, aber erst Christus verwirklicht hat.

PAPST PIUS II.

Auf unserem weiteren Weg zu den Quattro Cancelli und hinauf über die Scala Simonetti wollen wir bedenken, wie Enea Silvio Piccolomini sich wandelte. Mit vierzig Jahren befand er sich als Botschafter Kaiser Friedrichs III. in Rom – und stand einem Papst gegenüber, den er in vielen Schriften bekämpft hatte. Vielleicht war es zunächst nur Diplomatie, die ihn veranlaßte, Eugen IV. für seine polemischen Äußerungen um Verzeihung zu bitten. Als aber der schwergeprüfte Papst sich vorwurfslos und in herzbewegenden Worten mit ihm versöhnte, beschloß Enea, sein bisheriges Leben aufzugeben. Ein Jahr später wurde er zum Priester geweiht und unterwarf fortan seinen beweglichen Geist der Tugend der Demut. Bisher hatte er versucht, der Welt die Humanität abzugewinnen, nunmehr ging es ihm darum, die christliche Möglichkeit des Humanismus an seinem eigenen Leben zu verwirklichen. Und er mühte sich darin mit solchem Ernst, daß er dem ganzen nachfolgenden Jahrhundert des Vatikans zum Vorbild wurde. Denn er war es, der Zeitgenossen und Nachfolgern die Sicherheit gab, das klassische Erbe, das man damals neu entdeckte, könne dem christlichen Geiste Stärkung und Gewinn bedeuten. Die hervorstechendste Eigenschaft, die dieser Prozeß in ihm erweckte, war eine Selbstkritik, wie man sie aus dem Munde eines Papstes kaum jemals gehört hatte: »Wir leben in Freuden, sagen sie, sammeln Gelder, dienen der Hoffart, sitzen auf fetten Eseln und edlen Rossen, schleppen die Fransen der Mäntel nach, gehen mit vollen Backen unter dem roten Hut und der weiten Kapuze durch die Stadt, halten Hunde zur Jagd, schenken viel an Schauspieler und Schmarotzer, nichts aber zur Verteidigung des Glaubens. Und das ist nicht völlig erlogen ... Darum sind wir dem Volke so verhaßt, daß man nicht auf uns hört, auch wenn wir aufrichtig sprechen.« Und dann preist Pius die alten Tugenden, von denen er Enthaltsamkeit, Unschuld und Verachtung des Todes der Antike entnimmt, Keuschheit, Glaubenseifer, Glut der Religion und Sehnsucht nach dem Martyrium aber den Idealen des Christentums. Sie alle, so sagt er, »haben die römische Kirche über den ganzen Erdkreis erhoben«.

In den Jahren nach seiner Umkehr wurde Enea dem Heiligen Stuhl durch die Meisterung vieler kniffliger Situationen unentbehrlich. Zeitgenossen rühmten seine Kunst, in Streitfällen jeder Partei so lange das Gefühl zu geben, er sei auf ihrer Seite, bis beide ohne es zu merken eine Annäherung der Standpunkte vollzogen hatten. Er war erst zwei Jahre Kardinal, als Calixtus III. starb. Im nachfolgenden Konklave ging es stürmisch zu. Schließlich einigte man sich auf Enea Silvio – nicht zuletzt, weil ein so großer Gelehrter dem Heiligen Stuhl neues Ansehen zubringen konnte. Den Namen Pius wählte er nicht in Erinnerung an den frommen Märtyrerpapst, sondern aus Liebe zu dem frommen Helden Vergils – dem ›pius Aeneas‹. Die Stimme, die zu seiner Erhebung den Ausschlag gab, stammte von einem Mann, der – ohne Eneas Bildung zu besitzen – sich in Weltansicht und humanistischer Liberalität ihm verwandt fühlte: Rodrigo Borgia.

Als Papst überraschte Enea die Christenheit mit einem öffentlichen Bekenntnis seiner Irrtümer und Sünden. »Vergeßt den Enea, nehmt Pius dafür«, so schrieb er demütig. Und der erstaunte Rodrigo bekam alsbald für seine Wahlhilfe eine Quittung, die er nicht erwartet hatte: weil er in Siena tanzte, sah er sich öffentlich gemaßregelt. Notgedrungen bat er um Verzeihung. Pius, nicht frei von Gewissensbissen wegen seines eigenen früheren Lebens, übte Nachsicht und ließ ihn im Amt. Wäre er strenger gewesen – die Geschichte der Kirche hätte einen anderen Verlauf genommen.

Während seines Pontifikats mußte der ehedem so erfolgreiche Diplomat eine Kette von Niederlagen hinnehmen. Um so mehr verbohrte er sich in die unzeitgemäße Idee eines Kreuzzuges gegen die Türken. Daß Konstantinopel 1453 gefallen war, hatte ihn wie ein persönlicher Schicksalsschlag getroffen. Die vor den Türken geflüchteten Gelehrten, an der Spitze der große Bessarion, hatten zwar die herrlichsten Klassiker-Texte mitgebracht, wanderten aber nun wie eine ständige Mahnung durch den Vatikan. Das Christentum und seine Kultur waren in Gefahr – aber keine der egoistischen Nationen Europas kümmerte sich darum. Das Heilige Grab zu befreien, war unmöglich, Griechenland zu retten, zu spät – beides mit den schwachen Kräften eines allein gelassenen Papsttums zu versuchen, war grotesk. Daß Pius es dennoch unternahm, verdankte er seinem Glauben – und Platon. Denn die der Tat vorausgesetzte Idee schien ihm jedes Opfer wert zu sein. Er verbrauchte seine Kräfte und starb in dem Augenblick, da die lang gehegte Utopie zusammenbrach.

GALLERIA DELLE CARTE GEOGRAFICHE

Mittlerweile sind wir die Scala Simonetti hinaufgestiegen, haben neuerdings die Galleria dei Candelabri durchschritten und befinden uns in dem anschließenden Teil des Korridors, der den Namen *Galleria degli Arazzi* trägt – die Galerie der Wandteppiche. Enea wäre wahrscheinlich entsetzt gewesen über die enormen Summen, die in diesen riesigen Gobelins verwebt worden sind. Denn er, der von allen Renaissance-Päpsten für seine Hofhaltung am wenigsten ausgab, bekannte gleichwohl: »Um die Wahrheit zu gestehen – der Luxus und das Gepränge an unserer Kurie sind zu groß.« Man verfertigte diese Teppiche etwa siebzig Jahre nach Eneas Tod in Brüssel, in der Werkstatt des Pieter van Aelst. Ihre Darstellungen gehen auf Vorlagen zurück, die ein paar mäßige Schüler Raffaels

WEG ZU DEN STANZEN

zum Teil nach hinterlassenen Skizzen des Meisters gefertigt haben. Während des zweiten Vatikanums zierten sie die Logen über dem Gestühl der Konzilsväter zwischen den Pfeilern der Peterskirche. Ihr großflächiger Pomp kann uns kaum hindern, die mutmaßliche Meinung unseres verehrungswürdigen Freundes Enea zu teilen.

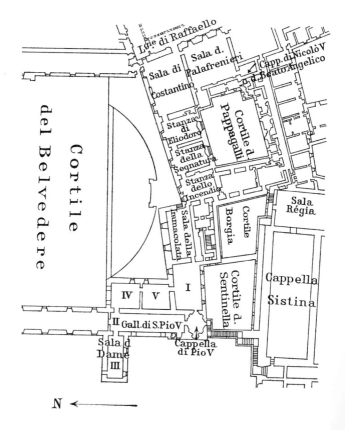

GALLERIA DELLE CARTE GEOGRAFICHE 335

Entzückt dagegen wäre Pius II. gewesen, hätte er die nun folgende *Galleria delle Carte Geografiche* gesehen – die Galerie der geographischen Karten. Leider hat sie erst sein sechzehnter Nachfolger geschaffen: Gregor XIII. (1572–1585), der Papst des Gregorianischen Kalenders. Der hundertzwanzig Meter lange Raum führt uns zwischen den Fenstern auf genauen Landkarten alle Regionen des antiken und zeitgenössischen Italien vor, samt den Inseln Sizilien, Korsika, Sardinien und dem päpstlichen Gebiet von Avignon. In ständig wechselndem Spiel von Grün und Blau ziehen die Landschaften der gesegneten Apennin-Halbinsel an uns vorüber, zu deren Beschreibung unserem Humanisten-Papst keine Zeit mehr verblieb.

Als Pius II. schon Pontifex war, hatte er ein Werk begonnen, dessen Gegenstand die Zusammenfassung aller Kenntnis von der Erde sein sollte. Obwohl er, wie Platina uns berichtet, zeitweise sehr krank war – bisweilen habe man nur noch an seinem Reden erkannt, daß er überhaupt lebe –, konnte sein rastloser Geist die literarische Arbeit nicht lassen. »Wir haben«, so sagt er entschuldigend, »zum Schreiben die für den Schlaf vorgesehenen Stunden benützt. Wir haben Uns in Unseren alten Tagen um die Ruhe gebracht, damit Wir der Nachwelt das, was Wir für denkwürdig halten, überliefern möchten.« So entstand – manchmal noch vom Bett aus diktiert – seine Darstellung des Kosmos. Vollenden konnte er nur den Teil über Asien. Aus diesem allerdings zog ein Leser Gewinn, der die Welt verändern sollte: Christoph Columbus.

Damit verläßt uns – am Ende der geographischen Galerie – der liebenswürdigste Papst der Renaissance. Was uns jetzt noch von den ›Stanzen‹ trennt, hat mit seinem Geiste nichts mehr zu tun: eine nichtssagende

Kapelle, ein Saal mit schauderhaften Ölgemälden aus dem vorigen Jahrhundert, endlich ein Raum, dessen Fresken zur Verherrlichung des Dogmas von der Unbefleckten Empfängnis beitragen sollen. Zollen wir im Abschied von Enea Silvio dem großen Humanisten unseren Dank dafür, daß er gleichzeitig ein humaner Christ gewesen ist. Der Grundzug seines Wesens war eine umfassende Aufmerksamkeit, die alles, was Natur und Übernatur ihr boten, liebevoll durchdrang und wohlgeordnet hinterließ. Die Saat seines Geistes ging auf in den Stanzen.

Galleria delle Carte Geografiche

JULIUS II. UND DIE STANZEN

In den *Stanzen* regiert Raffael. Wände und Decken
dieser ›Zimmer‹ hat er mit Fresken überzogen, so ohne
Beispiel in ihrer Herrlichkeit, daß wir fast selbstverständlich annehmen, die Räume seien nur gebaut, um
ihre Flächen seinem Pinsel darzubieten. Wer denkt
noch daran, daß hier die Wohnung eines Papstes war?
Längst ist zerstört oder entfernt, was sonst davon erzählen könnte: die intarsierten Holzverkleidungen
vom Boden bis zur unteren Gemäldeleiste, die reichen
Tische und Sessel aus der unermüdlich schnitzenden
Hand des Fra Giovanni da Verona, die Leuchter und
Schreibzeuge aus Silber, die Caradosso gefertigt hatte,
dazu die orientalischen Teppiche und Seidenstoffe, die
Lesepulte, beschwert von Büchern in Farben und Gold
– keine Lebensspur blieb übrig von den Menschen, die
sich in solchen Gemächern wohlgefühlt haben. Was
Raffael malte, beherrscht heute unser Auge und unse-
ren Geist. Als es entstand, sollte es nur der inspirative
Rahmen sein für die Gedankenflüge eines stürmischen
Auftraggebers. Der Herr der Stanzen war Julius II.

Giuliano della Rovere – so hieß er bis zu seiner
Papstwahl – stammte aus Ligurien. Durch seinen päpstlichen Onkel Sixtus IV. mit siebenundzwanzig Jahren
zum Purpur erhoben, zeigte er fast alle Eigenschaften,
die man von einem Renaissance-Kardinal erwartete:
Bildung, Liebe zur Kunst, Largesse in der Moral (er
hatte drei illegitime Töchter), Großzügigkeit in Geld-
sachen, hoheitsvolles Auftreten. Als ernsten Kirchenfürsten haben wir den hochgewachsenen jungen Mann
schon gesehen – auf Melozzos Fresko in der Pinakothek, wo er beim Gründungsakt der Vatikanischen
Bibliothek seinem Onkel Sixtus IV. gegenübersteht. In

einigen Wesenszügen aber wich Giulianos Charakter von der damaligen kurialen Norm ab: er war aufbrausend, sagte jedermann die Wahrheit ins Gesicht, ging in seinem Ehrgeiz weit über die gängigen Ziele der persönlichen Bereicherung und der Einflußnahme auf den Papst hinaus, kannte weder Vorsicht noch Furcht und schien eine Art Freude zu empfinden, wenn die Zahl seiner Feinde stieg. Diese sammelten sich unter der Führung des einzigen Mannes, den er zeit seines Lebens gehaßt hat: Rodrigo Borgia. Der spätere Alexander VI. war zwölf Jahre älter als Giuliano und hatte, wie wir sahen, sein Leben längst mit jenem wohlwollenden Zynismus eingerichtet, der den Menschen alles verzeiht, solange sie sich brav bestechen lassen. Giuliano dagegen liebte die Macht um ihrer selbst willen. Er verachtete Rodrigos Ränkespiel und spottete über dessen Familiensinn. Als Sixtus IV. starb, standen beide Kardinäle an seinem Totenbett und stritten so heftig, daß man sie aufhalten mußte, handgemein zu werden. Da keiner von beiden mächtig genug war, die Tiara zu erringen, wählte das nachfolgende Konklave den Kardinal Cibò, den wir als Innozenz VIII. kennen. Unter ihm wuchs Giulianos Einfluß ins Ungemessene, wobei er über dem Reiz des Regierens den Preis vergaß, den er dafür zahlen sollte. Bei der nächsten Papstwahl hatten sich seine Anhänger beträchtlich verringert – die Rechnung ging auf für Rodrigo.

Schon bald sollte Giuliano die Hand Alexanders VI. spüren. Dieser machte den Kardinal Sforza zu seinem Ratgeber, was gleichbedeutend war mit Giulianos Entfernung von der Kurie. Giuliano schloß sich in das feste Kastell seines Bischofssitzes Ostia ein – es steht heute noch im Zentrum von ›Ostia antica‹ –, legte sich eine bewaffnete Leibwache zu und wartete. Ein Jahr

PAPST JULIUS II.   339

lang ließ Alexander jeden seiner Schritte bewachen. Schließlich verfiel Giuliano in Panik, floh bei Nacht und Nebel und erreichte Frankreich. Karls VIII. prunksüchtiger Hof nahm den Landfremden auf.

Sogleich versuchte Giuliano, den ehrgeizigen König zu einem allgemeinen Konzil zu überreden. Es sollte aus Bischöfen und Landesfürsten bestehen und ein einziges Ziel verfolgen: die Absetzung Alexanders wegen Unglaubens und Ketzerei. Jedoch fehlte, obwohl der Ruf des Borgia-Papstes furchtbare Sprünge bekommen hatte, das entscheidende Argument. Es sollte auftauchen im Zusammenhang mit dem unglücklichen Prinzen Djem, dem wir schon begegnet sind.

Wie wir uns erinnern, galt das Königreich Neapel als päpstliches Lehen, das lange Zeit von der französischen Familie der Anjou regiert worden war. Sie wurde aufgrund eines langwierigen Erbfolgestreites schließlich abgelöst durch das spanische Haus Aragon, in Gestalt des Königs Alfons, der gleichzeitig über Sizilien herrschte. Er vererbte Neapel, Sizilien und Aragon seinem Sohn Ferrante, der sechsunddreißig bewegte Jahre König war und 1494 starb – ein Jahr nach der Thronbesteigung Alexanders, kurz vor Giulianos Flucht. Frankreich hatte die Aragonesen in Neapel nie anerkannt und sah nun in dem Thronwechsel eine Chance, die alten Anjou-Rechte wieder geltend zu machen. Karl VIII. rüstete, von Giuliano heftig gedrängt, zu einem Kriegszug nach Italien. Davon erfuhr Alexander und wandte sich sogleich an den Sultan Bajesid II., dessen Bruder Djem noch immer als Geisel im Vatikan lebte. Durch den Kurialsekretär Bocciardo vernahm man in Konstantinopel, der Plan des französischen Königs habe drei Stufen: zuerst die Eroberung Neapels, dann die Absetzung des Papstes, schließ-

lich die Rückführung Djems auf den Thron der Türken. Bajesid zeigte sich beeindruckt und gab dem flin-
ken Bocciardo neben dem ›Pflegegeld‹ für Djem auch
noch einen eigenen Gesandten an den Papst mit. Als
beide auf dem Rückweg nach Rom in Senigallia Station machten, wurden sie von Giovanni della Rovere,
einem Bruder Giulianos, überfallen. Er nahm ihnen
nicht nur das türkische Geld ab, sondern auch noch ein
paar Briefschaften. Darunter sollen fünf Sendschreiben des Sultans an den Papst gewesen sein, deren un-
beglaubigte Abschriften der Kardinal Giuliano dem
französischen König alsbald unterbreitete. Die Briefe
enthielten den ziemlich barbarischen Vorschlag an
Alexander, er solle den unbequemen Djem als Leiche
nach Konstantinopel schicken und dafür die Abfindung
von 3 750 000.– Dollar kassieren, »mit denen eure
Macht ihren Söhnen ein paar Herrschaften kaufen
kann«. Diese wahrscheinlich gefälschten Briefe lieferten Giuliano den zwingenden Grund, Karl VIII. zum
Einfall in Italien zu veranlassen. Denn nun hieß es,
dem Papst zuvorzukommen, bevor dieser sich an tür-
kischem Gold so bereicherte, daß er mit neu aufgestell-
ten Armeen den Durchzug der Franzosen nach Neapel
hindern konnte. Auf solche Weise benutzte Giuliano
die Begehrlichkeit Karls, um den Sturz Alexanders zu
erreichen.

Noch im Dezember desselben Jahres stand Karl VIII.
vor Rom. Alexander VI. schloß sich in die Engelsburg
ein und begann zu verhandeln. Er benahm sich dabei
so geschickt, daß Karl VIII. – dem es zunächst um Neapel ging – seine Absetzungspläne aufgab und versprach, gegen freien Durchzug seiner Truppen und die
Auslieferung Djems den Papst in Ruhe zu lassen. Alexander kam aus seinem freiwilligen Gefängnis trium-

PAPST JULIUS II. 341

phierend hervor und sah huldvoll zu, wie der französische König dreimal das Knie vor ihm beugte. Dann
schritt man im Borgia-Appartement zur Tafel. Der
Geprellte war Giuliano. Es half ihm wenig, daß mehr
als die Hälfte der römischen Kardinäle den heran-
nahenden König beschworen hatten, mit Alexander
ein Ende zu machen. Fester als je stand der Goldene
Stier auf dem First des Triumphbogens.

Neun Jahre mußte Giuliano noch warten, bis er fiel.
Als Alexander endlich starb, eilte Giuliano nach Italien, durchbrach den Riegel von Schiffen, womit Cesare
Borgia die Landung hatte verhindern wollen, stürzte
nach Rom, organisierte die Borgia-feindlichen Kardinäle und wollte in einem einzigen Sturm den Heiligen
Stuhl wie eine Festung nehmen. Zu seinem Entsetzen
stellte sich jedoch heraus, daß die Borgia immer noch
zu mächtig waren. So mußte Giuliano wieder – wie
schon bei der Wahl Innozenz VIII. – zusehen, wie ein
anderer hinaufgelangte: Francesco Todeschini Piccolomini, ein Neffe Pius' II., vierundsechzig Jahre alt,
fromm und gelehrt, der den Namen Pius III. (1503)
annahm. Niemand konnte ahnen, daß das Geschwür
am Bein, woran der neue Papst seit langem litt, ihm
gerade noch sechsundzwanzig Tage Zeit zum Leben lassen würde. Nur Giuliano hatte die kurze Spanne genützt. Er verständigte sich mit Cesare Borgia, wie wir
wissen – und nun, nach Pius' III. Tod, war er nicht
mehr aufzuhalten. Am 31. Oktober 1503 schlug seine
große Stunde: das Konklave wählte ihn zum Papst –
und als wolle er den »unüberwindlichen Alexander«
als ein neuer Cäsar übertreffen, nannte er sich zu dessen Ehren Julius. Dreiunddreißig Jahre war er Kardinal gewesen, dreimal hatte er die Papstwahl als Unter-
legener verlassen, sechzig Jahre war er alt geworden.

Endlich am Ziel, brach die aufgestaute Ungeduld wie ein Gewitter aus ihm hervor. Er haderte mit Gott, weil er hatte warten müssen – woher sollte er jetzt noch die Zeit nehmen für all die langgehegten Pläne? Sein Pontifikat währte zehn Jahre – aber hundert hätten für ihre Erfüllung kaum genügt.

Die Peterskirche mußte abgerissen werden, um nach Bramantes Riesenplan neu zu erstehen. Der Entwurf sah eine umbaute Fläche von 27 000 qm vor – die heutige Basilika umschließt 11 000 qm. Im Zentrum des Baues wollte Julius ein gigantisches Grabmal für sich selbst errichten – das Mausoleum des Papsttums schlechthin –, Michelangelo sollte es meißeln. Der Vatikan hatte sich in eine cäsarische Papstresidenz zu verwandeln. Das Kapitol sollte nach Westen, auf die Peterskirche hin, geöffnet und seiner alten Würde zurückgegeben werden. Die Stadt Rom war von Grund auf zu verändern, alle Spuren des Mittelalters hatten zu fallen, wiederaufgenommen werden sollte der große Stil der kaiserlichen Antike mit Prachtstraßen und einem neuen Forum Romanum. Der Kirchenstaat verlangte gänzliche Neuordnung. Die nur noch nominell abhängigen Gebiete von Pesaro, Perugia und Bologna mußten tatsächlich zurückgewonnen, die von Venedig besetzten Städte Faenza, Ravenna und Rimini diesem entrissen werden. Italien wollte Julius befreien vom Terror fremder Armeen – er, der die Franzosen so dringend gerufen hatte, warf ihnen nun grollend sein »fuori i barbari – hinaus mit den Barbaren!« entgegen.

Als geistiger Erbe des verhaßten Alexander und seines Sohnes erwies sich Julius in der Idee eines geeinten Italien. Es sollte unter der Herrschaft des Papstes dem Heiligen Stuhl eine Machtfülle geben, die es den christlichen Königen ratsam erscheinen ließ, sich unter

PAPST JULIUS II.

die geistliche Hoheit des Pontifex maximus zu beugen. War dies erreicht, dann konnte der Papst wieder wie einst als der große übernationale Schlichter aller Völkerstreite auftreten und den Frieden, den zu halten die Fürsten nicht bereit waren, kraft seiner Autorität erzwingen. Dies alles mußte ins Werk gesetzt sein, bevor endlich das Goldene Zeitalter anbrechen konnte, das Julius II. dem Erdkreis zu bringen gedachte. Für ihn waren solche Ideen nicht Phantasie, sondern konkretes Programm. Sein einziges Problem war, alt genug zu werden. Und so begann er seinen Kampf gegen die Zeit. Dabei hatte er nicht nur mit der Zukunft zu ringen, sondern mehr noch mit der Vergangenheit. Zuviel war wegzuräumen von den Sünden der Borgia, zu tief war das Papsttum gefallen. Julius begann sein Pontifikat nicht als Herkules, sondern als ein Atlas, auf dessen Schultern das Erbe Alexanders lastete.

Man kann sich vorstellen, wie dem Papst zumute war, als er sich nach der Wahl gezwungen sah, seine Residenz im Appartement des Borgia-Papstes einzunehmen. Daß er es dennoch tat, zeigt ihn im Lichte seiner glänzendsten Eigenschaft: der Unmutige war fähig, sich zu bezwingen. Er vermied, an die Decke zu blicken, um den Stieren der Borgia nicht zu begegnen. Wenn sein Auge auf die Madonna fiel, kämpfte er dagegen an, die schöne Giulia Farnese wiederzuerkennen. Er bemühte sich, das Antlitz Lucrezias aus seiner Erinnerung zu verdrängen, um die heilige Katharina unbefangen betrachten zu können. Vier Jahre lang setzte er sich den Bildern der Vergangenheit aus, um sie in seinem Herzen zu besiegen. Dann gab er auf – Pinturicchio hatte zu gut gemalt. An seinem vierten Krönungstag, am 26. November 1507, trägt Paris de Grasis, der Zeremoniar Julius II., in sein Tagebuch ein:

»Heute bezog der Papst seine Wohnung im oberen
Geschosse des Palastes, weil er nicht, wie er mir sagte,
zu jeder Stunde die Gestalt Alexanders, seines Vorgängers und Feindes, sehen wollte . . . Als ich erwi-
derte, man könne dieses Bild von der Wand schlagen
und auch die anderen alle und auch die Wappen, wollte
er es nicht und sagte, daß er das nicht befehlen möchte;
aber er selbst wolle dort nicht wohnen, damit er nicht
immer an jenen schlechten und verbrecherischen Menschen erinnert werde.« (Nach Wickhoff) Als wolle er
das Andenken des Borgia-Papstes endgültig in den Orkus hinabstoßen, setzte sich Julius genau ein Stockwerk darüber. Die Räume, die Nikolaus v. hatte bauen
lassen, waren edel und nur zum geringen Teil mit Malereien geschmückt. Hier fand der Papst Gelegenheit,
ein Reich nach seinem Geiste zu schaffen.

Damals wie heute teilte sich die Wohnung eines Papstes in die eigentlichen Privatgemächer und eine Suite
von intimer Repräsentation, die das Arbeitszimmer
einschließt. Für letztere bestimmte Julius die Stanzen.
Zu ihrer Dekoration berief er aus allen Teilen Italiens
erlauchte Namen. Signorelli, Perugino, Sodoma, Peruzzi, Lotto und noch ein paar andere nahmen die Ein-
ladung mit Freuden an, denn für einen Künstler der
damaligen Welt gab es keine größere Ehre. Zur Zufriedenheit des Papstes arbeiteten die Meister Hand in
Hand, bis eines Tages vor Julius ein fünfundzwanzig-
jähriger Jüngling erschien: Raffael. Bald darauf sollte
sich alles ändern.

Der Papst erkannte sofort, wen er vor sich hatte.
Der junge Mann mit dem gefälligen Wesen brauchte
nur den Stift zur Hand zu nehmen, um eine im Gespräch hingeworfene Idee zu skizzieren – und schon
überstrahlte sein Genie alle Talente. Von jedem der

Maler, die in den Stanzen am Werke waren, steckte etwas in Raffaels Kunst – und noch mehr: er hatte das Beste der ganzen Malerei Italiens in sich gesammelt und zu jener Harmonie vereint, die nur die Unbefangenheit der lauteren Seele zustande bringt. Kaum hatte Raffael sich den Stanzen-Meistern zugesellt, da interessierten diese den Papst nicht mehr. Von Raffael konnte Julius nicht nur Schönheit verlangen, sondern Geist. Immer weiter sahen sich die Meister in ihrem Schaffen zurückgedrängt, immer größere Teile der Gesamtfläche fielen Raffael zu. Schließlich entließ der Papst alle bis auf zwei: Sodoma behielt den Auftrag für den dekorativen Teil der Decke in der Stanza della Segnatura, Peruzzi die Deckengestaltung in der Stanza dell' Eliodoro. Was sonst im Entstehen war, sollte übertüncht werden – die Räume mußten frei sein für die Hand des Genies. So geschah hier im Kleinen, was im Großen zum Neubau der Peterskirche führte. Nach des Papstes Meinung hatte das Gute zu fallen, um dem Vollkommenen Platz zu machen. Über die Sicherheit seines Urteils machte sich Julius keine Gedanken.

Raffael geriet durch den päpstlichen Entscheid in eine prekäre Lage. Er war jünger als alle, die in den Stanzen gearbeitet hatten. Signorelli, hochberühmt, nahe an siebzig, hatte die letzte Reife seiner Kunst erreicht – nun mußte er gehen. Perugino war Raffaels bedeutendster Lehrer gewesen – nun schlug ihn der geliebte Schüler aus dem Felde. Peruzzi, Sodoma und Lotto gehörten zwar der Generation Raffaels an – um so tiefer mußten sie sich beschämt fühlen, zumal die beiden ersteren nur noch Hilfsdienste zu verrichten hatten. Raffael spürte die Gefahr und wandte sich an den Papst. Aber Julius blieb bei seinem Entschluß. Es kümmerte ihn wenig, ob die Künstler gekränkt waren – und was sollte Raffael sich um ein paar Feinde grämen, wenn er einen Julius zum Freund hatte? Da geschah das Wunder: die Meister zeigten keinen Groll. Nichts in Raffaels Leben beweist mehr, welche Sonnennatur er war.

Diese Situation also müssen wir uns vor Augen halten, wenn wir die Stanzen betreten. Ein alter Papst von gigantischem Willen und ein junger Künstler in der ersten Anspannung aller seiner Kraft gingen gemeinsam ans Werk. Was sie vollbrachten, bietet sich unserem Auge am deutlichsten in der *Stanza della Segnatura*, dem zweiten der Säle, die wir jetzt betreten.

DIE STANZA DELLA SEGNATURA

Der Raum diente Julius II. als Arbeitszimmer. Sein Name ›Segnatura‹ leitet sich von den zwei Abteilungen des höchsten päpstlichen Gerichtes her, der ›Signatura Justitiae‹ und der ›Signatura Gratiae‹ – woraus man schloß, daß deren Urteile und Gnadenakte hier durch den Papst rechtskräftig gemacht wurden. Doch trifft dies wahrscheinlich nur für die Zeit vor Julius II. zu. Nach alter vatikanischer Tradition behalten nämlich Räume ihre ursprünglichen Namen auch dann, wenn sich ihr Zweck später ändert. So hat möglicherweise Julius II. den Gerichtshof einfach aus seinem Beratungszimmer vertrieben, um selbst hier einzuziehen – andererseits aber nichts dabei gefunden, daß jedermann das päpstliche Studio weiterhin ›Stanza della Segnatura‹ nannte. Eingerichtet wurde das Ganze jedenfalls als Bibliothek – sofern man den Begriff in jenem verengten Sinne nimmt, in dem auch heute noch das Arbeitszimmer des Papstes als ›biblioteca privata‹ bezeichnet wird.

DAS PROGRAMM DER FRESKEN 347

Das einzige, was Julius II. von dem früheren Schmuck des Gemaches unberührt ließ, war die Einteilung der Decke und das Wappen des Erbauers der Räume: Nikolaus V. Wie wir schon hörten, war dieser als Sohn einfacher Eltern geboren und durch kirchliche Erziehung und Liebe zur Wissenschaft ein bedeutender Humanist geworden. Als Papst hat er darauf verzichtet, ein persönliches Wappen zu führen – in einer bezeichnenden Mischung aus Bescheidenheit und Selbstbewußtsein wählte er als heraldisches Emblem die Schlüssel des heiligen Petrus. Damit lieferte er, ohne es zu wissen, seinem achten Nachfolger das zentrale Symbol für die Gedankenbahnen, die dem Kosmos der Segnatura zugrunde liegen. Denn die Schlüssel Petri versinnbildlichen das Papsttum schlechthin – und dieses steht hier in der Mitte allen Geschehens. Über Decke und Wände ausgebreitet ist die Welt, als deren gottgewollten, notwendigen und natürlichen Mittelpunkt der Heilige Stuhl bis herauf in unsere Tage sich selbst verstand.

Grundlage für das Programm war ein Bücherkatalog, den der junge Gelehrte Tommaso Parentuccelli für die Klosterbibliothek von San Marco in Florenz anfertigte, als Cosimo de' Medici dort seine berühmte Stiftung machte. Da Tommaso später als Nikolaus V. den Heiligen Stuhl bestieg, erlangte sein Schematismus weite Verbreitung. Viele Bibliotheken Italiens wurden nach ihm eingerichtet, darunter eine der schönsten: die Büchersammlung des Herzogs Guidobaldo da Montefeltre in Raffaels Geburtsstadt Urbino. Sie alle folgten in ihrer Einteilung den klassischen Disziplinen der Theologie, Philosophie, Dichtung und Jurisprudenz, die auch im Fresken-Programm der Segnatura wiederkehren. »Es gibt vielleicht kein zweites Werk der bildenden Künste, in dem Bücher eine so große Rolle spielen, in dem alles von Büchern ausgeht, alles auf sie zurückbezogen wird.« (Wickhoff) Die vier großen Kategorien der Wissenschaft kommen aber nicht nur an den Wänden zur Entfaltung – an der Decke erscheinen sie wieder: als »personifizierte Ideen im Sinne Platons«. (Redig de Campos) So sieht man heute in ihnen vielfach die Auswirkung der Gedankenwelt, die in der Platonischen Akademie von Florenz ihre Geburtsstätte hatte (Chastel). Ihr Haupt, Marsilius Ficinus – Wickhoff nennt ihn noch einen »Philosophaster« –, hat durch seinen Versuch, den Realismus des Aristoteles mit dem Idealismus Platons zu versöhnen, tief auf die Segnatura-Fresken eingewirkt. Doch »nicht eine Verherrlichung der Ideale des falschen (nämlich unchristlichen) Humanismus . . ., sondern . . . das richtige Verhältnis der geistigen Kultur zu Christentum und Kirche hat Raffael malerisch verklärt«. (Pastor)

Wie man auch immer zu dem Widerstreit der Interpretationen stehen mag – der zeitgenössische Biograph Raffaels, Paolo Giovio, teilt mit, der Meister habe zwei der Stanzen ausgemalt »ad praescriptum Julii Pontificis« – nach der Vorschrift Julius II. Wir Unbefangenen, die wir den Gelehrten unseren Respekt zollen, indem wir ihnen auch dort glauben, wo sie vielleicht nur bedingte Sicherheit bieten können – wir wollen dankbar empfangen, was ein großer Papst und ein genialer Künstler in den Stanzen unserem Auge hinterlassen haben. Denn dieses Werk lehrt über die Jahrhunderte hinweg auch uns Heutige noch, daß das Gute, das Wahre und das Schöne in unserem Geist eine Heimstätte haben.

RAFFAELS FRESKEN

Die vier Elemente der Welt sind Erde, Wasser, Luft und Feuer. Der Erde bemächtigt sich der Mensch, indem er sie durch Gerechtigkeit zu seinem Lebensraum ordnet. Dazu bedarf sein Geist der ständig sich erneuernden Erkenntnis, die dem ruhelosen Wasser gleicht. Im Höhenflug der Künste erhebt er sich in das Luftreich der Phantasie. Und dem Feuer gleich belebt ihn bei alldem der Glaube, das geistbegabte Geschöpf eines liebenden Vaters zu sein.

Die Elemente finden wir in der ›Segnatura‹ verkörpert durch winzige Putten an den Scheitelpunkten der Lünetten, zu denen die vier Wände hochgerundet sind (Chastel). Den Bereich der Erde bildet die Fensterwand, die beim Eintritt rechts von uns liegt. Sie wird regiert – im Rundmedaillon der Decke – durch eine jugendschöne Justitia, die umgeben von vier Genien Schwert und Waage handhabt. Ihre drei Schwestern – Stärke, Weisheit und Maß – lagern im Halbrund über dem Fenster. Durch sie werden die absoluten *Prinzipien des Rechtes* menschlich gefiltert, um für den Bereich der Erde erträglich zu sein. Dort entstehen daraus wohlmeinende Gesetzeswerke, die zu beiden Seiten des Fensters rechtskräftig gemacht werden. Links sorgt der Kaiser Justinian durch die Pandekten, die er seinem Kronjuristen Tribonianus zustimmend zurückgibt, für die Sicherheit und den Schutz des gesitteten Bürgers. Rechts approbiert Papst Gregor IX. (1227–1241) – er trägt die Züge Julius II. – die Dekretalen des Mönches Gratianus, woraus der Priesterstand seine Ordnung schöpfen soll. Dabei schauen zwei künftige Päpste zu: links neben Julius der Kardinal Medici, später Leo X., und ganz außen Alessandro Farnese –

›il cardinale della gonnella‹ –, später Paul III. Kirche und Welt werden somit regiert durch die Devise, die die Schrifttafeln der Justitia im Deckenmedaillon verkünden: ›Jus suum unicuique tribuit‹ – die Gerechtigkeit erteilt jedem einzelnen Menschen sein Recht.

Dem strömenden Element des Wassers zugehörig ist die große Querwand, auf die wir eintretend zuerst geblickt haben. Über sie herrscht – im Deckenmedaillon – eine junge Frau, die sich hoch in den Wolken auf einem Prunkthron niedergelassen hat – an seinen Wangen das Doppelbild der ephesischen Diana als Zeichen des Überflusses. ›Causarum cognitio‹ wird sie von den Tafeln genannt – Erkenntnis der Ursachen. Ihr Gewand spiegelt in der Stufenfolge seiner Farben und Symbole erneut den Reigen der Elemente: im Braungelb die Erde, von Pflanzen belebt; darüber das Wasser mit Meergrün und Fischen; dann tiefrot das Feuer, von Salamandern durchzogen; und oben das Blau der Luft, von Sternen besät. Natur und Himmel bilden so den großen Gegenstand, den der Geist forschend durchdringt, um zur Erkenntnis der Ursachen zu gelangen. Was der Mensch selbst sei, sagen die Titel der beiden Bücher, die die Gestalt in Händen hält: ›naturalis‹ – der Natur zugehörig, und ›moralis‹ – zur Sittlichkeit verpflichtet.

Über die ganze Wandfläche hin öffnet sich darunter – von Bramantes Idealentwurf für die neue Peterskirche inspiriert – die große Halle der *Schule von Athen*. Niemals ist der Vorgang des Denkens erregender dargestellt, niemals der eingeborene Drang des menschlichen Wesens nach dem Begreifen seiner selbst und des Kosmos leidenschaftlicher kundgetan worden. Grübelnd, lehrend, diskutierend, in jedem Falle tief

DIE SCHULE VON ATHEN

engagiert, hat sich ein halbes Hundert von Männern in vielfältigen Gruppen über den Raum verteilt, in dessen Mitte durch eine ehrfürchtig gebildete Gasse soeben die beiden größten Philosophen des Altertums treten: Platon und Aristoteles.

Beide halten Bücher – Aristoteles seine ›Ethik‹, Platon den ›Timaios‹. Beider Gesten deuten in die Richtung ihrer Gedanken: Aristoteles, der große Realist, hat die Hand mit gespreizten Fingern ausgestreckt, als wolle er die Erde in Besitz nehmen. Platon aber deutet mit dem Zeigefinger seiner Rechten nach oben – zur himmlischen Heimat der Ideen, aus denen alle Wirklichkeit entsteht. Sein Antlitz ist ein Denkmal der Dankbarkeit. Von weißem Haar und Bart umrahmt, strahlen unter der hochgewölbten Stirn die großen Augen wie Sonnen hervor. Der Platon Raffaels trägt die Züge des Leonardo da Vinci. Auf beide trifft Hölderlins Wort zu: »Wer das Tiefste gedacht, liebt das Lebendigste.«

Alles Denken bedarf der Sprache, diese aber wird erst tragfähig durch die Grammatik. Am linken Bildrand im Vordergrund benützt ein bekränzter Mann den Säulenstumpf als Unterlage für ein Buch, worin er den Text seines beschämten Schülers geduldig verbessert. Rechts von ihm lugt der kleine Prinz Francesco Gonzaga hervor, der damals in Rom eine ähnliche Prozedur über sich ergehen lassen mußte und durch den Wunsch Julius II. in das Bild geriet.

Unmittelbar darüber, aber mehr im Hintergrund, bieten zwei Männer ein Schulbeispiel für die Kunst der Rhetorik. Der linke, mit offener Handfläche, hat kaum sein Argument dargelegt, da fährt schon der rechte mit ausgestrecktem Arm dazwischen. Er gehört der Gruppe der Dialektiker an und wird halb ver-

deckt durch einen Jüngling in Helm und Panzer, Alki-
biades, den der Meister aller Dialektik hierher gelockt
hat: Sokrates. An seinen Fingern zählt der alte Logi-
ker die Argumente her, womit er seinen Zuhörern
zwingend erklärt, Gut und Böse sei nicht immer gleich
Richtig und Falsch.

Was richtig und falsch im Reiche der Töne sei, erweist – unterhalb des Sokrates – der späteste der antiken Philosophen, Boëthius. Auf das linke Knie stützt
er sein Buch über die Musik, worin die Bewegungen
der Töne zum Abbild werden für das harmonische
Wechselspiel von Leib und Seele und den unhörbaren
Gesamtklang der Sphären. Die Idee hat er von einem
bärtigen Mann übernommen, auf dessen sitzende Gestalt er hinunterblickt: Pythagoras. Dieser aber ist –
obwohl ein eifriger Schüler schon die Tafel mit den
Harmonie-Zeichen des Weltalls bereithält – soeben mit
einem arithmetischen Problem beschäftigt. Weltverges-
sen trägt er es in ein Buch ein und bemerkt gar nicht,
wie kritisch ein hinter ihm kauernder Greis seine Zahlen nachrechnet, während der beturbante spanisch-
arabische Philosoph Averroes sich respektvoll zu dem
Kryptogramm der Sphärenmusik niederbeugt. Unberührt von alldem steht in weißem Gewand aufrecht
zwischen den Philosophen ein Neffe des Papstes, Francesco Maria della Rovere, der weiblich-zarte Herzog
von Urbino.

Was in der Musik der Wechsel von Konsonanz und
Dissonanz, in der Arithmetik das Spiel der positiven
und der negativen Zahl, das ist in der Geometrie das
Ineinanderwirken der gewinkelten Fläche und des
Kreises. Dies beweist im rechten Vordergrund auf einer
am Boden liegenden Tafel der tief gebückt stehende
Euklid. Der Bahn seines Zirkels folgen vier jugendliche

DIE SCHULE VON ATHEN

Schüler: der erste, am Boden hockend, müht sich gespannt, den Vorgang zu begreifen, während rechts von ihm der zweite im Aufdämmern der Erkenntnis nach oben blickt; der dritte hat, halb aufgerichtet, das Problem schon soweit durchschaut, daß er dem vierten durch Zuruf helfen kann, den Kern zu erfassen. »Wahrer und lebendiger ist der psychologische Prozeß des Erkennens von der äußerlichen Aneignung bis zum Durchdringen des Gegenstandes niemals wieder geschildert worden.« (Springer)

Daß sich die Prinzipien der Geometrie auf die Rundgestalt der Erde anwenden lassen, beweist uns rechts von Euklid eine aufrecht stehende Gestalt in Königsmantel und Krone, die uns den Rücken zukehrt: Ägyptens König Ptolemäus. Er hält den Erdglobus in der Hand und hat sich dem alten Perser Zarathustra zugewendet, der auf den Spitzen seiner Finger den Globus des Himmels balanciert – dem mythischen Vater der Astronomie.

Beide sehen sich in ihrem Gespräch unterbrochen durch zwei Jünglinge, die vom äußersten Rande her in das Bild eintreten. Der vordere ist der Maler Sodoma, verschmitzt und süffisant auf die Könige blickend, der rückwärtige – Raffael. Er sieht uns geradewegs ins Auge, als wolle er uns fragen, ob wir überhaupt bemerkten, was wir durchmessen haben. In der Tat: unser Weg durch die ›Schule von Athen‹ hat das gleiche Programm, wie schon vorher – ein Stockwerk tiefer – im Arbeitszimmer Alexanders VI. die zwei Gruppen der klassischen Wissenschaften es zeigten: das ›Trivium‹ und das ›Quadrivium‹. Aber welch ein Unterschied! Was im Borgia-Appartement preziöse Allegorie und kühl-ästhetisches Spiel war – hier ist es prall von Wirklichkeit, hier werden wir mit Macht in die

Geburt der Gedanken hineingerissen, woraus die Wissenschaft Nahrung, Leben und Begeisterung zieht.

Diese Schule der ›Artes liberales‹ hat jener Jüngling schon durchmessen, der im Mittelgrunde der ›Schule von Athen‹ links von der Gruppe des Euklid die Treppenstufen emporsteigt. Er wird empfangen von einem älteren Mann, der mit Hand und Antlitz auf Platon und Aristoteles weist. Denn nun erst, nach Vollendung des ›Trivium‹ und ›Quadrivium‹, ist der Weisheitssucher reif für das Denken im eigentlichen Sinne: die Philosophie. Aus der Grammatik hat er die Prägnanz des Ausdrucks gezogen, aus der Rhetorik die Überzeugungskraft, aus der Dialektik die zwingenden Gründe. Diese werden ihm in der Musik zum abstrakten Wechselspiel widerstrebender und sich vereinender Klänge, deren Verhältnis er mit Hilfe der Arithmetik in Zahlen umzuformen weiß. Ihre ordnende Gewalt lehrt ihn in der Geometrie die Beherrschung der Fläche, in der Astronomie die Erforschung des Zusammenhanges zwischen Universum und Mensch. So gerüstet kann er mit Aristoteles beginnen auszuloten, was der Mensch selber sei, um dann mit Platon zu fragen, welcher Art der höhere Wille ist, der ihn leitet.

Zwei Gestalten bleiben noch: beide sind auf dem bewegten Bilde allein. Halb ausgestreckt auf den Stufen ruht Diogenes, seinen Text mit der Weitsichtigkeit des Alters vom Auge entfernt haltend, inmitten der aristokratischen Philosophen-Familie ein Provokateur der Genügsamkeit. Und im Vordergrund stützt Arm und Haupt auf einen Marmorblock, nachdenkend und schreibend zugleich, der Grübler mit Michelangelos Zügen: Heraklit. Sein großer Gedanke ist: »$\pi\acute{\alpha}\nu\tau\alpha$ $\acute{\varrho}\varepsilon\tilde{\iota}$« – alles fließt. Aus ihm rechtfertigt sich, warum dieses Gemälde unter dem Elemente-Zeichen des Wassers steht. In ihm auch gewinnt die Vergeblichkeit Gestalt, die aller Mühe um Erkenntnis zugemessen ist.

Herrlichkeit und Qual des Denkens also kündet uns die ›Schule von Athen‹. In den Gesichtern dieser Männer spiegelt sich die Klarheit, die zu erringen der Geist nicht müde wird, und das Dunkel, vor dem er resigniert. Aristoteles und Platon deuten auf Erde und Himmel – die zwei Reiche, die dem Menschen gegeben sind, das eine, um es mit seiner Vernunft zu durchdringen, das andere, um es mit seiner Ahnung zu berühren. Sie zu vereinen aber gibt es nur zwei Wege: die Phantasie, die uns zur Kunst geleitet, und die Offenbarung, die zum Glauben führt. Ihnen sind die beiden anderen Wände der ›Segnatura‹ gewidmet.

Die Fensterwand an der Schmalseite des Raumes nächst dem Eingang gehört dem Element der Luft an. Sie wird – im Medaillon der Decke – beherrscht von einem weiblichen Engel, dessen schönes Haupt der Lorbeer des Ruhmes kränzt. Die ausgebreiteten Schwingen und das gestirnte Schulterband lassen erkennen, daß der Höhenflug der Vorstellungskraft zu den Sternen führt. Die Gestalt, so sagen uns die Tafeln, »numine afflatur« – ist vom Walten der Gottheit angeweht. Und von göttlichem Odem beseelt scheint die Landschaft des *Parnaß*, die sich zu ihren Füßen über das Halbrund der Wand und die Flanken der Fenster breitet. Oben, in der Mitte des kleinen Plateaus über dem Fenster, sitzt Apoll mit zum Himmel gerichtetem Blick. Er hat die Kithara mit der Viola da braccio vertauscht – das ganze Bild ist ein Madrigal. Lauschend verharren die neun Musen in zärtlichen Gebärden. In ihnen ruht die Ewigkeit der Kunst.

Aus der Zeitlichkeit dagegen kommen die Dichter,

die sich an den Hängen des Hügels gruppieren. Auf die linke Ecke des Fensterausschnittes lehnt den üppigen Arm die hingelagerte Sappho. Eine weiche Schulter entblößend, wendet sie das Haupt zurück zu der Gruppe der Lyriker am linken Bildrand. Dort führt das Wort der Jüngling Properz, dessen zartes Gesicht Sapphos Gefühl geweckt hat. Seinen Worten folgen ganz außen, von uns abgewandt, der Römer Horaz und, zurückgelehnt am schlanken Stamm des Baumes, der Grieche Pindar. Von rückwärts tritt Petrarca zu der Gruppe, das Auge mit Melancholie erfüllt, denn niemand weiß wie er, welches Verlangen einen Mann durchbebt, der in Liebe zu einer unerreichbaren Frau entbrannt ist.

Zu Pindars Häupten sitzt, ein Bein über das andere gelegt, in aufmerksamster Horchgebärde der antike Sprachmeister Ennius. Er ist im Begriff, lateinisch niederzuschreiben, was dem Munde des hochgereckten Greises über ihm auf griechisch entströmt. In Verzükkung blickt dieser empor zu einem Äther, den seine blinden Augen nicht sehen: es ist Homer, der Vater aller Dichter, der auf dem Gipfel des Parnaß seine Stimme vereint mit der ewigen Melodie des Apoll. Das Haupt gleich dem Laokoon zurückgebeugt, singt er von den Taten der Götter und Menschen, von der Raserei des Kampfes und den Freuden das Mahles, von Freundesverrat und Gattentreue und von der Schönheit der rosenfingrigen Eos. Auch bei den Epikern, deren Gruppe er überragt, ist es das menschliche Herz, dem alle Dichtung sich weiht. Links, etwas rückwärts von Homer, zeigt Dante sein starres Gesicht. Durch den Parnaß wandelt er als ein Fremder, der das Lächeln für alle Zeiten verlor, seitdem er die Hölle durchmessen. Das Bild der Liebe, das er im verschlossenen

Herzen trägt – an erhabener Stelle wird es uns begegnen. Mitleidig blickt Vergil nach ihm zurück und deutet mit dem Finger vorwärts, nicht erkennend, daß Dante den Apoll nicht hört, seitdem sein Ohr die Harmonie vernommen, die das Paradies durchtönt.

Rechts gegenüber von Sappho lagert am Rand des Fensterausschnittes ein Greis, den Blick halb erhoben zu der beredten Gebärde eines Jünglings. Zwischen ihnen steht, die Hand nachdenklich an das Kinn gelegt, ein ernster, kräftiger Mann, dessen Auge ins Nichts zu blicken scheint. Die drei sind die großen Dramatiker der Griechen: Aischylos, der Uralte, Euripides in dem Alter, da er bei Aspasia erschien, und Sophokles, der Bitterkeit zur Größe wandelte, indem er die Taten des Eros besang.

Und eine vierte Gruppe schließt sich an, den Hügel hinauf, heiter inmitten solchen Ernstes: die Humanisten. Ganz rechts am Bildrand blickt skeptisch und genüßlich der treffsichere Tebaldeo zu uns herüber, der für ein einziges Epigramm von Papst Leo x. mit fünfhundert Dukaten belohnt wurde und überdies noch die Zolleinnehmer-Stelle an der Brücke von Sorga erhielt, »um ein reichliches Auskommen zu haben«. Über ihm finden wir, als Gast aus der Antike, den alten Theokrit mit dem jungen Sannazaro im Gespräch über das verführerische Thema des Jahrhunderts: Arkadien. Beide wissen, daß es dieses Traumland gibt, worin die Menschen die Schönheit ihrer nackten Körper nichts anderem zuwenden als dem Zauber der Natur, dem seligen Müßiggang – und der Liebe. Ein wenig irdischer schaut weiter oben, links vom letzten Baum im Hintergrund, der Realist der Liebe, Boccaccio, in die Ferne. Es scheint, als entdecke er soeben in der Weite des ländlichen Gefildes eine Szene, schlüpfrig genug, um in seine graziösen Geschichten einzugehen. Gleich neben ihm aber wendet uns, über die Schulter blickend, ein Mann sein Antlitz zu, den manche für den Dichter Ariost, andere mit Grund für den Grafen Castiglione halten, den berühmten Verfasser des ›Cortegiano‹. Darin entwirft der makelloseste Diplomat seines Zeitalters das Bild des wahren Edelmannes der Renaissance. Was die Liebe angeht, lohnt es heute noch, seinen Rat zu hören: »Der Edle genieße mit den Augen Glanz und Anmut, das Lächeln und das Aufblitzen der Liebe, wie jeden anderen Zauber der Schönheit; er genieße mit dem Gehör die Süßigkeit des Klanges der Stimme, den Wohllaut der Worte, die Harmonie des Gesanges . . . Auf solche Weise wird sich die Schönheit in aller Wahrheit offenbaren. Diese Offenbarung ist der Endzweck der Liebe.«

Und wahrhaftig: was den Parnaß beseelt, was diese hoheitsvolle Versammlung überhaupt ermöglicht, ist die gemeinsame Leidenschaft, der Liebe durch die Schönheit Form zu geben. Sapphos zum Weiblichen drängender Eros, Petrarcas durch die Dichtung gekelterte Sehnsucht, Homers forttönender Menschheitsgesang, die spielkundige Phantasie des Boccaccio und Tebaldeos Gelüst zur Ironie – dies alles durch Raffaels vibrierenden Pinsel an die Stanzenwand geworfen: ist nicht, was wir hier sehen, einfach dem Göttlichen nahe, weil eine menschliche Empfindung ausgeschöpft ist bis zum Grunde?

Hierauf gibt niemand deutlicher Antwort als die Gestalten der neun Musen. Welch ein Kenner der weiblichen Natur ist Raffael doch gewesen! Immerfort verraten diese Mädchen an Haupt und Gliedern ihr weiches, zur Hingabe bereites Herz – und zugleich den starkmütigen Sinn, woraus das männliche Dasein Glanz und Sicherheit zieht. Hier ist verwirklicht, was Raffael vom Kreise seiner humanistischen Ratgeber und dieser von Enea Silvio gelernt hat: daß die Liebe nichts anderes ist als unsere Sehnsucht, die aus Gott hervorströmende Schönheit mit allen Sinnen aufzunehmen. Glücklich der Papst, dem die vielförmigste Kraft der Schöpfung in solchem Zauberspiel täglich vor Augen stand!

Die vierte Wand endlich wird beherrscht durch das Element des Feuers. Königin darüber ist – im Medaillon der Decke – die ›divinarum rerum notitia‹ – die Wissensspur der göttlichen Dinge, die Theologie. Der verklärten Beatrice in Dantes Paradies hat Raffael sie nachgebildet. In den Farben ihrer Gewandung leuchten die drei großen Verhaltensweisen des Christentums: im Weiß des Schleiers, der das Haupt umweht, der Glaube; im Grün des Mantels, der die Gestalt umhüllt, die Hoffnung; im Rot des Kleides, das den Körper umfließt, die Liebe. Auf der Wand unter ihr aber entrollt sich das einzige Geschehen, das Erde und Himmel in Wahrheit miteinander verbindet: der Triumph des Altar-Sakraments. Irreführund hat man das Bild die *Disputà* genannt – die Auseinandersetzung um die Definition der Eucharistie. Tatsächlich aber ist nicht die streitende Kirche dargestellt, sondern jene überwindende, die mehr als in der Zeitlichkeit in der ewigen Gegenwart des Himmels lebt.

Hoch oben im Gewölbe des Universums, das von seligen Geistern belebt ist, thront der erhabene Gottvater, den Ball des Weltgebäudes in der Linken, die Rechte zum Segen erhoben. Getragen von den Strahlen des Lichtes, die aus der Höhe herabkommen, schweben zu beiden Seiten die Erzengel heran. Darunter hebt inmitten einer großen Sonne der apollinische Christus,

den Oberkörper entblößt, die Hände mit den Wund-
malen zum hohepriesterlichen Gebet. Demütig sinkt
Maria vor ihm in die Knie, während Johannes der
Täufer den gestreckten Finger auf ihn richtet und
gleichzeitig das fordernde Auge über Himmel und Erde
schweifen läßt.

Auf einer geschweiften Bank zurückgerollter Wolken haben die Senatoren des Himmels Platz genommen, wechselweise aus dem Alten und dem Neuen Testament erwählt. Links außen leiht der heilige Petrus
sein Ohr dem herkulischen Adam, dem Stammvater
des Menschengeschlechts. Neben diesem schreibt der
Jüngling Johannes, vom Übermaß göttlicher Liebe
fortgerissen, immer weiter an seinem Evangelium. Stau-
nend beobachtet ihn der König David, der leise an die
Saiten seiner Harfe rührt. Zur Erde weist der heilige
Laurentius, die Früchte seines Martyriums erkennend.
Des Jeremias klagender Mund ist verstummt – versteckt schmiegt sich der Prophet an Christi Thron. Hinter diesem kommt rechts der gerüstete Held Judas Mak-
kabäus hervor und blickt auf die Palme des heiligen
Stephanus, der noch immer, wie im Augenblick seines
Todes, den Himmel offen sieht. In strenger Sammlung
weist Moses die Gesetzestafeln vor, während Jakobus
der Jüngere versunken meditiert. Der haarumwallte
Abraham aber hat sich zu Paulus gewendet, der, auf
sein Schwert gestützt, gleich Petrus, sein Auge einzig
auf den Erlöser richtet.

Da die Anordnung des Wolken-Gestühles um Christi
Thron ein Halbrund bildet, sitzen sich gegenüber: Jeremias, der furchtbare Kläger Israels, und Judas Makka-
bäus, der Retter des auserwählten Volkes; Stephanus,
der erste Märtyrer, und Laurentius, gleich ihm Diakon
der Kirche; David, der königliche Psalmist, und Moses,

DIE DISPUTÀ

dessen Gesetz er erfüllte; Jakobus, der die guten Werke
an den Glauben kettete, und Johannes, der das Hohe-
lied der Nächstenliebe sang; Adam, der die Menschheit hervorrief, und Abraham, der das Volk Gottes
gründete; schließlich Paulus, der das Wort des Evangeliums den Völkern brachte, und Petrus, der erste
Papst. Sie alle hätten keinen Sinn, wären nicht zu
Christi Füßen die vier Bücher der Evangelien aufgeschlagen. Sie bieten die Botschaft der Erlösung den
Menschen an und werden dem Erdkreis verständlich
durch die Sonne des Heiligen Geistes. Tief auf die Erde
ist dieser Himmel niedergesunken. Hier steht, inmitten
einer freien weiten Landschaft, durch vier Stufen erhöht, ein einfacher Altar. Sein Antependium zeigt den
Namenszug Julius II. und darunter einen jener orna-
mentalen Schlingknoten, wie Leonardo sie zu entwer-
fen liebte: Symbol für das Geheimnis der Eucharistie,
das dem Menschengeiste nicht entflechtbar ist. Auf dem
Tisch des Altars steht im Fluchtpunkt aller Linien eine
schmucklose Monstranz, die kleinste Formeinheit des
Bildes, von magnetischer Kraft. Ihre Hostie schließt
für den irdischen Bereich die drei Personen Gottes ein,
die im Himmel sichtbar sind. Denn was den Bewohnern der jenseitigen Welt – nach den Worten des heiligen Thomas von Aquin – »per manifestam visionem«
– durch offenliegende Schau – zugänglich ist, empfangen die Menschen auf Erden »per fidem« – durch den
Glauben. Und in einer bewegten Versammlung geben
die Patrizier des Menschengeistes zu beiden Seiten des
Sakraments an Gott zurück, wessen sie durch die Erlösung teilhaftig geworden.

Mit erhobenem Arm, gleich Paulus auf dem Areo-
pag, ruft rechts des Altars der heilige Athanasius zur
Anbetung auf. Verbindlich für den Rest der Geschichte

STANZA DELLA SEGNATURA

spricht er aus, womit er auf dem Konzil von Nicäa
den gefährlichen Arius widerlegte: daß Christus nicht
gott-ähnlich, sondern Gott selbst ist, »eines Wesens
mit dem Vater«. Dem »pater immensae majestatis«
gilt der Lobgesang, den der heilige Ambrosius im Bi-
schofsornat zurückgebeugten Hauptes angestimmt hat
– wie einstmals, als er ihn zu Mailand wechselweise
mit dem heiligen Augustinus sang. Dieser menschlich-
ste der Kirchenväter – ebenfalls im Kleid seiner Bi-
schofswürde – diktiert soeben einem Schreiber das
»crede ut intellegas« – glaube, damit du erkennst. Aus
welchem Quell die Gemeinschaft der Heiligen lebt, ist
das Thema des Buches zu seinen Füßen: ›De civitate
Dei‹; darin wird die Stadt Gottes ausgemessen, deren
himmlische und irdische Repräsentation wir vor uns
haben. »Tantum ergo sacramentum« – so groß also
ist das Sakrament –, sagt – rechts von Augustinus –
der heilige Thomas von Aquin. Sein glühender Hym-
nus ›Pange lingua‹ verschönte fast siebenhundert Jahre
das Fronleichnamsfest mit der einfachsten Formel der
Dreifaltigkeit: »Genitori genitoque . . . procedenti ab
utroque compar sit laudatio« – dem Erzeuger, dem Ge-
zeugten, dem der ausgeht von den beiden, gelte unser
gleiches Lob. Diesem wollte auch der gewaltige Innozenz III. dienen, auf dessen Veranlassung das vierte
Lateran-Konzil 1215 erneut definierte: unbeschadet und
ohne Makel sei der Leib des Herrn wie im Himmel so im
konsekrierten Brote. Kritisch prüft solch rationale De-
finitionen der ›Doctor Seraphicus‹, der heilige Bonaventura in Franziskanerkutte und Kardinalshut – un-
ausmeßbar fühlt er die Gegenwart Gottes schon in der
Schönheit der sichtbaren Welt. Der unsichtbaren Teil-
nahme des Erlöserblutes an der Leibgestalt der Eucharistie gilt ein Codex auf der ersten Altarstufe, den wir

DIE DISPUTÀ

schon aus der Vatikanischen Bibliothek kennen: ›De sanguine Christi‹. Sein Verfasser ist der majestätische Sixtus IV., der rechts neben Bonaventura im vollen Pontifikalornat erscheint. Wie unglücklich er auch als Papst gewesen sein mag – als mäzenatischer Theologe war er eine Autorität, die verdient, in ihrem Gefolge den größten Theologen unter den Dichtern zu haben: Dante. Dieser beschreibt den Zustand der Anschauung Gottes als »der Liebe und des Friedens lauteres Leben« – ein Argument, das selbst die nichtchristlichen Philosophen am rechten Bildrand in die Erörterung des dargebotenen Geheimnisses eintreten läßt. Wieviel Blut aber solcher Friede in dieser Welt kostet, verrät endlich rückwärts, unter übergezogener Kapuze halb verdeckt, das Antlitz Savonarolas, der gleich Julius unter Alexander VI. Verfolgung gelitten und – unglücklicher als jener – daran zugrunde gegangen war. Daß Julius ihn hier erscheinen läßt, verrät seine Überzeugung, der Erlöser-Leib könne Bluttaten auch dann ausgleichen, wenn sie vom Heiligen Stuhle aus befohlen waren. Im ganzen genommen bietet die Epistelseite das Bild der konzentrierten Annäherung des Geistes an das Geheimnis der Eucharistie.

Die Anbetung aber, die aus der Seele kommt, ist das große Thema der Evangelienseite. Sie wird eröffnet durch den heiligen Justinus, der beschwörend beide Arme nach dem verborgenen Christus ausstreckt, für den er sein Leben gab. Doch erreicht sein Wort nicht einmal den heiligen Hieronymus, der – die aufgeschlagene Bibel auf seine Knie gestützt – versunken dem Urklang des Evangeliums nachsinnt, um in der Weltsprache des Latein die Kraft des Gotteswortes nicht zu schmälern. Denn nicht das geopferte Blut, so heilig es ist – das Wort muß die Menschen von der Wahrheit der Offenbarung überzeugen. Gleich dem Hieronymus hält auch Papst Gregor der Große ein heiliges Buch in den Händen – aber er blickt schon anbetend auf, besiegt von der Erkenntnis, welch geringen Wert der menschliche Gedanke vor der Gegenwart Gottes besitzt. An den Zügen des Papstes hat man Julius II. erkannt, bevor er in Bologna schwor, sich den Bart nicht zu scheren, bis Italiens Befreiung vollendet sei. Von der Kraft des göttlichen Wortes angezogen, hat sich – den Rücken zu uns gekehrt – ein heidnischer Philosoph den beiden Kirchenvätern genähert. Und ihr Beispiel seelischer Hingabe erreicht, was die intellektuelle Definition nicht vermöchte: die drei jungen Schüler des Weisheitssuchers sinken, vom Mysterium berührt, in die Knie. Unberührt dagegen bleiben zwei Bischöfe; ihnen scheint die Monstranz nur ein beruflicher Gegenstand zu sein: indigniert richtet der jüngere den müden Klerikerblick auf uns, während dem älteren Skepsis und Mißmut die Mundwinkel abwärts ziehen. Nicht weniger teilnahmslos treten die vier Vertreter der Orden auf; zu separater Konversation haben sie sich weiter links in den Hintergrund zurückgezogen: ein Benediktiner-Abt mit der Mitra, ein Augustiner-Eremit in wallendem Bart, halb verdeckt ein Dominikaner und links von ihm ein Sohn des heiligen Franziskus. Sie alle stehen hier, als seien sie Beweise für Savonarolas Wort: »Die hochmütigsten unter den Christen sind die Geistlichen.« Niemand kann sagen, Julius II. sei seinem Klerus gegenüber nicht realistisch gewesen.

Ganz anders verhält sich links im Vordergrund eine Gruppe von Philosophen, deren Zweifel an der Möglichkeit der Eucharistie schon ins Schwanken geraten sind. Noch weist in ihrer Mitte ein Feuergeist auf den Widerspruch sinnlicher Erfahrung hin, doch folgt sein

DIE DISPUTÀ

Blick schon der Geste eines Jünglings, der den ersten Schritt in die Richtung des Altares tut. Dies, so scheint er zu sagen, muß dem Verstande widersprechen, sonst könnte es nicht die Quelle des Glaubens sein. Am Bildrand endlich fällt in das visionäre Auge des ›Beato Angelico‹ der geöffnete Himmel – dem größten Theologen unter den Malern offenbart sich leibhaftig, was die Eucharistie in Brotsgestalt verhüllt. So zeigt uns die Evangelienseite kritisch und objektiv die verschiedenen Verhaltensweisen der Seele vor dem Mysterium, von der ersten Annäherung über gleichgültige Abkehr bis zur vollen Hingabe. Konnte auf der Epistelseite das Mühen des Geistes über die Jahrhunderte hinweg als eine einzige gemeinschaftliche Bewegung erscheinen, so müssen auf der Evangelienseite die Entscheidungen der Seele den einzelnen zeigen und so den Zwiespalt der Menschheit zutage fördern. Die Seite der Epistel gehört der Theologie, die des Evangeliums der Kirche.

Der *Triumph des Altar-Sakraments* gliedert sich in drei Reiche: auf Erden das Reich des Glaubens, im Himmel das Reich der Anschauung Gottes, und durch beide vertikal hindurchgehend das Reich der Dreifaltigkeit. Nach der Theologie des heiligen Bonaventura ist die Offenbarung ein stufenweises Herabfließen der Wahrheit vom Vater des Lichts über den Sohn auf den Heiligen Geist; durch die Zeugen der Offenbarung wird sie im Glauben unter den Menschen ausgebreitet, wodurch diese zur Gemeinschaft mit Christus gelangen (Boving). Von der Natur her steigt der menschliche Geist diesem Geheimnis entgegen auf den Stufen der Gerechtigkeit, der Erkenntnis und der Kunst. In der Verschränkung von Natur und Übernatur, die dem göttlichen Ratschluß zufolge in der Erlösung zur Wirklichkeit wird, entrollt sich der Sinn des Gemäldes. Es faßt zusammen, was sonst in der Segnatura von den Wänden strahlt, und öffnet unserem Auge das Bild des christlichen Kosmos.

Nun bleiben noch die vier reichgerahmten Felder zu betrachten, die von den Saalecken her gegen die Mitte der Decke aufsteigen und sich mit ihrem oberen Rand zwischen die Medaillons einschieben. Zwischen der Philosophie und der Poesie schwebt ein Mädchen, das sich über die Kugelgestalt des Universums beugt: das ›primum mobile‹, welches den Umlauf der Gestirne in Gang setzt. Weisheit und Gerechtigkeit rahmen das Urteil Salomos ein. Zwischen der Theologie und der Poesie erhält Apoll, der Gott der Reinheit der Künste, seine Lorbeerkrone, während der Satyr Marsyas schon an seinem Pfahle hängt, um für die Profanierung der Kunst bestraft zu werden. Zwischen der Theologie und der Gerechtigkeit endlich erscheint das erste Menschenpaar, Adam und Eva – noch im Glanze der paradiesischen Schöpfung, doch schon verführt zum Aufstand gegen Gott. Während alles bisher Betrachtete dem inneren Verlauf der Schöpfung zugehörig ist, scheinen diese vier Felder insonderheit auf das Papsttum bezogen. Durch die ›felix culpa‹, die glückliche Schuld Adam und Evas, hat das Erlösungswerk seinen Anfang genommen, um sich fortzusetzen im ›mystischen Leibe Christi‹ – der Kirche, zu deren Regentschaft die Nachfolger des heiligen Petrus berufen sind. Gleich Salomo haben sie das im Getriebe der Zeit versteckte Gute zu erkennen und durch ihren Spruch ans Licht zu bringen. In allem Menschenwerk, das in den Künsten seinen Gipfel erreicht, sollen sie das Reine fördern und dem Mißbrauch entgegentreten. Und bei ihrem ganzen Wirken in der Welt soll ihnen stets vor Augen stehen, daß die Zeit einmal in Bewegung gebracht wurde und somit auch ein Ende finden wird.

Nimmt man diese vier Felder zum Ganzen hinzu, so ergibt sich für das Papsttum seine natürliche Aufgabe: es hat zu handeln gemäß der Idee, daß Gott das höchste Wahre, Gute und Schöne ist. Der Papst ist aufgerufen, die Schönheit auf der Welt durch die Pflege der Künste zu hegen, das Gute durch den Schutz der Tugenden dem Menschen begehrenswert zu machen und durch das Zusammenführen von natürlicher Erkenntnis und göttlicher Offenbarung die Wahrheit zum Leuchten zu bringen. So gesehen, ist das Programm der Stanzen mehr als eine Ballung von Herrlichkeiten, mehr als eine tiefsinnige Spekulation – es ist die Herausforderung der göttlichen Weltordnung an die Persönlichkeit Julius II., und er hat sie selbst gewollt. Sein Arbeitszimmer sollte dem Auge keine Fläche zur Ruhe bieten. Wohin er immer in diesem Raum auch blickte, wollte der Papst beunruhigt sein von der Frage, die von überallher, von den Philosophen, den Dichtern, den Tugenden, den Kirchenvätern und vom Himmel unaufhörlich an ihn erging: genügst du deinem Amt?

DIE STANZA D'ELIODORO

Welcher Art die Auffassung war, die der mächtige Mann von seinem Amte hegte, erfahren wir in dem anschließenden Raum, dem dritten der Stanzen. Gleich beim Eintritt fällt unser Blick auf das Fresko der gegenüberliegenden Querwand, nach dem das Zimmer benannt wird: *Die Vertreibung des Heliodor.* In der weitgewölbten Halle eines Kirchenbaues, der den Barock vorausnimmt, schildert Raffael die Szene, in der Heliodor, Schatzmeister des syrischen Königs Seleukos

RAFFAEL

Die Messe von Bolsena
1512–14
Fresko in der Stanza des Heliodor

Philopator, beim Raub des Tempelschatzes von Jerusalem durch einen himmlischen Reiter und dessen zwei Gefährten überrascht und zu Boden geschlagen wird. An den Rand des Geschehens gedrängt sind zwei wildbewegte Gruppen von Zuschauern, darunter herrliche Gestalten raffaelischer Weiblichkeit. Das Zentrum des Bildes ist leer – quer durch den Raum ging der Flugweg der drei himmlischen Kämpfer. Inmitten des Tumults sendet im Hintergrund ein zitternder Hoherpriester sein Dankgebet zum Herrn der Heerscharen. In souveräner Ruhe aber wird am linken Bildrand dessen Stellvertreter hereingetragen: Papst Julius II. Er sitzt auf seinem Tragsessel und betrachtet mit der Befriedigung des alten Feldherrn das Strafgericht an dem Feind der Kirche.

An der Wand links des Eingangs werden wir Zeugen der *Befreiung Petri* aus dem Kerker von Jerusalem. In der Mitte über dem Fenster schläft der Apostel inmitten zweier Gepanzerter, die sich auf ihre Lanzen stützen und die Ketten seiner Fesseln in Händen halten. Vom Lichtkreis umstrahlt, beugt sich der Engel nieder, den Greis zu wecken und ihn rechts, an niedergesunkenen Wächtern vorbei, in die Freiheit zu führen. Das linke Feld füllen vier Soldaten in schwarzem Panzer, ein taumelnder, der geblendet den Arm vor das Visier hält, ein furchtsamer, der sich im Gewände verkriecht, ein aufgebrachter, die Fackel in der Hand, und ein staunender, der ungläubig zu jenem emporblickt. Am dunklen Himmel ziehen Wolken vor einem blassen Mond. Für Julius II. ist das Petrusamt der einzig sichere Faktor der Weltgeschichte. Wie düster auch die Nacht, wie tief die Ohnmacht, in die die Feinde der Kirche den Apostel stoßen – das Recht ist auf seiner Seite, und der Himmel verhilft ihm zum Sieg.

An der Fensterwand gegenüber begegnet uns Julius II. wieder in Person, in der *Messe von Bolsena*. Hier hat Raffael den Höhepunkt seiner Kunst erreicht. Das Fenster liegt asymmetrisch in der Wand. Raffael benützt es als Unterbau für einen durch Stufen erhobenen Altar. Um diesen in die Mitte zu rücken, ergänzt er den Sockel an der rechten Fensterseite. Auf der so gewonnenen Plattform steht links des Altares ein Priester, der soeben die Konsekrationsworte spricht, rechts aber kniet, die Arme auf ein Prunkkissen gestützt, der Papst. Die Chronik erzählt, ein deutscher Priester habe seine geheimen Zweifel an der leiblichen Gegenwart Christi in der verwandelten Hostie durch eine Pilgerfahrt nach Rom sühnen wollen. Als er – im Jahre 1263 – in der Kirche S. Christina zu Bolsena das Meßopfer feierte, sei bei den Wandlungsworten aus der Hostie Blut geflossen und habe das Kelchtuch rot gefärbt. Julius II. wünschte dies in den Stanzen dargestellt zu sehen, im Andenken an seinen Oheim Sixtus IV., von dem er die Verehrung für das Altarssakrament übernommen hatte. Raffael verwirklichte den Auftrag Wort für Wort – aber er malte noch mehr: das Wunder geschieht nicht zur Bekehrung des zweifelnden Priesters, sondern für den Papst. In aufrechter Haltung kniet Julius und sieht gebannt auf das übernatürliche Geschehen. Unter dem struppigen Bart schiebt er die Unterlippe leicht vor. Tief unter den Brauen ist sein Auge weit geöffnet. Keine Bewegung verrät die gedrungene Gestalt. Ehrfurcht vor Gott und Sicherheit vor den Menschen bestimmen ihren Umriß. Nicht dem Priester, ihm, dem Papst, gilt das Zeichen. Einig ist der Himmel mit seinem geistlichen Kaiser.

Alttestamentarische Vorbilder fügt diesem Geschehen die von Peruzzi entworfene und von Schülerhand

gemalte *Decke* an. Über der Befreiung Petri träumt
Jakob von der Himmelsleiter. Über dem Heliodor er-
blickt Moses den Gott Israels im brennenden Dornbusch. Im Feld, das der Bolsena-Messe zugekehrt ist,
verhindert ein Engel das Opfer Abrahams – und über
der vierten Wand kündigt Gottvater dem Noah die
Sintflut an. Eine Sintflut ist es tatsächlich, die auf dem
Wandbild darunter hereinzubrechen droht: Attila
und seine Scharen. Als der Hunnenkönig in Italien
einfiel, stand zwischen Rom und ihm kein Heer. Waf-
fenlos machte sich Papst Leo I. auf, ihm zu begegnen,
im Vertrauen auf Gottes Hilfe und die Macht seines
Wortes. In der Nähe von Mantua trafen sie zusammen. Der Dramatik halber legt Raffael die Begegnung
vor die Tore der Stadt Rom, in die kahle Landschaft
der Campagna, in deren Hintergrund das Kolosseum
auftaucht und ein großer Aquädukt. Auf sanftem Zel-
ter reitet der Papst dem Barbaren entgegen – dieser
aber sieht plötzlich die Apostelfürsten vom Himmel
herabeilen, große Schwerter in den Händen. Von
Furcht erfüllt, kehrt er um und läßt Rom unberührt.

Von Julius II. ist hier keine Spur. Noch vor der Vollendung des Freskos war er gestorben. Raffael hatte den
Kopf des Papstes schon gemalt und sah sich nun ge-
nötigt, ihn durch das Porträt des Nachfolgers zu er-
setzen: Leo X. Der freundliche Medici-Papst war aber
auch als Kardinal schon auf dem Bilde verewigt –
ganz links außen reitet er unter dem roten Hut. Dies
änderte Raffael nicht mehr, wie wir denn überhaupt
spüren, daß seine Kraft an dem ganzen Bild ein wenig
lahmte: eine neue Zeit war angebrochen, den Herkules auf dem Heiligen Stuhle hatte ein Mensch ersetzt.

DIE STANZA DELL'INCENDIO

Wir erkennen den Unterschied deutlich, wenn wir uns jetzt zurückwenden in die erste der Stanzen, durch die wir auf dem Weg zur Segnatura achtlos hindurchschritten. Hier hat Raffael nur noch entworfen – gemalt haben seine Schüler. Es geht nicht mehr um den Ausdruck großer Ideen, sondern um die Verherrlichung glänzender Eigenschaften des Pontifex. Leo x. schlüpft in die Gestalten zweier Namensvorgänger, die die Helden der Szenen sind.

Auf der Wand gegenüber dem großen Fenster brennt der Borgo, die vatikanische Unterstadt. Nach Raffaels Karton füllt Giulio Romano den Vordergrund mit verzweifelten Weibern und schreienden Kindern, während man rechts löscht und links rettet. Die Amphora auf dem Kopf, trägt eine prachtvolle junge Frau Wasser herzu, dem frommen Äneas gleich, schleppt ein nackter junger Mann den greisen Vater aus den Flammen. Weit im Hintergrund aber erscheint auf der Benediktionsloggia Leo iv. und schlägt über die Unglücksstätte ein großes Kreuz. Und sogleich wird – so versichert man uns – das Feuer in sich zusammensinken. Auch hier geht es um die sichtbare Übereinstimmung des Himmels mit dem Pontifex, aber gemessen an dem Bolsena-Fresko bleibt sie Legende – unvermögend zur lebensvollen Gegenwart. Links von der Papstloggia ist übrigens ein Teilstück der alten Peterskirchen-Fassade zu sehen, die in jenen Tagen erst in ihren rückwärtigen Teilen abgerissen war.

An der Querwand links des *Borgo-Brandes* findet die *Schlacht von Ostia* statt, in der Leo iv. gegen die Sarazenen siegte – womit glorifiziert werden sollte, was Leo x. gegen die algerischen Seeräuber unternahm. In der Lünette über dem Fenster rechtfertigt sich ein pausbäckiger Leo iii. durch freiwilligen Eid vor den Beschuldigungen, die sein Klerus anläßlich der Kaiserkrönung Karls des Großen gegen ihn erhoben hatte. Diese wird vollzogen im letzten Bild, wobei als der Kaiser König Franz i. von Frankreich erscheint – ein Kompliment, das auch heute noch wirksam wäre.

Viermal haben wir in diesem Raum Papst Leo x. ange-
troffen und doch über seinen Charakter kaum etwas erfahren. Allzusehr bleibt Dekor, ist nur Huldigung, was uns
den Papst hier nahebringen sollte. Doch hat der lebensfreu-
dige Medici-Papst im Vatikan seine eigene, höchst reizvolle
Spur hinterlassen – auch sie im Zusammenhang mit Raffael:
die Loggien. Um sie aufzusuchen, durchmessen wir noch
einmal die ›Segnatura‹ und die ›Stanza d'Eliodoro‹, gelangen in den ›Konstantins-Saal‹, der uns auf dem Rückweg
noch beschäftigen wird, und finden in seiner Stirnwand eine
kleine Pforte. Sie entläßt uns in einen Arkadengang, der
Raffael und Leo x. von ganz anderer Seite zeigt.

LEO X. UND RAFFAELS LOGGIEN

Mit sechzehn Jahren empfing Leo x. – er war soeben
zum Kardinal erhoben worden – einen Brief seines Vaters Lorenzo de' Medici, des Herrn von Florenz. Unter vielen zeitlos gültigen Ratschlägen für das Verhalten an der römischen Kurie findet sich darin die gewichtige Empfehlung: »Stehe des Morgens so früh wie
möglich auf. Dies wird nicht allein zu deiner Gesundheit beitragen, sondern dich auch in den Stand setzen,
die Geschäfte des Tages mit mehr Ordnung und Schnelligkeit zu verrichten.« Fast alles, was der Brief enthält, nahm sich der folgsame Sohn zu Herzen – das
frühe Aufstehen ausgenommen. Als er Papst geworden war, machte er kein Hehl mehr daraus und blieb
des Morgens behaglich im Bett. Der Tageslauf im Vatikan begann dadurch ziemlich spät, und die Audienzen, die Leo reichlich und mit Vergnügen gewährte,
zogen sich häufig bis zum Abend hin. Zudem haßte es
der Papst, der für das diplomatische Aushorchen seiner
Partner berühmt war, im Gespräch von einem Zeit-
plan abzuhängen. So kam es zu langen Wartezeiten,

Erstes Stockwerk der Loggien

auch für prominente Besucher. Sie zu verkürzen, dachte sich der wohlmeinende Leo etwas Reizendes aus: er verwandelte den langen Gang an der Stadtseite der Stanzen gleichzeitig in eine Bilderbibel und in einen Lustgarten der Phantasie. Raffael wurde mit den Arbeiten beauftragt und schuf, unter Mithilfe seiner talentiertesten Schüler, *die Loggien.*

Sie bilden das Mittelgeschoß jenes dreistöckigen Arkadensystems, das vor die Stadtfront des Papstpalastes zu legen Bramante begonnen hatte. Er war über dem Bau gestorben, und Raffael vollendete zunächst die Architektur. Ein Blick aus dem Fenster gibt uns einen Begriff von ihrer Konstruktion – denn die Arkaden, in deren zweites Geschoß wir eingetreten sind, wurden später im Geviert weitergebaut und bilden heute den *Damasus-Hof,* das zeremoniale Entrée für offizielle Gäste im Vatikan. Zu Raffaels Zeit waren die Bogen noch nicht mit Fensterscheiben versehen – diese wurden erst 1813 eingesetzt, als ein neapolitanischer Minister die vatikanischen Prälaten darauf aufmerksam machte, daß eines ihrer herrlichsten Kunstwerke von der Witterung schon halb zerstört worden war.

In das untere Stockwerk der Loggien konnte am Anfang des 16. Jahrhunderts jedermann gelangen, der überhaupt im Palast Einlaß gefunden hatte. »Selbst zu Pferde«, so schreibt der Venezianer Michiel, »begibt man sich dorthin, obwohl diese Loggia im ersten Stockwerk liegt. Ganz anders verhält es sich mit der darüber liegenden.« Hierher ließ der Papst »eine Anzahl von antiken Statuen bringen, welche früher in Privaträumen aufbewahrt waren und zum Teil von ihm, zum Teil von Julius II. gekauft wurden; dieselben sind in den Nischen aufgestellt zwischen den Fenstern, welche den Säulen der Halle gegenüberliegen, unmittelbar

DIE ARCHITEKTUR 377

neben den Gemächern des Papstes und dem Saal des
Konsistoriums«. Die Wandelhalle diente also gleichzeitig als Privatmuseum und als feudaler Warteraum.
Leo x. kannte die sanfte Einwirkung des Milieus auf
den untätigen Menschen. Also wünschte er, seinen be-
vorzugten Gästen in dieser Halle den Geist seines Pontifikats formvollendet vor Augen zu stellen.

Raffaels Loggiengang zerfällt in dreizehn Kapellen,
von Flachkuppeln überwölbt, deren siebente – die
Mitte des Ganzen – das reiche Wappen der Medici
trägt. Auch die Kronornamente der übrigen Kuppeln
sind aus der Medici-Symbolik genommen: das von
Genien gehaltene Joch und der Diamantring mit den
drei Straußenfedern. Letzterer verkörpert die medicei-
sche Devise: ›semper adamas in poenis – auch in Schick-
salsschlägen unbezwungen‹. Das Wort ›adamas‹ heißt
zugleich ›der Diamant‹ – daher der Ring mit dem
pyramidal geschliffenen Stein. Und ›poenis‹ ist im ita-
lienisch ausgesprochenen Latein klang-identisch mit
›pennis‹ – daher die Straußenfedern. Kaum ein Emblem zeigt wie dieses, welch quecksilbrige Spielfreude
den Geist des Papstes erfüllte.

Leo x. war ein glücklicher Mensch. Er sah eine gültige
Form der Frömmigkeit darin, seine Dankbarkeit gegenüber dem Schöpfer durch den Genuß aller Freuden
zu bekunden, die das Leben ihm bot. Dabei war seine
Vorgeschichte bewegt genug. Mit dreizehn Jahren hatte
ihm sein Vater, der ihn unter seinen Söhnen für den
klügsten hielt, vom Heiligen Stuhl das Kardinalat er-
wirkt. Der alternde Innozenz viii. hatte zögernd ein-
gewilligt und ausdrücklich verlangt, der Knabe dürfe –
um kein ›scandalum‹ zu erregen! – den Purpur erst
mit sechzehn Jahren anlegen. Kaum war dieses Alter

erreicht, starb ihm der Vater Lorenzo. Im gleichen Jahr wurde Alexander VI., den er nicht mochte, zum Papst gewählt, was den jungen Kardinal Giovanni Medici veranlaßte, alsbald nach Florenz zurückzukehren. Dort rief man zwei Jahre später – 1494 – auf Savonarolas Veranlassung die Republik aus, vertrieb die Medici, bot für den lebenden Kardinal 5000 Florin und immerhin noch 2000 für den toten. Der junge Mann aber entkam und inszenierte aus dem Exil zusammen mit seinem Bruder Piero drei Versuche, seine Familie in Florenz wieder zur Herrschaft zu bringen. Nach dem Scheitern des letzten ging er, eingedenk der Ratschläge seines Lehrers Marsilio Ficino, auf eine ausgedehnte Reise nach Deutschland, Frankreich und den Niederlanden. Im Jahre 1500 kehrte er zurück, fand unter veränderten politischen Verhältnissen Alexanders Nähe nicht mehr unerträglich und zog in seinen luxuriösen Palast nach Rom, wo er bald zum beliebtesten der Kardinäle wurde. Jedermann gefällig, hatte er für hoch und nieder ein herzliches Wort und strahlte eine solche Liebenswürdigkeit aus, daß man sein plumpes Aussehen gänzlich vergaß. Obwohl er zeitweise gar kein Geld hatte und Humanisten, Dichter und Musiker sein Haus füllten, fuhr er unbeirrt fort, Kunstwerke und Bücher zu kaufen – wobei er einen erlesenen Geschmack bewies. Seine am meisten gerühmte Tugend war Freigebigkeit. Dabei führte er persönlich – mirabile dictu – ein bescheidenes und tadelloses Leben. So bedurfte es nach dem stürmischen Pontifikat Julius II. weder des Stimmenkaufes noch der Wahlversprechen, um den Achtunddreißigjährigen auf den Heiligen Stuhl zu bringen. An Begeisterung darüber wurden die Römer nur noch von den Humanisten übertroffen, die ihr Goldenes Zeitalter anbrechen sahen.

Der neue Papst verwandelte die Stadt Rom in eine Hochburg geistiger und künstlerischer Eleganz. Julius II. hatte ihm einen gefüllten Kirchenschatz hinterlassen, die Medici waren nach Florenz zurückgekehrt und hatten ihre Reichtümer wieder – und somit fand Leo X. alle Voraussetzungen vor, auf dem Heiligen Stuhl ein Mäzen ohnegleichen zu sein. Wer in Wissenschaft und Kunst Bedeutsames leistete, wurde in Rom mit offenen Armen empfangen. Daß es dem Papst dabei um Wesentlicheres ging als um die Verherrlichung seines Pontifikats, geht aus einem Brief hervor, worin er den Humanisten Filippo Beroaldo mit der Revision der wiederaufgefundenen Annalen des Tacitus beauftragt: »Ich war von meiner frühesten Jugend auf überzeugt«, so schreibt Leo X., »daß es nächst der Kenntnis und wahren Verehrung des Schöpfers selbst für den Menschen keinen schöneren und wichtigeren Gegenstand seiner Nachforschungen gebe als diejenigen Kenntnisse,

Blick in den Damasus-Hof

die nicht allein eine Zierde und Richtschnur des menschlichen Lebens, sondern auch jedem Stande der Gesellschaft brauchbar und in jeder Lage zu wissen nützlich sind, die im Unglück uns trösten, im Glück uns erfreuen und ehren, und ohne welche der Mensch allen Lebensgenusses und aller geselligen Bildung beraubt sein würde. Die Sicherheit und Verbreitung dieser Studien scheint mir vorzüglich zweierlei vorauszusetzen: einmal eine hinreichende Anzahl gelehrter Männer und dann einen reichen Vorrat schätzbarer Bücher. In Hinsicht auf die ersteren hoffe ich, unter Gottes Segen, immer deutlicher zu beweisen, daß es mein ernster Vorsatz ist, sie nach Verdienst zu ehren und zu belohnen, wie ich denn längst schon mir hieraus ein Geschäft und Vergnügen gemacht habe. In Hinsicht auf die Herbeischaffung von Büchern aber danke ich der Vorsehung, daß sie mir jetzt auch hierin eine Gelegenheit herbeigeführt hat, der Menschheit nützlich zu sein.«

Nicht weniger als die Wissenschaften ehrte Leo die Künste. Unter ihnen stand für ihn an erster Stelle die Musik. In sein Wohnzimmer hatte er ein Clavichord bringen lassen, auf dem er seine musikalischen Einfälle darzustellen pflegte, da er sich als Papst das Vergnügen versagen mußte, selber zu komponieren. Kein Gastmahl im Vatikan verging ohne anschließendes Konzert. »Bei besonders guten Leistungen war der Papst ganz hingerissen; gesenkten Hauptes und mit geschlossenen Augen saß er da, ganz aufgelöst im Genuß der süßen Töne, die er nicht selten mit leiser Stimme begleitete.« (Pastor) Auch die Kunst der Improvisation schätzte Leo über die Maßen. Ein Dichter namens Marone zum Beispiel begleitete sich auf der Laute oder der Viola, während seinem Mund mit nie versiegender Kraft Vers auf Vers entströmte, und erreichte durch solche Melodramen, daß der begeisterte Papst ihm eine respektable Pfründe im Erzbistum Capua verlieh.

Von unstillbarem Wissensdurst, versuchte Leo x. immerfort, seine Bildung zu erweitern. Die Tischgespräche im Vatikan nahmen zuweilen den Charakter großer philosophischer Disputationen an. War der Papst durch Audienzen und Amtsgeschäfte ermüdet, dann fand er Gefallen an Schauspiel, Komödien und an vielerlei Späßen, die auch derb sein konnten, sofern sie nur harmlos blieben. So bot der päpstliche Hof ein skurriles Bild: zwischen gelehrten Humanisten und gefeierten Künstlern tummelte sich die Schar der Possenreißer, Gaukler, Genießer und Narren – und alle wurden beschenkt. Leo nahm das Leben als ein Füllhorn, dessen Reichtum er zur eigenen Freude über Stadt und Menschen ausschüttete. Manchmal, wenn der Bittsteller allzuviele waren, konnte man ihn – beinahe entschuldigend – sagen hören, er müsse erst darüber nachdenken, wie er ihnen allen entsprechen könne.

Diese mäzenatische Explosion war durch Leos Familientradition als Mediceer vorbereitet, durch seine Bildung als Humanist, durch sein epikureisches Temperament und – durch seine Frömmigkeit. Was auf der Welt an Herrlichkeit zu finden war, bedeutete ihm eine persönliche Verpflichtung, Gott durch die Schaffung neuer Schönheit zu danken. Die Antike war ihm nicht nur die höchste denkbare Entfaltung menschlichen Wesens, sondern auch der Gipfel, den die Menschheit erklommen hatte, um dem Herabbeugen Gottes in der Offenbarung am nächsten zu sein. Hieraus entwickelte er den Grundgedanken der Loggien: die im Sinne der Antike auf heitere Weise gereifte Welt sollte zum Milieu werden für die Geschichte des Heiles.

Raffael ist diesem Gedanken getreu gefolgt. In den Malereien gibt er den biblischen Bericht vom ersten Schöpfungstag bis zum Auftreten Christi. In den Dekorationen hingegen greift er auf Motive zurück, die aus der alten römischen ›Stadt des Glückes‹ stammen, dem ›Goldenen Haus‹ des Kaisers Nero. Über die Zone der Kuppeln zieht die Bilderzählung des Alten Testamentes, die Architektur aber ist bedeckt von der bunten und phantastischen Zierat-Welt, deren Urformen in den cäsarischen Höhlen auf dem Esquilin zu sehen waren. In beiden Bereichen hat Raffael kaum selbst

Hand angelegt – es ist nicht einmal sicher, welche der Entwürfe von ihm sind. Dennoch ist das Ganze sein Werk. Denn nur ein Genie von solch einfühlender Unbefangenheit konnte bewirken, daß den Schülerhänden die Verschmelzung beider Elemente makellos gelang.

Folgen wir zunächst dem Bilderreigen in den Flachkuppeln der Arkaden. Er beginnt am südlichen Ende des Ganges, über der Büste Raffaels. Noch bevor wir das Auge zur Decke richten, entdecken wir hier ein

DIE FRESKEN RAFFAELS

aufschlußreiches Detail: wo die Längswände auf die Abschlußwand treffen, fallen von oben nach unten zwei schmale Girlanden, die jahrhundertelang durch Mauerwerk verdeckt und somit vor der Witterung geschützt waren. Sie allein zeigen, welch leuchtende Kraft die Farben ursprünglich hatten.

In der ersten Arkade scheidet Gott das Licht von der Finsternis, erschafft den Himmel, während Wasser und Land sich teilen, bildet die Gestirne und bevölkert das Paradies mit Geschöpfen. In der zweiten tritt Eva ans Licht, verursacht sogleich den Sündenfall, wird mit Adam aus dem Paradies vertrieben und beginnt im Kreise der ersten Familie das irdische Leben. Dieses erfährt in der dritten Arkade durch die Sintflut seine Vernichtung und zugleich seinen Neubeginn durch Noah, der mit Menschen und Tieren der Arche entsteigt und ein Dankopfer darbringt. Zusammen mit dem hohepriesterlichen König Melchisedek begegnet uns in der vierten der Patriarch Abraham, dem Gott seine Engel schickt und das auserwählte Volk verheißt, während auf die Sünder Sodoms der Feuerregen fällt. Die Geschichte von Isaak und Rebekka, Esau und Jakob füllt die Bilder der fünften Flachkuppel, in der sechsten schließt sich das Schicksal Jakobs an, dem im Traume die Himmelsleiter erscheint. Die siebente Arkade ist Joseph vorbehalten, der von seinen Brüdern verkauft wird, der Frau des Potiphar widersteht und Pharaos Träume deutet. In den beiden folgenden begegnet uns Moses — zuerst im Binsenkörbchen auf den Wellen des Nils, dann vor dem brennenden Dornbusch, später beim Durchzug durch das Rote Meer und schließlich vor dem Felsen, aus dem er Wasser schlägt. Sodann empfängt er auf dem Sinai die Gesetzestafeln, blickt entsetzt auf das Goldene Kalb, vernimmt Gottes

Stimme aus der Wolkensäule und diktiert Israel das
Gesetz des Herrn. Seines Nachfolgers Josua Taten
zeigt die zehnte Arkade, in der die Bundeslade durch
das Wasser des Jordan zieht, die Mauern Jerichos vor
dem Posaunenschall fallen, der Lauf der Sonne ange-
halten und das Gelobte Land unter die zwölf Stämme Israels verteilt wird. Die elfte Arkade erzählt uns
von David, der den Goliath tötet, zum König gesalbt
wird, seinen Triumph erlebt und endlich sündigt. Sein
Nachfolger Salomo spricht in der zwölften Flachkuppel das berühmte Urteil, empfängt die Königin von
Saba und baut den Tempel von Jerusalem. Die letzte
Arkade endlich zeigt die Geburt des Herrn, die Anbetung der Weisen, die Taufe im Jordan und das Letzte
Abendmahl.

Im ganzen sind es zweiundfünfzig Bilder, die in
knappster Sprache, oft nur mit wenig Personen, den
Weg erzählen, den das Heilsgeschehen nahm, um sich
im Erscheinen des Erlösers endlich zu erfüllen. Rings
um die Bilder fügt sich ein kompliziertes System gemalter Umrahmungen: bunte Teppiche, perspektivisch
gegen den blauen Himmel aufstrebende Architektur,
Grotesken und nachgeahmte Mosaiken, ein Netzge-
flecht mit vielen Engeln, von Arkade zu Arkade wechselnd und wiederkehrend – dies bildet den Übergang
zu der Phantasiewelt der Pfeiler und Gewölbebogen,
auf deren Flächen sich das Altertum zu beschwingtem
Triumph versammelt. Hier tauchen zwischen Frucht-
girlanden winzige Darstellungen klassischer Kunstwerke auf, Campagna-Landschaften weisen antike Bau-
werke vor, Götter und Göttinnen, Heroen und Nym-
phen, Tänzerinnen und Tritonen ziehen darüber hin,
umschwirrt von schwerelosen Amoretten – das Auge
findet kein Ende. Eingeflochten in diese phantastischen

Raffaels Loggien

Kompositionen sind aller Orten Hinweise auf zwei Leidenschaften Leos x.: die Jagd, vertreten durch schweifendes Wild, und die Musik, dargestellt durch alle Instrumente, deren zarte Klänge den Vatikan damals bis tief in die Nacht erfüllten. Abgeschlossen werden die Loggien in der dreizehnten Arkade durch eine herrlich geschnitzte Tür, deren Griffe noch einmal den symbolischen Diamantring und deren Flächen die Wappen-Kugeln der Medici zeigen.

So ist hier alles versammelt, was die glorreichsten Tage der römischen Renaissance verschönte. Es war eine kurze Illusion, schon im Entstehen erschüttert durch die grollenden Beben der Reformation. Dennoch schien für einen Augenblick Wirklichkeit, was der Papst in seinem Briefe angedeutet hatte: die Verehrung des Schöpfers, der den Heilsweg wies, in Harmonie gebracht mit der Freude an den Gütern, die der Mensch in seiner besten Zeit der Schöpfung hatte hinzufügen können. Aus beidem entstand das Bild einer idealen Welt, in der die Schönheit, durch die Kraft der Erlösung geheiligt, um so reiner zu strahlen vermochte. Aus den beiden Grundkräften des Papsttums – Offenbarung und Menschheit – erwuchs in den Loggien ein Werk, das noch immer erweist, woran Raffael und Leo x. einst gemeinsam glaubten: das irdische Glück als Möglichkeit des Christentums. Seit jenen Tagen hat der Vatikan – selbst wenn er es heute nicht mehr schätzt – sein christliches Arkadien.

›SACCO DI ROMA‹

Bevor wir uns zurückwenden, bedarf es neuerdings eines Blickes aus dem Fenster. Da liegt, jenseits der Kolonnaden, inmitten des Panoramas der Stadt, als schwe-

›SACCO DI ROMA‹

re runde Masse das ›Castel S. Angelo‹ – die Engelsburg. Von den Außenmauern des Vatikans bis hinüber zu der uneinnehmbaren Festung schlängelt sich
ein wehrhafter Gang, den Alexander VI. erbaute: der
Fluchtweg der Päpste in höchster Gefahr. Nur acht
Jahre nach der Vollendung der Loggien – 1527 – rettete dieser Gang dem Mediceer-Papst Clemens VII. das
Leben.

Acht Jahre hatten genügt, das sonnenhafte Rom
der Renaissance seinem Untergange zuzuführen. Er
brach herein am 6. Mai 1527, beim ›Sacco di Roma‹.
An diesem Tag begann ein riesiges Heer spanischer,
niederländischer und italienischer Truppen mit einem
Kern deutscher Landsknechte den Sturm auf die Stadt
Rom. Es war eine Strafaktion, vollzogen im Namen
Kaiser Karls V., gerichtet gegen die damalige päpstliche
Politik. Getroffen und vernichtet wurde aber nicht der
Papst, sondern das Rom der Renaissance. Anführer
des stürmenden Heeres war der Connétable de Bourbon, ursprünglich ein Großvasall des Königs von Frankreich, der nach einem Zerwürfnis mit seinem Souverän
in die Dienste des Kaisers getreten war. Schon wenige
Stunden nach Beginn des Sturmes und noch vor dem
ersten Einbruch in die Mauern traf ihn die tödliche
Kugel – Benvenuto Cellini brüstet sich später, der
Schütze gewesen zu sein. Nun war das Heer führerlos.
Da die Nahrungsmittel zur Neige gingen, bemächtigte
sich der Angreifer die Zwangsvorstellung, sie müßten
verhungern, wenn es nicht gelänge, Rom zu erobern.
In der Stadt waren nur viertausend waffenfähige Männer, vor den Mauern standen zwanzigtausend Stürmende. Alle Teile des Mauergürtels gleichmäßig zu
sichern war unmöglich – und so ergoß sich durch eine
schwache Stelle das Verderben in die Stadt.

Der Papst war zunächst nach St. Peter geflohen. Er verließ das Apostelgrab erst, nachdem die Landsknechte die Türen der Basilika aufgebrochen hatten. Als er den rettenden Gang zur Engelsburg entlanghastete, stand dieser schon unter dem Feuer der Scharfschützen. Um den Papst für sie unkenntlich zu machen, warf ihm sein Sekretär den roten Prälatenmantel über die weiße Soutane – und so erreichten beide im letzten Augenblick das schützende Kastell. Sieben Monate sollte Clemens VII. darin zubringen.

In der Engelsburg fand der Papst die Mehrzahl der Kardinäle, Hunderte von Hofbeamten und Mitgliedern der Kurie, dazu Schutzsuchende aus dem Borgo, im ganzen fast dreitausend Personen. Für so viele Menschen war das alte Hadrians-Grab weder eingerichtet noch versorgt. Bald litten die Leute Hunger und krümmten sich bettelnd vor dem Papst, der ruhelos durch Gänge und Gemächer irrte und immer wieder in die Klagerufe des Dulders Hiob ausbrach.

Währenddessen ging die Stadt in Feuer auf. Hospitäler, Waisenhäuser, Klöster und Kirchen wurden gestürmt. Wer sich darin verbarg, mußte sich loskaufen, um am Leben zu bleiben. Um Mütter zur Herausgabe ihres Schmuckes zu zwingen, warf man ihre Kinder aus den Fenstern. Wer vorgab, kein Geld zu haben, wurde gefoltert und, wenn auch das nichts nützte, niedergemacht. »Einige Kardinäle«, so erzählt schaudernd der Augenzeuge Guicciardini, »wurden mit den Gewändern und Zeichen ihrer Würde bekleidet, aber, das Gesicht rückwärts gewendet, auf elende Gäule gesetzt und unter Beschimpfungen durch die Straßen geführt. Mehrere von ihnen, die nicht imstande waren, das verlangte Lösegeld aufzubringen, wurden so arg gefoltert, daß sie auf der Stelle starben.«

›SACCO DI ROMA‹

Die deutschen Landsknechte waren der Überzeugung, Papst und Kardinäle seien eine Diebessippschaft, die ihren Besitz aus den Ländern der Christenheit zusammengestohlen habe. Dementsprechend verhielten sie sich im Vatikan. Kunstwerke, Bücher und Archive wurden vernichtet, unschätzbare Manuskripte zum Entfachen von Lagerfeuern verwendet. Mancher Gelehrte gab sich nach dem Vorbild der Alten selbst den Tod, andere überstanden die Folter nur wenige Tage. Raffaels Stanzen wurden in Ställe verwandelt, seine Kunstschule, deren schönstes Werk die Loggien waren, endete mit diesem Tag. In der Übertriebenheit, zu der der deutsche Charakter so leicht aufzustacheln ist, erklärten die Landsknechte einen der Ihren als Personifikation Luthers und riefen ihn zum Papst aus. Über den grauenhaften Vorgang spricht Erasmus von Rotterdam erschüttert das Urteil: »Rom war nicht allein die Burg der christlichen Religion, die Ernährerin der edlen Geister und das ruhigste Asyl der Musen, sondern auch die Mutter aller Völker. Ja, wie vielen war Rom nicht teurer, süßer, segensreicher als ihr eigenes Vaterland? In Wahrheit, dies war der Untergang, nicht der Stadt, sondern der Welt.«

SALA DI CONSTANTINO

Das Bild des unglücklichen Clemens VII., der diese Katastrophe heraufbeschworen hatte, begegnet uns absurderweise im Zusammenhang mit dem größten Triumph der Kirche – in dem Saal, aus dem wir in die Loggien heraustraten, der *Sala di Costantino*. Dieser größte Raum der Stanzen hat die Herrschaft Konstantins des Großen zum Thema, durch dessen Sieg an der Milvischen Brücke die Verfolgungszeit des Christentums be-

SALA DI COSTANTINO

endet wurde. Leo X. hatte diesen Gegenstand noch gewählt, Raffael den Entwurf für das grandiose Schlach-
tenbild noch erstellt – dann waren beide gestorben:
1520 der Meister, ein Jahr später der Papst. Die Ausführung übernahmen *Giulio Romano,* Raffaels größter
Schüler, und *Francesco Penni,* ein jeder an zwei Wänden: Giulio Romano malte die Kreuzesvision des Kaisers Konstantin an der Stirnwand und den Sieg über
Maxentius an der fensterlosen Längswand, Penni die
Taufe Konstantins an der verbleibenden Querwand
und die Konstantinische Schenkung zwischen den Fenstern. Auf den beiden letzteren Bildern trägt Papst
Sylvester I. die Züge Clemens VII. Noch ist er bartlos –
die Fresken sind vor dem ›Sacco di Roma‹ fertiggestellt; denn von seinem Aufenthalt in der Engelsburg
an schor Clemens VII. nach dem Vorbild Hiobs seinen
Bart nicht mehr, und in den folgenden zwei Jahrhunderten haben alle Päpste einen Bart getragen, zur
ständigen Erinnerung an die Plünderung Roms.

Gemeinsam ist den Malereien in diesem Saale – vor
allem den Bildern Giulio Romanos – ein neuer Stil:
nicht mehr das Wechselspiel von Ruhe und Bewegung,
das die Raffaelischen Stanzen so herrlich macht, nicht
mehr die Ausgewogenheit von Inhalt und Form, nicht
mehr die Harmonie – hier ist der Sturm durch die Zeit,
die Bannung des dahineilenden Augenblicks versucht.
In jener seltsamen Zukunftsahnung, mit der die Kunst
der Geschichte vorauszueilen pflegt, bahnt sich in diesen Fresken ein neues Lebensgefühl an, das historisch
erst durch den ›Sacco di Roma‹ ausgelöst wurde und
dem nachfolgenden Jahrhundert seine Richtung geben
sollte: der Weg zum Barock beginnt. Vor allem in der
großen Schlacht ist zu spüren, daß die Renaissance ein
Ende gefunden hatte. Auf welche Weise und durch

welche Kräfte dies geschah, werden wir erfahren, wenn
wir uns nun dem Ziel unserer langen Wanderung zuwenden: der *Sixtinischen Kapelle*. Dort wird uns Michelangelo den Höhepunkt und die Überwindung dieses großen Zeitalters vor Augen stellen. Und er wird
es tun, indem er gleichzeitig die Welt überhaupt zu
Ende führt – im Jüngsten Gericht.

DIE KAPELLE NIKOLAUS V.

Um uns darauf vorzubereiten, wollen wir ein winziges
Gelaß aufsuchen, das am Anfang der römischen Renaissance – 1447-1449 – entstand und uns ihre Spann-
weite begreiflich macht: *die Kapelle Nikolaus* v. In der
Ecke zwischen der ›Schlacht an der Milvischen Brücke‹
und der ›Vision Konstantins‹ entläßt uns eine schmale
Tür in den ›Saal der Reitknechte‹ – die *Sala dei Palafrenieri,* eine Bezeichnung, die ähnlich der der ›Segnatura‹ nach dem veränderten Zweck des Raumes beibehalten wurde. Mit einem Blick auf die reichgeschnitz-
te Decke mit den Wappen und Devisen der Medici
durchqueren wir den Saal diagonal nach rechts und
finden in der Ecke eine niedrige Tür. Dort treten wir
ein.

Mit einem Mal umgibt uns, was wir im Vatikan oft
vermißten: Wärme. Golden strahlt das Licht in dem
engen hohen Raum, sanft hüllen uns Farben ein, wie
sie die Welt sonst nicht kennt. Hier betete Nikolaus v.,
begleitet von den Bildern eines Malers, der Giovanni
da Fiesole hieß, aber schon von seinen Zeitgenossen
il Beato Angelico genannt wurde – der selige Engel-
gleiche. Er war ein Dominikanermönch aus der Toskana
und gehörte lange Zeit dem Kloster San Marco in
Florenz an, das ein halbes Jahrhundert später von

den Protesten und Prophetien Savonarolas widerhallen sollte. Wäre er im Mittelalter geboren worden, man hätte ihn für dessen reinsten Künstler gehalten. Aber er war ein Kind der Renaissance – und daß dies möglich war, wandelt das Bild dieser unerhörten Zeit aufs neue: denn inmitten des erwachenden Humanismus, im Augenblick des erstarkenden Existenzgefühls begegnen wir hier einer naiven, demütigen Gläubigkeit, wie nicht einmal der heilige Franziskus sie sein eigen nannte. Wir erinnern uns der Haltung, in der Raffael auf dem Fresko der ›Disputà‹ in der Segnatura den Beato Angelico dargestellt hat: weitgeöffneten Auges geradewegs in den Himmel blickend. Nichts könnte wahrer sein. Dieser bescheidene Mönch hatte die Gnade, alles, was er malte, mit einer Verklärung zu umgeben, die das Paradies vorwegnimmt. Kaum leiblich sind seine Figuren, Menschen sehen aus wie Engel, mit fast durchsichtigen Körpern wandeln sie zwischen Gebäuden, die den Wohnungen der Seligen gleichen. Selbst wo sie leiden, liegt der Schmerz schon hinter ihnen. Fra Angelico hat nicht für die Erde gemalt, sondern für den Himmel.

Nikolaus v. schätzte den frömmsten aller Künstler so hoch, daß er ihn auf den erzbischöflichen Stuhl von Florenz berufen wollte. Aber Fra Angelico lehnte ab – er wollte beharrlich weitermalen, was sein inneres Auge sah. Und aus Dank für das Verständnis des Papstes schmückte er dessen Kapelle mit Bildern jenseitiger Reinheit. Er malte die Geschichte der beiden Märtyrer-Diakone Stephanus und Laurentius, wie wenn die beiden Heiligen inmitten himmlischen Glanzes sich an ihre Leidenszeit zurückerinnern würden. An der rechten Wand oben weiht der hl. Petrus den Stephanus zum Diakon, und dieser beginnt sogleich – rechts daneben

DIE KAPELLE NIKOLAUS V. 393

– helfende Gaben an die Armen zu verteilen. An der Türwand predigt er einer Schar von Frauen, die am Boden hocken – man sieht förmlich, daß seine Stimme leise ist –, daneben diskutiert er mit dem Rat der Ältesten. Endlich nimmt man ihn (auf der linken Wand) gefangen, stößt ihn zur Stadt hinaus und tötet ihn mit Steinen. An der rechten Wand unten beginnt der hl. Laurentius, einen ähnlichen Weg zu gehen. Papst Sixtus ii. – dargestellt mit den Zügen Nikolaus v. – weiht den frommen jungen Mann zum Diakon. Als man wenig später den Papst zum Martyrium abführt (rechts daneben), übergibt er dem Laurentius die Hut des Kirchenschatzes. An der Türwand verteilt der unbeirrte Diakon Almosen an die Armen, wird schließlich selbst verhaftet und vor den Kaiser Decius gebracht. Im Gefängnis – wir sehen ihn durch das Gitter – bekehrt er seinen Kerkermeister und endet auf dem eisernen Rost.

Zwei einfache Geschichten, einfach erzählt. Und doch verstummt vor ihnen jedes Wort. Denn es ist die schlichte Kraft des Glaubens, die von diesen Wänden strahlt. In dem riesigen Weltbezirk des Vatikans ist dies die Heimstätte für das menschliche Herz. An der frommen Seele des Beato Angelico ruht es aus. Möge Ihnen, meine Leser, hier das Glück der Stille vergönnt sein. Und ein Augenblick des Atemschöpfens vor dem Sturm, der uns erwartet – in der Sixtinischen Kapelle.

DIE SIXTINISCHE KAPELLE
UND IHRE GESCHICHTE

Am 12. Oktober 1962, einen Tag nach der Eröffnung des Zweiten Vatikanischen Konzils, entbot Johannes XXIII. die nichtkatholischen Beobachter und das Diplomatische Korps zu einem Empfang in den Vatikan. Dabei wünschte der Papst, seine Gäste durch einen Raum zu ehren, der sonst ausschließlich den sakrosankten Obliegenheiten des Heiligen Stuhles vorbehalten ist: *die Sixtinische Kapelle.* Der Grund für die ungewöhnliche Ortswahl wurde offenbar, als der Papst während der Audienz plötzlich die Hand erhob und auf das Jüngste Gericht wies. »Dies, meine Herren«, so sagte er, »dies erwartet unser Werk.«

Wieder einmal war mit diesem Augenblick der Welt vor Augen gestellt, welch eine unheimliche Bedeutung die Sixtinische Kapelle für den Vatikan besitzt. Ein heiliges Haus, ein Schrein, eine Arche ist sie, zugleich der Vorgriff auf den Schlußakkord der irdischen Welt. Unter den verschiedensten Verhältnissen von Zeit und Welt ziehen die Kardinäle der römischen Kirche immer wieder hierher, um einen der Ihren unter die Tiara zu zwingen und für den Rest seiner Tage der Ruhe zu berauben. Und immer steht über dem Vorgang das ›Jüngste Gericht‹ – nicht Mahnung, sondern sicheres Zeichen für jenes Ende, dem auch der Vatikan nicht entflieht.

Wie jedes Bauwerk, hat die Sixtina eine Geschichte, und sie ist von Menschen geschrieben. Die Geistesfracht aber, die sich von Jahrhundert zu Jahrhundert hier vermehrt, gehört der Weltgeschichte an – und diese ist nicht von Menschen geschrieben. Beides soll jetzt zu uns sprechen.

DIE SIXTINISCHE KAPELLE

Als die Kapelle gebaut wurde, ahnte noch niemand
ihre endgültige Gestalt. Sixtus IV., der tiefsinnige Theologe und schwache Papst, gab den Auftrag. Er wollte
dem Vatikan – dem solches bis dahin fehlte – eine würdige Palastkapelle geben, weiter nichts. In seinem Sinne
baute Giovanni de'Dolci die einfache Halle, nach außen
beinahe eine Festung, mit unersteigbaren, hochgelege-
nen Fenstern und einem vorspringenden Dachumgang,
der mit Zinnen versehen war. Das Innere zeigte an-
spruchslose Linien, eine sehr hohe, flach gewölbte Decke
und einen farbenreichen, in großgemusterten Kreisen
eingelegten Fußboden. Den Raum teilte eine Marmor-
schranke, mit feinen Reliefs geschmückt und von zarten, mit Kandelabern gekrönten Pfeilern gegliedert.
Sie war – im Gegensatz zu heute – so weit in die Mitte
des Raumes gerückt, daß die Sängerkanzel noch zu
zwei Dritteln in den Laienbezirk hereinreichte. Die
Stirnwand wurde durch zwei – inzwischen verschwundene – Fenster belebt, die dem Raum beträchtlich mehr
Licht zuführten, als er heute empfängt. An der Decke
spannte sich ein tiefblauer Himmel, auf dem goldene
Sterne ihre Kreise zogen.

Als malerischen Schmuck der Kapelle wünschte Sixtus IV., an den Wänden aufgereiht, fünfzehn gleich-
große Fresken. Zu ihrer Ausführung versammelten
sich die hervorragendsten Künstler des damaligen Italien im Vatikan. Perugino, der Lehrer Raffaels, Signorelli, der einzige Maler, von dem etwas gelernt zu
haben Michelangelo später eingestand, sodann Botticelli, die Brüder Ghirlandaio, Cosimo Rosselli, Piero
di Cosimo und nicht zuletzt Pinturicchio – sie alle wurden vom Papste in die Sixtina gebeten, erhielten aus
dem Themenkatalog ihre Motive und erfuhren gleichzeitig, sie hätten mit ihrer Arbeit an einem bestimmten

Tage fertig zu sein. Das beste Bild wollte der Papst mit einem Preis auszeichnen. (Als es später dazu kam, prämiierte er das schlechteste – mit der Begründung, es sei so viel Gold und Ultramarin darin verwendet.) Abgesehen von diesen Fresken verlangte Sixtus noch eine fingierte Nischenarchitektur in der Höhe der Fenster, gemalter Aufenthaltsort für achtundzwanzig idealisierte Päpste.

Erstaunlicherweise sind die meisten dieser Arbeiten heute noch zu sehen. Daß wir sie kaum wahrnehmen, liegt an uns – und an Michelangelo. Er hat aber erst 1508 hier eingegriffen. Im vorhergehenden Vierteljahrhundert war die Sixtina ein schöner stiller Raum, der dem Betenden Sammlung gewährte und den Betrachter erfreute – nicht mehr.

Indessen war der Mann, der hier die große Veränderung hervorrufen sollte, schon seit dem ersten Tag ihres Bestehens mit dem Geschick der Kapelle verbunden. Damals hieß er noch Giuliano della Rovere und war Kardinal – Nepote Sixtus IV. Im zweiten Fresko der rechten Wand – vom Altar her gerechnet – finden wir ihn rechts des Priesterknaben, porträtiert in der Frisur eines Pagen aus der aufsteigenden Renaissance, selbstbewußt und nachdenklich. Als er am 15. August 1483 die Kapelle der Himmelfahrt Mariens weihte, hatte er wohl schon hochfliegende Pläne – von Michelangelo jedoch wußte er noch nichts. Erst zweiundzwanzig Jahre später – 1505 – standen die beiden sich zum erstenmal gegenüber. Damals war Michelangelo dreißig und ein weitberühmter Bildhauer, Giuliano aber zweiundsechzig und Papst. Noch drei weitere Jahre sollten vergehen, bevor die Sternstunde der Sixtina endlich schlug.

Giuliano della Rovere, als Julius II. der gewaltigste

DIE SIXTINISCHE KAPELLE

Papst der neueren Geschichte, war im Grunde ein Visionär. Kaum hatte er in dem wortkargen Michelangelo das Genie erspäht, da wußte er auch schon, was dieser verwandte Geist ihm schaffen sollte: ein Grabmal, wie es die christliche Welt noch nie gesehen hatte. Inmitten des neuen Tempels, den Julius dem hl. Petrus errichten wollte, benachbart dem Grabe des Apostels, sollte sich das Monument in drei Stockwerken erheben. Moses und der hl. Paulus und die Gestalten des tätigen und betrachtenden Lebens hatten einen Heereszug von Siegesengeln und Gefesselten anzuführen – als Triumph des Papsttums über die Mächte der Finsternis. Auf der Höhe dieses von vierzig Statuen bevölkerten Mausoleums wollte dann Julius II. selbst erscheinen – seinen Nachfolgern und der Menschheit ein ungestümer Mahner. Das Thema des Grabmals hieß: Größe des Heiligen Stuhles. Es sollte niemals ausgeführt werden. Der Grund dafür hat eine Geschichte, ohne die Michelangelos Eingriff in der Sixtina nicht erfolgt wäre.

Kein Auftrag hat Michelangelo jemals wieder so begeistert. Hier war ihm endlich zu verwirklichen geboten, was ihn einzig interessierte: der menschliche Körper als Umriß einer Idee. Er brannte vor Ungeduld, das Werk zu beginnen. »Ich hoffe, daß die Zeit kommt«, so schreibt er dem Vater, »daß ich anfangen kann, schnell zu arbeiten. Gott gebe es.« Eilends begab er sich nach Carrara, wählte dort zweitausend Zentner Marmor aus und verschiffte sie nach Rom. Dann hastete er zurück, um in einer Ecke des Petersplatzes, dem Gang zur Engelsburg benachbart, sein Atelier einzurichten. Mit Sorgfalt überwachte er das Ausladen der ersten Blöcke an der Tiberlände. Und fast verzweifelt berichtet er, wie plötzlich der Fluß anschwoll, den Marmor unter Wasser setzte und seinen Transport

DIE SIXTINISCHE KAPELLE

zur Werkstatt verhinderte. Inzwischen hatte sich der
Papst, vom Wehrgang zur Engelsburg aus, eine Hänge-
brücke zu Michelangelos Wohnung bauen lassen: er
wollte den Künstler sehen können, so oft es ihm be-
liebte, um über das Grabmal zu reden. Papst und Bildhauer ahnten nicht, daß die Verzögerung des Anfangs
mehr bedeutete als eine Widrigkeit der Natur.

Zu jener Zeit war der mächtigste Mann im künstlerischen Hofstaat des Papstes Bramante, der Onkel
Raffaels. Ihn veranlaßten gewichtige Gründe, gegen Michelangelo voreingenommen zu sein. Als verantwort-
licher Architekt für den Neubau von St. Peter mußte
er fürchten, das Grabmal würde einen Teil des Bud-
gets verschlingen, aus dem der Riesenbau finanziert
werden sollte. Auch zitterte er vor der Möglichkeit, der
dem Papst so tief verwandte Geist Michelangelos könne ihn selbst aus der Gunst seines Bauherrn verdrängen.
Zum Unglück verfügte Julius II. auf Grund des Krieges mit Frankreich zu diesem Zeitpunkt nicht über
unbeschränkte Mittel. Und so gelang es Bramante, dem
Papst die Finanzlage von St. Peter düster genug darzustellen, um von ihm den Aufschub der Arbeiten am
Grabmal zu erreichen. Michelangelo, der inzwischen
angefangen hatte, erfuhr nichts davon und erschien am
Ostersamstag 1506 im Vatikan, den Papst zur Fortführung des Werkes um Geld zu bitten. Man bedeutete
ihm, er möge am Montag wiederkommen. Als er pünkt-
lich erschien, vertröstete man ihn auf Dienstag, machte
ihm am Mittwoch Hoffnung auf den Donnerstag und
teilte dem Beharrlichen, der immer noch nicht begreifen wollte, schließlich am Freitag mit, der Papst wünsche ihn nicht zu sehen. Darauf schrieb Michelangelo
einen kurzen Brief: »Heiligster Vater, man hat mich
heute morgen Eurerseits aus dem Palaste fortgejagt:

weshalb ich Euch hiermit zu wissen gebe, daß wenn
Ihr mich braucht, Ihr mich suchen lassen könnt, wo
Ihr Lust habt, nur nicht in Rom.« Kaum waren die
herben Worte abgeschickt, wies der Künstler seine Gehilfen an, Werkstatt und Wohnung zu verkaufen,
setzte sich aufs Pferd und ritt in seine Vaterstadt Florenz. Ein Eilkurier des Papstes erreichte ihn erst in
Poggibonsi, auf florentinischem Gebiet, und konnte
ihn nicht zur Umkehr bewegen.

Julius II. sah sogleich ein, daß er einen Fehler gemacht hatte. Er setzte die ganze kuriale Diplomatie
in Bewegung, um Michelangelo wieder zu bekommen.
Auf die Signoria von Florenz wurde ein derartiger
Druck ausgeübt, daß sich der Gonfaloniere den stör-
rischen Künstler kommen ließ. »Du bist mit dem Papste
auf eine Weise umgegangen«, so habe er ihm gesagt,
»wie es der König von Frankreich nicht gewagt haben
würde. Jetzt hat es ein Ende mit dem Sich-bitten-las-
sen. Wir wollen deinetwegen keinen Krieg anfangen
und das Wohl des Staates aufs Spiel setzen. Richte
dich ein, nach Rom zurückzukehren.« Doch Michelangelo blieb unerbittlich. In seiner Erregung erwog er,
ein Angebot des Sultans anzunehmen, der ihn zum
Bau einer Brücke von Konstantinopel nach Pera ein-
geladen hatte. Mittlerweile zog Julius in das eroberte
Bologna ein. Aus nächster Nachbarschaft bedrängte er
neuerdings die Signoria, Michelangelo nun endlich zu
ihm zu schicken. Und da erst sah der Künstler ein, daß
es sinnlos war, weiter Widerstand zu leisten. Er ging
nach Bologna – wie er später erzählt hat – »mit dem
Strick um den Hals«.

Voller Zorn empfing ihn der Papst. Michelangelo
kniete nieder und beteuerte, es sei nicht böser Wille gewesen, der ihn habe fortgehen lassen, sondern die Art,

wie man ihn behandelt hatte. »Julius II. saß da, den Kopf gesenkt, mit ganz erregtem Antlitz, als einer von den geistlichen Herren, der von Kardinal Soderini gebeten worden war, sich nötigenfalls ins Mittel zu legen, das Wort ergriff. Seine Heiligkeit möge den Fehler Michelangelos nicht zu schwer nehmen; er sei ein Mensch ohne Erziehung. Das Künstlervolk wisse wenig, wie man sich zu verhalten habe, wo es nicht die eigene Kunst beträfe, sie wären alle nicht anders. Aufs höchste erzürnt wandte sich jetzt der Papst gegen den unberufenen Fürbitter. ›Du wagst es‹, schrie er, ›diesem Manne Dinge zu sagen, die ich ihm selbst nicht gesagt haben würde? Du selber bist ein Mensch ohne Erziehung, du ein elender Kerl und nicht er! Mir aus den Augen mit deinem Ungeschick!‹ Gnädig winkte er darauf Michelangelo und schenkte ihm Verzeihung. Diese berühmte Audienz, durch die das Zerwürfnis der beiden Feuergeister sein Ende fand, zeigt, wie der Papst das Genie als ihm ebenbürtig behandelte.« (Pastor)

Vom Julius-Grabmal war allerdings nicht mehr die Rede. In der Phantasie des Papstes war es längst fertig – und seine Verwirklichung abzuwarten, hatte Julius keine Zeit. Da er sich aber mit Michelangelo nicht darüber aussprach, begann dieser im stillen neuerdings zu hoffen. Da trat ein zweites Mal Bramante dazwischen, den die Versöhnung Michelangelos mit dem Papst empfindlich getroffen hatte. Wahrscheinlich war er es, der Julius II. nun einen Vorschlag suggerierte, an dem ein Bildhauer mit Sicherheit scheitern mußte: Michelangelo solle malen. Der Papst griff die Idee auf und verlangte ein tausend Quadratmeter großes Fresko – die Decke der Sixtinischen Kapelle. Nach allem Vorhergegangenen war es dem Künstler nicht möglich, den Auftrag abzulehnen. Er war in höchster Not.

DIE SIXTINISCHE KAPELLE 401

Noch nie hatte er ein Fresko gemalt, die Technik war ihm fremd – und er sah sich von Neidern umgeben. In seiner Verzweiflung ging er so weit, den von ihm nicht sehr geliebten Raffael an seiner Statt vorzuschlagen. Doch dieser malte in den Stanzen. Der Papst bot 150 000 DM für die fertige Decke – und er wollte nur zwölf riesige Apostel dafür haben. Seufzend machte sich Michelangelo an den Entwurf. Kaum hatte er ihn vorgelegt, befahl Julius auch schon, in der Sixtina die Gerüste aufzuschlagen.

Als Michelangelo sah, daß er der Arbeit nicht würde ausweichen können, ging in seinem Geist etwas Merkwürdiges vor: die zwölf Apostel waren ihm plötzlich nicht mehr genug. Wenn irgend in der Weltgeschichte, so ist dies ein Beispiel für die geheimnisvolle Entzündung zweier genialer Charaktere aneinander. Michelangelos Gegenvorschlag hätte von Julius II. sein können: eine Komposition aus hundert Feldern, bevölkert mit dreihundert Gestalten. Der Papst stimmte auf der Stelle zu.

Von da an lag Michelangelo vier Jahre auf dem Rücken und malte. Anfangs beschäftigte er fünf Künstler aus Florenz, die ihm in der Fresko-Technik zur Hand gehen sollten. Kaum aber hatte er selber einige Sicherheit erreicht, schickte er sie nach Hause und behielt nur ein paar Gehilfen zum Farbenreiben. In einem derben Sonett schreibt er in Anspielung auf seine gekrümmte Körperlage:

Was ich zu malen wage,
Die Arbeit ist verfehlt und mir verloren:
Man schießt nur schlecht aus so gekrümmten Rohren.

Die meiste Zeit blieb Michelangelo auf dem Gerüst allein. Nur der Papst, der immer Ungeduldige, stieg die schwankende Leiter zur Decke hinauf, lobte den

Künstler und drohte ihm gleichzeitig, er werde ihn vom Gerüst herunterwerfen lassen, wenn er nicht fertig werde. So arbeitete der Meister bis zur Erschöpfung. Als er endlich das Gerüst verließ, war er abgemagert, übermüdet und vorzeitig gealtert. Man berichtet, seine Augen hätten unter dem Dämmerlicht der Kapelle so gelitten, daß er fortan die Sonne meiden mußte – und zu lesen habe er nur noch vermocht, wenn er im Liegen den Text über sich hielt, anstatt sitzend darauf niederzublicken. Vier Monate nach der Vollendung der Sixtina-Decke war Julius II. tot.

Vierzehn Jahre später sank das Rom der Renaissance im ›Sacco di Roma‹ in Trümmer. Auf dem päpstlichen Thron saß Clemens VII. Unter seinem Pontifikat riß sich England von der katholischen Kirche los, Schweden, Dänemark und ein Teil der Schweiz gingen verloren. In seinen letzten Lebensjahren hat der unglückliche Papst die furchtbare Plünderung der Ewigen Stadt oftmals ein Vorzeichen des Weltendes genannt. Aus dieser Hinneigung zu den ›Letzten Dingen‹ entstand in Clemens VII. kurz vor seinem Tode der Wunsch, die Altarwand der Sixtinischen Kapelle mit einer Darstellung des *Jüngsten Gerichts* bedecken zu lassen.

Sein Nachfolger Paul III. aus dem Hause Farnese griff den Gedanken auf. Für ihn stand außer aller Frage, daß der einzige, der nach der Vollendung der Sixtina-Decke in der Kapelle zum Pinsel greifen durfte, Michelangelo selbst sei. Dieser war mittlerweile neunundfünfzig Jahre alt und ein gramerfüllter Mensch geworden, der sich tief in seine problematische Frömmigkeit verbohrt hatte. Um so leichter glaubte Paul III., ihn für das Vorhaben gewinnen zu können. Doch wieder – immer noch, nach so langer Zeit! – war es das Julius-Grab, das sich hindernd dazwischenschob. Es

DIE SIXTINISCHE KAPELLE 403

existierte nämlich über die Fertigstellung des Grabmals ein Vertrag, von Michelangelo unterschrieben. Und der Erbe Julius II., Francesco Maria della Rovere, Herzog von Urbino – er begegnete uns schon in der ›Schule von Athen‹ –, bestand darauf, daß Michelangelo diesen Vertrag erfülle.

Paul III. versuchte es mit Güte, erreichte nichts – und sagte zu Michelangelo: »Seit dreißig Jahren habe ich dieses Verlangen, und nun, da ich Papst bin, sollte ich ihm nicht Genüge tun? Ich werde den Kontrakt zerreißen und bin entschlossen, daß du mir auf alle Fälle dienen sollst.« Der Herzog protestierte vergeblich, und Michelangelo, der immer noch auf die Vollendung gehofft hatte, erkannte seine Ohnmacht und trennte sich endlich unter Schmerzen von seinem Traum.

Der Papst ernannte nun den Meister zum ersten Architekten, Bildhauer und Maler des Heiligen Stuhles und ließ ihm ein Jahresgehalt von etwa 60 000 DM auszahlen. Doch Michelangelo fand darin wenig Trost. In dem Gefühl, mißbraucht zu werden, begann er im Dezember 1535 die Arbeit am ›Jüngsten Gericht‹. Paul III., der Papst mit der leisen Stimme, hatte über den Titanen gesiegt.

Zunächst wurde die Altarwand – nach Vermauerung der beiden Fenster – mit einer dünnen Schicht gebrannter Ziegel bedeckt, und zwar so, daß die Mauer oben etwa einen Fuß überhing. Dadurch wollte Michelangelo das Festsetzen von Staub auf dem Fresko vermeiden. Wohlgemeinte Ratschläge, wie etwa den des Sebastiano del Piombo, das Bild in Öl zu malen, wies der Meister schroff zurück: er wollte sich nicht helfen lassen. Nur seinen alten Farbenreiber Francesco Amatori duldete er neben sich.

Vollendet, erregte das Jüngste Gericht begeisterte

404   DIE SIXTINISCHE KAPELLE

Zustimmung und erbitterten Widerspruch. Der bos-
hafte Aretino machte sich zum Sprecher aller, die an
der Nacktheit des Menschenleibes Ärgernis nahmen.
Der Papst selbst wurde durch offene Briefe angegriffen,
worin man ihm vorwarf, er habe für seine Kapelle ein
Bild malen lassen, das eher in eine Kneipe passe.
Paul III. ignorierte dies alles – und solange er lebte,
durfte das Werk nicht angetastet werden. Erst seinem
vierten Nachfolger, Pius IV., bleibt der traurige Ruhm,
»anstößige Blößen« mit sinnlosen Gewandzipfeln bedeckt zu haben. Der Maler, der dazu auserkoren
wurde, Daniele da Volterra, ein Schüler Michelangelos,
ging so schonungsvoll wie möglich vor, richtete aber
doch eine Menge Schaden an. Die Römer nannten ihn
den ›Hosenmaler‹. Michelangelo hat die Schande, die
man seinem Werke antat, nicht mehr erlebt.

Damit schließt die Entstehungsgeschichte des merkwürdigen Ortes, den die Welt als ›Sixtinische Kapelle‹
kennt. Nachdem wir gesehen haben, welcher Mühen es
bedurfte, um dieses ernste Wunder zustande zu bringen, wollen wir es nun befragen. Denn nur befragen,
nicht beschreiben läßt sich, was in der Herzkammer
des Vatikans vor unser Auge tritt. Es wird nicht die
Gestalt der ›Sixtina‹ sein, die uns beschäftigt – denn
vor dem Sturm des Genies verstummen alle Worte –,
sondern der Sinn, der in ihr leuchtet.

DIE WANDBILDER

Wir erinnern uns: Sixtus IV., der schwache, gutherzige
und bedenkenlose Papst, hat den Anstoß gegeben, das
Gehäuse geschaffen und das Thema der ersten Malereien festgelegt. Er regte jenen Freskenzyklus an, der
heute noch drei der vier Wände bedeckt und seit Jahr-

hunderten vor der Malerei Michelangelos das Schicksal der Nichtbeachtung erfährt. Dieser Zyklus steht
unter dem Gedanken, die Weltgeschichte sei einzu-
teilen in zwei Zeitalter: in die Zeit des Gesetzes, die,
von Moses heraufgeführt, die Erlösung vorbereitete –
und die Zeit der Gnade, die mit dem Erscheinen Christi ihren Anfang nimmt und immer noch fortdauert.
Wie in einem Bilderbuch sind die Stationen der Le-
bensgeschichten von Moses und Jesus aufgeschlagen.
Beide beginnen am Altar, links der Weg des Gesetz-
gebers, rechts das Leben des Erlösers. Dabei sollte nach
Sixtus IV. Willen die innere Übereinstimmung der Epi-
soden aus dem Alten und dem Neuen Testament deutlich werden. Denn »Moyses noster Christus«, so hatte
der Papst selbst in einer theologischen Untersuchung
geschrieben – unser Moses ist Christus. Überdies
kommt in der paarweisen Gegenüberstellung der Bilder auch noch ein antik-humanistisches Element zum
Tragen: das Vorbild des Plutarch, in dessen Biographien stets ein griechischer und ein lateinischer Held
miteinander verglichen werden.

Die beiden ersten Bilder links und rechts des Altares
sind von der Hand *Pinturicchios*. Links zieht Moses
mit den Seinen durch Ägypten; in der Bildmitte hält
ihn mit gezogenem Schwert ein Engel auf; rechts erfahren wir den Grund für die übernatürliche Drohung:
Moses hatte es unterlassen, seine Söhne der Beschnei-
dung zu unterziehen, die hier nun auf behutsamste
Weise nachgeholt wird. Das Ganze spielt in sanfter,
umbrischer Landschaft, durch die auf der linken Seite
tanzende Hirten ziehen, während in der Mitte Moses
seinem Bruder Aaron begegnet.

Auf dem Bilde gegenüber empfängt Christus am
Jordan durch Johannes die Taufe. Von den Hügeln

links und rechts im Hintergrund herab predigen beide. Im Zentrum erscheint römische Architektur: ein antiker Triumphbogen und eine klassische Basilika, vom Campanile überragt. Der zusammenbindende Sinn beider Bilder ist die Aufnahme in das Volk Gottes. Niemand, der Gottes Willen kennt, darf unterlassen, sie zu vollziehen, weil selbst der Erlöser ihrer bedarf.

Das zweite Bilderpaar schuf *Botticelli*. Aus Zorn über die Fron, die die Kinder Israels dem Pharao leisten mußten, erschlägt Moses im linken Bilde einen Ägypter, der einen Israeliten getötet hatte. Darauf muß er fliehen und gelangt im Lande Midian an einen Brunnen. Dort sind gerade zwei der sieben anmutigen Töchter des Priesters Jethro damit beschäftigt, ihre Schafe zu tränken, wobei ihnen der freundliche Moses hilft, nachdem er zudringliche Hirten vertrieben hat. Dafür wird er in des Jethro Familie aufgenommen und bekommt eine der Töchter zur Frau. Da aber Israels Knechtschaft in Ägypten zum Himmel schreit, ruft im Hintergrunde Gott aus dem brennenden Dornbusch den Moses auf, sein Volk zu befreien. An der Wand gegenüber wird Christus im Hintergrunde dreimal von Satan versucht, während vorne ein ehrwürdiger Hoherpriester die goldene Schüssel mit dem Blut des Opfertieres empfängt, das der gereinigte Aussätzige Gott zum Dank darbringt. In der Mitte erhebt sich als Tempel, auf dessen Zinne Christus vom Teufel geführt worden ist, das von Sixtus IV. erbaute Hospital vom Heiligen Geist. Der gemeinsame Gedanke für die beiden Bilder ist: Der Berufene hat einen langen Weg durch die Fremde zu gehen und den Versuchungen der Welt und des Bösen zu widerstehen, um seiner Sendung gerecht zu werden.

Das nächste Bilderpaar verwirrt. Links geht Pharao

DIE WANDBILDER 407

in den Wogen des Roten Meeres zugrunde, rechts werden Petrus und Andreas zu Aposteln erwählt. Ursprünglich war anderes geplant. Im ersten Konzept sollten *Cosimo Rosselli* und *Piero di Cosimo* links die Berufung des Moses malen, also die Szene mit dem brennenden Dornbusch, die nun in den Hintergrund des vorhergehenden Bildes geraten ist. Der Grund für die Änderung war ein politischer. Sixtus IV. lag damals im Krieg mit Neapel, dessen Heer schon die Stadt Rom bedrohte. Da gelang es der vereinigten Streitmacht Venedigs und des Heiligen Stuhles, bei Campomorto einen glänzenden Sieg zu erringen, den der Papst – zum Retter des Kirchenstaates geworden – hier durch den Untergang Pharaos verherrlicht sehen wollte. *Ghirlandaios* Berufung des Petrus und Andreas spielt in einer phantastischen See- und Berglandschaft, wobei der Maler die gesamte florentinische Kolonie in Rom porträtiert.

Das vierte Bilderpaar beginnt links mit dem Gemälde *Rossellis*, dem Sixtus IV. den Preis zusprach: der Geschichte der zehn Gebote. Auf hohem Felsenplateau empfängt der alte Moses das Gesetz des Herrn, bringt es verklärten Gesichts zu seinem Volke und zerschmettert die Tafeln, als er des Goldenen Kalbes ansichtig wird. Gegenüber sehen wir Christus während der Bergpredigt, wobei ihm links am Bildrand die vertriebene Königin von Cypern zuhört, Carlotta Lusignan, zusammen mit ihrem Gemahl, dem Herzog Ludwig von Savoyen. Rechts im Vordergrund heilt Christus den Aussätzigen. Zusammengeschlossen sind beide Bilder durch die Idee von der Verwandlung des Gesetzes. Während im Alten Bund die Sünde zur Strafe führt, kann der an Christi Wort Glaubende durch die Liebe gereinigt werden.

Das fünfte Bilderpaar ist das großartigste des Zyklus. Es ergänzt sich in verschränkter Sinngebung. Links – von *Botticellis* Hand – empört sich die Rotte Korah gegen die Gottesherrschaft des Moses, rechts verleiht – von *Perugino* gemalt – Christus dem Petrus die Schlüssel des Himmelreiches. Auf der rechten Seite des linken Bildes haben sich die Aufrührer gegen Moses zusammengetan, den nur der Vorschlag eines Gottesurteils vor der Steinigung rettet. In der Mitte hat der Herr schon zugunsten des Moses entschieden und läßt Feuer über die Empörer kommen. Am linken Bildrand öffnet sich vor dem Fluch des Moses die Erde und

verschlingt die Lästerer und ihren Anhang. Die ganze Szene ist vor den Bogen des Kaisers Konstantin gestellt, auf dessen Attika die Worte erscheinen: »Nemo sibi assumat honorem nisi vocatus a Deo tamquam Aaron – niemand maße sich Ehre an, der nicht wie Aaron von Gott berufen ist.« Aaron selbst, der erste Hohepriester, schwingt im zentralen Mittelgrund das Weihrauchfaß und trägt die Tiara der Päpste auf dem Haupt. Nahe dem linken Bildrand stehen direkt über Moses zwei Männer. Der modisch gekleidete jüngere im Profil ist Alessandro, der Bruder der schönen Giulia Farnese, der spätere Papst Paul III. Der ältere wird

trotz seines geistlichen Gewandes für den halbheidni-
schen Pomponius Laetus gehalten, von dem wir im
Zusammenhang mit dem Skandal um Platina bei der
Gründung der Vatikanischen Bibliothek gehört haben.
Die antiken Säulen im Hintergrund rechts stellen uns
die Reste des kaiserlichen ›Septizoniums‹ vor, wie es
damals am Rande des Palatin noch vorhanden war.

Im Gegensatz zur leidenschaftlichen Bewegtheit des
Moses-Bildes vollzieht sich die Übergabe der Schlüssel-
gewalt an Petrus in wunderbarer Ruhe. Der Platz vor
dem Tempel von Jerusalem – der von Bramante sein
könnte – ist seitlich begrenzt durch zwei Triumph-
bögen im Stile des Bogens Konstantins. Ein klares
Nachmittagslicht fällt auf die Szene, die, durch keinen
Mißton gestört, in vollkommener Harmonie verläuft.
Nicht das Bedeutsame, sondern das Natürliche des
Augenblickes ist es, was uns berührt. Denn der Heils-
plan der Schöpfung bedarf keiner großen Gebärde.
Mild, fast anmutig wird die furchtbare Gewalt weiter-
gereicht, deren auf Erden getroffene Entscheidungen
auch im Himmel verbindlich sind. Würdevoll hat Petrus vor dem Herrn das Knie gebeugt, gelassen empfängt er das Symbol seiner Macht, kein Hauch ist von
den Stürmen zu spüren, die dieser Augenblick in der
Welt heraufbeschwören wird. Von ihnen wird Moses
in der Prophetie seines Schicksals ergriffen – aber Petrus weiß noch nichts davon.

Das letzte Bilderpaar endlich ist ungleich. Links, von
Signorelli, das Testament des Moses – rechts ein recht
dürftiges letztes Abendmahl von der Hand des ge-
schwindesten der Sixtina-Maler, *Cosimo Rosselli*. Das
Bild wurde viel zu spät begonnen und sollte dennoch
am Stichtage fertig sein – was uns veranlaßt, die Betrachtung des Zyklus mit dem Werke Signorellis zu

beenden. Rechts auf einem Felsenthron liest Moses dem
Volke Israel sein Testament vor, links verleiht er seinen Hirtenstab dem Josua – ein alttestamentarisches
Vorbild der Schlüsselübergabe, darüber in der Mitte
zeigt ein Engel vom Berge Nebo aus dem alten Manne
das ›Gelobte Land‹, das er selber nicht mehr betreten
wird. Tastend steigt der Patriarch zu Tal, um links im
Hintergrund, von klagenden Juden umgeben, zu sterben. Die Mitte des Vordergrundes füllt eine Gruppe
von Leviten in prächtigen Kleidern. Unter ihnen be-
findet sich – ganz vorne – die sitzende Gestalt eines
nackten Jünglings. Nach alter Überlieferung ist dies
der Sohn des Malers. Er wurde, während der Vater an
dem Bilde arbeitete, von Unbekannten in einer nächtlichen römischen Gasse erschlagen – auf Anstiften nei-
discher Kollegen, die dem Maler die Berufung in den
Vatikan mißgönnten. In seinem Schmerz habe der verzweifelte Vater in der darauffolgenden Nacht den ermordeten Sohn nackt in das Bild eingefügt. Selbst
wenn es sich um eine Legende handelt – die Konsequenz aus dieser Tat war groß: denn von dieser Gestalt bis zu den nackten Jünglingen an der Decke
Michelangelos ist nur ein Schritt. Beinahe könnte er
einer von ihnen sein.

Die zwei Fresken an der rückwärtigen Querwand
stellten mit dem Begräbnis des Moses und der Auferstehung Christi ursprünglich den Abschluß des Zyklus dar. Sie wurden zerstört und später, zwar in
gleicher Thematik, aber sehr minderer Ausführung,
neu gemalt. Das große Bild der Altarwand fiel dem
Jüngsten Gericht zum Opfer. Was dem Ganzen fehlt,
ist ein Hinweis auf das Erlösungswerk. Die Leidens-
geschichte und das Geheimnis von Golgotha sind nicht
erwähnt.

DIE DECKE DER SIXTINA

Dies war der malerische Bestand, als Julius II. Michelangelo den Entschluß abrang, sich der Decke zu bemächtigen. Zwischen der Gewalt des Deckenfreskos und den Arbeiten der sixtinischen Maler scheint kaum ein Zusammenhang zu bestehen. Und doch war es der am Gewände verwirklichte Gedanke von der Zeit des Gesetzes und der Zeit der Gnade, der Michelangelo dazu gebracht hat, die Geschichte der Schöpfung auf das Gewölbe zu bannen. Was in der Welt vor sich ging, als sie einmal geschaffen war, fand der Meister an den Wänden vor. Welcher Kräfte es bedurfte, bis es dahin kam, mußte sein Thema für die Decke werden. Und dreiundzwanzig Jahre später fügte sich das ›Jüngste Gericht‹ in die ›Sixtina‹ wie das Schlußwort zu einem von Anfang an bestehenden großen Konzept. Oben am Himmel der Decke löst der Schöpfer mit brausender Gewalt die Welt aus dem Nichts, in der irdischen Zeitlichkeit der Geschichte vollzieht sich an den Seitenwänden die Entwicklung des Heiles, und mit göttlicher Kraft rückt der neue Adam an der Stirnwand das Universum in seine endgültige Ordnung. Sechzig Jahre waren notwendig, den Gedankenring der Bilder der ›Sixtina‹ zu schließen; das Maß eines Menschenlebens reichte gerade aus, ihn sichtbar zu machen. Der große Gegenstand der ›Sixtina‹ heißt: der Mensch.

Man weiß nicht, ob Michelangelo sich beraten ließ, als er das Programm für die Decke entwarf. Der Umfang seiner Bildung kann nur vermutet werden. Daß er die Heilige Schrift sehr gut kannte, steht außer Zweifel. Und daß er sich vom Alten Testament, von seiner Trauer und Erlösungssehnsucht, besonders angesprochen fühlte, hat er selbst gesagt. So ist wahrscheinlich nicht nur der künstlerische, sondern auch der geistige Entwurf für die Sixtina-Decke ihm allein zuzuschreiben. Er ist der erste Maler der Geschichte, der es gewagt hat, den Vorgang der Schöpfung nicht symbolisch darzustellen, sondern als eine anschauliche Realität.

Michelangelo teilte das Sixtina-Gewölbe in neun Felder – vier größere und fünf kleinere, in denen, vom Altar beginnend, das Schöpfungsgeschehen nach rückwärts zum Eingang sich entrollt. Die Arbeit begann er aber in umgekehrter Richtung, so daß die erste Station der Schöpfung für ihn das letzte zu bemalende Feld war. Der Grund für dieses rückläufige Vorgehen lag in Michelangelos Unsicherheit gegenüber der Freskotechnik. Er wollte mit den Abschnitten des Themas beginnen, worin viele kleinere Figuren vorgesehen waren, um an ihnen zu lernen. Erst nach gewonnener Sicherheit sollten dann jene nie gesehenen Dinge folgen, etwa die Erschaffung des Adam oder die Schöpfung des Lichtes, die von wenigen großen Gestalten vorgestellt werden mußten. Doch war dies Michelangelos Geheimnis. Für uns hingegen läuft das Programm der Decke nicht in der Konsequenz der malerischen Fertigstellung ab, sondern in der Reihenfolge des Schöpfungsberichtes.

Vorn am Altar wirft eine riesige Gestalt die Arme in kreisender Bewegung in die Luft. Vielfach glaubte man, sie verkörpere das Chaos, das der Weltschöpfung vorausging – zumal die Figur zwar ein Haupt, aber kaum ein Antlitz zeigt. Tatsächlich aber ist es Gott, der hier das Licht und die Finsternis teilt: ein bewegender und bewegter Geist, nur in Umrissen eine Gestalt – Gott auf dem Wege, das Bild für sein Ebenbild zu werden. Der Gedanke ist atemberaubend. Wo hätte jemals ein Sterblicher gewagt, Gott in den Prozeß seiner eigenen Schöpfung hineinzuzwingen, nicht erst dem

DIE SIXTINISCHE KAPELLE

Sohn, schon dem Vater eine Menschwerdung zuzuschreiben, notwendig, um den Menschen überhaupt erschaffen zu können? Im zweiten Feld rast er heran, mit der Rechten die Sonne von sich schleudernd, während er mit der Linken den Mond entläßt. Und in der Umkehr seiner Bahn ruft der Schöpfer im selben Bilde noch in der Hast des Davonfliegens die Pflanzen aus dem Erdreich. Im dritten Feld schwebt er wieder herzu, beruhigt und gealtert, die Engel des Himmels unter seinem Mantel, zum ersten Mal segnend: und es teilen sich Wasser und Land. Im nächsten Bild ruht Adam auf der Erde. Gott aber, nun schon ein Vater, eilt durch die Luft herbei und reicht ihm das Leben durch den Funken seines Fingers. In seinem Mantel tummeln sich die Geister, darunter eine Gestalt mit mädchenhaften Zügen, die Vorahnung des Weiblichen vielleicht, das auf dem nächsten Feld in der Gestalt der Eva aus Adams Leib ersteht. Hier ist Gottvater ein alter Mann, vom Gram des Kommenden gezeichnet. In seiner Segensgeste, die dem Weib zum Leben hilft, liegt schon der Abschied, der Beginn der Zeit. Der Sündenfall und die Vertreibung aus dem Paradies sind Ursache und Wirkung auf dem nächsten Feld. Des Noah Opfer, im biblischen Bericht zum Dank für die Errettung aus der Sintflut dargebracht, ist bei Michelangelo Bittopfer zur Rettung der Menschheit geworden und geht der Katastrophe voraus. Die Sintflut, im darauffolgenden vorletzten Feld, zeigt den raschen Fall des Menschen in Verzweiflung und die Ausweglosigkeit der Schuld. Endlich das letzte Feld: Noahs Trunkenheit, die fortgesetzte Sünde nach der Rettung, Gottes Tragödie.

Die fünf kleineren dieser neun Felder weisen eine Besonderheit auf. An den Gesimsen ihrer Scheinarchitektur hocken je vier Jünglinge, im ganzen zwanzig, nackte muskulöse Gestalten, scheinbar ohne Zusammenhang mit dem Geschehnis, das sie umrahmen. Wahrscheinlich verdanken wir ihre Existenz dem Gedanken Platons, die Schönheit des menschlichen Körpers sei ein Reflex der göttlichen Harmonie. Nichts an diesen Jünglingen ist unbewegt, nichts ohne Geist. Ein Erwachender, ein Sinnender, ein Früchteträger und ein Rastender begleiten die Teilung von Licht und Finsternis. Ein Lauernder, ein Widerstrebender, ein Gleichgültiger und ein Tanzender umgeben die Scheidung von Wasser und Land. Ein Skeptiker, ein Gieriger, ein Hoffender und ein Ergebener umrahmen die Erschaffung der Eva. Noahs Opfer wird flankiert von einem Heiteren, einem Überraschten, einem Verängstigten und einem Ruhenden. Die Trunkenheit des Noah endlich begleiten ein Bacchant, ein Spötter, ein Betrübter – und ein Jüngling, der nicht mehr erkennbar ist. Vielleicht hat Michelangelo durch ihrer aller unbekümmertes Selbstgenügen zeigen wollen, wie die menschliche Natur sich in die vier Temperamente entfächert, ohne darauf zu achten, welchen Weg die Schöpfung nimmt.

Solch immenses Geschehen wird eingerahmt von einer Prozession mächtiger Figuren, deren Ruhm seit Jahrhunderten über den Erdkreis geht: den Sibyllen und Propheten. Auf Marmorsitzen thronen sie, von alters her daran gewöhnt, durch göttliche Inspiration über die Grenzen menschlicher Einsicht qualvoll hinausgetrieben zu werden. Da ist – über dem Altar – Jonas, ein wild gebäumter Riese, vom Fisch soeben ausgespieen, vorlebender Zeuge der Auferstehung allen Fleisches. Auf der rechten Seite folgt Jeremias, die Trümmer von Jerusalem vor Augen, in Trauer und Klage den langen Bart durchwühlend. Kurzsichtig und

DIE SIXTINISCHE KAPELLE

eifervoll liest die alte Persica vom Fall der östlichen Reiche. Zornmütig empfängt Ezechiel, ein Zyniker des Altertums, die Weisung, den Lebensodem in die Gebeine des Hauses Israel zu hauchen. Von Müdigkeit befallen, wiederholt die erythräische Sibylle Schreckensworte über den Weltuntergang, und der kritische Feuerkopf Joel, ein Humanisten-Prophet, bereitet sich, in den Rechtsstreit der Auferstehenden im Tale Josaphat einzugreifen. Beharrlich forscht Zacharias nach Gründen für die Zerstörung des Tempels, ein uralter, schlafloser Mann. Apollons delphische Sibylle trägt die Angst vor den eigenen Gesichten im gewinkelten Blick, Jesaias beansprucht Gehör durch die Überlegenheit seiner weissagenden Macht, die Cumaea beugt sich der Ewigkeit ihres nicht-sterben-könnenden Alters, und Daniel, der jugendliche, schreibt mit fliegender Feder. Die libysche Sibylle endlich, die schönste von allen, hat das Ende der Prophetie erreicht und schließt in anmutiger Ergebenheit das Buch. Welch ein Schauspiel: von der Tiefe des Grams bis zum Feueratem göttlicher Eingebung, ein Geschlecht von Riesen, lebendige Grenzpfähle der menschlichen Natur!

Und noch ist das Programm des Freskos nicht zu Ende. Über den vier Ecken des Raumes wölben sich die Szenen der Strafe, die Mahnungen vor Gottes Zorn, die bebenden Vorahnungen des Gerichtes. Judith mit dem Haupt des Holofernes; David, der den Goliath erschlägt; Aman, den der Tod ereilt, weil er sich an Israel vergriffen hat; und die eherne Schlange, Strafe und Rettung zugleich. Das alles ist gemalt im Geiste des Alten Testaments, ist gesehen, als wäre die Erlösung noch nicht eingetreten, als stünde die Ankunft Christi noch bevor. Den restlichen Raum hat Michelangelo bedeckt mit schlafenden und ruhenden Gestal-

MICHELANGELO
Bekehrung des hl. Paulus, um 1540
Freskodetail in der Cappella Paolina

ten, Müttern, Kindern und Familien, hingestreckt in dumpfer Müdigkeit. Es sind die leiblichen Vorfahren Christi, Namen nur, deren Existenz in die Heilsgeschichte hineinwirkt, weil am Ende ihrer Generationenkette Jesus von Nazareth aus ihrem Stamme hervorgeht.

Aber wo ist er, der Gott der Liebe, der Menschensohn, wo ist das Reis der Gnade, das Lamm Gottes, der Retter der Welt? Wir suchen vergeblich nach ihm in der ›Sixtina‹, denn wenn er erscheint, ist auch schon der Jüngste Tag angebrochen, und die Majestät des Gerichtes hebt an.

DAS JÜNGSTE GERICHT

Niemand kennt die Worte, die am 31. Oktober des Jahres 1541 zwischen Papst Paul III. und Michelangelo in der Sixtinischen Kapelle gewechselt worden sind. Augenzeugen berichten aber, die Situation sei mit einer Spannung ohnegleichen aufgeladen gewesen. Durch die Fenster gebündelt, fiel das Nachmittagslicht ein, die Altarwand war von einem großen Tuch verhüllt. Papst Paul III. kam mit kleinstem Gefolge – ein zwar gebückter, doch noch höchst lebendiger Greis mit grauweißem Bart, das Haupt kahl geschoren. Ein merkwürdiges Gesicht: bäuerlich derb die Nase, überlang nach abwärts strebend, die Stirn emporsteigend in vielgeschichteten Falten, unter buschigen Brauen ein klares, braunes Augenpaar. Über dem weißen Papstkleid trug Paul III. einen blaßroten, von Hermelin eingefaßten Schulterkragen und segnete mit schmaler Aristokratenhand den Künstler und die wenigen zugelassenen Besucher. Michelangelo war dunkel gekleidet wie stets, ein breitgesichtiger Mann mit rundem Schädel und knolliger Nase, die Augen weit auseinanderstehend, nachlässig und ungepflegt. In dem zeremoniellen Kniefall, womit er den Papst begrüßte, war nichts von dem jahrelangen Ringen zu spüren, das die beiden Männer miteinander verbunden hatte. Ein Wink des Papstes – und die Hülle, die die Altarwand bedeckt hatte, fiel zu Boden. Zum erstenmal blickten andere als Michelangelos Augen auf das ›Jüngste Gericht‹.

Minutenlanges Schweigen – dann begann der Papst zu beten: »O Herr, rechne mir meine Sünden nicht an, wenn Du kommen wirst zum Weltgericht.« Ohne ein persönliches Wort an den Künstler zu richten, forderte er Michelangelo auf, seinen Glauben zu bekennen. Der Meister kniete an den Stufen des Altares nieder und begann ohne Zögern: »Credo in unum Deum.«

Stellen wir uns das vor: der einsame Künstler betet in dem Augenblick, da sein tiefstes Werk zum erstenmal sichtbar wird, die konzentrierten Sätze des christlichen Glaubens – und durchmißt alle Stationen, die vom Beginn der Schöpfung bis zu jenem Ende reichen, das er dargestellt hat. Wie man auch darüber denken mag – in dieser Situation war es eine Realität, wenn Michelangelo, stellvertretend für Papst und Kirche, die Worte sprach: »Ich erwarte die Auferstehung der Toten und das Leben der zukünftigen Welt.«

Bis auf den heutigen Tag gibt es keine Darstellung von Menschenhand, die ein künftiges Ereignis mehr in die Gegenwart versetzt als Michelangelos ›Jüngstes Gericht‹. Hier ist nicht Prophetie, nicht ein mögliches Bild vorausgeahnten Geschehens ausgesagt, sondern das konkrete Ende der Weltgeschichte. Die Gebeine, die da aus den Gräbern steigen, sich mit Fleisch und Sehnen umkleiden und als kompakte Leiber gen Himmel fahren, sind keine Schemen, sondern Menschen von

DAS JÜNGSTE GERICHT

riesenhaftem Bau. Sie erfahren in diesem Augenblick, wie es ist, wenn die Naturgesetze sich verkehren. Für sie gilt nicht mehr, was selbst uns Heutigen noch unbestritten scheint: die Gewißheit des Todes. Denn lebend kommen sie aus den Gräbern hervor. Zugleich ist ihnen die Sicherheit des Bodens entschwunden, ihre Körper fahren durch die Luft. Eine saugende Kraft zieht sie hinauf zu den Heiligen des Alten und des Neuen Bundes, um sich dort oben in einen Stoß zu verkehren, der die Lästerer in die Tiefe der Hölle wirft. Christus hat sich von seinem Thron erhoben, ein Herkules, ein Apoll, ein neuer Adam. »Er übet Macht mit seinem Arme«, so sagt das Magnificat. Hier weist dieser Arm die Sünder, die das Heil verschmähten, aber mit den Seligen aufgestiegen sind, in endgültiger Geste aus der neu erstehenden Schöpfung. Zu Christi Füßen sitzt auf einer Wolke mit gespreizten Schenkeln der heilige Bartholomäus. Als Zeichen seines Martyriums trägt er in der Linken die eigene Haut. In der Verzerrung der herabhängenden Falten ist der Abdruck des Gesichtes noch zu sehen: das Michelangelos.

So weit ist dieser Mann gegangen. Und daß er sich dazu gedrängt fühlte, lag an dem Widerspruch zwischen seinem Charakter und der Welt, in der er lebte. Nach Julius II. Tod, zur Zeit Leos X., schien es in Rom, als sei die Schönheit der eigentliche notwendige Sinn des Lebens. Michelangelo aber hatte Schönheit als Selbstzweck längst hinter sich gelassen. Inmitten des genußfreudigen Lebens seiner Zeitgenossen vereinsamte er mehr und mehr, zumal man seinem Genie zwar mit scheuer Ehrfurcht, aber nicht mit Zuneigung begegnete. So schlug seine Schicksalsstunde erst, als das heidnisch-christliche Gemisch brausender Daseinsfreude im ›Sacco di Roma‹ untergegangen war.

Erst nach dem Strafgericht konnte Michelangelo wagen, was vorher kaum möglich gewesen wäre: die Darstellung jenes präzisen Augenblicks, an dem durch den Spruch des Weltenrichters die Spreu vom Weizen gesondert, der aus Gut und Böse geflochtene Knoten zeitlichen Lebens durchhauen wird, um dem neuen Himmel und der neuen Erde ein Dasein ewiger Harmonie zu ermöglichen. Auf dem dunklen Hintergrund der Zerstörung Roms war der Kampf des guten und des bösen Prinzips, den man vorher so glücklich in symbolischer Balance zu halten geglaubt hatte, zur gefährlichen Wirklichkeit geworden. Wenngleich die Stadt sich aus der Asche wie ein Phönix erhob, blieb ihr größerer irdischer Glanz für die Zeugen des Sacco dennoch eine Vorläufigkeit, der Michelangelo die düstere Wahrheit drohenden Untergangs entgegenhielt. Niemand konnte es wagen, ihn deshalb als einen Phantasten zu verlachen, und viele verstanden, wie begründet war, was seine malende Hand prophezeite.

Wir Heutigen haben Kenntnis und Erfahrung von Katastrophen, an denen gemessen der ›Sacco di Roma‹ ein bedeutungsloses Ereignis war. Dennoch berührt auch uns noch Michelangelos ›Jüngstes Gericht‹ in der Tiefe unserer Existenz. Denn dieses Werk ist nicht nur die Tat eines künstlerischen Genies, sondern eine religiöse Vision.

Dargestellt ist das Ende der Zeit, der Zeit, in die wir alle eingehüllt sind. Wir haben uns längst daran gewöhnt, mit der Zeit umzugehen, als wäre sie unser Gut, uns von ihr gehetzt zu fühlen wie von einer Geißel, aus ihr einen Fluchtweg zu suchen, als ob es ihn gäbe. Kaum denken wir daran, daß die Zeit einmal einen Anfang genommen hat – und daß sie an einem unbekannten Augenblick der Zukunft zu Ende gehen

DAS JÜNGSTE GERICHT 421

wird. Die Zeit, die mit unserem Herzschlag und Atem
verrinnt, in unseren Vorfahren vergangen, in unseren
Nachkommen künftig, in uns selbst stets gegenwärtig
ist – empfänden wir sie nicht größer in ihrem Gang,
sicherer in ihrem Lauf, wenn wir uns nicht nur als Einzelwesen, sondern als das Menschengeschlecht begriffen,
dem gleich der Zeit ein Ziel gesetzt ist? Wir alle leben
doch immer noch in der Hoffnung, es müsse jenseits
von Grausamkeit und Lüge einen Sinn geben für die
Existenz aller Menschen, die je auf dem Erdball gestorben sind bis auf den heutigen Tag. Und woher
empfinge diese Hoffnung Kraft, wenn nicht aus der
Verheißung dessen, von dem geschrieben steht: »Ich
bin das A und O, der Anfang und das Ende.«?

Von dort – vom Ende her – hat Michelangelo die
Schöpfung gesehen. Nur vom Ende her ist begreiflich,
in welchem Sinne dieses Bild des Schreckens den Päpsten vor Augen steht, während sie am Altar das Mysterium der Erlösung vollziehen. Nichts kann bedeu-
tungsvoller sein für das Begreifen des christlichen Glaubens in seiner katholischen Form, als der Papst, der
die Messe feiert unter dem Jüngsten Gericht. Denn was
er, gleich jedem Priester der Welt, brotbrechend und
segnend hervorruft, ist für den, der glaubt, die wahre
Gegenwart Gottes. Dem, der nicht glaubt, kann das
Geschehen am Altar immer noch ein Zeichen sein für
die den Menschen eingegebene Kraft, die Wahrheit auf
den Pfaden der Liebe zu suchen und nicht an den
Zäunen des Hasses. Für den aber, der leugnet, mag die
Meßfeier des Papstes unter dem Jüngsten Gericht zumindest einen Punkt bedeuten, von dem aus die Ver-
irrungen des menschlichen Herzens erklärbar sind, weil
ihr einziges Ziel zutage tritt: die endgültige Gestalt der
Welt, in der das Gute gesiegt haben wird.

DIE SIXTINISCHE KAPELLE

Der Sieg des Guten – das bedeutet die Niederlage des Bösen. Zu Michelangelos Zeiten fiel es noch keinem Gläubigen schwer, den Gegensatz zu Gott in der Existenz des Teufels zu begreifen. Es gab ihn als Schlange, die den Daseinsbeginn des ersten Menschen gefährdet hatte. Es gab ihn als bösen Engel, der jeden einzelnen zu Fall zu bringen sucht. Es gab ihn als den großen Verführer, der die einfachen Gesetze Gottes so lange zerlegt, bis sie sich verdrehen lassen ohne augenscheinliche Schuld. Die Beugung des Rechtes, des göttlichen und des menschlichen, zu welcher Zeit wäre sie nicht ein böser Reiz gewesen? Wann hätten die Begabten je dem Kitzel ihres Intellekts, der Lust ihrer Skepsis widerstanden, wann wären sie je zurückgeschreckt vor dem Versuch, das Geheimnis Gottes zu entschleiern und weder von ihm noch von seiner Schöpfung etwas übrigzulassen? Es lebt im Menschen ein unerhörter Drang, zu zerstören, was er nicht selbst geschaffen hat. Vielleicht wird er einstmals nicht so sehr zur Verantwortung gezogen für das, was zu zerstören ihm gelungen ist, als für alles Gebliebene, nach dessen Vernichtung es ihn einmal gelüstet hat. Unleugbar verantwortlich bleibt er für beides: für das Getane und für das Gewünschte, für seine Taten und für seinen Trieb.

Auf dem Bilde des ›Jüngsten Gerichtes‹ rollt oben am Himmelsgewölbe die Geißelsäule daher, von herkulischen Geistern kaum in der Bahn gehalten. Ein Knäuel unbeflügelter Engel schleppt Kreuz und Marterwerkzeug durch die Luft. Die Instrumente des Heiles werden denen ein letztes Mal gezeigt, die die Erlösung verschmähten. Sie stürzen hinab in die Düsternis des Orkus, von Verzweiflung überwältigt, von Teufeln gezerrt – und in ihrem schnelleren Fall verlieren sie immer mehr die Ähnlichkeit mit Gott. Alle Verbre-

DAS JÜNGSTE GERICHT

chen, die auf ihnen lasten, münden in dem einen – in der Gotteslästerung. Durch dieses Bild sagt Michelangelo zu uns: Gott kann sich nicht in Ewigkeit lästern lassen. Lest nach in der Schrift: vor die endgültige Gestalt der Welt ist ein Gericht gesetzt, das der Lästerung Gottes ein Ende bereitet.

Unten auf dem Riesenfresko, fast in der Höhe des Altares, entläßt die Erde ihre Toten. Gegenüber gähnt die Hölle. Und in der Mitte fließt ein fahler Fluß. Ein Nachen schwimmt darauf, beladen mit schwärzlichen Leibern. Der Fährmann erhebt das Ruder zum Schlag gegen seine Fracht. Es ist Charon, der Fährmann aus der Unterwelt der Griechen, der hier dem schlangenumwundenen König der Hölle die Seelen der Gotteslästerer zutreibt. Heidentum und Offenbarung sind auf dem Bilde ineinander übergegangen. Denn für alle diese Gestalten, für Gläubige und Ungläubige, Selige und Verdammte, hat in diesem Augenblick das Leben begonnen, ewig zu sein. Nur ein einziger in diesem Wirbel des Lebens muß sterben: der Tod. In einer Felsenhöhle, nah am Ufer des Unterweltflusses, hockt er zähneklappernd und wartet auf sein Ende. Sein Reich war die Zeit, sie ist dahin. Den letzten Tod der Welt stirbt der Tod. Der Mensch aber lebt – ewig wie sein Schöpfer.

Vierhundert nackte Leiber – vierhundertmal Furcht und Zittern vor dem Weltgericht. Dabei sind die Körper der Auferstehenden schon gesteigert zu endzeitlichem Übermaß, nicht weniger vollkommen als die Leiber der Heiligen, die den Himmel bevölkern. Durch alle aber, ohne Unterschied, geht der Sturm. Moses bebt, und Noah ist verzagt, Adam hört den Ruf: wo bist Du? – und Petrus den Hahnenschrei der Verleugnung. Maria, der Sündenlosen, der nichts geschehen

kann, ist das Toben der Schöpfung eine solche Qual,
daß sie ihr Haupt verhüllt – sie will den Schlag der
Gerechtigkeit nicht sehen, den der Gott der Liebe führt.

Der Weltenrichter aber, im Zentrum des Geschehens,
birgt ein Geheimnis. Den rechten Arm hat er erhoben
zur Verdammung der verlorenen Sünder, und diese
verfallen sogleich, von dem Spruch angefüllt wie mit
Blei, der Schwerkraft der Hölle. Dennoch ist das Gesicht Christi vollständig frei von Zorn. Während die
Geste noch aus der beleidigten Majestät Gottes her-
vorkommt, die sich Gerechtigkeit verschafft, kündet
das Antlitz, von fliegendem Haar umrahmt, schon den
neuen König, der über den Kampf zwischen Gut und
Böse weit hinausgehoben ist. Wir wissen nicht, welche
Gedankengänge Michelangelo zu diesem Entwurf des
Weltenrichters veranlaßt haben. Aber es ist uns sein
Ausspruch überliefert: »Um das verehrungswürdige
Antlitz des Heilandes wahrhaft wiederzugeben, ge-
nügt es nicht, ein großer und kundiger Meister zu sein.«
Michelangelos Leben in jenen Jahren ist durchflochten
von Theologie. Vielleicht wollte er diese Züge den
Verdammten mit auf den Weg in das Feuer geben, als
bleibendes Richtmaß für ihren endgültigen Verlust.
Vielleicht auch stand ihm das Wort des Matthäus-
Evangeliums vor Augen: »Wie der Blitz ausgeht vom
Aufgang und leuchtet bis zum Niedergang, so wird
seine Ankunft sein.«

Die erhobene Rechte und der Körper des Weltenrichters sind in der Drehung nach links begriffen. Doch
ist die Gebärde festgehalten in einem Stadium, wo die
Bewegung zwar schon in Gang gekommen, aber noch
nicht vollzogen ist. Hinzu kommt, daß die Position
des Weltenrichters, also der Standort des Thrones, von
dem er soeben aufspringt, innerhalb des Gesamtgemäl-

des sehr hoch oben liegt. Dies löst im Betrachter bei längerem Verweilen vor dem Bilde eine merkwürdige Beklemmung aus. Es ist nicht ohne weiteres möglich, die Gestalt des Weltenrichters anzusehen, ohne sich von dieser Geste der verwerfenden Gerechtigkeit mitbetroffen zu fühlen. Werden wir nicht alle in den Sog des Höllensturzes geraten, wenn der noch erhobene Arm seinen Schlag geführt hat?

Das Werk stellt nicht den Beginn des Jüngsten Tages dar, sondern seinen Höhepunkt. Damit der furchtbare Augenblick überhaupt eintreten kann, wird eine Kette von Geschehnissen als vollzogen vorausgesetzt. Eines davon ist hier wesentlich. Die Heilige Schrift redet an mehreren Stellen von einem Menschen, der den Kampf zwischen dem guten und bösen Prinzip in seiner Seele bedingungslos zugunsten des Bösen entschieden hat: von dem Antichrist. Er ist das feinste Resultat eines geistigen Menschheitsprozesses, an dessen Anfang die überzeugte Leugnung des persönlichen Gottes steht. Somit wäre dieser Mensch – als Mensch – ein vollkommenes Wesen. Er wäre begabt mit allen Fähigkeiten und übte überdies eine irdische Macht aus, deren Ausmaß seinem Genie entspräche. Nach Auskunft der Schrift kommt er nicht ohne Vorzeichen. »Das Geheimnis des Bösen wirkt schon«, sagt der heilige Paulus, und definiert den Antichrist als »den Rivalen alles dessen, was Gott heißt oder als Gott verehrt wird«.

Mit anderen Worten: der Antichrist ist der erklärte Gegner jeder existierenden Religion, also des Religiösen überhaupt. Zunächst, so läßt sich erkennen, wird dieser Mensch an der Gottheit Christi mit sehr einleuchtenden Argumenten rütteln. Daraufhin wird sich eine Weltanschauung ausbreiten, die auf dem Staatskonformismus gründet, da der Antichrist und seine

DIE SIXTINISCHE KAPELLE

Macht ein Reich umfassen werden, dem die gesamte Menschheit angehört. Prophetisch schreibt der Apostel Paulus an Timotheus: »Es werden dann Menschen sein, die viel von sich selbst halten, geizig, ruhmredig, hoffärtig, Lästerer, den Eltern ungehorsam und undankbar, lieblos, unversöhnlich, verleumderisch, unkeusch, Verräter, Frevler, die mehr die Wollust lieben, denn Gott. Noch tragen sie an sich den Schein eines gottseligen Wesens, aber seine Kraft verleugnen sie.«

Solche Worte stehen zu unserer Existenz in einer ähnlichen Beziehung wie Michelangelos großes Gemälde: hinausreichend über Zeit und Menschen, um deretwillen sie entstanden, treffen sie uns unmittelbar. Wenn aber – so fragen wir uns – solche Vorgänge schon die Voraussetzungen sind für den Augenblick des Strafgerichts, warum hat dann der Meister den Antichrist nicht gemalt?

Michelangelo folgt – wie im ganzen Programm – auch hier der Heiligen Schrift. An mehreren Stellen steht dort zu lesen, der Antichrist habe Vorboten, die ihm gleichen. Er vervollkomme sich sozusagen durch eine Ahnenkette, als deren letztes und reifstes Glied er selbst erscheint. Hat der Meister den Gedanken gehegt, unter den Betrachtern dieses Bildes könne an einem unbekannten Tage der Zukunft auch jener furchtbare Mensch selber sein? Damals, nach den Jahren des ›Sacco di Roma‹, gingen in Rom seltsame Sprüche und Weissagungen um, die man später zu den gefälschten Prophetien des Malachias zusammenfaßte. Darunter findet sich das Wort: »In der letzten Verfolgung der heiligen Kirche« – und diese ist das Werk des Antichrist – »wird Petrus II. auf dem Throne der Päpste sitzen und seine Herde in vielen Trübsalen weiden. Sind sie vorbei, dann wird die Stadt auf den sie-

DAS JÜNGSTE GERICHT 427

ben Hügeln zerstört werden, und der schauererregende
Richter wird kommen, die Völker zu richten.« Ist der
Zerstörer der Stadt der Antichrist selbst? Müssen wir
nicht die Plünderung von Rom als ein Vorzeichen verstehen für seine endgültige Zerstörung durch den tota-
len Sieg eines glaubensfeindlichen Machtapparates?

Michelangelos Gemälde verlangt von uns, das komplizierte Ineinanderwirken von Gut und Böse innerhalb der menschlichen Natur als eine erfahrene Wahrheit anzuerkennen. Da selbst der Atheismus zwischen
Gutem und Bösem unterscheidet, dürfte ein solcher Anspruch des Bildes auch bei jenen Geltung behalten, die
den Rest des Vorgangs als Aberglauben ablehnen.
Überdies sollte der Mensch, auch wenn man ihn ausschließlich als Teil der Natur nimmt, doch wenigstens
so sinnvoll sein wie alle der Natur zugehörige Materie
oder Kraft. Weiter wird man zugestehen, daß der stets
rascher fortschreitende Entwicklungsprozeß unserer
Welt ein sehr hohes Stadium der Beschleunigung erreicht hat. An uns selbst stellen wir eine immerfort
steigende Verfeinerung des Zeitsinns fest: immer kleiner wird die Zeitspanne des Augenblicks, die wir wahrnehmen können, immer schneller die Abfolge, in der
sich die wahrgenommenen Augenblicke zur Zeit komponieren. Schon ist denkbar, daß diese Beschleunigung
einen absoluten Höhepunkt erreicht. Notwendiger-
weise wird dann die Zeit nicht mehr fortschreiten, sondern stillestehen. Ein Mensch, der in einem Raumschiff
mit Lichtgeschwindigkeit durch das All flöge, stünde
außerhalb des für uns verbindlichen Zeitablaufes. Hätte
er ein Auge von weitergespannter Aufnahmefähigkeit
als das unsere – er könnte sämtliche Abläufe der Weltgeschichte auf einmal sehen. Warum also sollte es nicht
vorstellbar sein, daß an jenem geheimnisvollen Augen-

blick, wenn die Zeit ihr Ende findet, die gesamte Weltgeschichte aufs neue zur realen Gegenwart wird? Nichts anderes hat Michelangelo gemalt. Denn träte dies ein, erhöbe sich sogleich das Problem der Schuld. Mit einem Wieder-gegenwärtig-Werden jeder denkbaren Vergangenheit würde ja nicht nur der einzelne Mensch, wann immer er auch gelebt hat, neuerdings leben – mit ihm würden leben seine Taten und Untaten.

Vielleicht ist also das Auftreten einer endgültigen Ordnungsmacht am Ende der Zeit nicht gar so sinnlos – zumal sie, wie man zugeben wird, an Autorität, Weisheit und Klarsicht der menschlichen Natur unendlich überlegen wäre. Nehmen wir hinzu, was uns schon beim Antichrist vor Augen stand. Im Denken der Welt ist der Begriff Schuld bekanntlich gekoppelt mit dem Begriff Strafe, und längst haben wir uns an dieses schiefe Gegensatzpaar gewöhnt. Der Christ dagegen empfängt für begangene Schuld nicht Strafe – er leistet Sühne. Erst wenn er diese verweigert – was mit einer Leugnung seines Unrechts zusammenfällt –, erreicht ihn die Strafe, die dann ihrerseits nicht nur die begangene Untat, sondern auch den Frevel der Hartherzigkeit zu tilgen hat. Soll aber nicht die Strafe, sondern die Sühne den Ausgleich für Schuld bieten, so muß dem Menschen eine Chance gegeben sein, zu sühnen – auch über sein Erdenmaß hinaus. Hier stoßen wir auf das letzte Problem, das Michelangelos großes Werk uns anbietet: den Tod.

Der einzige, der bei dem furchtbaren Augenblick stirbt, ist der Tod. Für alle andern, ob selig oder verdammt, ist von da an das Leben ewig. Weder der Atheismus noch die Wissenschaft, soweit sie sich als Selbstzweck versteht, haben vermocht, den Tod als Rätsel aus der Welt zu schaffen. Todesfurcht ist kein

DAS JÜNGSTE GERICHT

Resultat der Religion, sondern ein Phänomen der Natur. Die Frage für viele von uns ist: Wie weit kann man überhaupt noch daran festhalten, der Mensch habe eine unsterbliche Seele, kraft deren er den Tod überlebt? In unserer Gesellschaft hat die Lebensmüdigkeit so weit um sich gegriffen, daß viele das Aufhören des Individuums beim Erlöschen seines körperlichen Daseins als eine wohltätige Vorstellung empfinden, die sie für keine noch so paradiesische Verheißung ewigen Lebens preisgeben möchten. Andererseits ist diese Sehnsucht nach dem Sich-Verlieren im Nichts nur dann zu verstehen, wenn es – abgesehen von der Mechanik natürlicher Fortpflanzung – für den Menschen gleichgültig ist, ob er je gelebt hat oder nicht. Denn ist es nicht gleichgültig, dann wird das Verschwinden der einzelnen menschlichen Existenz in einem großen Meer des Vergessens zum Symbol für die Sinnlosigkeit des menschlichen Daseins überhaupt. Dies widerspricht – ich glaube in einsichtiger Weise – dem Charakter des Prozesses, den wir, auch mit Hilfe der Wissenschaft, heute in der Weltgeschichte erkennen. Es ist nicht mehr absurd, selbst ohne Zuhilfenahme der Offenbarung zu dem Schluß zu kommen, daß die Schöpfung sich innerhalb einer scheinbaren, weil eingegrenzten Mechanik dennoch nach einem höheren Willen entwickelt. Als Ganzes strebt sie auf eine endgültige Gestalt zu, in der alle ihre Teile das sinnvolle Ziel erreichen, um dessentwillen sie geschaffen worden sind. Dieses Ziel kann nur gleichbedeutend sein mit dem Ende der Entwicklung, der Schlußphase des Prozesses – und diesen Augenblick nennt der Christ den Jüngsten Tag. Da der Mensch innerhalb der Schöpfung lebt und ein Teil von ihr ist, muß der Jüngste Tag auch für ihn verbindlich sein. Also muß er ihn erleben. Das kann er nur, wenn der Tod für die Menschen nicht endgültigen, sondern transitorischen Charakter hat. Er ist vielleicht nur eine Kernspaltung der menschlichen Existenz, durch deren Vollzug die Energien, die dem Menschen innewohnen, bei Zerstörung seiner Materie erst wahrhaft frei werden und sein endgültiges Bild preisgeben. So fährt er, neu erschaffen, auf Michelangelos Gemälde aus den Gräbern. Die riesenhaften Dimensionen aber, die die Körper angenommen haben, sind nur die Umrisse ihrer von der Zeit befreiten Natur.

Noch ist die Welt, in der wir leben, endlich, zeitlich und auf dem Wege. Da sie aber die Schöpfung ist, wird sie am Ende dieses Weges gleich ihrem Schöpfer ewig und vollkommen sein. Wie alles Gezeugte wird sie sterben im Stoff, um zu leben im Geist. Geburt ist schmerzlich, weil sie das Leben zwingt, eine neue Form anzunehmen – und der Tod ist voll Schmerzen, weil er eine neue Geburt ist.

Dieses Gericht, von dem wir einen einzigen Augenblick durch Michelangelos Werk betrachtet haben, ist die Zusammenfassung der zeitlichen Welt – und aus ihr hervor geht ein neuer Mensch, wie er von Anfang an gedacht ist, das vollkommenste Wesen der Schöpfung. Abfällt die Spur der Schändung, die der zeitliche Mensch sich selbst zugefügt hat, hinweggefegt wird die Betrübnis, die aus dem Zwiespalt unserer Existenz zwischen Stoff und Geist erwächst. Seit Kindertagen haben wir vernommen, der Mensch bestehe aus Leib und Seele. Ist es nicht denkbar, daß diese beiden Elemente sich eines Tages durchdringen – so wie die göttliche und die menschliche Natur in Christus sich bei seiner Ankunft durchdrungen haben? Nichts ist schwerer, als auf den Gesichtern unserer Mitmenschen das Antlitz Gottes zu erkennen. Dennoch: in un-

DAS JÜNGSTE GERICHT

bekannter Zukunft wartet ein Augenblick, unser Auge
sehend zu machen für das, was wir wirklich sind. Die
Schrecken, die diesen Augenblick begleiten, enträtseln
uns den Sinn der Weltgeschichte – und wir werden wissen, was wir jetzt nur ahnen: daß der Tod sterblich
ist und daß wir ihn überleben. Die Antwort auf Michelangelos ungeheure Vision tönt aus den Worten des
Evangeliums: »Fürchtet Euch nicht.«

Nimmt man die Geschichte des Christentums zusammen, so hat auch die katholische Kirche nicht vermocht,
die Furcht zu überwinden. Wohl war sie tröstlich bemüht, Gnade und Erlösung dem Gläubigen greifbar
vor Augen zu stellen, wohl verstand sie sich stets als
eine Heimstatt der Menschheit, worin das ewige Vielleicht ein Ende finden konnte. Und alles, was der
Mensch in seiner Schöpferkraft an Herrlichkeit hervorbrachte, nahm sie in sich auf, damit die Glaubens-
heimat nicht ein Gefängnis von Geboten sei, sondern
ein vertrautes Vaterhaus. Aber an nichts ist sie tragischer erlahmt als an dem göttlichen Geheiß, sich nicht
zu fürchten. Denn wenn es auch der Erlöser selbst war,
der sie gestiftet hat und immer neu belebt, so wird sie
doch von Menschen getragen, deren Lebensweg in der
Zeit verläuft. Furcht aber ist eine Frucht der Zeit.
Vergangenes könnte wiederkehren, Künftiges schreck-
licher sein als die dahinfliehende Gegenwart. Und noch
wo der Glaube siegreich ist über Vergänglichkeit und
Tod, muß er hören, der Gerechte sündige siebenmal
am Tag. Auch wer die Zeit überwunden hat, fürchtet
sich immer noch vor Gott.

Ein paar Schritte nur von der Sixtina entfernt, in
der nicht zugänglichen *Cappella Paolina* – es würde
genügen, die jenseits des Haupteingangs liegende ›Sala

Regia‹ zu durchqueren – malte der alternde Michelangelo nach der Vollendung des Jüngsten Gerichts zwei erschreckende Szenen: die ›Kreuzigung Petri‹ und ›Pauli Bekehrung‹. Vom Pferde gestürzt ist der Christenverfolger, geblendet, gelähmt. In kreisenden Taumel gerät das Gefolge vor dem Blitze Christi, der vom Himmel niederfährt, um des Saulus bisheriges Leben auszulöschen. Bei lebendigem Leibe erleidet Saulus, plötzlich uralt, einen inwendigen Tod, in dem Paulus geboren wird. Petrus aber, dessen Kreuz man kopfwärts in die Erde rammt, hat inmitten der Gaffer noch die Kraft, sein Riesenhaupt herumzudrehen. Drohend richtet er das Auge auf seine Nachfolger. Wehe dem, der sich fürchtet, sagt sein Blick.

Wieviel ist da verlangt! Solange die Zeit währt, geht das Böse um auf der Welt. Dem Menschen gelingt es noch im Glauben, Gott zu schmähen, noch in der Liebe, Ihn zu verleugnen. Unmeßbar rinnt die Zahl der Lästerungen mit dem Strom der Geschichte fort bis zu seinem Ende. Am Jüngsten Tag wird alles aufgesammelt sein – prophetisch zeigt es Michelangelos Gericht. In dem Augenblick aber, da der Weltenrichter zum Schlage gegen die Sünde ausholt, erreicht auch die Furcht ihren Gipfel: Petrus, rechts von Christus in höchster Erregung, gibt seine Schlüssel zurück; gekommen ist das Ende der katholischen Kirche. Sie erleidet, was den Saulus zum Paulus werden ließ. Lebend wird sie ausgelöscht, damit ihr geschehe, was von Anfang verheißen war: »Siehe, ich mache alles neu.«

Für das Reich, das nach solchen Wehen ans Licht tritt, gibt es in der ›Sixtina‹ keine Spur. Es liegt jenseits der Zeit, der Kunst und der Welt, eingebettet in das Mysterium der Erlösung. Als einziges Ziel aller Hoffnung steht auf dem Altar ein großes Kreuz.

REGISTER

434 REGISTER

ADONIS 215, 216, 218, 219
Aelst, Pieter van (tätig 1497–1519)
333
Agorakritos 98
Alberti, Leon Battista (1404–72)
32–35
Albornoz, Ägidius d', Kardinal
(† 1367) 25, 26
Aldobrandinische Hochzeit
328–30
Alexander III. Bandinelli, Papst
(1159–81) 285
Alexander VI. Borgia, Papst
(1492–1503) 36, 269, 278, 300,
304, 307, 309, 311, 313, 315–326,
338–341, 387
Alfonso, Herzog von Bisceglie
309–311
Altar des Augustus 158, 162–165
Angelico, Fra Giovanni (1387–
1455) 365, 391–393
Animali, Sala degli 109, 150
Anjou, Familie der 23, 29, 339
Antinous 75, 76, 81, 94, 95, 148
Antiquarium Romanum 219
Antisthenes 107
Antoninus Pius, röm. Kaiser (138–
161) 62, 99, 137, 138, 142
Antoninus-Säule, Sockel der 60,
62–64
Antonius, Marcus 70
Aphrodite, Anadyomene 122
–, Kauernde 122
–, Knidische 118, 120–122
Apicius, Marcus Gavius 275
Apollo vom Belvedere 40, 230–
232
Apollon 126, 129, 130, 248
Apollon Sauroktonos 129
Apollonios 143, 232
Apoxyomenos, Gabinetto dell'
228–230
Ara Casali 167, 168
Arazzi, Galleria degli 333, 334
Aretino, Pietro 403, 404
Argyropulos, Johannes 264

Ariadne 40, 113, 114, 330
Artemis von Ephesos 196
Asklepios 222
Aspasia 100–107
Athanodoros 237
Athene 223
Aubusson, Pierre d', Kardinal
(† 1503) 37, 38
Augustinus, Heiliger 362
Augustinus-Handschrift 273
Augustus, röm. Kaiser (63 v. Chr. –
14 n. Chr.) 70, 71, 90, 158,
162–166, 180–185, 188, 190, 191
–, Altar des *siehe* Altar des Augu-
stus
Augustus von Prima Porta 180,
182–185, 188
Avignon, Päpste in 23–28, 31

BAJESID II., Sultan der Türken
(1481–1512) 37, 38, 339, 340
Bandinelli, Baccio (1488–1560) 240
Belvedere 22, 35, 39–43
–hof *siehe unter* Cortile
Bembo, Pietro, Kardinal (1470–
1547) 274
Benedikt XIV. Lambertini, Papst
(1740–58) 16, 49, 277
Bernini, Giovanni Lorenzo (1598–
1680) 278
Beroaldo, Filippo 379
Bessarion, Basilius 333
Bias 107
Bibel von Alcalá de Henares (Po-
lyglotte Bibel) 279
Bibliothek, Vatikanische 48, 261,
265–283
Bibliothekssaal Sixtus V. 270–292
Biga, Gruppe 194
Biga, Sala della 192–194
Boccaccio, Giovanni 357
Bonaventura, Hl. 287, 362, 365
Bonifaz VIII. Caetani, Papst (1294–
1303) 31
Borgia-Appartement 35, 36, 300,
307–326

REGISTER 435

Borgia, Cesare 308–314, 316–318, 323, 325, 341

Borgia, Familie der 309, 312, 314, 316, 317, 322, 341

Borgia, Lucrezia 308–311, 316, 323

Borgia, Rodrigo, Kardinal 36, 308, 309, 314, 315, 332; *siehe auch* Alexander VI., Papst

Botticelli, (1445–1510) 276, 395, 406, 408

Bourbon, Karl, Herzog, gen. der Connétable (1490–1527) 387

Boym, Michele 282

Braccio Nuovo 51, 52, 172–188

Bramante, Donato d'Angelo (1444–1514) 39–43, 59, 169, 221, 342, 376, 398, 400

Brigitta, Heilige 25–27

Bril, Paul († 1626) 45

Bryaxis 96

Busti, Sala dei 130–146, 148, 149

CÄSAR, Gajus Julius (100–44 v. Chr.) 69–71, 131–135, 159, 161, 162, 170, 178

Calixtus III. Borgia, Papst (1455–58) 303, 314

Camaldulensische Disputationen, Handschrift der 277

Candelabri, Galleria dei 195–197

Canova, Antonio (1757–1821) 148, 178

Cappella di Nicolò V. 391–93

Cappella di Pio V. 306

Cappella Sistina s. Sixtinische Kapelle

Caracalla, röm. Kaiser (211–217) 148

Caradosso 337

Carlo Borromeo, Heiliger 43, 44, 289, 297

Carte Geografiche, Galleria delle 46, 335

Casino Pio Quarto 297–299

Castiglione, Baldassare 358

Catanei, Vanozza de' 308, 309

Chiaramonti, Museo 169–171

Cicero 108, 146, 170, 188, 273

Claudius, röm. Kaiser (41–54) 90, 92, 174

Clemens V. Bertrand de Got, Papst (1305–14) 287

Clemens VI. Roger, Papst (1342–52) 23

Clemens VII. Medici, Papst (1523–34) 387–390, 402

Clemens (VII.) Robert Graf von Genf, Papst (1378–94) 31

Clemens XIV. Ganganelli, Papst (1769–74) 50

Cleopatra, Königin von Ägypten (51–30 v. Chr.) 67–71, 78, 180, 181

Cleopatra, Porträt der 67

Codex Augustaeus 274

– Bembinus 274

– De futuribus (Sixtus IV.) 276

–, Lorscher 274, 306

Columbus, Christoph 303, 304, 335

Commodus, röm. Kaiser (180–192) 88, 89, 99, 140–142, 174

Constantia, Sarkophag der 85, 86

Constantius Chlorus (250–306) 82–84, 189

Cortile del Belvedere 40, 41, 152–158, 230, 233, 240, 299

– del Belvedere (Ottagono) 40, 41, 152–158, 230, 233, 240

– delle Corazze 54

– della Pigna 59–64

Cosmas Indicopleustes, Topographie des 274

Costantino, Sala di 389, 390

Credo, Sala del 314

Croce Greca, Sala a 66, 82

DAMASUS-HOF 376

Dante Alighieri 60, 276, 363

Demosthenes 176, 177

Diokletian, röm. Kaiser (284–305) 189

Dionysos 61, 62, 86, 114–117, 124–126, 193, 194, 196, 217, 330

436 REGISTER

Disputà, Wandgemälde 359–363

Djem, türkischer Prinz
(† 1495) 37, 38, 323, 339, 340

Dolci, Giovanni di Pietro 395

Domitian, röm. Kaiser (81–96) 54–58, 172, 236

Domitius Ahenobarbus 175

Drei Grazien 122, 123

Durant, Will 296

ELIODORO, Stanza d' 367–372

Epikur 108

Erasmus von Rotterdam 389

Eros 127

Eros von Centocelle 127, 128

Eugen IV. Condulmaro, Papst (1431–47) 288, 330, 331

Euripides 103, 104

Eutyches, Archimandrit von Konstantinopel 284

Exekias, Amphore des 225–227

FARNESE, Alessandro, Kardinal 324, 349, 409; *siehe auch* Paul III., Papst

Farnese, Giulia 324

Faustina 154

Ferdinand V. von Spanien (1479–1516) 304

Ficinus, Marsilius 348, 378

Filelfo, Francesco 264

Fontana, Domenico (1543–1607) 48, 268, 269

Franz I., König von Frankreich (1515–47) 240–242, 302

Franziskus von Assisi, Heiliger 286

Friedrich II., röm.-deutscher Kaiser (1212–50) 275, 286

GALBA, röm. Kaiser (68–69) 55, 92, 93

Galerius, röm. Kaiser (305–11) 189

Galilei, Galileo 278

Ghezzi Pietro, 277

Ghirlandaio, Benedetto (1458–97) 395

Ghirlandaio, Domenico (1449–94) 395, 407

Giovanni da Verona, Fra (1457–1525) 337

Giulio Romano, Giulio Pippi, gen. (um 1499–1546) 373, 390

Goethe, Johann Wolfgang von 175, 230–232, 244

Gratian, 275, 349

Gratidia und Gratidius, Bildnisgruppe 136, 137

Gregor IX. Segni, Papst (1227–41) 349

Gregor X. Visconti, Papst (1271–76) 287

Gregor XI. Roger, Papst, (1370–78) 27–29, 31

Gregor XIII. Boncompagni, Papst (1572–85) 45, 46, 335

Gregoriano Egizio, Museo 74, 76–81

Gregoriano Etrusco, Museo 197–219

Griechische Bibel des Vatikan 272

Guicciardini, Francesco 307, 388

Gutenberg-Bibel 278

HADRIAN, röm. Kaiser (117–138) 74–76, 81, 94, 95, 132, 137, 142, 147, 176

– Villa in Tivoli 74, 76, 81, 94, 196

Hagesandros 237

Heinrich VIII., König von England (1509–47) 278

Helena, Sarkophag der 82, 84

Herkules, Standbild des 88, 89

Hermes Psychopompos 156

Hermes Trismegistos 156, 157

Hieronymus, Kelch des Hl. 306

Homer 105

Hydria des Euthymides 216, 217

INNOZENZ III. Segni, Papst (1198–1216) 286, 362

REGISTER

Innozenz IV. Fieschi, Papst
(1243–54) 286
Innozenz VIII. Cibò, Papst (1484–
92) 35–40, 60, 117, 130, 298,
338, 377
Isis 77, 78
Jesuitenorden 50, 51
Joachim von Fiore 286
Joachim Monacus 275
Johannes V. Paläologos, Kaiser
von Byzanz (1341–91) 26
Johannes VIII. Paläologos, Kaiser
von Byzanz (1425–48) 288
Johannes XXIII. Roncalli, Papst,
(1958–1963) 16
Josua-Rolle (Rotolo di Giosuè)
274
Julia Soaemias, Mutter des Helio-
gabal 170
Julius II. della Rovere, Papst
(1503–13) 39–43, 221, 239, 240,
288, 300, 311, 312, 337, 341–
349, 351, 361, 363, 364, 367,
370, 371, 376, 379, 396–402,
412
Jupiter 143, 144
Jupiter des Apollonios 143, 144
Jupiter (Zeus) von Otricoli 96, 97
Justinian, Kaiser von Byzanz
(527–65) 284, 349

KAMBYSES, König der Perser
und Meder († 522 v. Chr.) 80
Karl IV., röm.-deutscher Kaiser
(1346–78) 25, 26
Karl V., röm.-deutscher Kaiser
(1519–56) 387
Karl VIII., König von Frankreich
(1407–1498) 339, 340
Katharina von Siena 27, 28, 30
Konstantin der Große (306–337)
82, 83, 85–87, 294

LAOKOON-GRUPPE 40, 236–
249
Lapidaria, Galleria 171

Lasa 209, 210
Lateran 24, 31, 256, 292, 306
Leo I. der Große, Tusculaner,
Papst (440–461) 372
Leo III. Römer, Papst (795–816)
373
Leo IV. Römer, Papst (847–855)
373
Leo X. Medici, Papst (1513–21)
16, 132, 240, 289, 357, 372–381,
386, 390, 419
Leo XIII. Pecci, Papst (1878–
1903) 195
Leochares 231
Leonardo da Vinci (1452–1519)
40, 152, 153, 176, 351, 361
Lessing, Gotthold Ephraim 244
Ligorio, Pirro (um 1510–83) 43,
44, 59, 297
Livia 147, 181, 182
Livius, Fragment des 274
Loggien des Raffael 376, 377, 381–
386
Lotto, Lorenzo (1480–1556) 344,
345
Luther, Martin 278, 289
Lysippos (4. Jh. v. Chr.) 228

MÄCENAS 220
Magi, Filippo 198, 240, 245, 246
Manutius, Aldus 34, 279
Marcus Aurelius, röm. Kaiser
(161–180) 137–143, 154
Mars von Todi 211, 212
Maschere, Gabinetto delle 117–126
Maximian, C. Galerius Valerius,
röm. Kaiser (310–13) 189
Maximilian I., röm.-deutscher Kai-
ser (1493–1519) 288
Medici, Giovanni de, Kardinal
349, 374, 377, 378; siehe auch
Leo X., Papst
Meleager, Statue 150
Melozzo da Forlì (1438–94) 261
Michael VIII. Paläologos, Kaiser
von Byzanz (1258/59–82) 287

438 **REGISTER**

Michelangelo Buonarotti (1475–1564) 48, 59, 60, 233, 239, 242, 245, 246, 277, 278, 294, 342, 354, 391, 395–403, 412–432
Misteri della Fede, Sala dei 324
Mithras 63, 110–113
Montefeltro, Federigo III. da, Herzog von Urbino († 1482) 277
Montefeltro, Guidobaldo da, Herzog von Urbino († 1508) 347
Montorsoli, Fra Giovanni Angelo (um 1507–63) 242–245
Muse, Sala delle 99–108
Myron (5. Jh. v. Chr.) 174

NAPOLEON Bonaparte (1804–14/15) 50, 51, 152, 224, 244
Nero, röm. Kaiser (54–68) 55, 92, 128, 148, 190, 191, 234, 235
Nerva, röm. Kaiser (96–98) 141, 142
Nestorius, Patriarch von Konstantinopel 284
Nicchione 59, 60
Nikolaus V. Parentucelli, Papst (1447–55) 32–35, 256, 347, 391–393
Nikolaus V., Kastell 35, 39, 41, 117
–, Kapelle 391–393
–, Palast 35, 36, 41, 44, 300, 344
Nil, Gruppe im Braccio Nuovo 40, 175, 176
Niobe 149

OCTAVIANUS, Gajus Julius Cäsar *siehe* Augustus
Originali Greci, Sala degli 220–225
Osiris 78, 81

PALAFRENIERI, Sala dei 391
Pannartz, Arnold 279
Paolina, Cappella 432
Paschalis I., Papst (817–824) 306
Pastor, Ludwig, Freiherr von Campersfelden 269, 305, 348

Paul II. Barbo, Papst (1464–71) 265, 266, 276
Paul III. Farnese, Papst (1534–49) 241, 242, 324, 402–404, 417
Paul V. Borghese, Papst (1605–21) 270
Paulus, Apostel 426, 432
Pax Romana 135, 185–188
Penni, Francesco (um 1488–1528) 390
Perikles 99, 100, 104–107
Perugino, Pietro Vanucci, gen. il (1445–1523) 344, 345, 395, 408
Peruzzi, Baldassare (1481–1536) 344, 345, 371
Peterskirche 34, 48, 295, 342, 398
Petrarca, Francesco 24, 26
Petrus, Apostel 432
Petrus Valdes (Gründer der Waldenser) 285
Phidias (5. Jh. v. Chr.) 106, 149, 175, 223
Philippus Arabs 174
Photius, Patriarch von Konstantinopel 285
Phryne 118–120, 127
Piccolomini, Enea Silvio, Kardinal 327, 328, 330–332; *siehe auch* Pius II., Papst
Pico della Mirandola, Giovanni 257, 258
Piero di Cosimo (1462–1521) 395, 407
Pietrasanta, Giacomo di (tätig 1479–83) 39
Pigna *siehe* Pinienzapfen
Pinacoteca Vaticana 23, 260–264
Pinienzapfen 60, 61, 178
Pinturicchio, Bernardino di Betto, gen. il (1454–1513) 39, 130, 276, 308, 314, 319, 323, 324, 395, 405
Pio-Clementino, Museo 50, 54
Pius II. Piccolomini, Papst (1458–64) 265, 314, 327, 331–336
Pius III. Todeschini-Piccolomini, Papst (1503) 341

REGISTER 439

Pius IV. Medici, Papst (1559–65) 43, 44, 297–299, 404

Pius V., Ghisleri, Papst (1566–72) 292

Pius VI. Braschi, Papst (1775–99) 50, 66, 109, 123, 195, 269, 270

Pius VII. Chiaramonti, Papst (1800–23) 51, 52, 169, 178, 269

Pius IX. Mastai-Ferretti, Papst (1846–78) 189, 190

Pius XI. Ratti, Papst (1922–39) 16, 217

Platina, eigentl. Bartolomeo Sacchi 265–268, 335

Platon 108, 222

Plethon, Gemisthos 157

Plutarch 208

Pollaiuolo Antonio Benci, gen. (1429–98) 39

Polydoros, 237

Polyklet (2. Hälfte 5. Jh. v. Chr.) 172, 196

Pontifex Maximus 159–161

Praxiteles (4. Jh. v. Chr.) 118, 120, 121, 127

Properz 214

Ptolemäus (vor 360–283 v. Chr.) 67, 79

Pythagoras von Rhegion (um 470 v. Chr.) 223

RAFFAEL Santi (1483–1520) 152, 153, 277, 278, 334, 337, 344–346, 348–373, 376, 377, 382, 390, 401

Rambona, Diptychon von 306

Ramses II., König von Ägypten (1290–23 v. Chr.) 77

Regiomontanus, 264

Regolini-Galassi, Fundstücke aus dem Grab 200–204

Relievi Assiri, Scala dei 228

Riario, Pietro, Kardinal 263

Rienzi, Cola di 24

Robert von Genf, Kardinal 27–31; *siehe auch* Clemens (VII.), Papst

Rosselli, Cosimo (1439–1507) 395, 407, 410

Rotonda, Sala 88–99

Rotulus von Monte Cassino 275

Rovere, Francesco della, Kardinal 276; *siehe auch* Sixtus IV., Papst

Rovere, Francesco Maria della, Herzog von Urbino 352, 403

Rovere, Giovanni della 264, 340

Rovere, Giuliano della, Kardinal 263, 312, 315, 337–341, 396; *siehe auch* Julius II., Papst

Rusch, Adolf 279

SACRO, Museo 305, 306

Salone Sistino *siehe* Bibliotheks-saal Sixtus V.

Sangallo, Francesco, gen. il Margotta (1494–1576) 239

Sangallo, Giuliano di (1445–1516) 239, 277, 323

Sannazaro, Jacob (1458–1530) 357

Sardanapollos 192, 193

Sarkophag im Belvedere 155

Sarzana, Tommaso Parentucelli di, Kardinal 347; *siehe auch* Nikolaus V., Papst

Savonarola, Girolamo (1452–98) 278, 315, 317, 363, 364, 378

Schaber des Lysipp 228–230

Schule von Athen 350–355

Seneca 209

Sergius, Patriarch von Konstantinopel 284

Sette Arti Liberali, Sala delle 317, 327

Sforza, Giovanni, Herzog von Pesaro 309

Sibille, Sala delle 308–314

Signorelli, Luca (1450–1523) 344, 345, 395, 410

Simonetti, Michelangelo (1724–81) 64, 66, 88, 152

Simonetti, Scala 64

Sixtinische Kapelle 22, 265, 394–432

Sixtinische Kapelle, Decke 412-417
–, Entstehungsgeschichte 395-404
–, Jüngstes Gericht 417-432
–, Wandbilder 404-411
Sixtus IV. della Rovere, Papst
(1471–84) 25, 261-266, 276, 279,
295, 327, 337, 363, 371, 395,
396, 404-407
Sixtus V. Peretti, Papst (1585–90)
46-48, 268, 270, 291, 294, 295
Skopas (4. Jh. v. Chr.) 150
Sodoma, Giovanni Antonio Bazzi,
gen. il (1477–1549) 344, 345, 353
Sokrates 102-104, 107, 108, 222
Soncino, Druckerfamilie 279
Sophokles 105, 232, 252
Sorbo-Nekropole bei Cerveteri,
Fundstücke aus der 200-204
Speier, Hermine 198, 224
Stanzen des Raffeal 35, 300, 337-
373, 389
Statue, Galleria delle 113, 127-
130, 149
Stern, Raffaele 51, 172
Sternwarte, Vatikanische 45
Sweynheym, Konrad 279

THESEUS 114
Thomas von Aquin, Heiliger 278,
361, 362
Tiberius, röm. Kaiser (14–37) 163,
171, 181, 182, 230
Tinia 206, 207

Titus, röm. Kaiser (79–81) 54, 56,
57, 149, 179, 180, 235-237
Torso vom Belvedere 232, 233
Torso, Atrio del 166-168, 232, 233
Trajan, röm. Kaiser (98–117) 142,
236
Triptolemos 194
Triumph des Altar-Sakraments,
siehe Disputà

URBAN V. Grimoard, Papst
(1362–70) 25-27
Urban VI. Prignano, Papst (1378–
89) 29, 30
Urban VIII., Galerie 297, 301-305

VEJI 212-214
Vergil 165, 166, 168, 169, 220, 274
Vergilius Vaticanus 273
Verrazzano, Giovanni da 302
Verus, Lucius, röm. Kaiser (161–
169) 138, 139, 142, 174
Vespasian, röm. Kaiser (69–79)
54-57
Vita dei Santi, Sala della 322
Vitellius, röm. Kaiser (69) 50, 56
Vitruv (2. Hälfte 1. Jh. v. Chr.) 221

WINCKELMANN, Johann Joa-
chim 195, 231, 232, 244

XIMENES de Cisneros, Francis-
co, Kardinal 279

Die Illustrationen im Text sind bis auf drei dem siebenbändigen Ab-
bildungswerk von Erasmo Pistolesi: Il Vaticano, descritto ed illustrato ...
Rom, 1829, entnommen, das die Bayerische Staatsbibliothek in München
freundlicherweise zur Verfügung stellte, ebenso wie den Band Rom aus
Merians Topographia Italiae, Nürnberg 1645, dem die Illustrationen auf
den Seiten 42, 241 und 293 entstammen. Die Vorlagen für die Farbtafeln
lieferten die Direktion der Vatikanischen Museen und die Firma Scala,
Florenz. Den Abdruck der Pläne genehmigte der Touring Club Italiano.

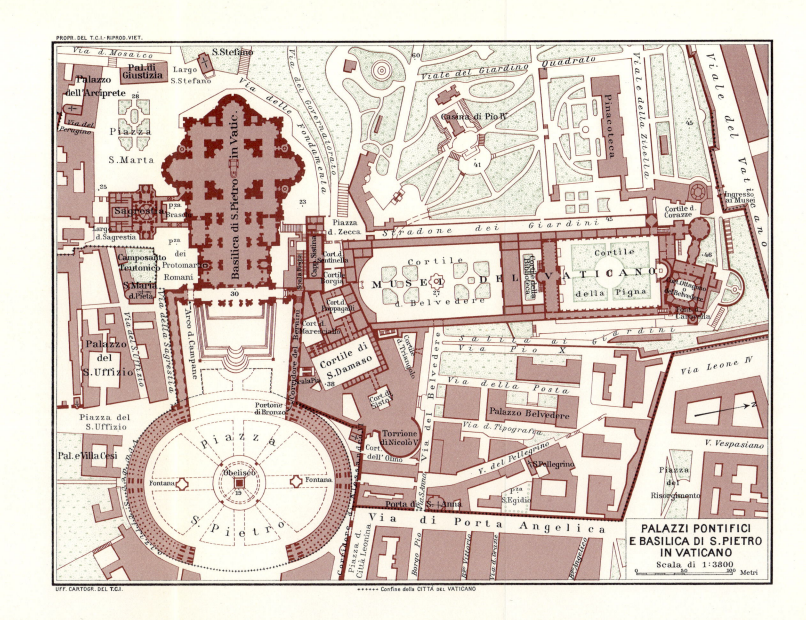

Beilage zu:
Reinhard Raffalt, Sinfonia Vaticana
Prestel-Verlag, München